HISTÓRIA DO DIREITO PORTUGUÊS

葡萄牙法律史

（第三版）

［葡］马里奥·朱莉欧·德·阿尔梅达·科斯塔　著
唐晓晴　译

法律出版社
LAW PRESS·CHINA

本书为《葡萄牙法律经典译丛》系列丛书之一，
由作者授权澳门大学法学院和法律出版社合作出版。

总　序

葡萄牙法律经典译丛是澳门大学法学院在累积超过二十年教学科研的基础上,充分发挥自身优势,组织院内院外中葡双语精英(包括法律和法律翻译方面的专家)倾力打造的一套大型丛书。随着这套书的陆续出版,中国读者将有机会全方位接触在大陆法系内颇有特色,而且与中华人民共和国澳门特别行政区现行法律秩序关系密切的葡萄牙法学。

实际上,这套丛书的出版一开始就肩负着众多任务。首先,它当然是一个学术研究项目:系统地将一个国家或地区的代表性法学著作翻译成中文对乐于博采众长的汉语法学家群体而言,肯定有比较法意涵。这些法学论著不仅深深影响葡萄牙本国的立法和司法活动,而且也直接影响继受葡萄牙的非洲、拉美和亚洲法域(包括澳门)。深入研究相关著作既有助于他山攻玉、前车引鉴之事,也有利于中国与有关国家的交流理解。其次,由于澳门是中华人民共和国的一个特别行政区,而澳门现行法体系主要是继受葡萄牙法而来。所以,系统地研究葡萄牙法学等于是对我国多元法制之一个组成部分的一次内省。最后,这一套丛书本身也是对澳门社会内部一些诉求的回应。自 20 世纪 80 年代末,澳门开始建立本地的法学教育以来,就一直有声音指出以中文出版又能深刻揭示澳门现行法体系的法学文献奇缺。虽然经过二十多年的努力,状况有所改善,可是仍然难言足够。在一个双语(中、葡)运作的实证法体系中,葡萄牙语为母语的法律职业者只参考葡语著作,而以汉语为母语的同行则难以接触同样的材料会使这个社会的法律职业人渐渐走向信息割裂的状况。这对于澳门法律和社会的长远发展不是好事。因此,这套译著的推出对于澳门的法学教育和法律实务都肯定大有裨益。

尽管翻译葡萄牙法学著作的意义非同一般,然而在比较法的语境下,援引法国法、德国法或英美法和援引葡萄牙法的分量肯定是不一样的。法学界一般认为,古代的罗马法、近现代的法国法和英国法以及 19 世纪末到 20 世纪的德国法和美国法是法律概念和法学知识的输出者。因而,在实践论辩中援引上述法域的理论或立法例在某种意义上是诉诸权威(有时被贯以"先进"之名)。当然,权威论证一直是法律修辞的一个重要组成部分。可是在比较法这幅色彩斑斓的画卷中,权威肯定不是唯一的颜色。不论学者也好,社会行动者也好,也许只有在不太自信的时候才会频繁地诉诸权威。当自身已经累积一定的自信而再将目光投向外界时,所寻找的可能就不再是庇荫与垂怜,而是对同一天空下的不同经验、体验或生活方式的旁观与尊重,偶尔也可能灵光一闪而备受启发。

一项如此浩大的知识工程需要巨大的人力物力,也需要行动者付诸行动的坚定意志。为此,我们不能不感谢为推动这套译丛而付出巨大努力的莫世健教授与 Manuel Trigo 教授(前者是澳门大学法学院院长,没有他的决断与眼光,就没有这一计划;后者是澳门大学法学院的前院长和法学研究中心主任,没有他孜孜不倦的劳动,钜细无遗的精神和丰富的学术经验,甚为复杂的版权问题和计划的具体实施就举步维艰)。法律出版社黄闽社长、朱宁社长的大力支持，以及袁芳博士、黄琳佳编辑的辛勤劳动是本丛书能在中国大陆与读者见面的主要原因。此外，还要感谢在中葡法律翻译上造诣不凡，又曾参与《葡萄牙民法典》翻译的邓志强大律师，他一如既往的敬业认真总是让人感动和自惭，他与我院的王薇博士和蒋依娃老师三人义无反顾且无偿地承担了把关译稿的沉重工作。最后，更要感谢在社会和大学层面积极支持和推动这项工作的澳门基金会主席吴志良博士、澳门大学校长赵伟教授、澳门检察院检察长何超明博士、澳门律师公会主席华年达（Jorge Neto Valente）大律师、澳门立法会议员及澳门大学第一任中文法学士课程主任黄显辉大律师、全国人大代表及澳门第一位华人大律师林笑云女士、全国政协委员，澳门立法会议员和行政会会员欧安利（Leonel Alves）大律师、澳门大学副校长马许愿（Rui Paulo da Silva Martins）教授、澳门大学副校长何顺文教授、澳门大学副校长黎日隆博士，以及各位为译丛付出巨大努力的译者。

项目委员会主任
唐晓晴教授

前　言

本书主要是为大学生而写的，其内容由口头讲义浓缩而成。考虑到学生可能有兴趣对各专题进行深入研究，本书提供了适当的参考书目。对于有争议的方面，本书均会对基本立场作出综述，绝不会逃避争论，另外，本书更为进一步的研究指出方向。为此，论述时必须持平。

可能已无需赘言的是，即使限于以上所追求的目标，本作品仍不应被视为一部已经完成的作品：无论是关于法律史教育的整体概念，抑或关于其实质或形式。本作品将来还需要改善。

在经过很多年的停顿之后，当我在 1979 年重新拾起这个科目时，我使用了一份由学生不断复印的打印文稿，它带回了我先前讲授该科目的愉快回忆。当时的教材与 Guilherme Braga da Cruz 博士教授有密切的联系。我时时对文稿作一些敏感的增删与修订。那是一次必要的重新整理。例如，关于 18 世纪下半叶以后的分析是完全新颖的。

然而，必须声明的是，虽然作了修订，但仍然可以发现原稿的痕迹，尤其是在概述部分以及关于最远古的时期部分。仍然可见有令人怀念的老师的影子。

Braga da Cruz 曾经有意在本人的参与之下基于上述打印稿——尽管如此，这份文稿在很多方面已经不符合其准确思想或者最新思想——出版一些教程。出于不同的原因,迟迟没有将上述想法付诸行动,等到后来老师不幸的英年早逝,更使得出版计划不可能实现。同一时期,我自己亦正好有幸出任公职。后来，机缘巧合之下我又转而专注于债法的研究。

无论如何,这里所做的不是单纯地对一个被方法论的改变以及研究结果所无情地超越的草案的修订及更新。现在出版的是一部独立的著作。因为在没有 Braga da Cruz 的首肯之下,以合著的名义为本书贴金与作保似有不妥,即使对我而言这是一种荣幸。

1989 年 6 月 11 日
M. J. Almeida Costa

新版说明

仅须说明的是，虽然本书保留了基本结构，但这个第三版就如前一个版本一样，作了一些改进。另外还适时地加入了参考书目。因此，本版仍然不是单纯的重印。

1996年9月2日

目 录

第二部分 葡萄牙法律史原论

概述　初步思考·论述方案

一、法律史的概念

就像哲学一样，历史之有别于一般范畴的知识与文化者，莫过于它在严格意义上没有本身的专属对象。假若以一个不同于其他科学与技术的思想领域所采用的观点来看，可以认为它涵盖其他所有学科的对象。

法律史之所以存在，就犹如经济之有经济史、医学之有医学史、艺术之有艺术史、哲学之有哲学史、宗教之有宗教史、数学之有数学史等一样。这个现象很好理解，因为历史和哲学在某种意义上是各个学科的公分母：虽然两者各自从不同的角度出发，但又均从整体上对人作出思考，而其他学科则仅思考人的各种不同表现或含义的其中一个方面。

换言之，与其他文化、科学及技术领域仅涉及现实的有限方面，并以这些方面作为其知识的分界不同的是，历史及哲学均致力于上述所有范畴，并从各范畴中找出哲学精神或哲学的命题以及历史精神或历史的命题。总的来说，哲学与历史研究的是与其他科学的对象有关的问题，即这些科学要不是不会直接处理，便视之为已经解决[1]的问题。

我们推定法律及历史之概念已众所周知,然而,这个推定却总会引发一些严重的争议。由于这个原因,本书将法律史的概念界定为:一门从规范、实务、科学及文化各个方面描述及说明过去的法律建制和法律活动的学科。这个基本概念无需赘言,下文对它作简短的说明便足够。

首先,必须一开始便指出的是,不可以将法律史与现行法的历史研习——或者说,对现时生效法律的过去的分析——相混淆,后者是一个巨大的范畴,因为它不仅包括保存到现在的建制及法律原则的历史先例,而且还包括已被取代或废止的建制及原则。只有从这两个方向出发,才会看到法律发展的完整及正确面貌。

法律史在历史科学范畴以及法律科学范畴所占据的地位是一个重点问题, 而且还备受争论。

传统的方法是将法律体系作为各个时期的法律现象的黏合元素,而将这些体系的转变的研究视为法律史的核心内容。这个方法的特征是透过法律体系的传承来解读法律史,以及将法律与同时代的物质及意识形态的走向视作相互依存的事实。这些特征又构成了法律史作为一门特别历史的推论,从而突出了其作为历史科学的方面。

另外一种指导思想则强调将法律史定位为法律科学,并以突出各建制中的稳定性元素以及过渡性元素作为其主要目标。换言之,不仅强调其反复无常与特殊性(这是典型的历史观点所特有的特征),而且还要凸显其非典型性及永久性。这样才能引证出一种从恒久不变的生活状况或关系出发的整体表述的标准。

---

〔1〕 关于法哲学,可以参考由 L. CABRAL DE MONCADA 所著的,《*Filosofia do Direito e do Estado*》,第一卷——历史部分,第1页第1节及后续页,1995年第2版,科英布拉。

我们不打算在这些历史学及方法学的问题上花太多时间。纵使以上简短的回顾很容易令我们假定法律史应该被纳入法律科学的范围,可是却绝不可将它与该范畴的其他科目等量齐观。虽然它受到其对象的特殊性以及现代法律科学的准则及指导思想的深刻影响,但我们必须将之视为一门研究法律的历史。简而言之,法律史是上述两个领域的支流学科。

从法学的独特视角来考虑法律史,将会强调其对那些怀着实务上的目的而致力于研究现行法的教条式法学家的实用性。相反,多一点从历史的方面审视,或者说,以一个整体的视觉来审视人与社会,则会更好地理解法律制度、法律原则与其他社会现实间的关系。

在法律史的上述概念中,何者为先显然取决于历史学理论的一个既定立场。这里有历史哲学的问题,需作思考及决定。但是,无论历史学家还是法律学家研究法律史都不稀奇。无论如何,这两种观点——多点法律性或多点历史性——在某个程度上是互补的。〔2〕

---

〔2〕 关于这个问题存在大量外国的参考书籍。例如,H. MITTEIS,《Vom Lebenswert der Rechtsgeschichte》,Weimar,1947,K. S. BADER,《*Aufgabe und Methoden des Rechtshistorikers*》,*0* Tübingén,1951,A. GARCÍA – GALLO,《*Historia, Dereho e Historia del Derecho e Cestiones de historiografia jurídica*》,载"Anuario de Historia del Derecho Espanol",分别在第XXIII卷,马德里,1953年,第5页及后续页,及第LXIV卷,第741页及后续页,和《*Manual de Historia del Derecho Español*》,第I卷—《*El Origen y la Evolución del Derecho*》,第15页及后续页,第10版,马德里,G. CASSANDRO,*Storia e Diritto – Un' indagine metodologica*,载"Rivista di Storia del Diritto Italiano",第XXXIX卷,第5页及后续页,米兰—维罗纳,1966,B. PARADISI,*Apologia della Storia Giuridíca*,Bologna,1973,以及《*Storia del diritto moderno e palingenesi della scienza giuridica*》,载"La formazione torica del diritto moderno in Europa",Firenze,1977,第一卷1,第1页及后续页,PETER LANDAU,《*Bemerkungen zur Methode er Rechtsgeschichte*》,载《Zeitschrift für Neuere Rechtsgeschichte》,Wien, ano 1980, n.°s 3/4,第117及后续页,以及HANS THIEME,题为《*Aufgaben und Methoden der Rechtsgeschichte*》的若干著作,载《Ideengeschichte und Rechtsgeschichts-Gesammelte Schriften》,第一卷,Koln/Wien,1986,第1页及后续页。有关法律史的法学家培训方面,十分意味深长地反映在ANTÓNIO GUARINO之《*O direito e a história*》,载《Revista da Faculdade de Direito da Universidade de Lisboa》,第XXV卷,里斯本,1984,第221及后续页(trad. De J. A. DUARTE NOGUEIRA)。

无论采取哪一种选择,均须检视法律史在历史科学及法律科学中的意义。这将是我们下文的工作,即进一步说明上面所介绍的基本概念。

(一)作为历史科学的法律史

我们不妨看一看作为历史学科的法律史应遵循的指导思想为何。这里有一个虽然不无争议,但广为人知的标准可作参考,即它将历史分为**传说史**或**掌故史**、**借鉴史**及**渊源史**。[3]

根据上述划分,所谓掌故史,即以描述过去的事实及人物为唯一目的之历史。掌故史仅是将其所知传达给后世人,而并无企图从理论上阐述事实。毫无疑问,这是第一种,也是最简单的一种认识历史学科的方式。这种方式包括编年录、年报、王帝及其他人物的罗列或其他重要事件的列表。

所谓的借鉴史代表了某种程度的进步。它寻求从过去挖掘出人类可资借鉴的教训。其拥护者相信历史教训是人将来的行为准则及规则的渊源,从而意味深长地将一个严格意义上一直被视为纯粹的"连续的事实"的学科,引导向一个"重复的事实"的学科。这种观点起源于公元前5世纪的修昔底德(Tucídides)。

与此不同的是,渊源史试图透过原因及目的论理解过去的事实、概念及制度之间的有机连续性或从属性。历史从此变成了遵循严谨的研究及分析方法的历史科学。只有在18世纪起随着受到康德的认识论以及实证主义影响的现代文化及哲学基础发展起来,这种模式方为可能。

对于上述划分的批评是,从来没有一部历史是绝对按上述三

---

〔3〕 可以在 E. BERNHEIM,《*Introducción al estdio de la Historia*》, Barcelona 1937(trad. Castelhana da 3. a ed. Alemã, por PASCUAL GALINDO ROMEO)中区分。有关上述三种理论的批评,可参见 MANUEL TORRES 的经典著作,《*Lecciones de Historia del Derecho Espanõl*》,第1卷第7页及后续页,第2版,Salamanca,1935年。

种分类的其中一类编成的。然而,这并不表示历史编纂不可能偏重于掌故史、借鉴史或渊源史的模式。

法律史应主要具有渊源史的本质;换言之,即科学的本质。其目的不仅是纯粹的描述,而且是解析过去的法律现象:它必须说明为何在不同历史时期,生效及占优的会是某些特定的法律原则、法律制度及法学方法而不是其他。这就决定了必须对其起源或引起其转变的动机进行探究,而这些动机又可能是性质各异的。

然而,与其他人文科学一样,这里同样会引起哲学及方法学研究上的重大问题,尤其是在说明或分析过去的法律事实时是否有表现出可能及应有的可理解性。

(二)作为法律科学的法律史

另外,必须考察在与其他同样以法律研究为对象,但所采用的观点不同的学科作比较时,我们这个学科的地位。

这个问题可以从以下三个方面看:技术、哲学及历史——分别代表了现在、将来及过去。

现实上存在一系列规整社会生活的现行法律规范。当仅仅以其解析、体系化及适用为目的来观察这些规范的本身,则是从技术(*técnico*)或教条(*domático*)的角度研究法律。

毫无疑问,不同的是从哲学的视角分析法律。这种视角企图将属于哲学论题的问题与疑问在法律范畴内提出。这类问题中一般不会被忽视的有:认识论或认知的问题(人类认知的本质如何?效力如何?)、本体论或本然的问题(即各个不同结构中的现实是什么?)、价值论或价值的问题(行动目的之位阶为何?意义为何?);另外,那些形而上学的或绝对性的问题(世界及生命的最终意义为何?)虽然在法律范畴上没有特殊性,但还是应该分析。

在哲学层面上,思考法律的尺度是超越时空的,即是说,上述有关法律概念的哲学问题,并不是从某个特定历史时刻所特有的形式或系统的角度而提出的。所以,它一直是测量法律性的一个批判性态度。

所以,在某种意义上,可以认为对法律的哲学理解是为了将来的,是具有展望意义的。换言之,它检测着现行的法律规范是否符合正义从而足以支持其继续存在,而其他的规范(如道德)又应否上升到这个类别。

最后,还有第三种探讨法律的方式:从历史的尺度。即研究过去的法律制度及法律原则,弄清楚其如何及为何出现。其主要意图是探究现行法的法律性的先例和原因。

二、法律史的研究对象

从对象或内容上看,法律史包括以下三个基本范畴,分别为:(1) 渊源的历史;(2)建制的历史;(3) 法律思想史。这三个范畴在某个程度上代表了与其具有紧密联系,但可作独立研究的附属学科。因而必须作一些与之相关的考察。

1. 渊源的历史。我们必须谨记的是*法律的渊源*(*fontes de direito*)。这一词组作为法律用语具有多种意义。[4]该词主要应用于五个方面:作为法律的有效性或强制性的原因(哲学上的意义)、作为立法机关(政治上的意义)、作为法律的形成及表现方式(法律技术上的意义或形式上的意义)、作为法律的文本或法条(实质的或功能上的意义)以及作为代表法律规范的起源及具体内容的最接近原因之因素(社会学上的意义)。上述各个方面对法律史来说都是重要的。

从上述第一个意义上考虑问题是直接研究法律的哲学及其历

---

〔4〕 关于此课题的争论,参见 A. CASTANHEIRA NEVES,《*Fontes de direito. Contributo para a revisão do seu problema*》,载"Boletim da Faculdade de Direito",第 LVIII 卷—"Estudos em Homenagem aos Profs. Doutores M. Paulo Merêa e G. Braga da Cruz",科英布拉,1982 第 2 卷,第 169 页及后续页(republ. No livro do Autor "Digesta. Escritos acerca do Direito, do Pensamento Jurídico, da sua Metodologia e Outros",科英布拉,1995,第 2 卷,第 7 页及后续页)。

史。但是,每一个时代对这个大问题的取态又与法律思想史有关,或至少并非无关。

关于制定法律规范的机关方面,所研究的是宪政法律史,因为这些机关正是在这个范畴内被定义的。

关于法律规则的形成及表现形式方面,所探究的是每一民族的法律(direito)在某个特定历史时期究竟是以成文法(lei)、习惯、司法见解抑或学理形式产生。原则上,其结论会是这些渊源的其中一项或多项占主导,但并非排他专属的。这个问题颇具重要性,因为法律规范的形成及表现形式的完善与否与其适用对象的文化及文明程度有关。

另外,法律史具有重新展现过去法律体系的功能,显然,必须涉及记载着相关规范的文本。同样的,法律的制定以及法律汇编或法典化的技术可反映法律概念以及产生该概念之历史时期的法律环境。

厘清法律规则被创设的原因是法律历史学家的责任,这些原因可以是经济性质的、政治性质的、文化性质的,等等。这与法律渊源的上述最后一种意义有关。事实上,对法律的考察不应该脱离法律所处身的环境或现实,或者说,不应与其他组成社会发展的因素脱钩。举一个例子:某些关于租赁合同的立法措施在特定的历史时期可以透过住房危机来解析。这样,这些社会及经济的原因便构成了有关规范的渊源。

2. 建制的历史。这是我们这个科目的第二个研究方向,其宗旨是将不同时期的法规范当作法律本身来研究。但是这个研究应有两个指导方向。

很明显,仅仅考察由规范所组成的法律建制并不足够,还必须厘清这些建制在实际上是否仍处于活跃状态,抑或只是一些死文字。在后一种情况,还要分析实际上被遵守的法律秩序。

社会集体的立法者为农民所规定的法律是一回事,但农民实际采用的法律却可以是另一回事。今时今日,法律条文上所载的规范与规整其对象的法律规则基本上重合。然而,在古代社会,毫不罕见的是立法者不断努力创使人民遵守新的及更完善的法律规范,但同时,人民却强烈抗拒,并继续使用传统的建制。

这种凌驾于制度之上的情况在风俗的范畴以特别的方式产生。倘若习惯上的建制距离权力中心的地理位置很远,很多时候在颁布了新的成文规范后仍会继续保留这类建制,即在"官方法律"以外还存在"事实上的法律"。

3. 法律思想史。法律思想这个概念既复杂且备受质疑,其所指的是被独特思想所融会贯通及客观化的法律在文化上的独立性。它涉及目的论、法律人的修养以及法律人的(思想)态度,即法律人究竟是作为一个对法律及其普遍实现有建设性抱负的思想的主体,抑或作为狭义的"法律操作者",换言之,即担当法律规范及法律价值的世界以及其存在于具体的现实世界的中介人的任务。以上种种均无可避免地涉及特定的方法论立场。

所以,法律思想史涵盖了在每个时代均追随法律出现的科学活动、文化活动以及实务活动。与这些方面有关的是法律人的修养、法学理论的潮流以及法学著作。这些全部都可以突显这个领域的法律史的重要性。

三、法律史的分类

上面作了某些法律史的分类。作这些分类的目的是希望从不同的观点出发对法律史的内容作出有序的安排及更好的说明。以下仅指出两个现行分类。[5]

(一)法律的外部史与法律的内部史

法律史之分为内部法律史及外部法律史归功于莱伯尼兹(Leibniz)。然而,这个分类在当时的意义与现代有所不同。

---

〔5〕 关于二者之发展,参见MANUEL TORRES,《*Lecciones*》,第43页及后续页。

按照这种分类,内部史一般被称为法律的历史,其内容包括在过去生效的法律体系及其各个方面。相应地,外部史之对象是研究政治、社会、经济、宗教、文化等层面上的超越法律的因素对不同时期的法律的形成的影响。

总的来说,假定某个民族的法律是融入其他的社会运动的整体之中的,且是相关文化及文明因素的反映。这样:在内部史中,所追求的是对法律体系本身的认知;在外部史中,所实现的是对处于法律体系之外,但对法律体系构成间接或直接影响的元素的分析。

对莱伯尼兹的这个分类的主要批评是,只有内部史是真正的法律史。外部史由于涉及法律以外的各个方面,所表现的更多是文明史的面貌。这一观察是成立的。可是,正如我们将会见到的,这并不表示那些限制性或解析性因素不适合于法律历史的论述,至少在一般法律史的章节中作论述是适当的。〔6〕

无论如何,上述两个词组在现代已被用于不同范畴,且其意义已超出法律历史区分的领域。在现代意义上,内部史被理解为研究建制的法律史部门,而外部史则涉及过去的法律渊源。

将内部史界定为研究建制的历史看来是严谨的,因为建制代表了法律规范的内容及内在部分。同样的,将外部史称为渊源的历史看来也是适当的,因为当我们考察法律规则的创设机关、法律的形成及表现形式、记载法律的文本又或者导致法律出现的社会状况之时,我们正是从远处或外部来思考(法)规范,换言之,并不是研究其内容。

然而,内部史与外部史的区分还是受到了攻击,理由是这两个

---

〔6〕 在某个程度上是附和莱布尼兹的备受批评的分类,参见 L. CABRAL DE MONCADA, *O*《*"século XVIII" na legislação de Pombal*》,载《Estudos de História do Direito》,第 1 卷,科英布拉,1948,第 83、85 页及第 105 页。

方面并没有完全地描述法律史的全部研究对象。法律史除了法渊源及法律建制的问题外,还关注其他问题。这就是法律思想的问题。

(二)法律的一般史与专史

法律的一般史与专史的区分之所以受到重视应归功于布伦纳(Brunner)。*一般史*(*história geral*)的任务是展示每个特定时期的法律整体的形象,是对接连出现的法律体系的总体评价。与之不同的是,专史(*história especial*)致力于各种建制的专题及详细研究。

这一个区分与上一个区分的分别不是绝对的,因为内部史与专史具有相同的对象。差别只存在于外部史与一般史之间。后者的内容比前者更集中:所有的外部史都是一般史,但反过来说便不对。

一般史所追求的是展示一个民族的法律整体在其发展过程中的每一时期的形象。为此,应首先注意这个民族法律藉以发展的历史环境,其社会、政治、经济及文化的思想及建制,因为这些因素会对法律世界产生影响。只有在介绍了这一背景后才可以真正地进入渊源史、建制史及法律思想史本身的研究。

应注意的是,一般史无需巨细无遗地考察每个法律建制——这些工作属于专史的范畴,其研究目标仅限于获得一种深入的观点、发现其典型原则以及其所表现的趋势。例如,具体及详细地认识某个特定时期的所有权制度并非一般法律史的目标。其目标仅限于考察该制度的基本特征以及其对家庭及社会组织、宗教原则、生产数据、技术等的影响。

四、法律史表述中的编年方法与专题方法

仍然是与上述的法律史的分类有关,让我们看看哪一种表述方法更为适当。法律史研究有以下两种可能的方法:编年方法及专题方法。

一如其名称所示,*编年方法*(*método cronológico*)是按预先设定的不同时期对渊源、建制及法律思想进行表述,使人对该三方面的每一方面均留下一个总体印象。不同的是,*专题方法*(*método monográfico*)是对各个不同建制的发展路线从该建制本身作分析,而不考虑评价在同一历史时期的各个建制之间的相互依赖及相互影响关系。

要展示两种方法各自的优点及缺点并不困难。可以说,甲方法的优点就是乙方法的缺点,反之亦然。因此,编年方法的优点是可以从整体的角度考察特定历史时刻的一系列法律建制。可是,它所附带的缺点是会在建制的发展中引入某些实际上不存在的断裂。

以时间顺序对法律史进行划分永远无法达到平等地满足所有的法律建制的完美程度。法律建制,或至少组别大的建制,是受到其本身的因素影响而发展的。很多时候,每一个建制均遵循特定的发展脉络,但其发展并不完全一样。

马上便可看到,构成公法的历史阶段划分最佳标准的要素却未能同样严谨地界定私法的发展。即使同样都在私法的领域也一样。例如,倘若我们以经济为标准划分一个民族的法律史,可以很满意解析以特定的时期为限的所有权的发展,可是,却难以提供一个同样完美的家庭建制的历史观,因为后者更多地取决于道德及宗教的因素,而不是财产因素。

相反,专题方法可避免上述缺点。然而,它的缺点却是不能比较存在于同一历史时期内的各种建制。

考虑到互相之间的优点和缺点,普遍会使用编年方法论述一般史,而使用专题方法论述专史或内部史。从而,将两个方法分别用于最集中体现其优点而又最少地体现其缺点的地方。

五、葡萄牙法律的定位·其基本因素

在本概述中,有必要指出葡萄牙法律的根源以及其发展。事实上,下面的论述将以此作为指导方针。

比较法科学——或者说法律比较的科学〔7〕更为贴切——企图将不同的现行法律秩序归纳为某些法律体系或法律家族(família)。换言之:承认存在大量不同的法律,其差异不仅表现于一大堆或多或少有所不同的规范上,而且还在于这些法律秩序背后所隐藏的概念、技术及原则的特殊性。然而,上述的实证法的多样性不仅不影响,反而是有利于将其纳入有限数目的大类别单位。这些单位只考虑其基本及固定元素,亦即构建某个体系的典型外观以及形象地界定其余体系的方方面面。〔8〕

这样,便有可能透过法律家族(famílias)来界定不同法律的共同之处,以及利用某些实质的或纯粹形式上的特征将各种法律作模拟或对比。当然,这些各种法律虽然有所不同,但并不排除相互之间的学习或自然发生的相互影响。然而,上述的归纳有突出各种法律秩序的固有构成元素及最后将该秩序归入某个法律体系

〔7〕 与民法、国际法、海事法、行政法等类似名称不同的是,"比较法"这个词组并不是用来表示一个法律部门或法律分类,而是一个致力于对比各个实证法秩序的学科。基于这种不明确性,德国作者宁可称之为"法律比较"或"法比较"("Rechtsvergleichung"),使人更容易联想起对比或比较的过程,而又不会引导人认为有一套独立的法律规则或一个特别的法律部门。

〔8〕 L. –J. CONSTANTINESCO 称之为"决定性元素"(《*Traité de Droit Comaré*》, *Paris*, *1972*, 第 1 卷第 314 页)。关于该问题,详细论述可参见 RENÉ DAVID,《*Les grands systèmes de droit contemorains*》,第 10 版(CAMILLE JAUFFRET – SPINOSI 修订),Paris, 1992(其法文第七版有译本,译名为《*Os Grandes Sistemas de Direitto Contemporâneo – Direito Comparado*》,第 2 版,Lisboa,1978,译者是 HERMÍNIO A. CARVALHO,对应的第一版是巴西圣保罗的 1986 年版); J. DE OLIVEIRA ASCENSÃO,《*Sistemas actuais de direito*》,载《Boletim do Ministério da Justiça》,第 252 号,Lisboa,1976 年 1 月第 5 页及后续页,FERNANDO JOSÉ BRONZE,《*A comparação de ordens jurídicas integradas em sistemas económicos diferentes*》, 以及 MANUEL NOGUEIRA SERENS,《*Sobre a classificação das ordens jurídicas em sistemas ou famílias de direito*》,载《Revista de Direito e Economia》, ano II, Coimbra, 1976, 第 363 页及后续页,以及 ano XII (1986),第 129 页及后续页。

(sistema)或法律家族(família)的优点。

直到这一点为止,比较法学家是有基本的共识的。然而,关于区分标准的问题则有所争议。例如,某些作者从分析法律渊源的观点出发,而另一些则认为对法律的深层思考最为重要。

本文不会进入这样的争论之中,但仅需稍作补充的是,一种备受推崇的指导思想颇具理由地指出,法律家族或法系的概念本身具有高度启发性或说明性的特征。这个特征的作用是突出各个法律秩序之间的相同与不同之处。不同标准之适当性或妥当性取决于其所持的观点以及其企图说明的事宜。因此,以上所建议的区分(标准)之优点永远是相对的而不是绝对的。

根据这个思路,应注意被指为当代世界主要法系的四大法律体系:*罗马—日耳曼法系*;*普通法(Common Law)法系或英美法系*;*社会主义法系*,即存在于前东欧各国的法律秩序;*宗教法*(穆斯林、犹太教、印度教)及*传统法法系*(某些东方及非洲的法律)。必须重复地指出,这个分类只能不完美地表现整个现代法律的现实状况。然而,它所提供的一个大概印象已能满足我们的需要。〔9〕据此,葡萄牙法律属于罗马—日耳曼家系或体系。同样的,这个法

〔9〕　上述将不同法律归纳入不同体系的标准的相对性在对照一下罗马—日耳曼法系、英美法系及社会主义法系时便清楚展现出来。事实上,前两个体系的差别主要在于其法律技术的性质,因为,在实质上,两种法律制度所表现的是相同的利益评价以及相同的解决方案。英美法系由于其判例法规则(rule of precedent)具有典型的司法及司法见解的面貌(case law)。另外,罗马—日耳曼体系则着重立法及学理方面。正因为这样,从内容方面看,罗马—日耳曼体系及英美法系合而成为西方法律,相对于社会主义国家的法律。但从技术或形式的角度,上述社会主义法系却与罗马—日耳曼体系接近,而与英美法系相对。然而,不可忽视的是,东欧国家自1989年起,但主要发生于1991年的演变,即由中央集权经济转变为市场经济。其结果将会是可预见的根本性的趋同。

系还包括了欧洲大陆其他西方国家的法律制度,以及其他地区从这些制度衍生而出的制度,主要是拉丁美洲的制度。

显然,这里有必要强调的是关系到我们的法律产生及发展过程的历史经纬。在这个范畴,可以肯定的是,除了一些不可剔除的本国特色之外,任何罗马—日耳曼法系的法律都存在一定的共同要素。其名称本身便提示了两个元素:罗马的及日耳曼的。在这两个要素之上,还要加上基督教元素。

实际上,上述各个元素均对欧洲法律思想及生活产生独特贡献。各元素融合及续后发展解析了现代法律在实质上及形式上的接近。

罗马元素(*elemento romano*)占有重要地位。它是当代欧洲法律觉醒的基础之一。罗马法随着罗马的政治扩张而广为流传,由于其完美性而得到实施,且与地方性元素结合。后来,自12世纪起,它又相继被欧洲的大学(escolas)所研究,一直到现代,仍从未间断地出现在立法、法律科学以及法律实务上。

法律的一般性及抽象性、法律作为具有一般强制力的国家命令以及将法律视为科学等概念皆为罗马的贡献。总括来说,是罗马人确立了从精神上理解法律以及法律作为国家产物的思想,当然,在某种程度上,这些想法在古希腊的理论思考中已然出现。

基督教元素(*elemento cristão*)为欧洲法律觉醒提供了极具意义的价值。首先,是其在罗马法发展的最后阶段所产生的影响。另外,到18世纪以前,欧洲一直不间断地受到面貌不同的基督教社会伦理所支配,毫无疑问,这些社会伦理便是活生生的法律发展。即使在这个世纪以后,纵然立法者以及法律人已经不明白或甚至否定其影响,基督教主义仍然勾画着欧洲法律觉醒的轮廓。

日耳曼主义(germanismo)或*日耳曼元素*(*elemento germânico*)是

上述第三个基本组成部分。它为欧洲法带来特别的贡献。它代表了日耳曼民族对生命的不同感受以及对社会的不同理解。这种不同理解所带来的转变启动了中世纪的国家形成运动。可以这样说,罗马元素代表了"移植古代法律思想及原始基督教法律思想的胚芽而长成的、生机勃勃的野生树干",代表了"青春的生命与成熟的精神的交汇"。[10]具重要意义的是罗马法概念及制度与所谓的日耳曼民族法(Volksrecht)概念及制度的接触。

六、论述方案

以下是本文所采纳的论述方案。本文将会对半岛法律的历史及葡萄牙法律的历史[11]展开论述,而前者的论述较为简短扼要。

在第一部分,将会切实地分析葡萄牙国家成立以前的半岛法律。若然不考虑半岛法的前身,我国法律的历史将会像一幢没有基础的高楼大厦。况且,波尔图卡兰斯伯爵领地(Condado Portucalense)在政治上的独立并没有在同一时间带来法律制度的相应独立。后者是随着时间慢慢地过去而发生的。里昂皇朝的法

---

〔10〕 正如 FRANZ WIEACKE 甚具启发地写到(《*Ursprünge und Elemente des europäischen Rechtsbewusstseins* 》, 载《Europa – Erbe und Aufgabe Internationaler Gelehrtenkongress – Mainz 1955》, Wiesbaden, 1956, 第 107 页)。WIEACKER 的综述是非常清楚的(同一著作, 105 页及后续页)。

〔11〕 在各个论题中,将会有具体的参考书目。在此,引用由 ANTÓNIO MANUEL HESPANHA 极具耐心地收集的参注,《*Introdução bibliográfica à história do direito português* 》,载前揭"Bol. da Fac. de Dir. ",第 XLIX 卷,第 47 页及后续页,续着标题为《*Bibliografia da história do direito português* 》,第 L 卷,第 1 页及后续页,及第 LV 卷,第 39 页及后续页。也可以参见《*Difusão Bibliográfica – Iniciação bibliográfica à História da Administração Pública*》,共 4 期, Lisboa, 1983/1984 (Centro de Informação Científica e Técnica da Reforma Administrativa 的版本,由 CARLOS C. L. S. MOTTA 主编),当中有渊源的列表以及各种性质的研究,包括具有若干简介的档案类的研究。

律渊源继续全面生效。尽管如此,这并不难理解。

必须注意,在上述情况中,一个国家的政治独立与其法律,尤其是私法范畴的完全自主或个性化缺乏时间上的一致性是一个自然及普遍的现象。例如,巴西从政治上分离发生于19世纪初,可是葡萄牙的法律,尤其是菲利普律令,则继续生效,一直到1916年巴西民法典出现后才完全被摒弃。

在半岛法的研究中,应采取一个有利于实现既定目标的民族的标准(critério étnico)。我们将从原始的法律体系或称伊比利亚体系开始,即是说,提供一些关于居住在被罗马征服之前的希斯帕尼亚(Hispânia)民族的法律元素。接下来是罗马时期,这里将突出法律罗马化的因素。然后,便是日耳曼时期,即日耳曼民族,特别是苏尔沃人及西哥特人逗留在半岛的时期。我们第一部分的论述将随着亚拉伯人的入侵以及基督教的光复而结束。不可忽视的是葡萄牙民族在时期开始出现。

这样,在不破坏连续性的前提下,我们将进入本义上的葡萄牙法律史的讨论。在第二部分,首要的工作是界定至今为止我们的法律发展的各个大周期与小周期。在各个周期中,我们将思考属于法律的一般史的各个方面。〔12〕

关于各周期的对称性问题将不会列作考虑因素。虽然整体的观点仍然有意义,但更为重要的是强调每个时期的连续及独特的贡献对法律发展的重要性。这些前提性因素既可以处于渊源的层面,亦可以处于建制或法律思想的层面。

七、葡萄牙法律史科学的形成与发展

在开始上面所定的论述方案之前,还需对这一个科目的历史

〔12〕 参见上文第9页及后续页。

做一些考虑。究竟该如何突出及发展葡萄牙法律史科学呢?[13]

首先,我国法律史的形成可以分为三个基本阶段,每一个阶段又均由一个具决定性作用的历史人物建立基础:18 世纪末有梅洛·弗莱雷(Mello Freire),19 世纪及 20 世纪之交有加马·巴洛斯(Gama Barros),而本世纪 20 年代到 70 年代则有保罗·梅雷雅(Paulo Merêa)。这三个时期分别代表了葡萄牙法律史科学的*创立(criação)*、*独立(individualização)*及*革新(renovação)*时期。

在上述前两个时期中,绝对不能忽视的是由亚历山德拉·埃库拉诺(Alexandre Herculano)的作品所产生的*巩固性*作用。他将具有重大意义的方法传播给葡萄牙历史学。

---

〔13〕 关于这个课题,参考 PAULO MERÊA,《*De André de Resende a Herculano (Súmula histórica da história do direito português)*》,载《Estudos de História do Direito》,科英布拉,1923,第 7 页及后续页;M J. ALMEIDA COSTA,《*História do Direito* 》,载《Dicionário de História de Portugal》,由 JOEL SERRÃO 主编,第 I 卷,Lisboa,1963,第 828 页及后续页,及载《Temas de História do Direito》,Coimbra,1970,第 7 页及后续页(前揭《Bol. Da Fac. de Dir.》之特刊,第 XLIV 卷),《*Significado de Alexanddre Herculano na evolução da historiografia jurídica* 》,载《A Historiogafia Portuguesa de Herculano a 1950—Actas do Colóquio da Academia Portuguesa da História》,Lisboa,1978,第 235 页及后续页,以及《*Síntese da formação e da evolução da historiografia jurídica portugues. Do séclo XVIII à actualidade* 》,载《Rivista Internazionale di Diritto Comune》,第 4 卷,Roma/Erice,1993,第 191 页及后续页(重新发表于《Miscellanea domenico Maffei dedicata. Historia – Ius – Studium》,curantibus A. GARCÍAY GARCÍA/PETER WEIMAR,第 III 卷,Goldbach,1995,第 619 页及后续页),MARCELLO CAETANO,《*História do Direito Português* 》,第 I 卷—《*Fontes. Direito Público* 》*(1140 – 1495)*,第*3* 版*, Lisboa* ,1992,第 35 页及后续页,及 NUNO J. ESPINOSA GOMES DA SILVA,《História do direito Português *– Fontes de Direito*》,第 2 版,Lisboa,1992,第 37 页及后续页。关于西班牙的法律史沿革,参见 JOSÉ ANTÓNIO ESCUDERO 的《*Curso de* Historia del Derecho *– Fuentes e Instituciones Político – administrtivas*》,第 6 版,Madrid,1990,第 47 页及后续页,内附重要参考数据。

(一)18 世纪下半叶之前的法律史研究

将 18 世纪的下半叶视为葡萄牙法律史科学诞生的时期是有充分理由的。其他国家的学者,尤其德国、意大利及西班牙的学者,同样指出了这一个科目的现代化相对于其法律来说是较为晚的。只有法国早了约 1 个世纪的时间出现法律的历史学者。

上述的法律史研究落后的原因众所周知,而且各国都差不多。我们都知道,在这个时期之前,复兴的罗马法及教会法是大学教育及法律著作的必然内容。法律学者仅会在次要的层面以当时占主导地位的严格教条式指导思想研究本国法。因此,对过去的建制及法律生活没有兴趣是可以理解的。除此之外,还要考虑历史学家在历史编纂上的一般特征与缺乏。

然而,亦不可以断言在 18 世纪下半叶前绝对不存在继承了葡萄牙古代法的某些宝贵数据或相关方面的学者。文艺复兴运动毫无疑问带来了研究法律问题的新观点,因此即使其中某些指导思想是历史学性质的也并不奇怪。然而,最受重视的仍然是罗马法及教会法。所以,在 16 世纪及 17 世纪,极少数的学者会从历史的角度投入本国法的研究。然而,值得一提的是,某些公法方面的问题颇受重视。

16 世纪的安德雷·德·雷森德(André de Resende)便整理了原始希斯帕尼亚的资料。[14] 当然,16 世纪及 17 世纪在国内发生的事——主要是关于独立及光复的危机——解析了为何法律学者及政治学者只关心公法上的问题,如皇位继承、法庭的地位等。当

〔14〕 其著作参见《*Historia da antiguidade da Cidade de Evora*》,第 3 版,Lisboa, 1783(第 2 版重印,Évora,1576 由作者修正),及《*De antiquitatibus Lusitaniae*》, Eborae,1593。

时的风流人物应数若昂·平托·里贝罗(João Pinto Ribeiro)。[15]

另外,一踏入18世纪初期,历史学的深入研究便开始增加,其象征是皇家历史学院的创立。法律史学家在这一世纪上半叶所做的工作中,最显著的贡献可以归纳为以下两类作品:由安东尼奥·卡埃塔诺·得·索萨(António Caetano de Sousa)[16]发起的,对无数对法律史学有价值的渊源的收集;同样著名的迪奥戈·巴尔博扎·马沙多(Diogo Barbosa Machado)[17]关于作家生平及其著作或文学活动的记载,其对法律文献的历史具有重要的基础性意义。

(二)葡萄牙法律史科学的创立

可是,正如前面所述,只有在18世纪的下半叶才有真正意义的法律史学以科学的形态出现。自此以后的进步直接取决于各种原因的竞合。从历史学家的角度看,会将原因归纳为其学科的哲学概念的界定、方法学上的思考以及由于民族文化及建制的可喜发展,使政治及军事舞台上的要角的秘史及传记超越疆界。同一

---

〔15〕 这类参考书很多。参见 F. – P. DE ALMEIDA LANGHANS 的书目列举,《*Fundamentos Juridicos da Monarquia Portuguesa*》, Lisboa, 1951 年版, MÁRIO SOARES,《*A justificação jurídica da Restauração e a teoria da origem popular do poder político*》, Liboa, 1954 年版 (《Jornal do Fôro》特刊, 第 18 年), J. VERÍSSIMO SERRÃO,《*Fontes de Direito para a História da Sucessão de Portugal*》(1580), Coimbra, 1960 (前揭《Bol. Da Fac. de Dir.》特刊, 第 XXXV 卷), MARTIM DE ALBUQUERQUE,《*O Poder Politico no Renacimento Português*》, Lisboa, 1968, 第 78 页及后续页, NUNO J. ESPINOSA GOMES DA SILVA,《*Um "Conselho de Pedro Barbosa sobre a sucessão do Reino antes de El Rey Dom Sebastião partir para Africa"*》, Lisboa, 1972(前揭《Rev. Da Fac. de Dir. Da Univ. De Lisb.》特刊, 第 XXIII 卷), 及 LUÍS REIS TORGAL,《*Ideologia política e teoria do Estado na Restauração*》, 2 卷本, Coimbra, 1981/1982。

〔16〕 《*Provas da Historia Genealogica da casa Real Portugueza*》, Lisboa, 1735 年(新版, 科英布拉, 由 M. LOPES DE ALMEIDA/CÉSAR PEGADO 着)。

〔17〕 《*Biblioteca Lusitana*》, Lisboa, 1741(第 2 版, Lisboa, 1930; 第 3 版, Coimbra, 1965/1967)。

时间,由于理性主义(以一个与方法论或形式方面妥协的哲学姿态在法律思想的领域发展)及启蒙主义(主要围绕规范的内容,其根本目的是根据当代的"历史情况"所获得的数据来处理法律)两个基本趋势向法律范畴的投射,在18世纪下半叶又发生了一次法律科学的革新。

当这些思想进入葡萄牙的时候,其巨大的运行轨迹已经是超越国界的。还须指出的是,所谓的启蒙主义时期或开明时期的发展并非在所有采纳其原则的国家中均步伐一致。各国因应其自身条件〔18〕的限制而有所妥协。葡萄牙的启蒙主义与西班牙相似,均受到意大利的影响。实际上,这就是与穆拉托里(Muratori)关系密切的弗尔尼(Verney)向我们介绍的〔19〕启蒙主义的面貌。弗尔尼(Verney)在700年代中叶的前后,以其著作《真正的研究方

〔18〕 参见下文第252页及后续页。

〔19〕 关于Verney的思想,参见L. CABRAL DE MONCADA,《*Um "iluminista" português do século XVIII: Luís António Verney e Italia e Portogallo nel Settecento*》,载前揭《Est. De Hist. Do Dir.》,第III卷,Coimbra,1950,分别在第1页及后续页,及第153页及后续页;及《*Conceito e função da jurisprudêcia segundo Verney*》,载前揭《Bol. Do Min. da Just.》,第14号,第5页及后续页,I. GALVÃO TELLES,《*Verney e o iluminismo italiano*》,载前揭《Rev. da Fac. de Dir. da Univ. De Lisboa》,第VII卷,第196页及后续页,ANTÓNIO ALBERTO B. DE ANDRADE,《*Vernei e a cultura do seu tempo*》,Coimbra,1966,e F. GAMA CAEIRO,《*Nótula sobre Veney*》,Coimbra,1985。此外,关于邻国(指西班牙)的一般数据,还可参见JOSÉ LUÍS PESET,《*La influencia del Barbadiño en los saberes filosóficos españoles*》,载"Bracara Augusta",第XXVIII卷,Braga,1974,第223页及后续页,及J. L. PESET/ANTONIO LAFUENTE,《*Ciencia e Histori de la Ciencia en la España ilustrada*》,载《Boletín de la Real Academia de la Historia》,第CLXXVIII册(cuaderno II),Madrid,1981,第267页及后续页。关于Muratori,参见由ENRICO PATTARO所著的,《*Il pensiero giuridico di L. A. Muratori tra metodologia e politica*》,Milano,1974。

法》[20]的出版为我们的启蒙运动拉开了序幕。

这部由一个长期身在异乡而且具有强烈的批判精神的人所写就的作品，充满着沉重的控诉。这些控诉触及了当时葡萄牙人思维方式的方方面面以及葡萄牙教育的不同领域。针对法律学院以及教会法学院，他抨击经院哲学或巴托鲁式的指导思想而推崇历史批判的或库雅斯式的思想方式 并建议采纳以受到拉丁国家高度评价的德国的海涅修斯为代表的综合—概括的表述方法。不应忘记的是，他的研究还涉及本国法及本国法的历史、比较法以及其他使这位法学家对社会现实有生动的认识的学科，特别是经济学以及政治科学。

由“弗莱德·巴尔巴丁尼奥”——弗尔尼（Verney）的别名——的辛辣与温和的告诫行为所激起的改革精神影响到立法、法律科学实务以及法律教育，可是要等到这种精神开花结果则还要再等候1/4个世纪。然而其发展轨迹[21]却是众所周知的：在1770年“文学保护大会”受命调查大学教育没落及“毁灭”的原因以及提出有效的补救措施终止其继续没落；其调查结果次年即被收入历史大全(Compêndio Histórico)。[22]作为这个详细报告的逻

---

〔20〕《*Verdadeiro Método de Estudar*》，等等，其第*1* 版在*1746* 年（先在纳布雷斯付印，之后又在西班牙城市瓦伦西亚付印）。最值得注意的是，第 XIII 及第 XV 章，文中 Verney 相继论及民法学以及教会法学。在那个时代的教育改革方面，同样不应忘记 RIBEIRO SANCHES 的名著，《*Cartas sobre a Educação da Mocidade*》，Colónia，1760。

〔21〕 刚开始研究彭巴尔改革的人，可参见 MÁRIO BRANDÃO/M. LOPES DE ALMEIDA 的著作，《*A Universidade de Coimbra. Esbôço da Sua História*》，Coimbra，1937，第二部分—《*A Universidade de 1580 a 1937*》，por M. LOPES DE ALMEIDA，第63页及后续页。也可参见 JOSÉ ANTUNES，《*Notas sobre o sentido ideológico da reforma pombalina. A propósito de alguns documentos da Imprensa da Universidade*》，载《O Marquês de Pombal e o seu tempo》(《Revista de História das Ideias》的特别版)，第II册，Coimbra，1982/1983，第143页及后续页。

〔22〕 设立文学保护大会的1770年12月23日的法律可在《*Compendio Historico do estado da Universidade de Coimbra, etc.*》中读到，Lisboa，1771（Coimbra 1972年复印版）。

辑结果,1772 年的*新规章*(*Estatutos Novos*)引入了一些使大学教育发生巨大转变的规定。尤其在法律领域:创立了“大自然以及人的法律”(direito natural e das gentes)这门科目,并命令大学教授国家法及其历史;罗马法变成仅按其“现代应用”开设,而在所有科目中均以综合一概括方法取代了“文本”分析方法,但其中两个科目为例外。在这两个例外的科目中,继续对法律文本进行注释。

我们注意到新规章的作用不仅在于首次决定了对本国法律史的研究,它还确定了教学大纲——教授的讲课应从讲授葡萄牙民族的“*法律、正当风俗及习惯的历史*”开始,之后应讲授*司法见解理论的历史*或者葡萄牙的成文法的科学,最后以*司法实务的历史*或者*法律的操作*、写作的方法、处理案件的程序以及处理王国的庭讯室、上诉法院以及法院的事务的纲领为结束。〔23〕为了使上述措施得到切实的执行,每一个科目的教授均须为其科目写作基本的教科书。〔24〕正因如此,才出现了帕斯库亚尔·若泽·德·梅洛·弗莱雷·度斯·雷伊斯(Pascoal José de Mello Freire dos Reis)在 1788 年出版的《Historìae Juris Civillis Lusitani Liber Singulari》。该书由皇家科学院出版,随后正式被批准作为教科书。因此,梅洛·弗莱

---

〔23〕《*Estatutos da Universidade de Coimbra, etc.*》Lisboa, 1772 年,(Coimbra 1972 年复印版),第 II 篇,第 3 标题,第 9 章,第 1 和 2 节,第 357 页及后续页。

〔24〕“因为在那么多的《*罗马法史*》体系书、大全及概要之中,没有任何一本可在适当修订之后被本科目用作教程;不仅仅因为没有任何一本是为《葡萄牙法律史》而写的,而且也因为没有任何一本等合其三个宗旨,而这些宗旨与相关的历史是不可分离的。教授将须要负责为上述的法律史及其所有组成部分编写适合这个科目的学年授课使用的基础教材”(规章,第 II 篇,第 3 标题,第 9 章,§ 14,第 364 页)。

雷(Mello Freire)被视为"葡萄牙法律史的奠基人"〔25〕是有理由的。

随之而来的是我国法律史学的一个丰盛的时期。人才力量围

---

〔25〕 PAULO MERÊA,前揭《*De André de Reende a Herculano*》,载《Est. da Hist. Do Dir.》,第28页。也参见M J. ALMEIDA COSTA,《*Melo Freire*》,载前揭《Dic. De Hist. de Port.》,第I卷,第13页及后续页,以及载前揭《Temas de História do Direito》,第16页及后续页。上述Mello Freire的作品被翻译后的标题是《*História do Direito Civil Português*》,载于前揭《Bol. do Min. da Just.》,第173/175号。此外,在同一刊物内,还翻译了其《*Instituições de Direito Criminal Português*》(第155/156号)以及《*Instituições de Direito Civil Português – Tanto Público como Particular*》(第161/166、168号以及第170/171号)。葡萄牙语版的译者是MIGUEL PINTO DE MENESES。Mello Freire所修的《*历史*》也无法避免来自António Pereira de Figueiredo的一些严重的非议,他及时地对Mello作出提醒(参见前揭文《*Mello Freire*》,载于《Dic. de Hist. de Port.》,第III卷,第14页,以及载《Temas de História do Direito》,第17页及后续页)。随后便出现名为《*a Resposta de Pascoal José de Mello conta a censura do compendior Histori Juris Civilis Lusitani, feita por António Pereira de Figueiredo, Deputado da extinta Real Meza Censoria (Pascoal José de Mello)*》(*对已解散的议会Real Meza Censoria之议员António Pereira de Figueiredo在Histori Juris Civilis Lusitani中所作的非议进行的响应*),Lisboa,1809(作者身故后才出版的作品,由FRANCISCO FREIRE DE MELLO出版,出版者添加了数项附注,增订版于1821年重新印刷)。至少在现实意义上,Mello Freire是胜利者。关于这场争论,参见PAULO FERREIRA DA CUNHA,《*A polémica da "História do Direito civil Português" de Paschoal de Mello Freira. Seguindo um manuscrito de António Pereira de Figueiredo*》,载《Revista da Ordem dos Advogados》,第54页,Lisboa,1994,第III号,第957页及后续页,该文分析了名为《*Censura do P Anonio Pereira de Figueiredo ao Compendio de Historia do Direito Civil Portuguez*》的手卷(波尔图市政图书馆 – ms. 1061. E. 1),日期为1786年10月26日。

然而,不可忘记的是,在Mello Freire所修之《历史》出现前的数十年,已经有一部印刷出版的作品论述关于葡萄牙法律的沿革,即使该作品较为简略且没有太大的科学意义。该作品名为《*De Lusitanorum Legibus*》,被认为是GERARDO EERNESTO DE FRANKENAU所作,Hannoverae,1703(《*Sacra Themidis Hispanae Arcana*》的第XII节)。作品已被翻译成葡语,标题为《*Das leis dos Portugueses*》,译者同样是MIGUEL PINTO DE MENESES,载前揭《Rev. da Fac. de Dir. da Univ. De Lisb.》,第XXVI卷,第567页及后续页。

关于这一部作品以及其作者身份的争议,参见MARTIM DE ALBUQUERQUE,*ibid.*,第563页及后续页。

绕着 1779 年创立的“皇家科学院”以及科英布拉大学而集中。无论如何,其后者必须作特别介绍。

在参与皇家科学院出版的合作者中,我们记得的名字包括:安东尼奥·卡埃塔诺·度·阿马拉尔(António Caetano do Amaral),他是首个尝试对制度的系统化进行研究的,〔26〕“在本学科的发展中,担当着可比拟伟大的马蒂内斯·马里纳(Martinez Marina)在卡斯蒂利亚法律史中所担当的角色”;〔27〕弗莱·若阿金·德·桑特·罗萨·达·维特尔博(Frei Joaguim de Santa Rosa da Viterbo),他是著名的“注释书”(Elucidário)〔28〕的作者,该著作是研究我国法律古代典籍的宝贵辅助工具;若泽·安纳斯塔西欧·德·菲格雷多(José Anastásio de Figueredo)的作品涉及法律史中很多重要问题,例如外来法官的出生地、“功绩”(façanha)这个字的含义、各种礼节及荣誉之间的区别、优士丁尼法典引入葡萄牙的时间〔29〕等,除此之外,他还出版了在 1603 年菲利普律令〔30〕颁布之前的葡萄牙法律的极为宝贵的目录;若昂·彼德罗·里贝罗(João Pedro Ribeiro),著名的古文字学家及古文书学家,他有两部关于菲利普法典的法律渊源的重要专着,并研究了《训令集》

---

〔26〕《*Memorias para a Historia da Legislação, e costumes de Portugal*》,载《Memorias de Literatura Portugueza》,第 I、II、VI 及 VII 册,Lisboa,1792/1806。

〔27〕 PAULO MERÊA,前揭《*De André de Resende a Herculano*》,载《Es. de Hist. do Dir.》,第 32 页,其观察与(*ibid.*, nota 2) ALEXANDRE HERCULANO 载《Opúsculos》,第 V 卷,第 192 页的意见相似。

〔28〕《*Elucidário das Palavras, Termos e Frases, etc.*》,评注版,Porto/Lisboa,1965/1966(第一版在 1798/1799,而第 2 版在 1865)。

〔29〕 参见前揭《Mem. de Lit. Port.》,第 I 册,分别在第 31 页及后续页,第 61 页及后续页,第 98 页及后续页以及第 258 页及后续页。

〔30〕《*Synopsis Chronologica*》,Lisboa,1790,第 I 册(自 1143 至 1549)及第 II 册(自 1550 至 1603)。另请参见其《*Nova Historia da Militar Ordem de Mlta e dos Senhores Grão – Priores Della, em Portugal*》Lisboa1800,第一、二、三部分(1793 年第 1 版的重新改写)。

（Decretais）被引入葡萄牙的时间，[31]另外，他还著有《Reflexões Históricas，Dissertação Chronológicas e Críticas》，《Observações Diplomaticas e Indice Chronológico e Remissívo da Legislação Portugueza》[32]等名著；以及桑德伦子爵（Visconde de Santarém），他专注于朝廷的研究。[33]

科英布拉大学方面则透过其印刷厂出版了一系列的法律渊源的汇编。[34]其中包括先前从未付印的《亚丰素律令》、《曼努族律令》，《杜瓦特·努内斯·杜·里昂的单行法律汇编》、《菲利普律令》以及高等法院——即第二审上诉法院（Casa da Suplicação）及民事法院（Casa do Cível）——判例的编年汇编。同一时间，大学的某些大师级人物亦对法律史的发展有所贡献。我们记得的有刘易斯·若阿金·科雷亚·达·席尔瓦（Luis Joaguim Correia da Silva），著名学者及《阿丰素律令》之印刷版序言的作者；[35]里卡多·赖蒙多·诺古尔拉（Ricardo Raimundo Nogueira），作为本国

---

〔31〕《*Memorias sobre as Fontes do codigo Philippino e Qual seja a Epoca da introducção do Direito das Decretaes em Portugal, e o influxo que o mesmo teve na Legislação Portugueza*》，载前揭《Mem. de Lit. Port.》，分别在第 II 册，第 46 页及后续页及第 VI 册，第 5 页及后续页。

〔32〕后一部作品（7 卷 6 册；Lisboa，1805/1807，1818 以及 1820）是 J. ANASTÁSIO DE FEGUEIREDO 的《*Synopsis Chronologica*》的续集。另请参见 JOÃO PEDRO RIBEIRO os《*Additamentos e Retoques á Synopse Chronologica*》，Lisboa，1829。

〔33〕《*Memorias para a Historia, e Theoria das Cortes Geraes que em Portugal se celebrárão pelos Três Estados do Reino*》，Lisboa 1828（第 1 部分及第 2 部分）。此作品有一个新版本，Lisboa，1924，书前附有 ANTÓNIO SARDINHA 的研究。

〔34〕即“Collecção da Legislação Antiga e Moderna do Reino de Portugal”。

〔35〕参见本书第 193 页及后续页，以及 PAULO MARÊA 的简短介绍：《*Notas sobre alguns lentes de Direito Pátrio no período* 1772－1804》，载前揭《Bol. Da Fac. De Die.》，第 XXXVI 卷，第 326 页。

法的教授,相关科目的很多重要讲义均出自其手笔;[36]安东尼奥·里贝罗·度斯·桑托斯(António Ribeiro dos Santos),他为将来的公法史及政治学说史研究留下重要的遗产;[37]科埃略·达·罗沙(Coelho da Rocha),他同样写成了一部本国法律史的大型教科书,并且在其民事法学著作中留下无数有巨大重要性的历史资料[38]。

(三)葡萄牙法律史作为科学科目地位的巩固

亚历山德拉·埃库拉诺(Alexandre Herculano)(1810 ~ 1877年)的科学著作就是在这样一个背景下产生的,该著作对葡萄牙文化及精神的影响深远,尤其是在历史学方面。从严格技术意义以及唯名的角度,埃库拉诺(Herculano)并非法律历史学家。可是对于这个学科的发展,他担当了重要的角色。其重要性表现在以下两方面:为一般的历史科学带来发展以及研究了法律史的一些重要课题。

埃库拉诺(Herculano)是葡萄牙历史学发展中的一个具决定

---

〔36〕 这一科目的上课用教程首先发表于《Jornal de Jurisprundência》(第 III 卷)以及载于《O Instituto》(第 VI、VII、VIII 以及 XII 卷),后来又部分重新编辑,书名为《*Prelecções de Direito Público*》, Coimbra,1858,以及《*Prelecções de História de Direito Pátrio*》, Coimbra 1866。关于 Raimundo Nogueira 的作品,参见 PAULO MERÊA,前揭《*Notas sobre alguns lentes de Direito Pátrio no período 1772 – 1804*》,载《Bol. Da Fac. De Dir.》,第 XXXVI 卷,第 323 页及后续页。

〔37〕 参见其作品《*Notas ao Plano do Novo Codigo de Direito Publico de Portugal, do Doutor Paschoal José de Mello, feitas a appresentadas na Junta da Censura e Revisão pelo Doutor Antonio Ribeiro em 1789*》,Coimbra,1844。关于这位作者,查阅由 PAULO MERÊA 在前揭《*De André de Resende a Herculano*》一文中所开列的参考数据,载《Est. De Hist. Do Dit.》,第 34 页,注 1,以及 JOSÉ ESTEVES PEREIRA,《*O pensamento político em Portugal no século XVIII:António Ribeiro dos Santos*》,Lisboa,1983。

〔38〕 MANUEL A. COELHA DA ROCHA,《*Ensaio sobre a Historia do Governo e da Legislação de Portugal*》,etc.,第 7 版,Coimbra,1896,以及《*Instituições de Direito Civil Portuquez*》,第 4 版,Coimbra,1857。

性地位的陈述者。虽然他的哲学取态及研究方法随着时间推移及新诞生或新发展起来的概念的出现而残酷地遭到摒弃，又虽然他得出的结论曾被修订，但我们不得不将他视为楷模。他是罕有的开创时代的天才人物。

我们没有必要作太多表面的陈述，这里需要做的仅是简短地介绍埃库拉诺（Herculano）给葡萄牙历史学带来了什么。

众所周知，19世纪是历史学的浪漫主义法则——在该世纪的上半叶占主导地位，而且还与现代史学方法和文学方法有纽带关系——与新的科学精神结合的交汇点。讲求严谨性与客观性的科学精神将历史建构在法律渊源的严谨内容以及透过法律或普遍原因来理解一切现象的方法之上。可是，在浪漫历史主义以及科学历史主义之间，埃库拉诺（Herculano）究竟处于什么位置呢？

或者可以这样说，他同时是浪漫历史主义的终点以及科学历史主义起点。从这个角度来看，埃库拉诺（Herculano）的地位就像化学上的二元子价。

过去是埃库拉诺（Herculano）的历史作品及小说作品的共同素材。他的多卷本的葡萄牙史〔39〕便是在他的小说出版的前后出版的。然而，他在这两个方面的创作从未混淆。这不是说他能够做到完全壁垒分明，只是，他身上同时兼具浪漫主义运动的历史学家以及遵循科学主义的僵硬概念的历史学家的元素，而这两种元素改善了他曾一度低迷的创造性精神。在该世纪的上半叶，埃库拉诺（Herculano）接受了由沃尔特·斯科特（Walter Scott）所开创的小说创作技巧，拒绝透过名流人物的活动来展示历史这种不合时宜的方法；既然他不排斥虚构作品及传说，其学术本质及偏好也

---

〔39〕《*Historia de Portugal desde o começo da Mornachia até ao fim do Reinado de Affonso III*》，第Ⅰ、Ⅱ、Ⅲ及Ⅳ册，分别出版于Lisboa，1846年、1847年、1850年及1853年。本文以下，引用其作品的第8版，共8册（Lisboa，无日期），DAVID LOPES编辑。

不排斥已获查证的历史事实。埃南尼·西达德（Hernâni Cidade）这样描写他:"埃库拉诺(Herculano),艺术家和诗人,在殚精竭虑地对档案文件进行考据、阅读解析以及详细批判之余,绝不满足于将所选取的材料对号入座地插入构成其统一性的社会及政治架构中;他追求的是从史料中展现出生活。"〔40〕

从埃库拉诺(Herculano)的作品中,明显看到科学精神的指导思想的胜利。这样,他反映了一种建基于对民族国家有意义的事实、建基于过去多个世纪的集体作品,因而必须依照历史—文化分期而不是按皇朝分期的历史学观念。简而言之, 他放弃了"君主顺序"的叙述方式,而采用了"民族的历史"的叙述方式。在历史学往后的时期,这种观念一直没有失去意义。

埃库拉诺(Herculano)追求以书面材料所提供的元素作为其理论基础。毫无疑问,这个方面的先驱者要数阿尔科巴萨人*弗莱·安多尼奥·伯兰登(Frei António Brandão)、安多尼奥·卡埃塔诺·度·阿马拉尔(António Caetano do Amaral)及西班人马蒂内斯·马里纳(Martínez Marina)。他们被视作"半岛民族社会史的奠基人以及新的研究风气的带头人"。〔41〕 但埃库拉诺(Herculano)的进一步发展同样意味深长。众所周知,他实际上领导及监督着皇家科学院一个委员会对国家档案、公共档案、宗教档案及私人档案的解密,使其中数百万已被遗忘的文件重见光明,在批判分析后编辑出版。然而,面对这些材料,纯粹作为历史学家的埃库拉诺(Herculano)尽量不忘记其局限性以及从中可获得的客观结

〔40〕 HERNÂNI CIDADE,《*Portugal Histórico - Cultural* 》,第 3 版,Lisboa,1972,第 291 页。整份献给 Herculano 的研究都是一份优美的作品(*ibid.*,第 280 页及后续页)。

* 译者注:阿尔科巴萨是葡萄牙的一条村庄,阿尔科巴萨人即在该村庄居住或出生的人。

〔41〕 参阅 HERNÂNI CIDADE,前揭著作,第 295 页及后续页。另可参见上文第 20 页,注 27。

论。他尽量抑制想象力的过度澎湃或由于时间的过去而造成过当。

他对《Portugaliae Monumentae Historica》的编辑所作的巨细无遗的努力是不容置疑的。就凭这项如此重大的工作本身便足以从文化上刻画出一个时代,并为参与其中者带来荣誉。后来,随着古文字学研究以及古文书学研究的进步,发现了这一个系列作品有严重的缺失。很可能其中某些缺点是可以避免的。然而,无论如何,我们必须以当时的时空背景来评价这项工作。

过去,由于沟通是困难以及所花不菲的,所以原始材料的分散造成了学者参考的巨大障碍。再加上对国内分散各地的档案文件的保存不谨慎,很多宝贵文件均被损毁,而剩下来的则有被损毁的危险。世界各地均有需要对有灭失危险的数据进行整理。而我们这项工作是成果丰硕的。可以说《Portugaliae Monumenta Historica》与其他国外的汇编——如《Documents Inédits Concernant l' Histoire de France》——相比并不逊色。

正如上文所述,埃库拉诺(Herculano)对葡萄牙法律史发展的另一重要意义是他对法律方面的专门材料的研究。在这个范畴,他所研究的专题大部分是公法方面的。他的作品中不乏对政治法、行政法、税法以及财经法的研究,他分析了无数的税捐及纳贡,除此之外,尚有刑法及诉讼法的分析,特别是证据法方面。在私法方面他亦有涉猎,如婚姻[42]便为一例。

亚历山德拉·埃库拉诺(Alexandre Herculano)的研究成果虽

---

〔42〕 关于Herculano所研究的一些重要法律史课题,可参见M. J. ALMEIDA COSTA的前揭研究:《*Significado de Alexandre Herculano na evolução da historiografia jurídica*》,载《A Historiografia Portuguesa de Herculano a 1950 – Actas do Colóquio da Academia Portuguesa da História》,Lisboa,1978,第251页及后续页。另可参见MARTIM DE ALBUQUERQUE,《*A Formação Jurídica de Herculano: Fontes e Limites*》,载《Alexandre Herculano à Luz do nosso Tempo – Ciclo de Conferências das Academia Portuguesa da História》,Lisboa,1977,第341页及后续页。

然突出,可是比起他带来的法律史学的方法、立论基础以及历史学的历史批判以及哲学批判观念,重要性便较少了。自始以后,没有任何一个历史学家——无论其研究范畴是什么——可以忽视或忘记这些问题的存在以及将之先行处理。纯粹的考古、训诂以及为文学服务的亚科学历史时代将永远结束。

(四)葡萄牙法律史学的独立

上文论述了历史学的巨大进步。葡萄牙的法律史科学因而得以巩固。然而,还缺少一个法律范畴的历史学独特理论。法律史还未曾达到像政治史、经济史或任何其他领域的历史一样,拥有作为一种独特研究方法之前提的自身概念、思考方式、命题、目的以及关联限制。

这一科学上的分离由加玛·巴洛斯(Gama Barros)完成,而完成时间大约是20世纪末和21世纪初。在此之前,不论研究者有没有相应的法律基础,法律史学都并没有明确地区分开来。这个现象在某个程度上是因为当时占主导的课题是外部史或法律的渊源以及古代法学家的生平及著作的记载,很少会是制度的历史研究,而真正的法律科学的历史以及法律思想史更付诸阙如。

但自加玛·巴洛斯(Gama Barros)(1833~1925年)起,很多事物都改变了。其著作《Histróra da Administração Pública em Portugal nos Seculos XII a XV》[43]的出版,带来了对西哥特时期以来的公法制度及私法制度的巨细无遗的研究。他的作品没有埃库拉诺(Herculano)的那种才情横溢的综述,也没有奥利维拉·马

[43] 其第1版由四册组成,由1885年至1922年出版。第2版在1945年至1954年出版,内容被分离于11册内,附有编者TORQUATO DE SOUSA SOARES的很多重要评注。本书所一直采用的是这一个版本。当Gama Barros在92岁逝世的时候,他已为该作品连续工作了60个寒暑,在第一册出版时的20年前他才将之写成。上述内容可参见TORQUATO DE S. SOARES,《*Henrique de Gama Barros*》,载《Revista Portuguesa de História》,第IV卷,Coimbra,1949,第V页及后续页。

尔丁斯(Oliveira Martins)的那种言辞华丽又具启发性的大胆言论,可是他对每一个问题都小心分析,并以大量的档案及文献以及广泛的阅读来支持其结论。他又建立了一个非常独特的图书馆。除此以外,该作者的法律根底很多时候使他可以更严谨地处理这种性质的问题。

葡萄牙的法律史学就此独立开来。加玛·巴洛斯(Gama Barros)并非大学教授,但是,其他人无法比拟的是,他为我们展现了1901年及1911年的改革所反映的法律史及当时的法律教学观念。从加玛·巴洛斯(Gama Barros)的作品中,可以看到萨维尼(Savigny)的历史学派以及当时具统治地位的实证主义的合流。

(五)葡萄牙法律史科学的现代革新

在我们的时代*,法律史的研究差不多完全由一些大学教授所组成的专家所包揽。然而,必须指出的是其取得的可喜进步。其中保罗·梅雷雅(Paulo Merêa)(1889~1977年)在不同的名义上均可以作为典范人物。[44]

---

* 译者注:葡语原文为actualidade,本可译作现代或当代,可是,中文里表示作者所处之时代的词语从来就不清楚,例如,moderna也可译为现代,而当代则又可对应contemporâneo。

〔44〕 关于Paulo Merêa,参见L. CABRAL DE MONCADA,《*Manuel Paulo Merêa-Esboço de um perfil*》,Coimbra,1969;TORQUATO DE SOUSA SOARES,《*Prof. Doutor Manuel Paulo Merêa – Historiador das Instituições Medievais*》,Coimbra,1969,以及MÁRIO A. DOS REIS FARIA,《*Introdução à Bibliografia do Doutor Manuel Paulo Merêa*》,Coimbra,1969(前揭《Rev. Port. De Hist.》,特刊,第XII册——"Homenagem ao Doutor Paulo Merêa",第I卷),《*Doutor Manuel Paulo Merêa (1889 – 1977)*》,Coimbra,1979(前揭《Revista Portuguesa de Filologia》特刊,第XVII卷,Coimbra,1975/1978),以及《*Algumas notas biográficas e bibliografia do Doutor Manuel Paulo Merêa*》,Coimbra,1983(前揭《Bol. da Fac. De Dir》,特刊,第LVIII卷——"Estudos em Homenagem aos Profs. Doutores M. Paulo Merêa e G. Braga da Cruz"第I册)在前揭《Bol. Da Fac. de Dir.》的此同一第LVIII卷第I册,第41页及后续页,载有PAULO MERÊA死后才出版的研究,《*A tradição romana no nosso direito medieval*》。

简明扼要的描述,可以认为保罗·梅雷雅(Paulo Merêa)是我国当代民族文化的名人以及“无可争议地是古往今来的葡萄牙大学教授丛里其中一个最出色的人物”。[45]他所留下的著作——包括关于法律史及法哲学的、关于法律条文的比较的,以及法律以外的科目,如哲学、古文书学以及古文字学——均很有特色地表现出其对课题的详尽研究与阐述、对各门知识与文化的应用与互补所持的全面开放态度、其用词的精确与典雅以及其风格的纯正。

当保罗·梅雷雅(Paulo Merêa)进入科英布拉大学法学院的教学队伍(1914 年)时,我国的法律史及政治史研究状况显然是衰落的。尽管当时吉列尔梅·莫雷拉(Guilherme Moreira)——葡萄牙现代民法学泰斗——在 19 世纪末至 20 世纪初重新整理了初期半岛法史的叙述方式,向我们传播了当时最为新颖的埃多雅多·德·依诺若沙(Eduardo de Hinojosa)关于市政制度起源的学说,以及卡尔·策乌默尔(Karl Zeumer)关于西哥特法律的研究,[46]可是,作大学教材之用的马尔诺古·依·苏沙(Marnoco e Sousa)(1904 年)及若阿金·彼德罗·马尔丁斯(Joaguim Pedro Martins)

---

〔45〕 LUÍS CABRAL DE MONCADA,《*Memórias . Ao longo de uma vida* (*Pessoas*, *factos*, *ideias*). *1888 – 1974* 》,Coimbra,1992,第 168 页。

〔46〕 参考 PAULO MERÊA,《*Esboço de uma história da Faculdade de Direito de Coimbra* 》, fasc. III (1865 – 1902) –《*As várias disciplinas* 》,Coimbra,1956,第 18 页及后续页(前揭《Bol. Da Fac. De Dir. 》,第. XXIX 至 XXXI 卷;尤其参见第 XXIX 卷,第 103 页及后续页),以及 G. BRAGA DA CRUZ,《*A Revista de Legislação e de Jurisprudência -Esboço da sua História* 》,第 I 卷, Coimbra,1975,注 1051,第 431 页,尤其是第 433 页及后续页。

(1906年)[47]的教科书却少有进步。

这就是梅雷雅(Merêa)开始鼓起勇气对葡萄牙法律史科学进行改革时的背景。当他还是法律系学生的时候,他已表现出引人注目的思考能力以及研究人员的天赋才能。他一开始便受到当时的观念论哲学指导思想的强烈影响,以及对主宰那个时期[48]的法国法实证主义(Duguit e Jèze)大力反抗。

自此以后,他的整个学术生命便专注于研究并写作一部具有超乎寻常的科学及文化意义的巨著。对事实及档案文件的详细分析及批评是他的其中一项最引人注目的工作。虽然他如此着重注释,但他在理解问题时又常常会考虑问题之间的关联以及整体解释来对注释进行补充。正是这个方面表现出保罗·梅雷雅(Paulo Merêa)对文化的永恒思考、勤奋不倦地对知识更新以及其无论在建制历史抑或在观念上均属罕有的细腻触角。

梅雷雅(Merêa)专注研究了无数的历史专题,其中不仅包括私法和公法,而且还有关于本国及欧洲政治思想的若干方面。他的研究范围从中世纪一直延展到现代。他的作品之所以不能更加

〔47〕 当José Caeiro da Matta晋升为这个科目的教员时所作的作品虽然有优点,但仍然不是决定性的。大学印刷局出版西哥特法律渊源是他的功劳(《Colecção de Textos de Direito Peninsular》,第 I 卷——《Leis Romanas》,以及第 II 卷——《Leis Germânicas》,Coimbra,1912 及 1913)。参见 GONÇALO DE SAMPAIO E MELO,《*Apontamentos para a História do Ensino do Direito Romano em Portugal*》,第 I 卷(1895-1910),第1部分,Lisboa,1991,第239页及后续页。

〔48〕 参见PAULO MERÊA的研究,《*Idealismo e Direito* 》,Coimbra,1913(重刊于前揭《Bol. da Fac. De Dir.》,第XLIX卷,第285页及后续页)。这是3年前Merêa还是学生的时候发表于Instituto de Coimbra的一个研讨会上的。这个作品里他质疑以孔德(Comte)的科学实证主义以及德沃金(Durkheim)和利瓦伊(Lévy-Bruhl)的社会学为前提的公法教条所建立的法律技术的本体论基础。该作者的热情受到伯格森的制度论所启发是明显的。

详细[49]仅仅是由于其已到极限的科学严谨态度。他的作品充满了宝贵的启示以及永恒的激励,因此,无怪乎其影响远及国界内外的科学和文化媒体,创造出国内与国外[50]知名思想家及研究者均公认的"学派"。

最后,还须指出 Merêa 参与了编辑有灭失危险的法律史材料的工作。在这一个领域,他的活动也是极为重要的,而且他亦一如既往地表现出卓越的天赋。[51]

我们且将论述范围限定于已经身故的葡萄牙法律史学家。这些法学家之中,还要算上保罗·梅雷雅(Paulo Merêa)的两位合作者及继承者:刘易斯·卡伯劳·德·蒙卡塔尔(Luís Cabral de Moncada),无疑他对法哲学的研究更为出色;以及吉列尔梅·布

---

〔49〕 Paulo Merêa 出版了多份给学生使用的笔记,但以他严谨要求的精神看来,这些作品的结构与意见仅是极为临时性的。这包括:《a*Exposição sucinta da História do Direito Português* 》(由 ADELINO MARQUES/CONSTANTINO CARDOSO 所编辑的讲义),Coimbra,1922;《*as Lições de História do Direito Português* 》,Coimbra,1923;《o *Resumo das Lições de História do Direito Português*》,Coimbra,1925;《*as Lições de História do Direito Português* 》(由 BRITES RIBAS/MIRANDA VASCONCELOS//ALVES GOMES 所编辑的讲义),Coimbra,1933,以及《*Elementos de História do Direito Português* 》(由 ARAÚJO BARROS 所编辑的讲义),Coimbra,1938。在其学习的第五年(法学补充课程),Merêa 发表了一些专着,作为影印笔记提供给学生,例如《*Origens do testamento português* 》,Coimbra,1937,《*História da Enfiteuse* 》,Coimbra,1942,《*Disposições pro anima* 》,Coimbra,1946 年。

〔50〕 参见例如 PAULO OURLIAC 的研究,《*Ce que l 'histoire du droit français doit à Paulo Merêa et à G. Braga d Cruz* 》,载前揭《Bol. da Fac. de Dir. 》,第 LVIII 卷,第 I 册,第 771 页及后续页。

〔51〕 他一开始便承续了 Caeiro da Matta 所发起的工作,编纂《Colecção de Textos de Direito Peninsular e Português》-《Textos de Direito Visigótico》,第 I 及第 II 卷,Coimbra,分别于 1923 及 1920。之后,他又努力地合作参与"由 Rui Pinto de Azevedo 博士组织并作序,得到*葡萄牙历史学院*支持的极为重要的《*葡萄牙中世纪档案*》的汇编"(参见 TORQUATO DE SOUSA SOARES,前揭《*Prof. Doutor Paulo Merêa – Historiador das Instituções Medievais* 》,第 48 页及后续页)。

拉加·达·克鲁斯(Guilherme Braga da Cruz)。

上述两位大师之中的前者——卡伯劳·德·蒙卡塔尔(Cabral de Moncada)(1888~1974年)〔52〕——是 Merêa 在大学的教席上的门徒,而之后又是他在法律史研究方面的同事与合作者。然而,从很早期开始,他理解法律史的方式以及其相关方法论已展现哲学味道,同样的情况也出现在他的历史学作品中,无论选题抑或审视问题的方式。蒙卡塔尔(Moncada)的作品较具代表性的是法哲学与政治哲学的〔53〕体系与观念史。

---

〔52〕 关于 Cabral de Moncada,除了载《Nomos - Revista Portuguesa de Filosofia de Direito e do Estado》,第 5 - 6 号,Lisboa,1988、MÁRIO BIGOTTE CHORÃO,《*Um jusfilósofo português da contemporaneidade (No centenário do Douor Cabral de Moncada)* 以及 *Diálogo com um leitor atento acerca do Doutor Cabral de Moncada*》,载《O Direito》,第 121 年,Lisboa,1989,分别于第 II 号,第 315 页及后续页,以及第 IV 号第 743 页及后续页;PAULO FERREIRA DA CUNHA,《*Pensar o Direito na História (Evocando Cabral de Moncada)*》,载《*Pensar o Direito, I. Do realismo clássico à análise mítica*》,Coimbra,1990,第 83 页及后续页,ANTÓNIO BRAZ TEIXEIRA,《*sobre a Filosofia Jurídica de Cabral de Moncada*》,载《Caminhos e Figuras da Filosofia do Direito Luso - Brasileira》,Lisboa,1991,第 75 页及后续页,以及 ERIK JAYME,《*Luís Cabral de Moncada (1888 - 1974) e as suas relações com a Alemanha*》,载《Bol. da Fac. de Dir.》,cit.,vol. LXIX,第 233 页及后续页之外,还可参阅 G. BRAGA DA CRUZ 以及 AFONSO QUEIRÓ,《*Prof. Doutor Luís Cabral de Moncada*》,载前揭《Bol. da Fac. de Dir.》,第 XXXVI 卷,第 281 页及后续页。Cabral de Moncada 的法律史研究基本上收入其《"Estudos de História do Direito"》,第 I、II 及 III 卷,Coimbra,1958/1959,以及于《Estudo Filosóficos e Históricos》,第 I 及 II 卷,Coimbra,1958/1959。还有一份小笔记标题为《*História do Direito Português. Direitos de Família: Casamento e Regimes de Bens*》,Coimbra,1930,内有 Cabral de Moncada 的讲义,由 AUTUR A. DE CASTRO/MÁRIO M. REYMÃO NOGUEIRA 所编集。

〔53〕 关于这一个观点的说明,主要来自 Cabral de Moncada 在其前揭作品《*Memórias*》中的自我"招认",尤其是第 171、188 页及后续页,第 201 页及后续页,第 217 页及后续页。

布拉加·达·克鲁斯(Braga da Cruz)(1916～1977年)[54]应被视为保罗·梅雷雅(Paulo Merêa)的直接门生与最得意门生。当人们还对他多才多艺的性格——但在科学研究上,他专注于法律史学的特别范畴——还存有极大期待的时候,死神却过早地把他召唤而去。

布拉加·达·克鲁斯(Braga da Cruz)的科学著作同样宝贵及众多。这些著作包含的课题范围广阔——从古代法、中世纪法到现代法律体系的直接正史先例均有涉及。他的作品显示出他的科学严谨、卓越的才智和努力、深思熟虑以及审视问题的严肃性。他的作品所反映的是一个道德及学术上均堪作模范的人格特质。

正如保罗·梅雷雅(Paulo Merêa)一样,布拉加·达·克鲁

---

〔54〕 关于 Braga da Cruz,参见 M. J. ALMEIDA COSTA,载《*História do Direito e Ciência Jurídica – Homenagem póstuma a Guilherme Braga da Cruz*》,Porto,1979,第83页及后续页,MANUEL DE PAIVA BOLÉO,《*Dr. Guilherme Braga da Cruz (1916 – 1977)*》,Coimbra,1979(前揭《Rev. Port. De Filol.》特刊,第XVII卷),RAFAEL GIBERT,《*Braga da Cruz, cien anõs de Historia del Derecho portugués*》Madrid,1979(前揭《An. de Hist. Del Der. Esp.》特刊,第XLIX册),LUÍS DE ALBUQUERQUE e ANÍBAL PINTO DE CASTRO,《*À Memória do Doutor Braga da Cruz. Na Abertura da Exposição Bibliográfia, em 31 de Março de 1980*》,载《Boletim da Biblioteca da Universidade de Coimbra》,第XXXVI卷,Coimbra,1981,第347页及后续页,载《*Guilherme Braga da Cruz, Um Homem para a Eternidade*》的若干言论,第I及II卷,Braga,1981/1985,MÁRIO A. DOS REIS FARIA,《*Bibliográfia do Prof. Doutor Guilherme Braga Cruz*》,Coimbra,1983(前揭《Bol. da Fac. de Dir.》特刊,第LVIII卷,第I册)MARTIM DE ALBUQUERQUE,《*Elogio do Prof. Doutor Guilherme Braga da Cruz*》,Lisboa,1985(由Academia Portuguesa da História出版),载《*Prof. Doutor Guilherme Braga da Cruz. No 70. Aniversário do Seu Nascimento* 的论述》,Braga,1987,以及 MÁRIO BIGOTTE CHORÃO,《*O problema do trabalho – A propósito d uma contribuição do Doutor Braga da Cruz para as Semanas Sociais Portuguesas, Lisboa, 1987*》。前揭《Bol. da Fac. de Dir.》第LVIII卷第I册,第69及后续页,还包括 G. BRAGA DA CRUZ 死后才出版的作品,《*Coimbra e José Bonifácio de Antrada e Silva*》。

斯(Braga da Cruz)也能经受诱惑而不作未经深思的结论与概括。只要他严谨的诚信以及科学上极不容易满足的性格认为课题没有完全释疑,〔55〕他会毫不犹豫地耐心打下坚实的基础。在这样一种谦虚及博学的态度下,他的作品的学术权威性至高无上。

然而,也不可忘记由里斯本大学法学院所培养的研究人员对现代法律历史学的贡献。由于我们在这部分仅介绍已身故的学者,所以只会论及马尔塞罗·卡埃塔诺(Marcello Caetano)(1906~1980年)。然而,这一所学校不断产出具有高度科学水平以及重要学术价值的研究成果。

马尔塞罗·卡埃塔诺(Marcello Caetano)主要具有政治科学、宪法学及行政法学学者的不同身份。同时,在专注于其他学科的研究及教学之余,他亦涉猎法律史学。在这个领域,他的研究和写作足以比拟一位全职的法律史学家。他具有成熟的历史学的观念;他所采取的是稳健的治学方法;他对历史问题有不同寻常的洞察力;他从不放弃作为科学家所必需的诚信;他的作品具有极为罕见的组织性及清晰性。毫不令人惊讶的是,与他所受的基础教育有关,他治史的主要方向是公法史。

然而,法律史学方面的科研工作占据了其人生的最后数年。这段时间里,他专注于重新思考及修订先前的著作,引用了很多第

---

〔55〕 在"前言"中提到,Braga da Cruz 远远未有认为其大学课程的影印材料中所表述的各种观点是确定的。这一部《História do Direito Português》主要有两个版本:其中之一是(Coimbra, 1946/1947),由 ERNESTO FARIA LEAL/ÂNGELO DE CASTRO CÉSAR 负表的;而另一个(Coimbra,1955/1956)与前一版本差别很少,但却是由 A. BARBOSA DE MELO 负责。据说还有一部《*Aditamentos de Direito Português – O problema da personalidade ou territorialidade da legislação visigótica, anteriormente a Recesvindo*》,Coimbra,1958,由 DANIEL GONÇALVES 所编集。关于 Braga da Cruz 在教授罗马法方面所写的东西,参见 GONÇALO DE SAMPAIO E MELO,前揭著作,第I卷,第I部分,第313页及后续页,其中的说明还须重新推敲。

一手的渊源资料。不幸的是他在工作计划尚未完成[56]之际便撒手尘寰。

---

〔56〕 作为作者死后才出版的作品,前揭《*História do direito Português* 》,第 I 卷 – 《*Fontes. Direito Público* (1140 – 1495)》,已经出版,Lisboa,1981 (Lisboa 第 3 版,1992)。另外引用他收于《Estudos de História da Administração Pública Portuguesa》的重要著作,由 DIOGO FREITAS DO AMARAL 整理及作序,coimbra,1994。他为里斯本大学该科目授课时(从 1939 年到 1942 年,以及从 1961 年到 1963 年),为学生所写的教学材料有《*Lições de História do Direito Português* 》,Coimbra, 1962。参见 Ver JORGE BORGES DE MACEDO,《*Marcello Caetano , historiador* 》,载《Brotéria》,第 114 卷,第 2 号,Lisboa,1982,第 151 页及后续页。JOSÉ ADELINO MALTEZ,《*História do Direito Português* 》(1140 – 1495) de Marcello Caetano,载前揭《Rev. da Fac. de Dir. da Univ. De Lisb.》,第 XXVI 卷,第 611 页及后续页,以及 ANDRÉ GONÇALVES PEREIRA,《*Marcello Caetano – Professor da Faculdade de Direito de Lisboa* 》, *ibid.* ,第 XXVIII 卷,第 179 页及后续页。

第一部分
半岛法律史原论

第一章　原始时期

一、基本特征、认识的渊源

我们对半岛法律史的论述，从罗马统治之前的体系开始。这一时期被称为*原始时期*或*伊比利亚时期*(*período primitivo* ou*ibérico*)。[1]

这个时期的基本特征是，半岛远远未有达到伦理上的、语言上的、文化上的、宗教上的、政治上的、经济上的或法律上的统一。无论从上述的任何一个角度看，"伊比利亚半岛"都是一个颇为分散的整体。

必须指出的是，现存的对于这一时期的建

---

〔1〕 关于这一时期的著作，可参见 JOAQUÍN COSTA 的一般论述，《*Estudios ibéricos* 》, Madrid, 1891/1895；MANUEL TORRES，前揭《*Leccoines* 》，第 I 卷，第 143 页及后续页；A. GARCÍA – GALLO，前揭《*Manual* 》，第 I 册，第 27 页及后续页，尤其是第 36 页及后续页、第 233 页及后续页及第 237 页及后续页；LUÍS G. DE VALDEAVELLANO，《*Curso de Historia de las Instituciones españolas – De los orígenes al final de la Edad Media*》，第二次重印，Madrid, 1986，第 109 页及后续页；以及 ENRIQUE GACTO FERNÁNDEZ/JUAN ANTONIO ALEJANDRE GARCÍA/JOSÉ MARÍA GARCÍA MARÍN，《*El Derecho Histórico de los Pueblos de España*（*Temas y textos para un curso de Historia del Derecho*)》，第 8 版，Madrid，1994，第 37 页及后续页。

制的描述均是断裂式的与不确定的。可供研究的渊源“资料”显得非常匮乏。在各种的重要数据中,最突出的是碑铭及考古遗物。另外,从古代作者的典籍中所收集到的一些数据也十分重要。

但并非所有被发现的记录都是可以被现代的研究者使用的,因为除了一些用拉丁文或希腊文书写之外,还有一些是用不为人所知的文字书写的。为了要读懂后者,不乏一些或多或少地具有成果的尝试。这些尝试有的运用了语文学的一般原则,有的则以双重或双语记录——伊比利亚语及拉丁语——为根据。然而,其所取得的成果均是可以质疑的。〔2〕

希腊与拉丁的地理学家和历史学家所提供的讯息十分宝贵,虽然这些讯息是片段式的,而且不一定相互吻合。必须指出的是,上述讯息均表现出外国人对半岛制度发表看法的共同特征,其目的均是以半岛的制度与其国家的相关制度作比较,因而放弃了一些特殊的方面。然而,这些特殊方面正是最需要有确切的观点的。人种学和社会学的研究普遍地证明了即使文明与文明之间存在明显的相似性,但以另一个文明的标准来解读一个古代或现代文明仍然是困难的。

对于法律史的研究而言,上述的各种掌故渊源所拥有的价值并不一样,必须从出处和内容上对其进行评价。这样,从曾经生活在半岛上的作者手上获得的原始材料原则上比透过上述作品间接收集而来的更为可信。除此以外,这类作品很多时候所论述的议题与法律毫无关系。然而,也有一些对半岛原始民族的法律制度作了重要的说明。值得一提的作者有普力比欧(Políbio)、狄奥多

---

〔2〕 关于罗马之前的时期的文档、其阅读以及解释的困难,参见 A. GARCÍA - GALLO《*Los documentos y los formularios jurídicos en España hasta el siglo* XII》, 载《Estudios de Historia del Derecho Privado》,Sevilla, 1982, 第 347 页及后续页(同样载《Anales de la Academia Matritense del Notariado》,第 I 卷,第 XXII 册,Madrid,1978)。

罗·达·西西里亚(Diodoro da Sicília)、埃斯特拉崩(Estrabão)〔3〕及阿皮安诺·亚历山德列诺(Apiano Alexandrino),他们均以希腊文书写;另外还有阿维安诺(Avieno)、朱利欧·塞萨尔(Júlio César)、提托·里维欧(Tito Lívio)、皮里尼欧(Plínio)及普默庞尼欧·梅拉(Pompónio Mela),他们留下的是拉丁文著作。

二、罗马征服之前的民族

我们没有必要将上古时期到罗马人到达之前居住在半岛上的民族详细地罗列出来。人种学上的问题以及这些民族的本地化问题对于我们的命题而言是次要的。

我们的建议是,只会提及在公元前3世纪时——换言之,即罗马统治之前——占据着半岛的土著民族。另外,这对外来殖民的论述也有益处。

(一)主要的土著民族

正如我们所见,半岛原始民族的种族多样性主要与其文化上和经济发展上的差异有关。他们之中的一些民族只有少量的农业及畜牧业生产,而另一些民族除了有发达的农业经济外,还会进行工业和矿业活动以及商业交易。在后者之中,货币的使用并不罕见。

所有的证据均显示,相当于现代的安达卢西亚(Andaluzia)的地区、半岛的东部以及现在成了葡萄牙海岸的大洋岸边是当时最发达的地区。相反,似乎必须承认,那些较落后的民族均处于内部地区、东北部以及坎塔布里亚(Cantábrico)的沿岸。

虽然种族的差异很大,但仍然有可能将罗马征服之时居住在半岛的民族归纳为以下五个基本族群:塔尔特苏斯人

---

〔3〕关于这位作者的作品,其中一部有译本,并附有A. GARCÍA BELLIDO的评注,《*España y los españoles hace dos mil anõs según la Geografia de Strabón*》,Madrid,1945。

(Tartéssios)、伊比利亚人(Iberos)、塞尔特人(Celtas)、塞尔梯贝里亚人(Celtiberos)及法兰克—皮利牛斯人(Franco – Pirenaicos)。

我们用了一个颇为简单且没有考虑充分严谨性的分类。必须指出的是,每一个族群中,又再细分为数个民族。我们在此作一些简短的介绍。

1. *塔尔特苏斯人*——根据斯特拉崩(Estrabão)的记载,这是半岛上最具宗教信仰和最先进的民族。他们定居于南面,大致上以瓜迪亚纳河(rio Guadiana)为界的地区。在塔尔特苏斯人中,可分出图尔德坦人(Turdetanos),他们占据了瓜达尔奎维尔(Guadalquivir)低洼地带的盘地。

2. *伊比利亚人*——他们分散在东方的岸边,并通过现时的卡塔卢尼亚(Catalunha)和阿拉贡(Aragão)逐渐向内部扩展。属于伊比利亚族的有坎塔布里亚人(Cantabros 或 Cantábricos)。他们定居于阿斯图里亚斯(Asturias)及桑坦德(Santander)东边的山上。必须谨记的是,伊比利亚人(Iberos)这个定语的使用已经超越了其狭义本身,它还被用来指称半岛上的其他民族。

3. *塞尔特人*——他们占据了西北部及西南部,换言之,即现时的米纽(Minho)、加利沙(Galiza)地区以及特茹河(rio Tejo)的南面,但不包括当时居住着科尼奥人(Cónios)而现在变成了阿尔加维(Algarve)的地区。上述的第一个地区的人当时取名为加里西亚人(Galaicos),它包括了一大系列的种族,其主要族群是卢戈人(Lucenses)以及布拉加人(Bracarenses)。

4. *塞尔梯贝里亚人*——其起源备受争议。然而,无论是塞尔特人统治了伊比利亚人或者是伊比利亚人统治了塞尔特人,肯定的是塞尔梯贝里亚人是这两个民族融合或混合的结果。这是半岛上其中一个最重要的族群。当中包括了位于多鲁河(rio Douro)及特茹河(rio Tejo)中间的卢济塔尼亚人(Lusitanos)。

5. *法兰克—比利牛斯人*——他们处于半岛的北端，即现在的纳瓦拉（Navarra）以及巴斯克（Vascongadas）地区。要指出的是，这两个族群的民族曾经有重大的文化扩张。特别要强调其中的巴斯克地区（Vasconsos），其幅员涵盖现在的潘普洛纳市（Pamplona）。

（二）外来殖民

当完成对外国殖民的介绍之后，对罗马统治之前的希斯帕尼亚族群的简短描述也将会完成。关于外来殖民的来源，现今的通说是海上旅程以及与远方的欧洲人及北非人的接触。可是，我们这里只会谈及对原住民经济和文化上的进步最有贡献的殖民者：腓尼基人、希腊人及迦太基人。现在，就让我们作一些简明扼要的论述。

1. *腓尼基人*——腓尼基人在小亚细亚中以作为一个航海家及商人的民族而闻名，他们成功地在公元前 9 世纪与 8 世纪取得地中海的商业霸权。正是商业利益使腓尼基人沿着非洲海岸建立多个殖民地和商业殖民地（feitorias），其中最为突出者是迦太基。同样是这些利益将腓尼基人引到半岛来。他们定居于南部海岸，建立起卡狄斯（Cádiz）及其他城市。

腓尼基人在半岛的存在直到公元前 7 世纪时便呈倒退现象，这个现象随着“提洛同盟”（Tiro）的陷落而加剧。在随之而来的一个世纪便完全终结。

2. *希腊人*——继腓尼基人之后，便来了希腊的佛西斯人（focenses）。他们之所以被称为佛西斯人是因为其以位于小亚细亚内佛西亚（Foceia）的爱奥尼亚城（jónica）作为其大都会。他们与半岛的首次接触可追溯到公元前 7 世纪。他们也是受到商业利益的驱使而到来的。他们首先在安达卢西亚的东面建立了一些殖民地，然后，随着对巴利阿里群岛（Ilhas Baleares）的占据以及马塞（Marselha）的建成，沿着海岸线一直向北扩张。

当波斯人在公元前7世纪中叶征服佛西斯人的时候,马塞已经成了在地中海的所有希腊佛西斯人殖民地的辐射中心。

3. *迦太基人*— 同一时期,古老的腓尼基殖民地迦太基成了那个时代最强大及最富有的城市,他们企图挑战佛西斯人作为地中海西方政治及经济强权的地位。这一野心是随着军事斗争及建立殖民地而发展起来的。

迦太基人与半岛的贸易关系具有悠久的历史。早在公元前6世纪,双方便在伊比沙(Ibiza)建立贸易关系。然而,其存在仅在提洛同盟灭亡之后才增加。鉴于其以腓尼基人的继承者自居,因而有意保持对腓尼基人在希斯帕尼亚所建立的殖民地的统治。

在海战上大胜佛西斯人之后,他们占领了撒丁,随后,便开始向半岛的南部迁移。迦太基城(新迦太基)是其辐射的中心。

应指出的是,其殖民与先前的半岛殖民有所不同。腓尼基人与希腊人一直以地中海海岸为中心。迦太基人的占领在最初的时候也具有同一特征,但是,很快便变成了真正的领土征服,并向内地渗透,因此,引起了原住民及希腊殖民的抗争。

我们都知道,第二次布尼克战争中断了迦太基人的统治。自始,希斯帕尼亚半岛便成了罗马世界的一部分。

三、政治及社会组织

(一)政治组织

1. 半岛上的诸国、政治体制

大家必须注意的是,我们一开始便指出半岛远远未构成一个政治上的整体。在原始的希斯帕尼亚存在很多小国家,即使在幅员较小的同一族群内也可以有多过一个国家。除此之外,各个国家所采取的内部组织模式又有所不同,这些不同的模式反映其政治发展程度以及殖民者的一些可能影响。

首先出现争论的是,究竟国家是以部族为单位的还是以城市为单位的。较为可取的意见是,没有一个统一的模式:在塞尔特人地区、塞尔梯贝里亚人地区以及普遍的东方地区，占优势的是部族国家，换言之，是具有领土性质的；相反，在南部则以城市—国家为主要模式，这些国家相当于古地中海的典型“都会”。考虑到半岛的整体情况，似乎可断定多数的原始国家均以部族为单位。

这些政治单位都是由家族或部落以及地方群体或村镇组成的。这些村镇相互之间保持封闭，原则上，均拥有相当的独立性。村镇的基础是地方上的共同生活，而家族则以家庭上的联系为基础。后者就好像古代罗马社会组织中的“氏族”（“gentes”）一样，由同一谱系发展出来的后代家庭所组成。这些家庭具有相同宗教信仰、共同的政治领袖，而且还拥有自己的法律。上述在同一政治单位内的家族及村镇的独立性显然是会影响国家的凝聚力的。

这些群体的封闭性特征曾经有减轻的现象。导致其减轻的其中一个原因是“后援会员”* 协议（acordo de clientela）。透过该协议，可以将保护扩展到来自不同社群的会员。与这种协议并行的还有款待协议（acordos de hospitalidade），其是在平等的基础上订立的，不涉及作为后援会员之特征的从属性约束。有时，上述的协议会具有集体性质，换言之，是在家族或村镇之间订立的。[4]

另外，还须指出的是，一个民族究竟会组成多少个上述词义上的国家，实际上是因民族而异的。拉丁作者指出，卢济塔尼亚人就分为 30 个部族，即相等于同样数目的独立国家。

至于政治体制方面，主要是世袭或终身的君主制。当采取共

---

* 译者注：有的词典将 clientela 译为门客或家臣。

〔4〕 关于上述的各个方面，参见 VALDEAVELLANO，前揭《*Curso*》，第 115 页及后续页。

和制的时候，则具有贵族政治的面貌。法官及临时政治领袖的选任以及相关职务的行使均保留给有限数目的贵族，就像是社会族群的代表一样。

这暗示了一个贵族式的议会曾经担当着重要的角色。除此以外，还有一个人民议会。这个议会社群中所有的自由人均可以参与。同样，后者亦表现出没有足够的普遍性。

2. 国家的邦联及属国

从以上论述可见，严格地说，那个时代并没有出现真正具有现代意义的国家。相反，那时的现实是，很多个无论在经济方面、政治方面或法律—伦理方面均或多或少地处于隔离和独立状况的群体基本上共同存在。

在这个背景下，不仅国家社群层面的黏合因素是外在的，即使是超越国家的层面也是如此。每当有外来侵略者对其安全构成威胁的时候，部族或城市很多时候都会组成邦联。因此，这些邦联都是临时性质的，而且还具有政治—军事上的目的。例如，卢济塔尼亚人的部族虽然各自独立，而且常常互有斗争，但他们也会采取这种体系。这种邦联的方式在维里亚图(Viriato)及塞尔托里欧(Sertório)的时代最为著名。

然而，同样也有一些国家会统治或兼并其他国家。例如，由多个塔尔特苏斯人的国家从属于其城市—都会所组成的塔尔特苏斯帝国就是一个很好的例子。

(二)社会阶级

我们接下来对一个非常缺乏数据的方面进行分析。然而，根据推测，被罗马统治之前的希斯帕尼亚人具有古代世界所特有的社会结构。其基本特征是，将人区分为*自由人*与*奴仆*或*奴隶*。前者具有法律人格，而后者则被视为物，所以，是法律上的客体。

在自由人中，还存在一个特权阶级、一种贵族。拉丁作者称之为“nobiles”、“principes”、“primores”以及“maximi natu”。他们是最具有权力的人，然而，对于阶级的差别究竟是由出身、财富、军事力量抑或所担任之公职来划分则尚有争议。

在其之下的是*占大多数人口的自由民*。很自然，这个阶级的社会及经济状况则因人而异。卢济塔尼亚人给予老年人特别的待遇，因此，他们在老百姓或平民中间也算是一种特权阶级。

由于生活上的困难，主要是经济上的困难，使很多自由人透过一种"后援会员"（clientela）关系而托庇于有权势者。这是一种由庇护主（patrono）向会员提供经济上及人身上的保护，而后者则有义务向其绝对效忠及服务的约束关系。后援会员因而形成了一个特殊的阶层。该阶层的特点是，由于上述的从属性，后援会员的个人自由受到严格限制。

一种被称作 *devotio*，源自原始希斯帕尼亚人的特殊后援会员关系，在伊比利亚人间经常得到应用。这是一种军事上的后援会员的变体，其特色是有宗教元素的渗入。被称作 devotus 或 soldurius 的后援会员除了在战争时必须追随庇护主之外，还会将自己的生命献给神明，祈望其接受，从而交换庇护主的生命。假如庇护主在战争中死去，后援会员应自杀，因为庇护主的死代表神明不接受其牺牲，结果是，其生命变得不合法。[5]

最后一个社会阶层是奴或奴隶。有人主张私人奴隶及公家奴隶之分，后者属于政治社群的财产。

四、罗马时期之前的半岛法

我们对于这一个时期的论述现在到了基础部分。可是，上面已提到，材料的缺乏使人难以将历史重现。

根据观察所见，应注意的是，并不存在一套在整个地区都生效

---

〔5〕 关于"devotio"，参见 J. M. RAMOSY LOSCERTALES 的经典论述，《La "devotio" ibérica. Los Soldurios》，载前揭《An. De Hist. Del Der. Esp.》，第1册，第7页及后续页。

的法律,而是存在多个法律秩序。因此,当使用“本土民族的法律”或“原始法律”等词组时,其所要表达的其实是与殖民者的法律相对的一系列规管半岛上原始民族的法律体系。

另外,很明显的是,当我们提到“罗马时期之前的半岛法律”,我们所要表达的是,并不是这些法律体系在罗马人到来后便完全消失。原始的法律在这一个历史事实发生后仍然生效。我们将会评论一下罗马法怎样一步步被融入半岛的人民中。另外,普遍均认同一些在根源上先于罗马时期的制度及原则一直保存达数个世纪,到中世纪时期很可能还得以强化。

(一)土著民族的法律

关于本土民族的法律方面,我们现在看看哪一些是较有可信性的。法律渊源——法律规范的形成及表现形式——的问题与法律规范的内容——法律制度——的问题将会被分开考虑。众所周知,这两个方面构成了法律的外在及内在方面。

1. 法律渊源

毫无疑问的是,整个半岛地区的原始法律均仅仅具有或主要具有习惯法的性质。大部分的土著民族仅仅承认风俗作为法的渊源:法规范的产生,是基于人因应不同的问题及社会状况而不断重复地作出相同的行为,加上人们对这些行为的强制性的信念或认知(opinio iuris vel necessítatis)。

在某些民俗之中,风俗的垄断性由于作为其成员的各个社会族群之间所签订的款待条约而受到弱化。根据这些条约,一个社群会向另一个社群的全部或部分成员授予同等的权利;有时候,条约还会为缔约的各族群制定法律关系的规范。后来,他们还与罗马人缔结友好或联盟条约。

根据遗迹及古代作者的描述,在半岛的南边以及半岛东部沿海地区(Levante)发现一个例外情况。在这些地区,有较先进的社会及文化,有真正的法律,但这些法律并没有被我们所认识。例如图尔德坦人，有证据显示其法律秩序不仅由习惯规则组成，而且还有由立法行为产生的规范。

史特拉崩（Estrabão）便断言这个民族在六千年前已经有透过韵文书写而成的法律。〔6〕然而，现今已无人通晓这些法律，而不同的作者对于其内容也有不同的说法。

在古代民族中，以韵文记载法律规则曾经是相当普遍的，其目的是帮助记忆。〔7〕同样不可忘记的是，半岛的南方及东方地区曾经受到外来殖民者的巨大影响，而这些殖民者至少在其原来的社会是受到法律管治的。

然而，直到这里我们还是停留在历史推论这个不清晰的层面。在此，最为流行的意见倾向于认为这些并不是严格意义的成文法律，而是长久以来代代以口相传的习惯规则，直到某位君主为了使其更具稳定性及公开性，便命令将之书写下来，同时又在此基础上加上一两个新的规则。

除此之外，也不排除有些规定是由国家政治机关制定的。这种规定倘若真的曾经存在的话，其性质应该是简单的行政命令而不是真正的法律。

简略地概括，我们的论断是，半岛土著民族的法律毫无疑问是习惯法性质的。须注意的是，法律与宗教—伦理在这里并没有明确的划分，似乎应接受神话作为风俗传播及沉积的工具，正如在古

---

〔6〕 著名希腊地理学家作品由于现已不完整，所以很难理解，但也可以解释为它提到了以六千句韵文记载的法律（参见例如 GARCÍA – GALLO，前揭《*Los documentos y los formularios jurídicos* 》，载“Estudios de Historia del Derecho Privado”，第 347 页，注 6）。

〔7〕 参见 EDUARDO DE HINOJOSA，Poesía y Derecho，载《Obras》，第三册—《Estudios de Sintesis》，Madrid，1974，第 435 页及后续页，以及 MIRCEA ELIADE，《*Histoire des croyances et des idées religieuses* ，Vol. II – *De Gautma Bouddha au triomphe du christianisme*》，Paris，1984，第 139 页。

代民族里普遍发生的一样。

然而,在以习惯法为基础的情况下,实在难以否定曾经出现过一些成文立法之类的现象。但一般应该把这些现象视为地区性的及罕见的。

2. 法律制度

在重新展现原始希斯帕尼亚的法律制度的过程中,我们遇到相同或更大的疑惑。我们面临的不仅仅是直接历史渊源材料的缺乏,而且连间接的资料也缺乏。

很多的研究者均采用两个方法来补救这种材料上的不足:比较的方法以及取残余方法。然而,这两种方法均会带来历史推论所固有的困难。

*比较的方法*是从一个已知的原始社会为出发点,重新展现另一个具有相似发展——基于其伦理、生活条件、文化、社会及经济情况的相同——的原始社会的制度。用作参照的社会不一定要与作为研究对象的社会同时代存在。

有了这一个经常在人类学研究上使用的方法的帮助,很多作者都能对罗马时期之前的半岛法做出一些成果。例如,从定居于法国及爱尔兰的塞尔特人或散居于北非的伊比利亚人的制度里推论出半岛上的法律制度。然而,对这些结论的接受只应限于近似的层面,而且必须谨慎,因为不同社会之间的相似性从来都不是绝对的。

*取残余方法*是企图透过对后世发现的遗迹的考察而认识某个特定的时期。这个方法也被应用于半岛原始民族法律的研究。其研究的起点是光复时期(Reconquista)法律体系,方法如下:由于这一时期的很多制度均可找到其罗马法、日耳曼法、亚拉伯法、教会法等根源,因此,其他的便成了剩余部分,因为其没有先例。这样,这些剩余部分便是罗马时期以前的制度的残留。

显然,这个方法也是不可靠的。一方面,它排除了后世的研究可以正确地界定出其中一些剩余法律制度的起源;另一方面,有一些制度根本就是在光复时期的特定条件下产生的,这些制度与原始时期并没有无任何隔代遗传的关系。

上面所作的考虑展示出,对有关罗马时期以前半岛民族的法律制度所取得的研究成果必须以保留的态度审视。各种成果之间不可争议的缺乏统一性更进一步阻碍了其普及化。

可以接受的是,具主导地位的家庭组织模式是一夫一妻制以及父系制。然而,在坎塔布里亚人之中,而且很可能也在其他半岛的北方民族之中,也发现一些显示出一种母系社会——以女性为主导的家庭及社会——的制度,或至少是一种现代父系制度的过渡阶段。例如,由丈夫将嫁资交给配偶;父亲的遗产留给女儿,而当其父系兄弟结婚时,女儿则负责提供其用作嫁资所需的财产。

主张订婚仪式之备受重视以及接吻法[8]均起源于罗马时期以前的法律大有人在,同样,夫妻间的财产共有[9]也是如此。而另一些人则主张居住在半岛中部、属于塞尔梯贝里亚族或其相近民族的塔拉戈纳人(Vaceus)采用了一种属于集体所有类别的农业所有制。同样,也有人表示,塔尔特苏斯人有禁止年轻的人针对较年长的人作证的原则。

关于刑法方面,制裁的粗野是毫无疑问的。作为例子,史特拉崩(Estrabão)便曾经指出,在半岛的东方民族间,被判死刑者会被“高挂于石岩之上”以及杀害近亲者“在边界前被乱石掷死”。这证实了一个推测:与原始人的野蛮风俗及顽强程度相对应的刑罚的残忍性及暴力性,正如在普遍的古代社会一样,在赞扬战争与报

---

〔8〕 根据这一制度,向新娘献吻表达了纳之为妻的意愿。

〔9〕 参见 PAULO MERÊA 颇令人怀疑的论述,《*Evolução dos regimes metrimoniais*》,第1卷, Coimbra,1913,第10页及后续页。

复的神话及宗教层面找到其正当性。

在光复时期,相传存在一种惩罚某些罪犯的“入棒”(entrar às varas)刑。不排除这种方式的报复及体罚代表了半岛罗马时期以前一种制度的残留。〔10〕

这些简短的介绍足以证明我们先前所作的断言:虽然研究人员做了很大的努力,但对于半岛土著民族在罗马时期前的法律制度的认识是不完整与不确定的。

(二)殖民者的法律

然而,要重新展现殖民者的法律制度亦有同样的困难。我们知道腓尼基人及希腊人在半岛建立重要殖民地,而迦太基人更将其占领扩展到内部地区。然而,关于他们所采用的法律则付诸阙如。

必须承认,这些民族的殖民辐射中心所在的地中海东部大都会曾经有相同的法律。然而,除了风俗外,还有很大部分的法律是制定法,而当中还包括地方立法。

迦太基人对半岛统治应该会造成法律上的二元性。征服者及公共组织,至少在其顶层,由迦太基法律所调整;同时又同意服从于其统治之下的民族继续遵守不违反迦太基法的传统规则。

影响当然是有的。可以相信的是,某些殖民者的法律被传入半岛民族的法律中。但是这样的断言仍走不出推测的范围。例如,关于永佃权制度便是如此,它是一个具有希腊渊源的制度,但亦被传到罗马。然而,却无法显示长期租借或永久租借这种自光复时期起即在半岛法的农业利用合同方面有重要意义的制度是源

---

〔10〕 参见 PAULO MERÊA,《*Composição corporal*》,载《Estudos de Direito Hispânico Medieval》,第 II 册,Coimbra 1953,第 195 页及后续页,尤其第 205 页。

于希腊殖民者的。[11]另外,关于"订金的法律"也应作同样的论断,该制度在古希腊法中已被认识,同样也可能存在于腓尼基法[12]中。

---

〔11〕 参见 GAMA BARROS,前揭《*Hist. da Adm. Publ*》,第 VII 册,第 69 页及后续页;A VAZ SERRA,《*A Enfiteuse no Direito Romano, Peninsular e Português*》,第2卷,Coimbra,1926,第 124 页及后续页,以及 M. J. ALMEIDA COSTA,《*Origem da Enfiteuse no Direito Português*》, Coimbra, 1957,第 29 页及后续页。也可参见 FRANCISCO J. VELOZO,在《*Perpectiva suévica da História do Direito português*》中对罗马时期以前的制度的简短论述,载《Scientia Ivridica – Revista de Direito Comparado Português e Brasileiro》,第 XXXIX 册,Braga,1990,第 251 页及后续页。

〔12〕 参见 PAULO MERÊA,《*A arra penitencial no direito hispâncio anterior à Recepção*》,载前揭《Est. de Dir. Hisp. Med》,第 I 册,Coimbra,1952,第 37 页及后续页,尤其第 56 页及注 55。

第二章　罗马时期

一、罗马人对半岛的征服

罗马人在我们的半岛上存在了一个很长及具有重要意义的时期。通说一般将之分为两个阶段：*征服阶段*，随着坎塔布里亚以及阿斯图里亚斯地区的被统治而在公元前19年结束；而另一阶段是*罗马化阶段*，即罗马的生活方式、文化、法律逐渐为土著民族所认识，且土著逐渐被同化。后一个时期于我们所在之公元的最初两个世纪发展到高峰。

在征服阶段，罗马人对本土民族的镇压有双重目的。即为，立即驱逐迦太基人，以及从被兼并的地区中抽走尽可能多的财富。相反，在罗马化阶段，罗马人关心的是使半岛上的住民接受其文明、政治和行政制度以及法律。

然而，不应以一种绝对化的观点看待上述划分。事实上，在第一阶段的漫长时间内，本土民族已经自然地开始接纳罗马文明，虽然在接受程度上较低。同样，在第二阶段期间，罗马人并没有放弃其经济及军事上的考虑。

对半岛的征服意外地延续了两个世纪。

其肇因是发生在公元前218年的第二次布尼克战争，当时罗马军团从卡塔卢尼亚最北端的亚姆普利亚（Ampúrias）出发，同一时间，由汉尼拔率领的迦太基军队则越过阿尔卑斯山并入侵意大利。由于其本土受攻击，罗马人企图在迦太基统治下的希斯帕尼亚开辟第二条战线，透过割断迦太基人的后勤补给线而达到防卫的目的。

罗马人的军团沿着海岸一直向下走到半岛南部地区。然而，在公元前212年，他们在这里大败，转眼间便赔上了所有占领的地区。

光复期始于公元前209年，并随着第二次布尼克战役的胜利以及永久将迦太基人逐出半岛而于公元前202年结束。然而，罗马人并没有实时成为整个伊比利亚半岛的主宰：他们只是铲除了占领的竞争者而已。内陆地区的征服显得困难重重且耗费时日。例如，我们都记得卢济塔尼亚人仅在公元前137年才被征服，罗马人的努力在维里雅图（Viriato）被暗杀之前全无效果。

当马留斯（Mário）与苏拉（Sila）发生内战的时候，罗马人还必须出面应付多次的地方暴动，因为有些部落利用罗马国内的动乱而趁机争取独立。例如卢济塔尼亚人在塞多利奥（Sertório）的带领下的起义。塞多利奥本是马留斯一派的一名将军，苏拉取得胜利之后，他便背弃了罗马。随着塞多利奥于公元前72年的被暗杀，半岛开始平静地接受罗马的统治。但坎塔布里亚人以及阿斯图里亚斯人则为例外，这两个民族仅于公元前29年至公元前19年间才完全地被奥古斯都打败。

二、半岛的罗马化

征服阶段结束之后，开始罗马化阶段。正如我们所见，这并不表示在第一个阶段的半岛民族完全自我隔离于比其先进得多的罗马文化及文明。

毫无疑问,随着征服的推进,半岛的人民仅由于与占领者共同生活,便开始适应其很多的习惯及风俗。然而,有系统的及集中的罗马化只有在希斯帕尼亚半岛完全被统治以及平静下来以后才开始。

我们认为,半岛的罗马化有以下三种原因:土著民族被罗马人的文化及文明缓慢地同化;韦伯(Vespasiano)(于公元 73～74 年)向半岛的居民赋予拉丁权;在卡拉卡拉的时期(公元 212 年)将罗马公民的资格授予帝国的所有子民。后两个方面直接涉及法律的层面。[1]

(一)土著民族被罗马人的文化及文明缓慢同化

无论是生活的方式、实际行为、思想、精神态度抑或语言本身,总的来说,所有构成罗马人文化及文明的东西,均只是缓慢地被半岛民族所吸收。这个过程的发生是由一连串难以尽数罗列的因素组成的,其中很多因素须作更谨慎的分析。这里,我们仅指出一些具有特别重要性的因素。

1. *罗马军团的行为*——在作其他论述之前,必须论述一下罗马军队的行为。原住民不屈服的性格使到罗马军团必须长时间驻扎在该地区的不同地点,而军队则担当了真正殖民者的角色。这些营地很多都成了繁盛的村落的基础,随着时间的推移,有的甚至发展成大城市。

罗马军人在某些地方驻扎使当地的人民与他们有频密及长

---

〔1〕 关于这一专题,参见例如 J. M. BLÁZQUEZ,《*Causas de la romanización de Hispania*》,载《Hiapania – Revista Española de Historia》,第 XXIV 册,Madrid,1964,第 5 页及后续页,第 165 页及后续页,第 325 页及后续页及第 485 页及后续页;JESÚS J. URRUELA QUESADA,《*Romanidad e indigenismo en el Norte Peninsular a finales del Alto Imperio. Un punto de vista crítico*》,Madrid,1981;以及 JOSÉ MARÍA BLÁZQUEZ,《*Aportaciones al Estudio de la Eapaña Romana en el Bajo Imperio*》,Madrid,1990,尤其第 135 页及后续页。

期的接触。他们之间建立了商业关系，很多土著民族被招来提供农业及工业服务——这样，土著便学习了侵略者的语言及习惯。

2.*公务员及殖民者的行为*——在士兵之后，跟随着公务员以及很多候被半岛的富庶吸引而从罗马及意大利其他地方过来的殖民者。这些人的停留很多时候是以快速获取财富为目的。很明显，他们的出现是本地居民罗马化的有力媒介。

3.*公路的开发*——半岛上罗马人的增加除了促进原住民的罗马化外，还日复一日地使罗马人与半岛人民之间的贸易规模增加。从而，便有需要建设庞大的道路网以便货物的运输以及从罗马来到半岛做生意的商人的自由流动。

因此，罗马的公路不仅具有协助军队快速移动的战略性作用，因为除了军事目的外，它还带来可观的经济及政治利益。

4.*罗马人技术的优越性*——无论在建造公路、建筑其所需要的桥梁及高架桥等，原住民均提供积极协助，因此对罗马的技术有直接接触。罗马的技术优越性不仅仅在这个范围对原住民的传统工作方法革新有所贡献，而且是在所有领域的经济生产：农业、工业以及采矿业。

5.*市政制度的发展*——另一个不可忘记的方面是本地行政引入了罗马体系，特别是市政制度的引入。开始时，仅限于由罗马殖民者所组成的有限圈子，但是逐渐地也扩展到原住民的村镇。

6.*宗教信仰*——另外，还须指出宗教元素，它使罗马人民及土著民族统一地遵守同一样的礼拜仪式。希腊—拉丁的众神崇拜被奥古斯都引入的对皇帝的强制崇拜所取代，并与对罗马的崇拜结合。之后，基督教到来，在其扩张的过程中，结束了宗教上的差异，同时，又宣扬超越种族的博爱关系。

(二)*法律罗马化*

上面指出了很多个促使半岛民族分享罗马人文明及文化利益的原因。这已经是迈向罗马化的重要一步了。由于北面地区在沟通上更为困难,而且也由于其居民的本性使然,罗马化的发生在南面比北面更为快速及更为有效。但无论如何,还缺少了法律方面的动力,除了一些人口中心以及个别被授予拉丁权和罗马公民权的人外,半岛民族仍然受其原始制度所规管,同时不享有罗马公民的自由与政治特权。这才是需要克服的。

法律的罗马化是透过上面所指的两项措施而进行的:拉丁权的授予以及罗马公民权的授予,两者之间相隔近超过1个世纪。

1. 拉丁权的授予

于公元73年或74年,韦伯芗(Vespasiano)皇帝将*拉丁人的权利*或称*拉丁权*(“ius latii”)授予希斯帕尼亚居民。为了评析这个特权的意义,有必要检视其确切内容。

(1)*公民、拉丁人及异邦人的区别*——根据罗马法,自由人被分类为以下三大类:公民、拉丁人及异邦人。我们看一看其区别。

*罗马公民*在“市民法”(jus civile)上具有完全法律能力:在私法领域,不仅有缔结婚姻及组织正当家庭(ius connubii 或 Connubium)的权利,而且还具有缔结有效的财产性的法律行为(“ius Commercii”或“Commercium”)的权利;至于公法领域,则拥有在公众议事集会中投票的权利(ius suffragii)以及被晋升为国家司法官(ius honorum)的权利。与这些权利相关的,还有被征募入军团的权利(ius militiae)。

与之完全相反的是*异邦人*的情况。异邦人是臣服于罗马统治之下的行省中居民,他们没有上述的任何一种特权。在臣服以前,他们被视为“hostes”,即外国人或敌人,不享受罗马法上的任何法律保护。而在臣服之后,则承认其个人自由,以及其受本国法所规管的权利。除此之外,作为其最大特权的是,无论是异邦人与异邦人之间的关系抑或其与罗马公民的关系均受“万民法”(ius gentium)的规范所规管。

介乎两者之间的是拉丁人。这些拉丁人又再细分为*古拉丁人*(latini veteres 或 prisci)、*殖民拉丁人*或*殖民地人*(latini coloniarii)及*尤尼亚拉丁人*(latini iuniani)。

*古拉丁人*是拉齐奥原住民以及其他具有相当于古代的拉丁联盟地位的城市。与罗马公民一样,他们也具有“ius connubii”以及“ius commercii”(通婚权及交易资格)。可是,在公法范畴,则仅仅具有“ius suffragii”(投票权)。除此之外,他们还有一项重要的特权:当他们以罗马作永久居住地之后,便可自动取得罗马公民权。

被视为*殖民拉丁人*的是行省的原住民,他们的拉丁权是被作为一种特权赐予的。在公法范畴,他们的情况与古拉丁人一样,仅享有投票权。而在私法范畴,则没有古拉丁人那样的优待,他们所享有的只限于“ius commercii”(交易资格)。

无论古拉丁人抑或殖民拉丁人,一旦在其所属地方担任某些公职便会变为罗马公民。为此,盖尤斯曾提及关于*大拉丁权*(ius latii maius)及*小拉丁权*(ius latii minus)的一个区别:在第一个情况,要升上罗马公民的类别仅需在当地议会任职;在第二个情况,要取得罗马公民资格须担任本地司法官。

最后,*尤尼亚拉丁人*对于我们的论述而言没有特别重要的意义,该名称的由来是因为其相关法律状况是由尤尼亚法(Lex Iunia Norbana)(公元19世纪)所界定的。属于这个类别的是刚取得自由(status libertutis)但无公民权(status civitatis)的奴隶;当其在生之时,他们等同于殖民拉丁人,但死时则是奴隶。他们的跨类情况涉及重要的法律结果,尤其是继承方面。

(2)*向半岛民族赐予拉丁权的意义*——先前的思考有助于理

解在法律层面上向半岛民族赐予拉丁权作为罗马化的其中一个因素的巨大重要性。由于这一措施,半岛的居民取得殖民拉丁人的法律状况以及相关的特权。

当然,从公法的角度看,这些特权并不是十分明确,因为概括地说,所谓特权很可能就是在罗马的公众议事集会上投票的权利。但必须是当公众议事集会举行时,其人正身处于罗马。这种巧合难以发生,而其难度更因为公众议事集会已经没落、很少召开而有所增加。另外,对于他们是否享有“表决权”(ius suffragii)也存在争议,可能持否定态度的观点更为可信。

可是,在私法方面,拉丁权的赐予则意味对允许原住民的法律体系被罗马法律体系所取代。事实上,半岛民族作为殖民拉丁人已取得了交易资格(ius commercii),有可能在所有具财产内容的法律关系上适用罗马法。即是说,在债或债权、物权以及继承的领域,他们变为受罗马法的规管,除此之外,还享有在罗马法庭兴讼的权力。

相对于罗马公民而言,其私法范畴的权利仅在家庭法方面有所不如,因为他们没有通婚权(ius connubii)。因此,他们不得根据市民法结婚及组织家庭。在这个领域上,他们继续受其传统法律所规管。

一如所示,拉丁权还有助于取得罗马公民资格。似乎韦伯(Vespasiano)所赐予半岛人民的是小拉丁权。〔2〕这样,所有在本地担任司法官的人均会自动取得罗马公民资格,这个特权还惠及其妻子、父母、儿子及父系的孙儿。

2. 公民资格的赋予

按这一方式,罗马公民资格扩展到很多的半岛住民上。除此

---

〔2〕 参见例如 ÁLVARO D' ORS,《*Epigrafía Jurídica de la España Romana*》, Madrid,1953,第 150 页。

之外，公民资格还向个别军中服役者赐予，或者向曾在政治及行政行动上协助罗马的整个城市赐予，其数目因而与日俱增。结果，到卡拉卡拉的年代，即公元212年，公民资格无条件普及到整个帝国的所有住民，而半岛居民已经准备好接受新的法律地位。

据统计，应有大约半数的半岛人口由于上述事实而在那一日得享罗马公民的权利。而已经享有拉丁权约一个世纪的其余一半人口当接受公民资格时，仅是补充其原已享有的特权。因此，我们可以断言，对于整个帝国的罗马化而言，倘若卡拉卡拉的宪法是其中一项最重要的因素的话，那么对于半岛来说，则仅仅是对一个早已准备就绪的发展方向进行加冕仪式而已，其决定性一步早在韦伯芗(Vespasiano)赐予“拉丁权”的时候便已迈出。

三、半岛罗马法的法律渊源

根据上面的思考推论，原则上，可作一般适用的罗马法渊源均在希斯帕尼亚生效。然而，由于罗马以及其法学家离这里实在太远了，可以肯定的是罗马法的生效是理论意义上或有限意义上多于实际意义上的。无论如何，除此以外，还有一些法律渊源[3]是帝国的这一地区所特有的。

考古学研究使我们可以断定，希斯帕尼亚半岛以及包含瓜甸亚纳河南部地区的古代省份贝提卡(Bética)，或者说，大约在安达卢西亚地区，有很丰富的罗马印记。其主要部分是关于建立殖民地和自治市的法律。[4]其中后者在韦伯芗(Vespasiano)赐予拉丁

---

〔3〕 参见 MANUEL TORRES 的详细论述，前揭《*Lecciones*》，第 I 卷，第 250 页及后续页；以及 BRAGA DA CRUZ，《*História do Direito Português*》(打印教材，由 A. BARBOSA DE MELO 所编集)，Coimbra，1955，第 106 页及后续页。

〔4〕 这属于“leges datae”的类别，是法官以人民为此目的而向其授予之特别权力制定的。相反，“leges dictae”，则是法官以其当选时所被授予的一般权限制定的法律。

权后有巨大的增长，并遵循基本统一的模式。[5]

对我们来说，阿尔胡斯特尔铜表（Tάbuas de Aljustrel）具有特别重要的意义。这一名称的由来是因为有关铜表是在阿兰特茹（Alentejo）的富矿地区即罗马古代的韦帕斯卡（Vipasca）矿场发现的。这两块铜表虽然具有不同日期，但均属于哈德良（Adriano）（117～138年）时期的。这两块铜表片断地记载入两个互相补充的法律文本。[6]

其中一块铜表记载了韦帕斯卡矿区的行政组织，其所遵循的

---

〔5〕 在自治市的传播情况比在殖民地好得多。这解释了为何到我们的时候只剩下唯一的一份殖民地法律样本：关于位于西维耶地区的乌尔苏或奥苏拿市的乌尔苏法（Lex Ursonensis）或称"Lex Coloniae Genitivae Iuliae"。相反，很多自治市法律的片段为人所知，例如撒本桑纳法"Lex Salpensana"，马拉西坦纳法（Lex Malacitana）以及伊涅塔纳法（Lex Irnitana）。关于这一课题，参见 ÁLVARO D' ORS，前揭《*Epigrafía Jurídica*，*La nueva copia Irnitana de la "Lex Flavia Municipalis" e La Ley Flavia Municipalis*》，分别载前揭《An. de Hist. del Der. Esp.》，第LIII册，第6页及后续页，以及第LIV册，第535页及后续页；JULIÁN GONZÁLEZ，《*Inscriptiones romanas de la provincia de Cádiz*》，cádiz，1982（在其545号里，集齐了所有在这一个行省内发现的记载），ÁLVARO D' ORS/XAVIER D' ORS，Lex irnitana（双语文本）；Santiago de Compostela，1988，TERESA GIMÉNEZ－CANDELA，La"*Lex Irnitana*".《*Une nouvelle loi municipale de la Bétique*》，载《Révue Internationale des Droits de l' Antiquité》，第3组，第XXX册，Bruxelles，1983，第125页及后续页；FERNANDO BETANCOURT，《*Notícias Jurídicas de la "Reunión sobre Epigrafía hispánica de época romana－republicana"*》，载前揭《An. de Hist. del Der. Esp.》，第LIV册，第575页及后续页；以及载《Estudios sobre la Tabvla Siarensis》的研究（由 JULIÁN GONZÁLEZ/JAVIER ARCE 所主编），Madrid，1988。不应忘记上述由 Caeiro da Matta 所组织的法律渊源汇编，其标题为"Colecção de Textos de Direito Peninsular"，第I卷—"Leis Romanas"，coimbra 1912（参见上文第27页，注49）。关于"Lex Ursonensis"，参见 A. SANTOS JUSTO，《A situação *jurídica dos escravos em Roma*（*Um breve estudo a propósito duma inscrição de Urso*）》，载前揭《Bol. Da Fac. De Dir.》，第LIX卷，第129页及后续页。

〔6〕 其中一块铜表的真版藏于里斯本的考古学及人种学国家博物馆，而另一块则藏于里斯本地质部。参见 ÁLVARO D' ORS 前揭《*Epigrafía Jurídica*》，第71页及后续页，内有详尽的分析及大量的参考文献。

是帝国国库所拥有之其他矿区的一般模式。这一模式与一般的市政制度有所不同,它从法律及技术的角度〔7〕展示了关于土地利用的规范。另一块铜表则是关于韦帕斯卡内非由国库经营〔8〕之矿场的批给制度。但是我们仍然可以从这里推出一般的结论。

另外,还有记录显示仅与半岛有关的各种罗马法渊源,如法官的公告及命令、罗马元老院的法令以及帝国的宪法。这些法源有的完整留存,有的则不完整。

四、日耳曼入侵时期在半岛生效的法律·通俗罗马法

由于篇幅上的限制,无法在这里分析于罗马末期在半岛生效的法律制度,即传到下一时期的法律。

由于历史材料的巨大缺乏,关于这一范畴的专题研究很少。我们对于在半岛上适用的一般罗马法以及希斯帕尼亚罗马法——统治者为其帝国的这一部分所创设的特别规范——所知有限。然而有一个结论看来是没有争议的,即无论是这里或是其他行省,纯正的罗马法均没有被完全接受及适用,即使是在公民资格普及化之后的时期。相对于农村人口而言,核心都市的居民表现出对罗马文化更为接受。

在日耳曼侵略的前夕,希斯帕尼亚的法律体系远远不如古罗马法完美。当时生效的是*通俗罗马法*(Vulgarrecht),其结构较为简单,而其规定则受到土著元素入侵。这是对半岛的社会、经济、文化与法律背景的反映。

关于罗马法的这一个通俗化的过程,或称"通俗主义",仍然存在很多争议。例如,其外延范围的确定问题;后古典法与通俗法

---

〔7〕 1906年所发现的铜板,它是一条一般的"lex dicta"(lex metallis dicta)的一个部分,该法适用于国库的所有矿区。这些矿区均由一位矿务官(procurator metallorum)所管理。

〔8〕 这一铜板在1876年发现,其所表现的特征是一条"lex locationis"。其文本分别刻在铜板的正面与反面,但两面有少许不同。

的区分问题;又或者该运动是否像其表面一样,扩及全个帝国,即使各地的强度与发展程度有异;抑或只发生于帝国的西方——这个问题还牵连到通俗罗马法与东方行省的平民法(Volksrecht)本身的区分;对该运动有影响的各种力量。[9]。必须指出这并不是典型的或纯粹的法律范畴的事,而是一个普遍的文化现象。艺术及语言的古典主义也发生类似的现象,如古典拉丁文相对通俗的拉丁文,即一般平民所说的拉丁文。

由于情况的不同和习惯元素的渗入程度不同,上述的法律转变和适应化并非是统一的。因此,所发现的并不是单一的一套通俗罗马法,而是很多套不同的通俗罗马法,它们在地域与时间上均有所不同,甚至在同一行省也有不同的通俗罗马法,可是,这并不

---

〔9〕 关于这一专题有大量的文献。特别要指出的包括 E. LEVY 的研究,《*Westen und Osten in der nachklassischen Entwicklung des römischen Rechts*》,载《Zeitschrift der Savigny – Stiftung für Rechtsgeschichte》,rom. Abt. ,vol. XLIX,Weimar,1929,第 230 页及后续页;《*Zum Wesen des weströmischen Vulgarrechts* 》,载《atti del Congresso Internazionale di Diritto Romano,》,Vol. II,Pavia,1935 第 29 页及后续页;以及《*West Roman Vulgar Law. The Law of Property* 》, Philadelphia, 1935;以及 F. WIEACKER,《*Vulgarismus und Klassizismus im römischen Recht der ausgehenden Antike* 》,载《Studi in Onore di Pietro de Francisci》,vol. III,Milano,1956,第 117 页及后续页,以及《*Nochmals über Vulgarismus* (*Ein Diskussionbeitrag*)》,载《Studi in Onore di Emilio Betti》, Vol. IV, Milano, 1962, 第 509 页及后续页。在我国,参见 PAULO MERÊA,《Estudos de Direito Visigótico》的序言部分,Coimbra,1948,第 VII 页及后续页,以及《*A tradição romana no nosso direito medieval* 》,载前揭《Bol. da Fac. de Dir.》,第 LVIII 卷,第 III 册,第 41 页及后续页; BRAGA DA CRUZ,《*Direito romana vulgar ocidental* 》,载《Obras Esparsas》, Vol. I –《Estudos de História do Direito. Direito Antigo》,1 parte, Coimbra,1979, 第 317 页及后续页;RAÚL VENTURA,《*Manual de Direito Romana* 》, Lisboa, 1964, 第 265 页及后续页; SEBRASTIÃO CRUZ,《Da "*Solutio* "》97, vol. II – 1 –《*Época Post – Clássica Ocidental "Solutio " e "Vulgarrecht "*》, Coimbra,1914,第 17 页及后续页;TERESA LUSO SOARES,《*Em torno do Direito Romano Vulgar* 》,载《Revista Jurídica》(nova séries), n. 5, Lisboa, Janeiro/Março,1986,第 119 页及后续页。

排除在其中间存在相似性。以上就是希斯帕尼亚的现实。

通俗罗马法的起源是由于多种因素的共同作用。然而,有关因素可被归纳入两基本要素之内,即古罗马法体系的特征消退以及本土或区域性法律的留存或重新活跃。

在希斯帕尼亚,从来没有出现过可确保完全纯正的罗马法系统地适用的法律专家及司法机关。拉丁权及公民资格的扩大使这一法律秩序向大量未曾准备好认识其相关规则以及未准备好受其规管的人开放。除此以外,半岛的生活方式为这一套产生于半岛之外的法律带来特别的保护要求。

自公元3世纪以来,帝国的衰落也不利于纯正的罗马法传播。中央权力的衰落令在行省内实施的罗马建制被放弃,并逐渐交由行省自行处理。自此,其命运就由一系列在当地发生的历史事件决定了。

行省人民的缺乏法律文化以及有能力接触精致的罗马法学说和推动其在实务上适用的法律专家的短缺,导致罗马法不为人所理解。这样,古典法律著作已不被直接采用,反而,大致上有能力及受过培训的法律人对原著所作的评注、摘要或笔记则取而代之。

随着罗马法因各种限制条件的出现而被本土化,大量的行省法律制度及原则急遽产生,而且主要具有平民法及习惯法的性质。作为互相交会及互有关联的两个方面的结合,在日耳曼民族到来之时,半岛上实施的法律规则即使仍具有罗马法的基础,但与其侵略者所带来的法律已无根本上的分别。这就是通俗罗马法对后世的意义与重要性。

毫无疑问,通俗罗马法在结构上或教条上均与古罗马法有很大的差别:尤其是在其用语、基本的诉讼流程、法律制度的概念化——尤其合约范畴——上。然而,它切合时代的需要。例如,法律的原则与制度因简约化而被减至最少,仅保留其核心者,这带出了法律制度应切合社会实际这种务实意义。“通俗化”现象使罗马法与新的情况妥协变为可能。这样有助于其与日耳曼法交汇以及罗马法的元素在继后的世代里存在,包括透过西哥特的立法得以保存。

第三章　日耳曼或西哥特时期

一、论述次序说明

我们现在进入半岛法历史的一个新时期：日耳曼统治时期。由于西哥特人的贡献远较其他人大，这个时期又被称为*日耳曼时期*或*西哥特时期*。

这并不表示西哥特人是唯一一个对半岛有重要价值的日耳曼民族。苏尔沃人成功保持其王国独立约150年。有些历史学家甚至将波尔图卡兰斯伯爵领地的独立归因于其在西哥特统治下所形成的自治意识。然而没有数据可以确定地重新展现——至少在一般特征上——苏尔沃的法律制度。

为了要理解希斯帕尼亚法律在这一时期的历史，必须先行对整个日耳曼民族在大侵略之前后时期的文化、政治及法律制度有所了解。以下作一概括论述。

二、入侵之前的日耳曼人

（一）原始记载・族群的分类

日耳曼人是一个属于印欧人种的民族，他们来自亚洲及欧洲中部。早在史前时期，他们已经在波罗的海沿岸，大致是在丹麦、瑞士南部以及德国石勒苏益格—荷尔斯泰因（Schleswig-

Holstein)地区定居。之后的移民潮令日耳曼民族在族群及语言上产生分支。这些迁移的发生有很多原因,如其内部斗争以及寻找经济资源。

第一次大迁徙是朝北方进发的,斯堪的维尼亚半岛因而整个被占据。之后,另一次以欧洲的东部为目的地的迁徙便由此地出发。于是,便产生了日耳曼人种的以下区分:*古日耳曼*或*西方日耳曼民族*、*北方日耳曼民族*及*东方日耳曼民族*。

东方日耳曼人是由于北方日耳曼人的分裂而产生的,正如北方日耳曼人是由原始日耳曼人分裂而产生的一样。

法兰克人(Francos)、苏尔沃人(Suevos)、巴伐洛人(Bávaros)、阿拉曼奴人(Alamanos)、图林基人(Turíngios)、西姆布里奥人(Címbrios)、条台斯人(Teutões)、盎格鲁人(Anglos)、弗尔努人(Varnos)、撒克逊人(Saxões)以及弗里西奥人(Frísios)均属于古日耳曼人或西方日耳曼人的类别,因此,西方日耳曼人形成数目最大的族群。北方日耳曼人则包括瑞士人、挪威人、丹麦人及爱尔兰人。最后,东方日耳曼人除了其他一些重要性较低的族群外,尚包括阿兰奴人(Alanos)、凡特鲁人(Vândalos)、布根狄人(Burgúndios)以及哥特人(Godos)。哥特人又分为东哥特人(Ostrogodos)及西哥特人(Visigodos)。[1] 伦巴度人由于与西方及东方日耳曼人均相似,所以难以划分,而一般将其划入古日耳曼人的类别。

上述族群有些在入侵前已经独立,如西哥特人及东哥特人。其他族群,尤其是西方日耳曼人,则只有穿过了罗马帝国的边界后

---

〔1〕 关于与东哥特人(出众的哥特人)与西哥特人(有知识的哥特人)的名称与其地理位置——东方或西方——无关的问题,参见 MANUEL TORRES,前揭《*Lecciones*》,第 II 卷,第 68 页。译者注:汉语将奥斯特罗哥特人(ostrogodos)译为东哥特人,而威斯哥特人(visigodos)译为西哥特人均没有考虑到原文的语义,而是直接参照其地理位置,所以译文便不会产生原作者所提出的疑问。

才分立起来，并从此组成独立国家。

（二）文化、宗教及法律

西泽的作品（Commentarii de Bello Gallico）和塔西陀的作品（De Origine et Situ Germanorum）中所载的数据几乎是我们所拥有的关于日耳曼民族的最后材料。然而，在评论这些材料的价值时，必须谨记西泽的作品是在公元前1世纪时完成的，而塔西陀的作品则完成于我们所处的纪元的第一个世纪末。可是，从那个时代到大侵略开始之间的一段时间，特别是当其到达希斯帕尼亚半岛的公元5世纪，日耳曼人在文化方面有了巨大进步——尤其是那些在罗马帝国边界的日耳曼人，如西哥特人。另外，该两位作者的作品始终是外国人的陈述，其对日耳曼建制的观点不一定严谨。〔2〕例如，对于日耳曼人的 “mundium”或亲权，罗马的作者便倾向于将之等同罗马法的父权（patria potestas）。

我们同样不可忘记的是，有一些日耳曼族群，在入侵之前已接受了基督教，而这一事实对其本质及观念均产生了影响。〔3〕例如，西哥特人在多瑙河下游地区生活并转变为阿瑞安教派“的信徒”——一种被视为异端的基督教教派。总的来说，他们在侵略时所表现的特征早已不是西泽及塔西陀所描述的原始及粗鲁。这个阶段早已过去。

虽然如此，即使以最进步的日耳曼人而言，其文明及文化程度与罗马人相比还是相当低下的。这一差别在法律层面更为明显。〔4〕规管行省居民的通俗罗马法虽然在解决方案及法律技术上比不上远

〔2〕 这里应采取希腊及拉丁作者分析半岛原始民族的制度时所作的考虑（参见上文第34页）。

〔3〕 参见例如前揭 CABRAL DE MONCADA，《*Fil. do Dir. e do Est*》，第1卷，第13节，第67页及后续页。

〔4〕 关于日耳曼法律制度，参见 JOSÉ MANUEL PÉREZ – PRENDES MUÑOZ – ARRACO 的重要综述，《*Breviario de Derecho Germánico*》，Madrid，1993。

古时期的罗马法体系,可是其结构还是比侵略者所带来的法律先进得多。[5]

我们要指出的是,关于日耳曼人及其法律,人们一般称之为“蛮族”国家或王国、“蛮族”的罗马法或“蛮族”法律。这些称谓其实源于传统,罗马人界定为蛮族(barbari)的人,就好比现代人所说的外国人的意思,即帝国以外的、不熟识其帝国文化的人,对于这些人,多少是有些敌意成分的,至少是潜在的敌意。[6]

三、日耳曼的入侵

关于大侵略本身的细节,似乎在这里亦可以略过[7]不谈。我们仅作一些简单的摘要。

(一)*性质及决定性原因*

首先要强调,日耳曼的入侵并不是突如其来的,而是一个缓慢渗入的现象。蛮族占据罗马帝国的方式很多时候是不知不觉的,而且延续一段很长的时间。所以其实并没有真正的方法可将古代及中世纪清楚的划分。在这个从公元3世纪开始、延绵数百年才完成的转变过程里,侵略只是当中的一些小插曲。即使没有这些入侵,中世纪还是会出现的。可以说,这个历史时期是以罗马及其帝国的瓦解而开始的。古代世界已不可逆转地走到黄昏。[8]

造成这些侵略或罗马帝国的“野蛮化”的原因是多样性的。其

---

〔5〕关于通俗罗马法,参见上文第56页及后续页。

〔6〕关于“野蛮人(蛮族)”一词的使用,参见HANS THIEME,《*Unidad y pluralidad en la historia del Derecho europeo*》,载《Revista de Derecho Privado》,第XLIX册 Madrid,1965,第691页及后续页(由ANTONIO QUINTANO RIPOLLÉS所翻译)。

〔7〕参见例如LUCIEN MUSSET的著名研究,《*Les Invasions: les vagues germaniques*》,“Nouvelle Clio”文集,第12号,Paris,1965(西班牙语翻译——《*Las invasiones*》,Barcelona,1967)。

〔8〕参见F. LOT,《*La fin du monde antiqué et le début du Moyen Age*》,Paris,1951。

很大部分原因均与很久以前造成日耳曼人向北以及向东欧迁徙〔9〕的原因重复。值得一提的有以下几个原因:

1. 经济方面的原因。日耳曼人口的增加导致生活资源缺乏,另外,其所占有的土地又被消耗殆尽。

2. 日耳曼民族的好战及冒险特质,包括各族群内的斗争。

3. 罗马帝国本身在经济、制度及政治上的衰落。倘若这样的危机没有出现,则侵略亦不可能发生,至少不会在那个时间、以那种方式发生。正是帝国的衰落使日耳曼人得以在帝国的各行省扎根。很多时候,这些定居是循友好方式发生的,并不需要斗争,且日耳曼人会作为罗马人的盟友或以雇佣兵的身份协助罗马人对抗其他分支的日耳曼民族的入侵。

(二)日耳曼新国家的形成

最初与罗马世界接触的时期,日耳曼人并不是游牧民族,尽管他们有迁徙的倾向。一般相信,他们大部分组成村落,每个村落均形成一个农业经济的小区——称为马克(Mark)。然而,后来便进入了私有财产的体系。这种来自同一家庭或家族(“Sippe”)的成员所组成的单位具有重要的法律及社会意义。

拉丁学者将其政治组织称为“Civitas”。有些时候,他们由国王领导,另一些时候,又会由来自不同族群的“贵族”议会领导。无论如何,最高的权力是由小区上具有服役能力的自由人组成的全民大会行使的。

在侵略发生以后才产生真正的日耳曼国家,且这些国家一般都是选拔君主制。大部分的日耳曼国家均建立于古代的罗马行省,成了现代欧洲国家起源,然而,也有一些成立于罗马人从未占领过的地方。

---

〔9〕 参见上文 第62页及后续页。

（三）罗马法在日耳曼国家中的保留

以上所论述的议题有明显的缺陷。然而，一般的意见认为，日耳曼人在通过帝国进行迁徙的时期，保留了他们原有的法律风俗。可是，也有人主张他们并没有强制在人数上众多的罗马化人口接受其风俗。这个情况就是法律上的*属人原则*或*国籍原则*。换言之，不同法律制度在同一地区共同存在，而每一个人都应该由其本民族的法律管辖。与之相反的是*法律的属地原则*，即对所有居住在同一地区的人适用统一的法律制度。〔10〕

有些日耳曼君主甚至还颁布了反映这种二元性的法典。除了一些收录日耳曼规则或通俗罗马法规则的汇编外，还有一些收录了罗马帝国古代法律专家的“法”（“iura”）和皇帝的“法律”（leges）。

然而，必须承认当时并没有出现过严格或绝对意义上的法律民族主义。〔11〕换言之，罗马人民及日耳曼人民基本上各自按自己的法律制度——虽然很多时都十分相似——生活，但是，除此之外，他们一般也会从共同生活而产生的习惯规范中制定规则。这样，当有需要时，罗马及日耳曼的官员会创制共同适用于两族人民的规定。

原则上，日耳曼人在帝国的疆界定居在公法的层面并没有令

---

〔10〕 也有人主张日耳曼人在5世纪的时候并不懂得法律上的属人原则。这一原则仅在后期当法兰克人意欲整治在其统治下的各民族的共处才表现出来的（关于这些问题，参见 MANUEL TORRES，前揭《*Lecciones* 》，第 II 卷，第 2 版，Salamanca，1936，第 56 页；以及 GIULIO VISMARA，《*Le fonti del diritto romano nell'alto medioevo secondo la più recente storiografia (1955 – 1980)*》，载《Studia et Documenta Historiae et Iuris》，第 XLVII 卷，Romae，1981，第 16 页）。

〔11〕 对西哥特人问题的分析，参见 A. GARCÍA – GALLO，《*Consideración crítica de los estudios sobre la legislación y la costumbre visigodos*》，载前揭《An de Hist. del Der. Esp.》，第 XLIV 册，第 430 页及后续页。

当时存在的组织产生巨大的改变,尤其是其定居是与罗马人签订条约的。同样,在这个层面也出现了一种政治—行政组织的二元性或共同存在。然而,西方帝国在476年的灭亡,却加强了日耳曼君主对整个地区人民的统治。

必须指出的是,罗马法在蛮族国家中的保留并不排除其与日耳曼法结合而产生进步。从很早开始,日耳曼人已采用了一些起源于罗马但在日耳曼法中是不存在或不太完善的法律制度及概念——尤其是在私法方面,如关于不动产所有权及合同;反过来,通俗罗马法亦或多或少地与日耳曼原则结合。这有如第二次"通俗化",其特征是实务的解决方案。我们要强调的是,这一个过程很多时候造成了两个法律制度的竞合发展。

从这一次主要发生在平民百姓层面及法律实务层面的罗马法及日耳曼法元素的相互渗透或结合的过程——大部分是源自相互间差别不太明显的习惯规范——中,产生了一个统一法律制度的基础,虽然它也反映了地方性的差异。直至优士丁尼罗马法——从12世纪开始产生——复兴〔12〕以前,西欧的民族一直被这样的法律制度所管治。

四、日耳曼国家的法律渊源·法律适用的文件

现在到了对日耳曼国家的法律渊源做整体观察的时候了。为此,自然要对其法律规范的形成及表现形式、记载法律规范的文本或传世作品以及创造法律规范的机关进行考虑。

在完成上述工作之后,我们将毫无疑问会进入另一个层面,届时,我们将介绍与法律适用有关的文件。当中包括实现具体法律行为的表格和证书。这些都是严谨地认识法律的历史以及法律实

〔12〕 参见下文第135页及后续页。

施的社会所不可或缺的。〔13〕

(一)法律渊源

1. *原始日耳曼法的纯粹习惯法特征 · 这些法律在大侵略之后被归纳为成文法*

关于日耳曼法形成及表现形式方面,需要说明的仅仅是,直到5世纪为止,日耳曼法只是习惯法;5世纪以后,仍然是以习惯法为主。这一个时期所进行的汇编也没有摆脱习惯法的特征:原则上,是将古代的风俗法律规则复制,且并没有加上多少创新的规定。

在5世纪到10世纪期间,日耳曼法律开始以成文作品的方式出现,其内容、篇幅及重要性均不尽相同。这一个法典化运动毫无疑问是日耳曼人与罗马及基督文明接触的结果。

在这个时期,保留了大量载有日耳曼国家法律规范的文本。这些资料可分为以下三类:*平民法或蛮族法律*(leges barbarorum)、*蛮族罗马法*(leges Romanae barbarorum)以及《*日耳曼单行法*》(Captiulares)。我们将简短地分析上述各种形式的渊源。〔14〕

2. *蛮族的法律或平民法律*

这些法典被称为*法律*(leges)是不准确的,因为可能产生疑义。这个词语是用上了,但是我们观察到,根据罗马及现代法律技术,这些"法律"并不是真正的法律,换言之,不是为了创造新的规则,并由一个具有特别权限的机关所产生的。

当日耳曼的汇编被称为"法律"或与之相应的"Ewa"及"Edicta"时,其所欲表达的只是,它们是一系列的成文规范。我们已经指出,这些规范基本上是习惯法规则,其存在已经有数个世纪,将

---

〔13〕 关于日耳曼国家的规范渊源以及其相关的法律实务文件,基本上可参看多卷本的《*Monumenta Germaniae Historica*》,自1902年起在德国发行,当中Karl Zeumer担当重要的角色。

〔14〕 GIULIO VISMARA 的所考虑的问题十分宝贵,载《*Scritti di Storia Giuridica*》,第1卷—《*Fonti del diritto nei regni germanici*》,Milano,1987。

之汇编只是为了其不再继续因代代以口相传而自然地受到歪曲。

但是有时汇编也会收入一些创新的规定。这些规定或多或少是受到罗马法影响的。

一般而言，*平民法律*（leis populares）被称为“蛮族法律”（leges barbarorum），而里面所载的规范则称为*民族法*（Volksrecht或Stammescrecht）。这一术语在某个程度上是有其理由的，因为平民百姓除了是法典所收录之习惯规则的真正渊源外，还经常直接或间接地参与这些法典的汇编。

实际上，有些“蛮族法律”便是由平民议会——在原本的日耳曼概念中，它并无创造法律的职能，而是在具体问题上，根据习惯或民族的良知，决定采用哪一个解决方案更为适当——的积极协助而草拟成的。上述的汇编无疑是由皇室发起的，但至少须由人民议会通过。另外，在没有这个机关的同意下，其任何规定均不得修改。

不同的“蛮族法律”在篇幅及内容上有很大的差异。其规范的主要是刑法及刑事诉讼法，很多时候，甚至形成了真正的犯罪列表以及其相应的赔偿金（Compositio, Wergeld）[15]列表。例如古

---

〔15〕 很多作者均特别专注于日耳曼民族的刑法研究。在其发展道路上，一般会突出以下三个主要时期：第一个时期，占优的是自由的丧失（Friedlosigkeit）；第二个时期，偏向于私的性质（Busssystem）的金钱制裁；第三个时期，著作刑法的公法化，即增加公罪，不仅是体罚与死刑，而且也包括金钱性的公罪（参见例如 W. E. WILDA，《*Das Strafrecht der Germanen*》，Halle，1842，第264页及后续页及第480页及后续页）。“蛮族法”（leges barbarorum）处于上述第二阶段与第三阶段的过渡期（参见 R. V. HIPPEL，《*Deutsches Strafrecht*》，第I卷，Berlin，1925，第409页及467页；P. DEL GIUDICE，《*Diritto penale germânio rispetto all' Italia*》，载 ENRICO PESSINA，《Enciclopedia del Diritto Penale Italiano》，第I卷，Milano，1905，第448页；以及 HINRICH RÜPING 的综述，《*Grundriss der Strafrechtsgeschichte*》，第2版，München，1991，第3页及后续页）。关于这个时期的刑罚的意义之综合观点，参见我国的 ANTÓNIO MANUEL DE ALMEIDA COSTA，《*O Registo Criminal – História. Direito Comparando. Análisa político – criminal do instituto*》，Coimbra，1985，第14页及后续页及第50页及后续页。

代的沙力卡法律(Lei Sálica)以及利普阿利亚法律(Lei Ripuária)均属此例。与此不同的是,西哥特及布根狄法律主要涉及民法及诉讼法。至于其形式方面,蛮族法律的制定常常是毫无秩序或方法的,另外,其文本所使用的是当时流行的拉丁语。

在解释及理解这些平民法律的规定时,应注意一个重要方面。这就是,所有这些法律的制定都是在其民族皈依基督教之后产生的。

根据其所表现的特征的相似性或就其适用的民族在种族上的相同性,"蛮族法律"又被分为不同的组别。其中最重要的几个组别是*法兰克*、*苏尔沃*、*哥特*、*撒克逊*、*伦巴度*。〔16〕

3. *蛮族的罗马法*

"蛮族罗马法"的这个类别所指的是日耳曼国家出于不同目的而收集汇编的罗马法文本(iura 及 leges)。同样,这里需要事先声明,与其名称显示的有所不同的是,这些汇编并非仅为日耳曼人而制定的。

事实上,当提到"蛮族罗马法"的时候,并不是要对这些罗马法法典的适用范围预先设定立场。对于这类法律的每一项渊源而言,上述问题均有争议。

这个议题也有很大缺陷。对不同研究者的意见——虽然各人所采的理由不尽相同——作综合考虑之后,可以作以下的推测:"蛮族罗马法"有一些是以罗马人及日耳曼人为对象的;有一些则仅仅适用于罗马人;还有另外一些则具有补充或注释的性质。在最后一类中,包括《西哥特罗马法》(Lex Romana Visigothorum)或

---

〔16〕 参见 MANUEL TORRES 的详细论述,前揭《*Lecciones* 》,第 II 卷,第 58 页及后续页;JOSÉ MANUEL PÉREZ – PRENDES,《*Curso de Historia del Derecho Español* 》,第 I 卷—《*Introducción , fuentes y materiales institucionales* 》,Madrid,1989,第 400 页及后续页;以及 BRAGA DA CRUZ, 前揭《*Hist. do Dir. Port.* 》,第 136 页及后续页。

《阿拉利科摘要》(Breviário de Alarico)。[17]

4.《*日耳曼单行法*》

《*日耳曼单行法*》(capitulares)是由日耳曼国王所颁布的单行法律规范,其名称来自于其章节的划分。法兰克王国的单行法较有代表性。与"蛮族法律"不同的是,此乃真正的制定法。

至于其内容方面,应指出的是,《日耳曼单行法》主要涉及公法。它很多时候也会涉及宗教的事宜。

(二)法律适用文件·法律行为的表格及文本

这部分内容的研究将随着对该时期的法律适用的文件的介绍而结束。我们都清楚知道,这些文件,即负载*法律行为的表格*及文本,对于重新展现以往的法律具有重大意义。它们可以补充规范性的渊源。[18]除此之外,基于其简要或原始的特征,文件所展示的格式可作为认识日耳曼国家的某些法律制度的宝贵手段。

一如其名称所示,表格乃是订立合同及其他法律行为的公式的汇集。我们手上所拥有的日耳曼时期的表格约有 20 份,原则上均无标示作者。对半岛法律史最有价值的表格被称为*西哥特表格*(*Fórmulas Visigóticas*),它是本文特别注意的对象。[19]除此之外,最突出的还有法兰克王国的*安帝卡芬表格*(*Fórmulas Andecavenses*)及*马库浮表格*(*Fórmulas de Marculfo*)。

这些表格均凸显出受到通俗罗马法的影响,当然了,日耳曼人根本就没有制表的传统。所以,他们采用了罗马的文档系统。

---

〔17〕 参见下文第 82 页及后续页,及 88 页及后续页。

〔18〕 参见 GIULIO VISMARA,前揭《*Scritti di Storia Giuridica* 》,第 2 卷—《*La vita del diritto negli atti privati medievali* 》,Milano,1987。

〔19〕 参见下文第 94 页及其后续页。

关于具体或实际发生的法律行为的文件(*证书与证明*)方面,[20]很少是与半岛有关的。穆斯林的入侵使大部分的文件被毁灭,只有西哥特时期的少量文件得以保存,而其中部分的真实性尚有争议。[21]至于光复时期,8 世纪的文件亦很少保留。仅自 9 世纪时起文档的保存才大量增加。[22]

但其他蛮族国家则有所不同。法兰克王国存有大量自 6 世纪以来的文件。

另外要指出的是,文件几乎总是透过宗教机构——例如修道院及堂区——的文件集或相关书籍的方式保存的。具有灭失危险的独立文本均被抄录到这些文件集或书籍上。

五、从日耳曼入侵起至西哥特王国灭亡期间的半岛政治史的一般特征

以下对日耳曼入侵与穆斯林入侵两个时期的半岛政治史作简短的介绍。[23]那是 5 世纪初至 8 世纪初之间的事。

须注意的是,曾经在半岛出现的日耳曼民族中,仅仅苏尔沃人属于西方日耳曼人的族群。其他诸如阿兰奴人(Alanos)、泛达鲁人(Vandalos)及西哥特人(Visigodos)都属于东方日耳曼人,虽然一般强调阿兰奴人的亚洲根源。

---

〔20〕 很多时候,载有某些由国家或其他公权机关所制定的严谨行为的文件被称为*证书(diploma)*,而见证内容不同的行为——如赠与、买卖、农业合同等——的文件则被称为*证明(carta)*。但是从广义上使用 *diplomas* 或 *cartas* 也不奇怪,换言之,任一者均可包括上述两种法律行为的文件。这时,它们则会被区分为*皇家文书* (*documentos régios*)与*私文书*(*documentos particulares*)。

〔21〕 参见 GARCÍA – GALLO,前揭《*Los documentos y los formularios*》,载《Est. de Hist. del Der. Priv.》,第 362 页及后续页。

〔22〕 参见 GARCÍA – GALLO,前揭《*Los documentos y los formularios*》,载《Est. de Hist. del Der. Priv.》,第 384 页及后续页。

〔23〕 参见 EMILIO SÁEZ 所作的论述,《*La dominación germánica en Hispania Perfil historico e bibliografia*》,Barcelona,1980。

（一）阿兰奴人、泛达鲁人及苏尔沃人在半岛的定居

最初入侵希斯帕尼亚的日耳曼人是阿兰奴人、泛达鲁人——又分为阿斯丁古人（Asdingos）及施令古人（Silingos）——以及苏尔沃人。在公元 409 年秋天，这些从高卢而来的蛮族一起越过了比利牛斯山。他们人数不多，但其到来有以下两个特征：一方面，是整个民族一起来，其中包括所有的人口元素和整个政治结构，而不仅仅是军队；另一方面，他们是突然出现在罗马帝国境内，之前并没有与罗马作任何接触。

在开始的两年，他们没有特定的根据地，完全是随意地在半岛的土地上游走掠夺。然而，泛达鲁人犯下最多的暴行。

在此之后，迎来了一个相对宁静的时期。在公元 411 年，各部族达成了一份占据半岛的协议，当中可能罗马也有参与：苏尔沃人及阿斯丁高泛达鲁人定居于加利西亚（Galécia），阿兰奴人在卢济塔尼亚及迦太基西面，而施令高泛达鲁人则定居于帕狄卡（Bética）。罗马的统治仅在地中海区的塔拉戈纳（Tarraconense）以及迦太基的东面地区，这些地区都是较少受到侵略影响的。

随后不久，在公元 429 年，阿斯丁高泛达鲁人与留下的阿兰奴人及施令高人——先前已在一次入侵中被西哥特人击败——联合起来，一起迁移到北非，建立了一个昙花一现的王国。在公元 533 年，这个王国又被东罗马帝国的皇帝优士丁尼的将军们征服。

（二）苏尔沃皇朝（409 ~ 585 年）、苏尔沃历史中的圣马蒂若

随着阿兰奴人及泛达鲁人出走非洲，定居于半岛东北部——现在绵阳（minho）及加利西亚（galiza）——的苏尔沃人便成功经过帕狄卡、卢济塔尼亚及迦太基将其霸权扩展到南面。然而，古老的行省“加利西亚”（Gallaecia）仍保持作为苏尔沃王国的中心：在半岛当时被占领的其他地区上，他们与希斯帕尼亚——罗马人相

比明显是少数。

现有的数据足以令我们对苏尔沃王国历史中的政治及社会方面产生概念。同样,要思考其发展的若干时期也变得可能。在这个国家的命运中,最具重要意义的一件事是发生在5世纪中叶的独立危机。在456年,西哥特人作为罗马人的盟友从高卢到来,对苏尔沃人发起猛烈的侵略,并获胜而去。虽然如此,西哥特人还是退回高卢,而苏尔沃的独立得以再持续一个世纪。

只有在576年,当西哥特人已在半岛上永久扎根时,才开始扩大其对苏尔沃占领区的统治行动。这个行动由国王利奥维基度(Leovigildo)发起,并于585年随着将苏尔沃王国完全兼并而终结。〔24〕

最缺乏材料的方面是关于法律渊源及法律建制的章节。在这个范畴,已被人们确定的材料很少。〔25〕

应指出,苏尔沃人在入侵半岛之前已接受了基督教,其接受的是阿瑞安教派,可是,在448年,自从被利克阿里奥(Riquiário)统治开始,便转变成天主教。要指出的是,西哥特人仅在150年以后才作出这样的转变,又或者说,在里卡列度一世(Recaredo I)的时候,即589年。〔26〕

苏尔沃人在宗教上与希斯帕尼亚罗马人的一致明显地使其法律制度亦同样相似。可是,在具体上却无法认为苏尔沃人的传统法律与罗马法相通,即使是其法律秩序究竟采属人原则或属地原

---

〔24〕 参见 REINHART,《*Historia General del Hispanico de los Suevos*》,Madrid,1952。

〔25〕 然而,某些作者的论述似乎值得参考。参见例如我国的 FRANCISCO J. VELOZO,前揭《*Perspectiva suévica da História do Direito português*》,载"Scientia Ivridica",第 XXXIX 册,第251页及后续页。

〔26〕 苏尔沃人所经历的宗教历程是:异教徒、天主教徒、亚瑞安教派,然后又重新成为天主教徒。相反,西哥特人则更有连续性:异教徒、阿瑞安教派,然后是天主教。

则方面亦然。

必须注意的是，苏尔沃人——乐观地估计有5万人，但亦有意见认为仅有3万至3.5万人——只是一个小族群。无论如何，当到达半岛时，他们的罗马化程度大大地低于西哥特人。此外他们所带来的日耳曼风俗及制度自然更为纯正。似乎罗马化一旦衰退便产生了有利于这些蛮族风俗传播的有利环境。然而，一切都只是推测，其真实程度无法知晓。

在下一个阶段，值得一提的是一个很有文化素养的人——圣马蒂若(S. Martinho de Dume)所产生的影响。他是以传教士的身份受苏尔沃国王的邀请到半岛来打击在其人民中重新传播的异端邪说的。他在550年到达加利西亚，并成了杜姆(Dume)及布拉卡(Braga)的主教。他毫无疑问是苏尔沃天主教君主的伟大顾问。他除了构建出布拉卡这个宗教省份以外，还是其王国的政治重组的基础力量。他参加了分别在561年及572年举行的首两届布拉卡宗教会议，而第二届还由他主持。他所留下的作品可分为修行—道德方面的、宗教方面的以至诗歌。这里必须特别指出的是他的宗教法方面的作品。[27]

(三)西哥特人占领半岛

在入侵半岛的日耳曼民族中，与罗马人接触最多的是西哥特

---

〔27〕 他是《*Capitula Martini*》的作者，那是一部包括东方的、意大利的、非洲的以及高卢的84种教规的著作，翻译及完成于563年。参见 G. BRAGA DA CRUZ，《*A obra de S. Martinho de dume e a legislação visigótica*》，载前揭《Obras Esparsas》，第I卷，第2部分，第1页及后续页；LUÍS RIBEIRO SOARES，《*A Linhagem Cutural de S. Martinho de Dume*》，Lisboa，1963；AVELINO DE JESUS DA COSTA，《*Martinho de Dume ou Bracarense*》，载前揭《Dic. de Hist. de Port.》，第II卷，lisboa，1965，第957页及后续页；以及 G. MARTÍNEZ DIÉZ，前揭《*La colección canónica de la iglesia sueva los capitula martini*》，载《Bracara Augusta》，第XXI卷，第224页及后续页。关于 S. Martinho de Dume 其人，还可参见发表于《Anais da Academia Portuguesa da História》的研究，第II组，第28卷，Lisboa，1982。

人。这些接触在其定居于高卢之前便已开始,〔28〕其中有一些是和平的——甚至以军事合作协议为基础,而另一些则是暴力的。

西哥特人第一次渗入罗马帝国的日期是376年。在匈奴人的追逐之下,他们横过多瑙河(Danúbio),占据了色雷斯(Trácia)。他们先是作为罗马人的盟友,然后随即便反叛,之后结盟与叛变的故事便不断重演。

自390年起,在阿拉力科一世(Alarico I)(390~410年)的带领下(阿拉力科被选为最高领袖),西哥特人撕毁与罗马的条约,从帝国的东面地区及通过意大利发起侵略,并于公元410年占领罗马。在阿拉里科一世及其继承者阿塔富(Atáulfo)(410~415年)时期,西哥特人就像以往一样一直不断地出现。他们有时与罗马人结盟,有时又反抗罗马人的权威。

1. 定居于高卢

以上情况仅在西哥特人定居于高卢后才安定下来,这还有赖于在418年由瓦利亚国王(rei Vália)(415~418年)的使者与东方帝国的皇帝霍诺留(Honório)的代表冈斯坦西奥(Constâncio)将军所签订的军事和平条约。罗马人在条约中授予西哥特人的特权是对他们作为其盟友抵抗半岛上的阿兰奴和施令高泛达鲁侵略者的补偿。〔29〕其根据地就这样在高卢的南面建立起来。而在大

〔28〕 关于西哥特王国的演变,参见例如 MANUEL TORRES 的详细综述,前揭《*Lecciones* 》,第 II 卷,第 68 页及后续页。更详细的介绍可参见 RAFEAL GIBERT,《*El reino visigodo y el particularismo español* 》,载《Cuadernos del Instituto Jurídico Español》,第 5 号— "Estudios Visigóticos",第 I 卷,Roman - Madrid,1956,第 15 页及后续页;RAMON DE ABADAL DE VINYALS,《*Del Reino de Tolosa al Reino de Toledo* 》,Madrid,1960;E. A. THOMPSON,《*The Goths in Spain* 》,Oxford,1969(trad. para castelhano—《*Los Godos en España* 》,Madrid,1971);H. WOLFRAM,《*Geschichte der Goten* 》,München,1979,以及 ANA MARIA JIMENEZ GARNICA,《*Orígenes y desarrollo del Reino Visigodo de Tolosa (a. 418 - 507)* 》,Valladolid,1983。

〔29〕 参见上文第70页及后续页。

约50年的时间里，他们成立了西哥特国，其首都位于图卢斯(Toulouse)。

2. 半岛地区在5世纪期间的动乱

在半个世纪的时间里，西哥特人在伊比利亚半岛内进行了频繁的军事侵略。然而，其侵略并非以直接占领作为直接目标。西哥特人进入半岛抢掠、破坏，然后立即撤退，但没有占领土地。

3. 在半岛上的永久定居

西哥特人对半岛地区的大规模占领始于尤里科(Eurico)(466~484年)治下。他们利用了西罗马帝国的灭亡所造成的无秩序状况。

阿拉里科二世(Alarico II)(484~507年)是尤里科的继承人，他将西哥特人的占领扩展到除了苏尔沃人地区外的整个希斯帕尼亚，并将首都迁往托莱多(Toledo)，一直到西哥特王国灭亡为止。这次从高卢—西哥特国家到希斯帕尼亚西哥特国家的永久转变与法兰克人在507年的弗格拉登(Vouglé)战役上打败西哥特人有关。[30]西哥特人失去了除萨蒂曼尼亚(Septimânia)和普鲁文萨(Provença)等少数地区以外的高卢，因此其皇朝实际上转移到希斯帕尼亚地区。

4. 半岛上的西哥特王国

正如以上所述，[31]于576年，利奥维基度(Leovigildo)国王(571~586年)发起对苏尔沃人的战役，并于585年以兼并苏尔沃地区为终结。自此，半岛便成了西哥特人的半岛，除了南面的少数

---

〔30〕 一些作者指出，相对于第一代的罗马日耳曼国家，如西哥特王国、东哥特王国以及布根迪王国这一历史事实代表了日耳曼国家在公元6世纪转入第二代，即法兰克人与伦巴度人的王国，(参见 GIULIO VISMARA，前揭《*Le fonti del diritto romano nell 'alto medioevo secondo la più recente storiografia*》，载《Stud. et Doc. Hist. et Iur. 》，第 XLVII 卷，第20页及第24页)。

〔31〕 参见上文第73页。

地区因被东罗马帝国[32]优士丁尼大帝的军队在3世纪中期所占领而继续作为拜占庭帝国的行省外。

在7世纪初,西哥特人反过来向拜占庭进攻,拜占庭被迫到现在的阿尔加维地区后,唯有在622年永久撤离半岛。苏英蒂拉(Suintila)便成了统一希斯帕尼亚的第一个西哥特国王。这次希斯帕尼亚的永久统一迎来西哥特人近一个世纪的统治,仅当穆斯林人在711年入侵后才被中断。

六、西哥特人在半岛定居的情况

日耳曼人在半岛定居的政治及社会方面对法律史的研究有重要意义。然而,希斯帕尼亚罗马人、阿兰奴人、泛达鲁人及苏尔沃人之间的最终土地分配问题是模糊不清的,无法明确地界定这些民族的农业—经济基础。[33]

同样,关于西哥特人方面,并没任何与半岛直接有关的记载。然而,一般认为应与其在高卢的体系是一样的,或者说,以同一份军事上的和平条约为法律基础。

(一)西哥特人与希斯帕尼亚罗马人之间的土地分配

上面已经指出,[34]瓦利亚国王与霍诺留皇帝在418年订立了一份规范西哥特人在高卢定居的"条约"(foedus),主要是在阿奎塔尼亚("阿奎塔尼亚II")的阿特兰狄卡省,虽然西哥特人最后扩张到地中海沿岸,占领了纳布尼斯(Narbonense)。这个协议是罗马人对西哥特人与定居于希斯帕尼亚的日耳曼人斗争的回报,

---

〔32〕 拜占庭在征服了意大利和北非之后在希斯帕尼亚的存在,可解释为扩张主义。它企图光复古代的西方罗马帝国。这一存在历时70年,并产生了一个对法律史而言十分重要的问题:即它有否将优士丁尼罗马法传播。这似乎没有展示特别的重要性(ver, *infra*, 第137页及后续页)。

〔33〕 关于此问题的全部,参见MANUEL TORRES的论述,前揭《*Lecciones*》,第II卷,第77页及后续页。

〔34〕 参见上文第73页及后续页。

同时亦是西哥特人对那个地区的罗马帝国土地放弃占领的方式。

该协议的真正内容还有重大疑问，单凭其法律文本、掌故渊源以及与相同的“条约”——如罗马—布根迪条约——作比较无法消除这些疑问。似乎一些新的推测并没有动摇传统学说的立场。〔35〕

在向西哥特人赐予土地时，罗马人并没有将其分配到被隔离的区域，而是将之纳入高卢—罗马人之中。然而，分配的程度、所占的比例如何？分配又何时及如何进行呢？

当时的都市房地产分为三份：两份给西哥特人（sortes gothicae）；一份给行省的罗马人（tertia romanorum）。〔36〕似乎可以确定的是，“上述的分配方式”仅包括大庄园以及一些中型财产，如可耕地、森林等，小型的农业开发土地并不包括在内。地区内所有的地主均可享用的荒地以及公地（“compascua”）仍继续存在。

---

〔35〕 请注意 A. GARCÍA – GALLO 的研究，《*Notas sobre el reparto de tierras entre visigodos y romanos*》，载前揭“Hispania”，第 I 册，第 IV 号，第 40 页及后续页；W. GOFFART，《*Barbarians and Romans. A. D. 418 – 584: the Techniques of Accomodation*》，Princeton，1980；以及 LUIS A. GARCÍA MORENO，《*El término “sors” y relacionados en el “Liber Iudicum”. De nuevo el problema de la división de las tierras entre godos y provinciales*》，载前揭《An. de Hist. del Der. Esp.》，第 LIII 册，第 138 页及后续页，其内列有丰富的参考文献。ALEXANDRE HERCULANO 的概要，《*Sortes Gothicae*》，论述得并不是太清楚，载“Opúsculos”，第 V 册—“Controvérsias e Estudos Históricos”，第 II 册，第 3 版，Lisboa，1907，第 289 页及后续页。

〔36〕 遵循 F. LOT 的路线，García – Gallo 承认，在分配大庄园时，西哥特人所得的是由所有权人直接开发之土地（terra dominicata）的 1/3，以及由殖民者和租户耕作的土地（terra indominicata）的 2/3，结果是，这一分配是平等的：西哥特人在“terra indominicata”所得的 2/3 即所谓的“哥特份额”（sortes gothicae），而剩给殖民者的大庄园部分为“罗马份额”（tertia romanorum）（参见 GARCÍA – GALLO，前揭《*Notas sobre el reparto de tierras*》，载《Hispania》，第 I 册，第 IV 号，第 52 页及后续页）。这是一个具有启发性的推测，但是引证不足。

同样的,农具及奴隶也是分配的对象,虽然这些东西很可能是平等分配的。一般推测住房也是被分配的对象。然而,这里只是我们根据和平共处的一般原则所作的演绎。

有人主张,该协议的执行是从瓦利亚——这位君主在订立协议的当年便去世——时期开始的,而且迅速地完成。这样,可以肯定西哥特人立即便获得了土地的实际分配,而不仅仅是与其土地相应的租金。

概括地说,这就是"西哥特人"从高卢往希斯帕尼亚转换的结果。然而,必须承认的是,尽管存在这样一个分配制度,但后来西哥特人还是没有遵守分配协议而完全占领了半岛。

西班牙及葡萄牙的地名可作为有力的论据。〔37〕例如,一些村镇在今天还被称为 Consortes、Sortelhas、Suertes、Tercias、Tersos、Tertia,这些名称反映了土地分配制度。而另一些保留着 Godinhos、Godos、La Goda、Romainho、Romano、Romão 等名字的,则显示出住在里面的仅仅是或主要是来自同一民族的人。然而,这样的论据不可被视为确定论据。〔38〕

同样,人们也会从地名上看其究竟是出自罗马地主抑或西哥特地主而追寻当时土地分配情况的一些痕迹,如 Villarcayo(属于 Arcádio 的)、Villarincencio(属于 Vincente 的)或 Villafáfila(属于 Fávila 的)。这一论据与上一个相比较缺乏说服

〔37〕 参见 MENÉNDEZ PIDAL,《*Orígenes del Español*》,第 5 版,Madrid,1964。在我国,参见例如 JOSEPH M. PIEL,《*Os nomes germânicos na toponímia portuguesa*》,I e II,Coimbra,1937 e 1945;以及《*O património vivigodo na língua portuguesa*》,载《Congresso do Mundo Português》,第 I 卷—"Memórias e comunicações apresentadas ao Congresso de Pre e Prto – História(I Congresso)",Lisboa,1940,第 563 页及后续页。

〔38〕 例如,LUIS A. GARCÍA MORENO 宣称,"sors"以及"consors"这两词组与上述的西哥特人定居所产生的问题一点关系也没有,前揭《*El término "sors" y relacionados en el "Liber Indicum"*》,载《An. de Hist. del Der. Esp.》,第 LIII 册,第 137 页及后续页。

力。很自然的是，那些名称仅仅是来自庄园主的人名，它不会显示其居民的种族。而且不可排除的是，很多这些村庄在罗马时期已经存在，但是地名上具有哥特人渊源的村镇很多却是在光复时期才成立的。〔39〕

（二）*西哥特人占据后半岛上的伦理及文化差异·差异的缓慢消失*

西哥特人之定居于半岛使半岛上存在以下三种具有不同特征的核心人口：希斯帕尼亚—罗马人、苏尔沃人及西哥特人。人数上最少的是苏尔沃人。〔40〕西哥特人亦仅占总人口——大约为一千万人——的2%至5%。上述的所有估算当然都有巨大的不确定空间，可是总能提供一些相对的数值观念。

在很长的时间里，这些民族各居其所，并没有混在一起。这种分隔在希斯帕尼亚罗马人及西哥特人之间更明显。造成这种分隔的最主要原因是基于宗教上的区别——前者是天主教的，另一方则是亚瑞安教派的——以及混合婚姻，即不同种族的人之间的婚姻之禁止被切实地执行。然而，时势的变化却使两种人口接近及混种。

这个现象当里卡力度（Recaredo）在589年的第三次托来多主教会议面前正式转变为天主教徒之后更为紧凑，随之而来的是大规模的转变。〔41〕除了宗教的因素以外，其他社会上及法律上的力量也向同一个方向作用。具意义的是，西哥特人很早就采纳了拉丁语。同样有必要指出的是，里奥维基度（571～586年）废除了

〔39〕参见 GARCÍA – GALLO，前揭《*Notas sobre el reparto de tierras*》，载《hispania》，第I册，第IV号，第43页，注11。

〔40〕参见上文第72页。

〔41〕关于这一课题，参见 JOSÉ ORLANDIS，《*El Cristianismo en la España visigoda*》，载前揭《Estudios Visigóticos》，第I卷，第1页及后续页。关于上述会议，可参见《*El Concilio III de Toledo – XIV Centenario (589 – 1989)*》，Toledo，1991。

禁止异族联婚禁令。[42]

那个禁令的理论意义比现实意义更大。一切的迹象均显示,它并没有得到遵守,或至少是经常以及越来越多地被违反。这样一个从没有实质生效的规则被废止,正如立法者亦承认,是见证了一个在西哥特王国下的子民不论种族的达致社会统合的现象。虽然它是在西哥特国王的引导下才得以产生的。

可以断言的是,在6世纪末及7世纪初,半岛上的普遍人口已经混合了。这并不表示民族间的差异完全消失了。在西哥特王国中,有些家庭还是会认得西哥特或罗马祖宗的,但是这只会发生在贵族阶级之中。在公元7世纪中叶,一般平民百姓之间的混同是绝对的。

综上所述,经过西哥特人的长时间占领,半岛上的文化元素只剩下以下两种:罗马及日耳曼。其要点是要知道,当穆斯林的占领开创一个新的历史时期之时,在半岛的文化及法律环境的形成过程中,两者之中的哪一个更具优势。无论如何,像某些作者那样夸大日耳曼元素的分量似乎是不正确的。日耳曼的入侵不代表以一个完全不同的新文明替代旧的文明,而只不过是为罗马的"通俗化"加入新的元素。很多罗马的文化制度在不丧失其原有的基本特征的情况下被侵略者同化而具有独特的面貌。除此之外,在这个时期,罗马文化还有很多具非常尊贵地位的代表人物及捍卫者,如杜姆的圣马蒂诺[43]及西维耶的圣依斯度罗(S. Isidoro de

〔42〕《Lex Visigothorum》,III,1,1(Antiqua)。异族联婚的禁令有赖于《提奥多罗法典》(Código Teodosiano)(3,14,1)的一个规则,该规则被转录到《阿拉力科摘要》(参见下文第82页及后续页)。关于这个问题,参见 PAULO MERÊA,《*Sobre os casamentos mistos na legislação visigótica*》,载前揭《Est. De Dir. Vis》,第231页及后续页;以及 ÁLVARO D'ORS,《*La territorialidad del derecho de los visigodas*》,载前揭《Estudios Visigóticos》,第I卷,第102页及后续页。

〔43〕 参见上文第72页。

Sevilha)。[44]

概括地说,一般认为对于半岛的新文化环境的形成,罗马元素所带来的贡献从来没有,而且远远没有被日耳曼元素所掩盖。让我们现在回归到有关法律方面的论述。

七、西哥特时期的法律渊源

本文篇幅所限,无法详细地分析西哥特法例及其法律建制。值得一提的是,关于西哥特法律的一些传统观念被后来的研究——尤其突出的是恩斯特·利瓦伊(Ernst Levy)、保罗·梅雷雅(Paulo Merêa)、格尔西亚·加洛(Garcia - Gallo)及阿尔瓦罗·多尔斯(Álvaro D'ors)等的研究——彻底地批判修订。他们所取得的成果开拓了新的视野。

纯粹从日耳曼人的角度审视西哥特法律渊源的观念已被打破。相反,人们现在认为这些法律渊源是所谓的西方"通俗罗马法"不可估量的巨大储存库。这个观点既提出了新的问题,也对一些似乎有了确定答案的旧问题提出反思。

对西哥特的法律文本以及文字和口头上的证物进行疏证已经有长久及持续的研究。[45]虽然如此,但无论是对于该法律的一般发展、法律渊源,还是关于其法律建制等,均仍然存在难题。一些已被接受的观点与一些新的观点合起来对先前的理论提起了质疑。

撇开有关建制的范畴所出现的争议,我们可以列出以下问题:西哥特规范渊源的目录;其属人抑或属地性质;有没有一种古老的

---

〔44〕 参见下文第92页及后续页。

〔45〕 参见GARCÍA - GALLO详尽及具有分析性的描述,前揭《*Consideración crítica de los estudios sobre la legislación y la costumbre visigodas*》,载《An. de Hist. del Der. Esp.》,tomo XLIV,第343页及后续页。同一立场,参见GIULIO VISMARA,前揭《*Le fonti del diritto romano nell'alto medioevo secondo la più recente storiografia (1955 - 1980)*》,载《Stud. et Doc. Hist. et Iur》,vol. XLVII,第1页及后续页。

习惯法存在;教会法渊源的问题。我们将逐一进行分析。

(一)西哥特时期主要法律渊源的扼要介绍

在西哥特王国统治期间,为人所知的法律文本中,只有三份是完整而且载有关于其作者及日期的准确资料的:《阿拉力科摘要》(Breviário de Alarico)(506 年)、《提狄斯法》(Leide Teudis)(546 年)以及《西哥特法典》(Código Visigótico),其版本是李塞斯文多(Recesvindo)(546 年)版以及埃尔维乔(Ervigio)(681)的版本。[46]这一数量确实很少。

其他的规范渊源既不完整,也没有清楚地标记令我们可将之界定为西哥特人的渊源,有时甚至难以对其性质作准确的界定。然而,历史的批判并没有将这些渊源定位在同一个层面,因为其中有一些渊源的疑问还是较少的,如《尤里科法典》(Código Eurico)及《利奥维基度法典修订本》(Código Revisto de Leovigildo)。

我们且将那些充满不确定推测的法律文本放在一边。[47]尽

---

[46] 参见 GARCÍA - GALLO,前揭《*Consideración crítica de los estudios* 》,载《An. de Hist. del Der. Esp.》,第 XLIV 册,第 357 页及后续页。

[47] 例如,《*高迭恩茨残本或霍尔克姆残本*》(*Fragmentos Gaudenzianos ou de Holkham*)——总共有 14 章,其性质大有疑问,其内容是关于私法以及诉讼法的问题,但其所组成的法律汇编却无人知晓;即使将之与半岛联系起来,其对半岛历史的意义也是有限的,因为其生效期应是理论多于实际;它们是由 Gaudenzi 在霍尔克姆图书馆(英国)的古籍中发现的所有问题,参见 PAULO MERÊA,《*Fragmenta Gaudenziana (para a solução de um enigma)*》,载前揭《Est. De Dir. Vis.》,第 121 页及后续页,以及《*Edictum Theodorici e fragmenta gaudenziana (A propósito de um recente trabalho do Prof. Vismara)*》,载前揭《Bol. da Fac. de Dir.》,第 XXXII 卷,第 315 页及后续页;GARCÍA - GALLO,《*Consideración crítica de los estudios* 》,载《An. de Hist. del Der. Esp.》,第 XLIV 册,第 382 页及后续页,以及 GIULIO VISMARA,前揭《*Le fonti del diritto romano nell 'alto medioevo* 》,载《Stud. et Doc. Hist. et Iur》,第 XLVII 卷,第 13

管如此，这些文本相互之间还是表现得有联系的。另外，可以说一般不会将法律的发展脉络纯粹地建基于那些——毫无疑问或有较大可能地——被认为是西哥特人法律的渊源上。[48]

1.《*尤里科法典*》

虽然或许有误，但是主流意见认为有一些法律是西哥特人一经定居高卢便立即制定的。例如，所谓的提奥多里科法（Leis Teodoricianas），乃因其被认为是由提奥多里科一世（Teodorico I）（419～451 年）和提奥多里科二世（Teodorico II）（453～466 年）所制定而得名。人们仅是间接地得知这些法律规定的存在，并知道其规范了私法的很多方面，特别是由于罗马及西哥特缔结友好条约而引起的土地分配方面。

然而，尤里科国王大约于公元 475 年或者公元 476 年所颁布

页及后续页）。《法律选集》（"*Lectio legum*"）——共有 6 章，它具有世俗法的内容，被载于一部具有大量教会法文本的汇编中，可在罗马的瓦利切利安纳图书馆（Biblioteca Valliceliana）找到（关于其全部，参见 GARCÍA－GALLO，前揭《*Consideración crítica de los estudios*》，载《An. de Hist. del Der. Esp.》，第 XLIV 册，第 388 页及后续页）。《狄奥多里科皇家告示》（*Edictum Theodorici regis*）——这是一份比上述两者重要得多的法律文本，其日期后于 458 年，有一个序言，第 155 章，以及一个后记；从其内容看，属于"蛮族罗马法"（leges romanae barbarorum）；关于其来源有不同说法，较可取的是主张其源自东哥特人或西哥特人的说法，但是没有任何方法或数据可显示其在希斯帕尼亚被人们认识或使用（关于其全部，参见 PAULO MERÊA，前揭《*Edivtum Theodorici e fragmenta gaudenziana*》，载《Bol. da Fac. de Dir.》，Vol. XXXII，第 315 页及后续页，GIULIO VISMARA，前揭 El《*Edictum Theodorici*》，载《Estudios Visigóticos》，第 I 卷，第 49 页及后续页；以及前揭《*Le fonti del diritto romano nell'alto medioevo*》，载《Stud. et Doc. Hist. et Iur.》，第 XLVII 卷，第 8 页及后续页；以及 GARCÍA－GALLO，前揭《*Consideración crítica de los estudios*》，载《An. de Hist. del Der. Esp》，第 XLIV 册，第 390 页及后续页）。

〔48〕　西哥特法的法律渊源已包括在上述的"Colecção de Textos de Direiro Peninsular e Português"－"Textos de Direito Visigótico"，之中，第 I、II 卷，Coimbra，分别出版于 1923 年及 1920 年。Paulo Merêa 所作的这一汇编（参见上文注 53），主要基于前揭《*Monumenta Germaniae Historica*》，其主编由著名的日耳曼法专家 K. Zeumer 所领导。

的《尤里科法典》(Código Eurico)却是第一部系统地收集西哥特法律的汇编。这是一部传统上被界定为蛮族法(leges barbarorum)[49]的法律,然而,它是所有蛮族法里涉及私法最多的一部。除此之外,现代对《尤里科法典》的历史批判展示出该法典大量接受了通俗罗马法。考虑到西哥特人的文明程度以及其立法工作很可能由认识罗马法的人参与,[50]以上事实并不使人感到意外。

2.*《阿拉力科摘要》*

正如上文所述,[51]阿拉力科Ⅱ世(Alarico II)于506年颁布的*阿拉力科摘要*(*Breviário Alariciano*)或*西哥特罗马法*(*Lex Romana Visigothorum*)的完整文本仍然存在。当然,它属于蛮族罗马法(leges romanae barbarorum)[52]的类别。

它是一部罗马法法源——"法"(iura)及"法律"(leges)——的选集。在"法律"方面,具代表性意义的是《提多斯法典》(Código Teodosiano)(438年)以及后提奥多斯时期所作的更新。在"法"(iura)方面,主要由以下两部基本作品组成:盖尤斯的《概要》(Epítome de Gaio)——该法学家所著之《法学阶梯》的摘

---

〔49〕 参见上文第66页及后续页。

〔50〕 关于这一重要渊源的内容以及由它所引起的问题,参见 ÁLVARO D'ORS,《*El Código de Eurico – Edicción, Palingenesia, Índices*》,载前揭《Cuadernos del Instituto Jurídico Español》, n. 12 –《Estudios Visigóticos》,第Ⅱ卷,Roma – Madrid,1960。关于日期的特殊问题,参见 ÁLVARO D'ORS, ibid,第4页,前揭《*La territorialidad del derecho de los visigodos*》,载《Estudios Visigóticos》,第Ⅰ卷,第12页,注71,以及 CE – 277《*y la fecha del CE*》,载前揭《An. de Hist. del Der. Esp.》,第XXVII – XXVIII册,第1164页及后续页;以及 JUAN GARCÍA GONZALES,《*Consideraciones sobre la fecha del Codigo de Eurico*》,载前揭《An. de Hist. del Der. Esp.》,第XXVI册,第701页及后续页。

〔51〕 参见上文第80页。

〔52〕 参见上文第68页及后续页。

要——以及被认为是另一位著名的古代法学家保罗所作的《判词》(sentenças)。除此之外,被载于"法"(iura)之内的还有《格里戈里奥法典》与《荷尔莫治法典》(Códigos Gregoriano e Hermogeniano)内所载的规定,因为这些都是最古老的皇家法律,而且也是帕比安奴(Papiamo)作品的片段,可能因为他的名气太大了,这样一部汇编不可能漏掉他的作品。

《阿拉力科摘要》(Breviário)的*解释*(*interpretatio*)十分重要。实际上,每当有需要的时候,"法"(Iura)和"法律"(Leges)都附有解释(interpretationes)。总概来说,这些解释是说明所转录之文本片断的内容而作的小评注,但是,有时它也会发生被解释之规则完全被改动的情况。

3.*《利奥维基度法典修订本》*

在《阿拉力科摘要》之后,提狄斯国王于公元546年颁布了名为《提狄斯法》(Lei de Teudis)的法律,其目的是遏止司法费用的滥收情况。然而,利奥维基度的《法典修订本》(Codes Revisus)才是继《阿拉力科摘要》之后的又一大型法律汇编。

似乎必须承认,《尤里科法典》曾在572年及586年间增订及更新,更具体地说,大约是在580年,[53]其发起人是利奥维基度国王。这一部法典修订本的原文已经失传。我们只可以从转录到654年的《西哥特法典》古代法(antiquae)章节中的若干规则里重见其面貌。

4.*《西哥特法典》*

从利奥维基度(Leovigildo)时期起到里察斯文度(Recesvindo)时期止,西哥特王国"所制定"的单行法律不算多,但是所有的这些单行法均不分彼此地适用于所有百姓。辛达斯文度

〔53〕 参见ÁLVARO D'ORS,《*La territorialidad del derecho de los visigodos*》,载前揭《Estudios Visigótigos》,第I卷,第122页。

(Chindasvindo)(642~653 年)增加了立法活动。经他颁布的法律至少有 89 部,[54]而且这些法规在法律生活的很多范畴——国家组织、司法体系、程序、私法及刑法——均引入了重大的改革。

辛达斯文度企图为编纂一部取代《利奥维基度法典》的新作品鸣锣开道。然而,这一目标仅在其儿子及继承人里察斯文度(Recesvindo)的时代(649~672 年)——里察斯文度也做了大量的立法工作——才得以实现。

这样便产生了具有"里察斯文度西哥特法"(《Lex Visigothorum Recesvindiana》)、《Liber Iudiciorum》、《Liber Iudicum》及《Forum Iudicum》[55]等别名的《西哥特法典》(Código Visigótico)。它的颁布期是 654 年。应注意的是,除了这个被称为*里察斯文度版(forma recesvinda)*的第一版本外,《西哥特法典》还有两个版本:*艾尔维基奥版本(forma ervigiana)*,也是官方版本,由国王艾尔维基奥于 681 年出版;另一版本是*通俗版(forma vulgata)*,是由个人发起出版的。为了要改变其前任艾尔维基奥(Ervígio)政策的若干方面,艾捷卡(Egica)(693 年)曾命令对该法作革新的尝试,但最后并没有落实。

被称为《西哥特法典》通俗版的是介乎西哥特统治的最后阶段到光复期间的不同时期里出现的一系列手抄本。这些都不是官方的修订,而是民间自发的,是由不知名的法学家及法律工作者以艾尔维基奥版本(forma ervigiana)为基础引入的大量修订及增加。[56]

---

〔54〕 西哥特法典里载有此一君主名字的法律就是这个数目。

〔55〕 有双语版本,标题为《*Fuero Juzgo en Latin y Castellano*》,Madrid,1815(De "La Real Academia Española"版)。

〔56〕 关于在里斯本存有一本平民版的、字迹似为 12 世纪或 13 世纪的手抄古籍,参见 PAULO MERÊA,《*Um códice da "Lex Visigothorum" existente em Lisboa*》,载前揭《Bol. da Fac. de Dir.》,第 VI 卷,第 789 页及后续页,以及第 VII 卷,第 300 页及后续页。

关于其规定的性质方面,《西哥特法典》可被视为以下三种法律思潮交汇的产物:罗马法、日耳曼法及宗教法。对其产生最大影响的是罗马法。这毫不奇怪,因为《尤里科法典》已被罗马化,而在《利奥维基度法典》及续后所公布的法律中,罗马化还有所加强。

有争议的是西哥特法学家及立法者是否认识及使用优士丁尼的法律渊源。即使答案是肯定的,在《西哥特法典》中所能见到的优士丁尼法的影响亦是十分轻微的。对其产生影响的罗马法是优士丁尼之前的罗马法,即是载《民法大全》(*Corpus Iuris Civilis*)汇编之前的"法律"(leges)和"法"(iura)之内的罗马法。

《西哥特法典》被系统地分为12编——如优士丁尼法典那样——,每编又细分为数卷,每卷均由法律组成。这些法律之中的大约3/5均以"古代"(antiqua)或"古代制定"(antiqua emendata)[57]的词语作开头。其余,则用上制定法律或者修改法律的君主的名字。即使有一些具有"antiqua"或"antiqua emendata"字样之法律的起源早于《利奥维基度法典》,但对于是否所有具有这些字样的法律均来自该法典的问题则尚有争议。

(二)西哥特成文法的属人主义或属地主义问题

正如我们观察所见[58],很多日耳曼国家均奉行法律的属人*原则*或*国籍原则*,即"同一国家里"分别有一套专为日耳曼人民而设的法律制度以及另一套专为罗马人民而设的法律制度。与之相对的是法律的*属地原则*,即整个国家适用唯一一套法律制度。究竟西哥特采用哪一种体系?

必须预先说明的是,这个问题仅在第一个阶段产生。即使是

---

〔57〕 须注意,有一些法律虽然带有"antiquae"这个字,但却显示出已经修改过原版。

〔58〕 参见上文第64页及后续页。

捍卫属人主义理论的人亦同意,《利奥维基度法典》已经有了依属地原则适用的倾向。至少,该法典的很多规定均适用于全体人民。可作范例的有批准西哥特人与希斯帕尼亚罗马人或高卢罗马人联婚的法律。一般认为,在利奥维基度之后的单行法,正如我们所指出的一样,[59]均具有属地性特征,同样,《里察斯文度法典》也毫无疑问遵循属地原则。

发生问题的是这个时期之前的阶段。我们将会对这两个相互对立的理论进行分析,但不会对有关争论作仔细的研究。[60]

1. 属人说

直到19世纪中叶为止,对于西哥特法按属地原则适用一般没有太大疑问,可是,却苦无历史研究足以佐证这个普遍的意见。

于1843年,德国历史学家艾希霍恩(Eichhorn)[61]第一次主张属人说。他假定在西哥特人中存在两类法官:*thiuphadus* 仅审判涉及西哥特人的案件;*iudex* 或 *defensor* 仅审判涉及罗马人的

---

〔59〕 参见上文第83页及后续页。

〔60〕 关于其全部,参见 ÁLVARO D'ORS,前揭《*La territorialidad del derecho de los visigodos*》,载《Estudios Visigóticos》,第I卷,第91页及后续页,它论述了该问题的历史以及附有大量参考文献;PAULO MERÊA 同样对该问题作了综述,《*Para uma crítica de conjunto da tese de García Gallo*:*1 – Breve notícia acerca da tese*》,载前揭《Est. de Dir. Vis.》,第199页及后续页。尚可参见 BRAGA DA CRUZ 的简要论述,《*Aditamentos de Direito Português – O problema da personalidade ou territorialidade da legislação visigótica, anteriormente a Recesvindo*》(打印教程,由 DANIEL GONÇALVES 所编集),Coimbra,1958,以及 NUNO J. ESPINOSA GOMES DA SILVA,前揭《*Hist. do Dir. Port.*》,第66页及后续页。

〔61〕 必须记得这位作者是法律历史学派的其中一位先锋人物(参见下文第280页及后续页),其走的是日耳曼法专家的路线,而萨维尼(Savigny)则走罗马法专家的路线[参见例如 F. WIEACKER,《*História do Direito Privado Moderno*》,Lisboa,1980,(第2版 – Lisboa,1993),尤其是第405页,第443页及第460页及后续页;由 A. M. BOTELHO HESPANHA 根据其第2版《*Privatrechtsgeschiichte der Neuzeit unter besonderer Berücksichtigung der deutschen Entwicklung*》,Göttingen 所翻译,1967]。

问题。

这个意见很快就被其他著名的日耳曼法学者所采纳。然而，是策乌默尔(Zeumer)在19世纪末透过一系列的研究，科学地奠定了属人主义学说的基础。[62]自此以后，该学说在超过30年的时间里均被历史学家所一致采纳。这一学说变成了经典的指导思想。

根据这个观点，《尤里科法典》及《利奥维基度法典》仅适用于西哥特人，而《阿拉力科摘要》则仅以罗马人为对象。西班牙史学家乌伦雅(Ureña)虽然附和属人说，但却认为《利奥维基度法典修订本》已经在全国生效。

属人主义论者之间最无法统一的是如何解决[既涉及西哥特人又涉及罗马人的]混合问题，对此，他们并没有满意的答案。在同时涉及罗马人及西哥特人的争议中，究竟适用什么法律呢？

根据达恩(Dahn)的意见，解决这类法律冲突的方法是赋予与讼人在两种秩序之中二择其一的权利：罗马法或西哥特法。可是，这一意见似乎并不可取，因为他根本就没有提出任何支持其主张的有效论据。当双方没有协议时，又该如何处理呢？

根据贝芙曼·荷尔维克(Bethmann - Hollweg)的观点，应优先采用“法院地法”，即是说，适用有义务审理该案件之法院的法律。

而布伦纳(Brunner)及策乌默尔(Zeumer)则认为，当两法之间发生冲突的时候，西哥特法律优先适用。其所提出的理论支持不外乎是以“布根迪法”(Lex Burgundionum)为推论，此一法

---

〔62〕 参见 Ver KARL ZEUMER，《*Historia de la legislación visigoda*》(trad. para castelhano de CARLOS CLAVERIA)，Barcelona，1944。关于使用这一翻译应注意的事项，参见 PAULO MERÊA，载前揭《Bol. da Fac. de Dir.》，第XX卷，第640页及后续页。

律——在其序言中宣称仅适用于布根迪人,而罗马人则有继续受其原有法律规管的特权——规定,当发生混合性质的冲突时,布根迪法优先于罗马法适用。然而,这样的类推并不具说服力。事实上,对于混合情况而言,属人说所提供的答案从来都没有以确凿的历史资料为佐证,它仅限于单纯推测。

2. 属地说

面对这一情况,于 1941 年,格尔西亚 · 加洛(García - Gallo)以科学的基础重新提出古老的属地主义理论。在这位出色的历史学家看来,远至狄奥多罗时期的法律已经是共同适用于哥特人民及罗马人民的了;同样,西哥特的其他单行法律与法典亦复是如此。所以,《尤里科法典》被《阿拉力科摘要》所取代,而后者又被《利奥维基度法典》所取代,且这一法典最后亦被《里察斯文度法典》所废止。

格尔西亚 · 加洛(García - Gallo)的主要论据是这样的:不存在任何间接或直接地证实属人原则的掌故渊源或法律规定;《尤里科法典》除了具有强烈的通俗罗马法影子外,其内里还载有属地性的法律以及一些废止了罗马法的法律;《尤里科法典》被一种类似通告(Commonitorium)的文件废止,且与该废止同时发生的是《阿拉力科摘要》的颁布;具属地性特征[63]的《提狄斯法》(Lei de Teudis)被纳入《阿拉力科摘要》。

上述论据引起广泛争论。以上的各项论据并不具有同样的说服力,只是,由此便产生了另一个可供选择的解决方案。

---

〔63〕 参见 GARCÍA - GALLO,《*Nacionalidad y territorialidad del Derecho en la epoca visigoda e La territorialidad de la lagislación visigoda* 》,载前揭《An. de Hist. del Der. Esp.》,分别参见第 XIII 册,第 168 页及后续页,以及第 XIV 册,第 593 页及后续页(也载《Bol. da Fac. de Dir.》,cit., vol. XIX,第 194 页及后续页)。尚可参见其研究,前揭《*Consideración crítica de los estudios* 》,载《An. de Hist. del Der. Esp.》,第 XLIV 册,第 343 页及后续页。

3. *对该问题的现行立场*

以上简要地描述了有关西哥特法律之性质的两种基本看法。对于若干次要的不同意见,我们姑且不论。在下面,我们看一看对这个问题的现行立场。

有以下两个方面必须区分清楚:一方面是我们所知的各部西哥特法典及单行法的属地性;另一方面是《尤里科法典》被《阿拉力科摘要》废止,而后者又被《利奥维基度法典》所废止。

格尔西亚·加洛(García – Gallo)在主张其学说时并没有将这两个问题分清。对于这位历史学家来说,这两个方面是合二为一的。然而,将两者分开独立处理有其必要性,因为对于第一个问题,很多学者意见一致,而对于第二个问题则似乎没有足够的肯定。

提出要注意该问题的上述不同角度的是保罗·梅雷雅(Paulo Merêa),而且也是他提出了协调两者的可能性。他的结论形成第三种立场——一种*互相妥协的解决方案*,而后来的研究证明其主张有新的及宝贵的可信性。〔64〕

---

〔64〕 参见 PAULO MERÊA,《*Uma tese revolucionária* (*A propósito do artigo de García Gallo publicado no tomo XIII do A. H. D. E*), *Ainda sobre a tese de García Gallo*, *Sobre a tese de García Gallo* (*opiniões várias*), *Para uma crítica de conjunto da tese de García Gallo* : *I – O capítulo 327 do Código Euriciano e a tese da territorialidade. II – O capítulo 312 do Código Euriciano e a pretensa onerosidade da doação visigótica*, *Sobre os casamentos mistos na legislação visigótica* (*Nova contribuição para uma crítica de conjunto da tese de García Gallo*) *e Ainda a tese de Garcia Gallo* (*Estado da questão*)》,载前揭《Bol. da Fac. de Dir.》,分别参见第 XVIII 卷,第 417 页及后续页(也载前揭《An. de Hist. del Der. Esp.》,第 XIV 册,第 593 页及后续页),第. XX 卷,第 259 页及后续页,第 XXI 卷,第 358 页及后续页,第 XXII 卷,第 426 页及后续页(也载前揭《Est. de Dir. Vis.》,第 209 页及后续页),第 XXIII 卷,第 56 页及后续页(也载前揭《Est. de Dir. Vis.》,第 231 页及后续页),以及第 XXIV 卷,第 202 页及后续页。尚可参见前揭《*Para uma crítica de conjunto da tese de García Gallo* :*1 – Breve notícia acerca da tese* 》,载《Est. de Dir. Vis.》,第 199 页及后续页,以及 ÁLVARO D' ORS 所作的调查,《*La territorialidad del derecho de los visigodos* 》,载前揭《Bol. da Fac. de Dir.》,第 XXXI 卷,第 433 页及后续页。

在权衡支持属地说及属人说的论据后,梅雷雅(Merêa)认为后者至少是过于失实的。所以,他倾向于支持西哥特法的属地说。可是,并不能就此推断《尤里科法典》被《阿拉力科摘要》废止,而后者又被《利奥维基度法典》废止。这正是格尔西亚·加洛(García-Gallo)的理论特别令人震惊的地方。

保罗·梅雷雅(Paulo Merêa)的原创性成果也是因此而产生的。根据该著名的教授的看法,《阿拉力科摘要》必须与西哥特立法的进程分开考虑;换言之,必须视之为一项补充性的汇编;它既不取代《尤里科法典》,也没有被《利奥维基度法典》取代。实际上,废止《尤里科法典》——其生效期曾经中断,但一直维持到《利奥维基度法典》出现为止——的正是《利奥维基度法典》。

《尤里科法典》一直是一般法。在其以外还汇编《阿拉力科摘要》的主要目的是限制"法"(iura)及"法律"(leges)在法庭上被主张。由于罗马人民继续依附于该法律,因此有必要避免其随意引用所带来的不利后果。

因此,西哥特各项法律汇编的废止秩序应该是这样的:《尤里科法典》(±475年)、《利奥维基度法典》(±580年)、《里察斯文度法典》(654年)。然而,《里察斯文度法典》不仅取代了《利奥维基度法典》,而且还废止了《阿拉力科摘要》(506年)。

保罗·梅雷雅(Paulo Merêa)的结论显得有说服力,而且得到很多人的附和。与其同一阵线的有Álvaro d'Ors的结论,他主张《阿拉力科摘要》具有注释的性质。换言之,它并非一部取代《尤里科法典》的新法律,而是一部一般性的汇编,其作用是为了培训法官以及协助法官解决上述法典所没规定的案子。〔65〕

---

〔65〕参见ÁLVARO D'ORS,前揭《*La territorialidad del derecho de los visigodos*》,载《Estudios Visigóticos》,第I卷,第91页及后续页,尤其是第121页。

问题就这样结束了吗？我认为不是的。各种推测都必须要以深思熟虑的论据来支持。简而言之，这个问题是西哥特法的其中一个既存的难解之谜。〔66〕

（三）西哥特习惯法

同样受争议的是究竟古代西哥特习惯法〔67〕是否存在的问题。它势必是一个切实地存在过的体系，且它势必与官方成文法的规范有明显的分别。西哥特王室所制定的大量法律势必企图凌驾于这些日耳曼的风俗之上。最后，一般还将其与挪威—爱尔兰的习惯法联系起来。

我们又重新回到推测的范畴，且又以演绎为基础研究历史。这一争论涉及光复时期［法律］渊源的研究。这样的研究必须小心谨慎，而不是轻易地采取极端的立场，分别像所谓的“日耳曼法

---

〔66〕 之后，参见例如 PAULO MERÊA，Álvaro d'Ors 研究评论，载前揭《Bol. da Fac. de Dir.》，第 XXXI 卷，第 433 页及后续页，C. SÁNCHEZ – ALBORNOZ，《*Tradición y derecho visigodos de Léon y Castilla*》，载《Cuadernos de História de España》，第 XXIX – XXX 号，Buenos Aires，1959，第 244 页及后续页；以及《*Pervivencia y crisis de la tradición jurídica romana en la España goda*》，载《Settimane di Studio del Centro Italiano di Studi sull'alto Medioevo》，IV – “II passagio dall'Antichità al Medioevo in Occidente”，Spoleto，1962，第 128 页及后续页（也载《“Estudios sobre las Instituciones medievales españolas”》，México，1965，第 547 页及后续页），GARCÍA – GALLO，前揭《*Consideración crítica de los estudios*》，载《An. de Hist. del Der. Esp.》，第 XLIV 册，第 343 页及后续页，主要是第 446 页及后续页，GIULIO VISMARA，前揭《*Le fonti del diritto romano nell'alto medioevo*》，载《Stud. et Doc. Hist. et Iur》，第 XLVII 卷，第 15 页及后续页；J. M. PÉREZ – PRENDES，前揭《*Curso*》，cit.，第 I 卷，第 420 页及后续页；以及 NUNO J. ESPINOSA GOMES DA SILVA，前揭《*Hist. do Dir. Port.*》，第 78 页及后续页。

〔67〕 参见 GARCÍA – GALLO，前揭《*Consideración cr'tic de los estudios*》，载《An. de Hist. del Der. Esp.》，第 XLIV 册，第 409 页及后续页，里面有关于该争议的详尽分析，并附有大量的参考文献列表。也可参见 CARLOS PETIT 后来的研究，《*Consuetudo e Mos en la Lex Visigothorum*》，载前揭《An. de Hist. del Der. Esp.》，第 LIV 册，第 209 页及后续页。

专家"或"罗马法专家"那样,要么便支持西哥特风俗的存在,要么不支持。

根据可供参考的材料,要主张官方法律与法律实务之间存在巨大的鸿沟似乎过于大胆。无论在语言、文化、宗教及习惯都与罗马人类似,而且在人口上占少数的日耳曼人〔68〕倘若会自绝于罗马人的原有法律之外则甚为奇怪了。可是,也没有任何决定性理由否定古日耳曼法的一些习俗——源自苏尔沃、西哥特、罗马之前以及希斯帕尼亚—罗马的一些古老习惯规则——得以保留的可能性。这种情况在远离政治及立法中心的边远地区发生的可能性更大。

然而,即使接受这些日耳曼习惯法的存在,也必须相信在西哥特王国内,成文法胜过习惯法。我们所知的大量立法活动便是最好的证明,其于7世纪中叶更以制定了《里察斯文度西哥特法典》而达到高峰。

(四)教会法·托莱多主教会议

在西哥特统治下,不可忽视教会法——基督教会本身的法律规范——的重要作用。这一法律秩序除了规管教会的组织以及精神生活外,还规管信众生活中的若干世俗方面。属于这一情况的包括教会机构的财产制度以及与其有关的世俗行为,如赠与、遗嘱、农业合同,教会的制裁以及在宗教法庭上所遵守的司法程序。其实,当里卡力度皈依"天主教"后〔69〕,希斯帕尼亚的普遍人民都成了天主教徒。

显然,通用于整个教廷的教会法规范在西哥特王国也是生效

〔68〕 参见上文第72页及第77页及后续页。

〔69〕 参见上文第78页。

的。可是,其本国的教会法更具有重大的意义。〔70〕在那个时候,由于通讯的困难以及其他因素,教廷的中央集权比起现代来说是少得多的。因此,本国的主教会议——与会者均为每一国家的教会权贵——有很大权威。在西哥特王国,这些主教会议或称托莱多会议,在创立宗教法律规则的方面担当了非常积极的角色。同样,至少在较后的时期,既有宗教人员又有非宗教人员参与的会议更成了王室在政策及立法事务方面的辅助机构。

应强调的是宗教法的原则在公法与私法方面对世俗法律制度的影响。民事立法与主教会议的教规之间有极为紧密的关系:有时,教规会收集已被王室法律所贯彻的世俗规范;另一些时候,教规又会是民事法律的基础,或透过确认性的规定而转变为民事法律。特别有价值的是宗教会议为国家的问题而制定的世俗法,而这些事宜今日会被视为宪法,如关于君主的选定与保护的法律、有关当法官的条件的法律,以及有关人民在国王面前的权利的法律。〔71〕

---

〔70〕 西哥特教会法的最重要汇编毫无疑问是所谓的《*Collectio Hispania ou Collectio canonum ecclesiae Hispaniae*》,产生于7世纪,被不太确定地认为是西维耶大主教圣依西多洛所作(参见 G. MARTÍNEZ DÍEZ,《*La Colección canónica Hispania*, I – *Estudio*》,Madrid/Barcelona,1996)。关于 Capitula Martini,参见上文第73页,注107。

〔71〕 关于这一课题,参见我国 JOSÉ VIVES/T. MARÍN MARTÍNEZ/G. MARTÍNEZ DÍEZ 的《*Concilios visigóticos e hispano – romanos*》,第I卷,Barcelona/Madrid,1963年 G. MARTÍNEZ DÍEZ,《*Canonística Española Pregraciánica*》,载《Repertorio de Historia de las Ciencias Eclesiásticas en España》,第I卷,salamanca,1967,第377页及后续页,以及 JOSÉ ORLANDIS,《*La problemática conciliar en el reino visigótico de Toledo*》,载前揭《An. de Hist. del Der. Esp.》,第XLVIII册,第277页及后续页。也是这位作者的作品,尚可参见《*La iglesia visigoda y los problemas de la sucesión al trono en el siglo VII*》,Spoleto,1960(sep. de "Settimane di studio del Centro italiano di studi sull'alto medioevo",VII – "Le chiese nei regni dell'Europa Occidentale e i loro rapporti con Roma sino all'800")。可参见 P.ᵉ MIGUEL DE OLIVEIRA 一份关于托莱多宗教会议的综述,《*História Eclesiástica de Portugal*》,第4版,Lisboa,1968,第45页及后续页。

八、西哥特时期的法律科学与法律实务

(一)法律科学·西维耶大主教圣依西多洛的为人及其作品

后古典时期的罗马法学派似乎在侵略发生后便走向衰落,因为,自那时起便再也没有发现任何与其有关的记载。然而,对存在于西哥特时期的重要法律人物及法学文献,我们却掌握了大量资料。实际上,从我们所分析的法律汇编即可引导我们推定当时很多极有才华的法学家参与其事。他们之中包括里昂(Leão)及纳尔波纳(Narbona)。

我们手上拥有西维耶大主教圣依西多洛(Santo Isidoro)的作品。单凭圣依西多洛一人便足以见证那个时期法律科学的水平了。他生活于6世纪末至7世纪初期间(570~636年),曾主持过619年的西维耶主教会议以及第四届托莱多主教会议(633年)。

无论是优士丁尼之前的罗马法抑或是优士丁尼的各部汇编里的罗马法他都熟识。西维耶的圣依西多洛最重要的作品是*词源*(*Etimologias*),相当于现今所称的百科全书,其内容的寻查是以词汇作索引的。[72]

该书的第五编——关于法律及编年学("De legibus et temporibus")方面的题目——足以彰显作者的文化。[73]当然,这一本由上述篇章之第一部分所构成的小型法律大全不尽是其原始创作,而相较于其他古典时期的法律文献作品而言,对其定位也不

---

〔72〕 参见 SAN ISIDORO DE SEVILLA, Etimologias, 第I卷(livros I/X)和第II卷(livros XI/XX), Madrid, 1982/1983(双语版 JOSE OROZ RETA/MANUEL - A. MARCOS CASQUERO, 附有 MANUEL C. DIAZY DIAZ 的介绍)。

〔73〕 第V编的第一部分(capítulos 1/27)是关于法律问题的。第II编(De rhetorica et dialectica)也有一章(10 - "De lege")是研究法律的。还有,在第IX编(De linguis, gentibus, regnis, militia, civibus, affinitatibus)有一些章节是关于皇家和军事的(3 - "De regnis militiaquae vocabulis")以及关于市民的(4 - "De civibus"),与法律也有关。

应过高。然而,以这样的标准来评价圣依西多洛作品的重要性似乎并不适当。对其评价只可相应于当时的时代背景而言;这样的话,便必须承认其作品是一项重要文献,因为它展示了罗马法的一个明确的范畴,另外也发现了一些本身的概念。圣依西多洛同时也是《Libri Sententiarum》的作者,该作品扩大了其关于政治问题的论述。

这位西维耶大主教的作品广为流传,甚至传播到半岛以外。《词源》(*Etimologias*)的手抄本直到现今还数以百计,其传播之广可见一斑。

除此以外,我们也可以将圣依西多洛视为教会法研究者。有人主张他组织了一套教会法的汇编,名为《*希斯帕尼亚汇编*》(*Collectio Hispana*)。[74]然而,这一意见并无根据。但是仅就其主持宗教会议所担当的角色而言,便足以评定其作为教会法学家的重要地位。[75]

(二)法律实务

1. 缺乏这一时期的文件·表格

最后,我们将论述法律实务。认识这些实务的最准确方法便是研究具体法律行为所赖以实现或实施的文件,如买卖、赠与、互易、遗嘱、农业合同。然而,正如上文所示,[76]关于西哥特时期的这一类历史资料绝大部分均已丧失。保留到现在的少量文件中,要么是有错漏的,要么便是残缺不全的、不具确定性的。

因此,唯有求诸表格。表格是公证员为撰写各种法律行为而作的范式或样板的编辑。然而,因为“表格”留存下来的很少,而且都有疑问,我们在这一章将面临困难。

---

〔74〕 参见上文第91页注150。

〔75〕 参见 MANUEL C. DIAZ Y DIAZ 详细及有档案的介绍,前揭《*Etimologias* 》双语版,第I卷,第7页及后续页,它将西维耶的圣依西多洛其人及其作品放入其历史条件中研究。

〔76〕 参见上文第69页及后续页。

除了《西哥特表格》(*Fórmulas Visigóticas*)可实时作研究之外,还须注意《霍尔克姆表格》(*Fórmulas Holkham*)。可是,后者并没有展现出其西哥特的来源。〔77〕

它是保存于霍尔克姆图书馆内的一部手抄古籍内所载的两份表格。一份是关于证人的誓词,用作证明犯人无罪的。〔78〕另一份是关于所谓神明裁判的一种方式——热水的神明裁判,其方法如下:被告在陪审团面前,将手放入沸水内取出一物;其手之后会被抹药及包扎,过了一段日子之后,同一陪审团会检查其手,看是否复原或复原中,从而决定他是无辜或有罪。类似的证明方式还有燃烧的铁的神明裁判,其不同之处仅在于这一方法要求被告用手传送燃烧中的铁。〔79〕

---

〔77〕 主张霍尔克姆表格来自西哥特人的论据建立于热水的神明裁判是哥特人的传统制度,或至少在西哥特皇国的最后时期被 Egica 或 Vitiza –《*Lex Visigothorum*》,IV,1,3——所采纳这样一个假设(参见 GARCÍA – GALLO,前揭《*Consideración crítica de los estudios*》, 载前揭《An. de Hist. del Der. Esp.》,第 XLIV 册, 第407 页及后续页)。霍尔克姆表格可在前揭《Textos de Direito Visigótico》中找到,第 II 卷,第 124 页及后续页。

〔78〕 关于这一课题,PAULO MERÊA,《*A prova testemunhal no direito visigótico e no direito da Reconquista*》, 该文包括对其续后时期的论述,载前揭《Bol. da Fac. de Dir.》,第 XXXII 卷, 第 170 页及后续页; 关于中世纪的宣誓,载《História e Direito (Escritos Dispersos)》,第 I 册, Coimbra,1967,第 125 页及后续页。关于宣誓以外的另一种在自治市法院广为流传的证明方式,"共誓涤罪",参见除 MERÊA (《Hist. e Dir.》,cit. ,tomo I,págs. 135 e segs.)之外,还参见 L. CABRAL DE MONCADA,《*O duelo na vida do direito*》,载前揭《Est. de Hist. do Dir.》,第 I 卷,第 127 页及后续页。

〔79〕 关于在半岛,具体地说在葡萄牙,热水的神明裁判的应用,参见例如 A. IGLESIA FERREIRÓS,《*El proceso del conde Bera y el problema de las ordalias*》, 载前揭《An. de Hist. del Der. Esp.》,第 LI 册,第65 页,以及 MARCELLO CAETANO,前揭《*Hist. do Dir. Port.*》,第 I 卷,第262 页及后续页,ALEXANDRE HERCULANO 对其赞扬,前揭《*Hist. de Port.*》,第 VIII 册,第 157 页及后续页。关于中世纪的证据法,参见载《La Preuve (Recueils de la Société Jean Bodin pour I'Histoire Compertive des Institutions)》的研究,第 XVII 卷 (Deuxième Partie – Moyen Âge et Temps Modernes), Bruxelles,1965。

2. 西哥特表格

被称为西哥特表格的是在奥维多红衣主教(Cartedral Oviedo)的一份手抄古籍中[80]发现的一组46份的表格。其大部分均与私法行为有关:买卖、赠与、遗嘱、互易等。

值得一提的是第20号表格,用于"早晨礼物"(morgengabe)——新郎送给新娘作为其贞操回报的礼物。这是一个在西哥特法中没有记载的日耳曼制度。鉴于这份表格是中世纪的古文书中唯一的一个用韵文写成的,因此其作为法律文件的性质存有疑问。

关于其用词及风格方面,该文件是以罗马的文件体系为基础的。同样,就其内容而言,可说是反映了罗马及基督教的背景,且其受日耳曼的影响很少。

这份表格的日期是有疑问的。现时的意见是,似乎是界乎615年至620年,也可能是更晚期。无论如何,我们所面对的大部分是在很早期产生的表格的编集。

〔80〕 参见前揭 García – Gallo,《*Los documentos y los formularios*》,载《Est. de Hist. del Der. Priv.》,第364页及后续页。西哥特表格载前揭《Textos de Direito Visigóticos》,第II卷,第95页及后续页。

第四章　穆斯林统治和基督教光复时期

一、穆斯林的入侵以及其意义

阿拉伯人来到半岛打破了西哥特王国在驱逐拜占庭[1]的余孽之后才获得的国家统一。经过数个世纪,希斯帕尼亚地区开始共存着基督教阵营及伊斯兰教两个不同阵营——虽然其边界多少有些不稳定。

这种政治上的分立导致了相应的法律上的基本二元性。一方面,侵略者将穆斯林法带到半岛来,并继续采用。另一方面,由于西哥特国家的灭亡而引起的政治—行政上的无秩序令基督徒们以《Liber Iudiciorum》为基础的传统法律制度受到不同因素的影响,处于自生自灭的状态。在前一个时期一直存在的罗马背景出现萎缩。

半岛是由于基督教的光复而被分为数个国家的。这样,经过时间长河的洗礼,又独立出相应的法律体系。

由于我们论述的直接对象是法律史,因而关于半岛的政治、经济、社会及宗教架构深入改变的细节便就此略过。必须知道的是,整

---

〔1〕 参见上文第73页及后续页。

个伊斯兰世界都展现着一种统一的文化。这种文化没有明显的原创性。其特征是数目众多及差异极大的被统治民族之文化元素的混合或组合,在这些元素中,有部分是受到古希腊及罗马文化的强烈影响的。从这个方面看,穆斯林在伊比利亚半岛的出现是宝贵的。半岛因为穆斯林人的科学技术知识、思想及哲学、文学及艺术方式而获益。例如,他们将一些阿拉伯的重要数学及天文典籍翻译成拉丁语。南方地区则经历了一个经济上的强劲发达时期。〔2〕

特别值得一提的是阿拉伯人在半岛上的政治历史的要点。这样有助于了解基督教的光复以及与其同时存在的法律上的方方面面。

---

〔2〕 伊比利亚半岛的经济—金融发展总的来说可以形象地以一个 W 来表示,当相间地出现了两个衰退阶段,一个逐渐向直接交换体系的方向上升,以及直接向货币流通发展的两个阶段。分别发生在 8 世纪初及 12 世纪的衰退每一次均向更低的坐标迈进。这个情况在泛比利纽斯的欧洲没有发生,那里并没有阿拉伯人所引起的阻力:其发展是一个简单的 V 字。其衰退期由西罗马帝国灭亡开始,在 9 世纪时到达底部,到查里曼大帝的时候,即从 11 世纪起,开始了上升期,与其对应的是欧洲经济的重新增长,其特征不仅仅是货币的不断增加,而且也表现为在短时间内创造了一些作为现代生活基础的信用及金融工具。反观半岛的经济,似乎从来没有衰退到可以与法国及德国相比的程度:在第一个阶段,穆斯林的入侵阻止了其衰退;在第三个阶段,或者是第二个衰退阶段,由于伊斯兰的影响有所缓解,它得以融入当时正全速发展的欧洲经济活动中。这里复述了 M. J. ALMEIDA COSTA,在其《*Raízes do Censo Consignativo. Para a História do Crédito Medieval Português*》,Coimbra,中所作的论述,1961 年,第 67 页,注 1,该文援引 A. H. DE OLIVEIRA MARQUES 的作品,《*A moeda portuguesa durante a Idade Média*》,Porto,1959,第 5 页及后续页。(《Boletim Cultural da Câmara Municipal do Porto》特刊,第 XXII 卷,尤其是第 497 页及后续页。)关于基督教及阿拉伯的影响以及两者的关系参见 CÉSAR E. DUBLER,《*Über das Wirtschaftsleben auf der Iberischen Halbinsel vom XI. zum XIII. Jahrhundert. Beitrag zu den islamisch – cristlichen Beziehungen*》, Genève,1943 年。

(一)半岛上之穆斯林人的政治史简介

穆斯林到半岛来是作为维狄查(Vitiza)之子所组成的革命党的联盟而共同反抗罗德里古国王(rei Rodrigo)——他在711年的瓜达烈特(Guadalete)[3]战役中被打败并逝世——的。可是,当阿拉伯人明白到这个国家的衰败以后,这次帮助便转变成一次征服行动,并以西哥特王国的灭亡告终。在很短的时间内(711~713年),侵略者的统治即扩大到几乎整个半岛。只有比利纽斯及坎塔布里亚科狄雅拉(Cordilheira Cantábrica)的一些小枢纽——实际上是因为无法到达——仍保持独立。同样,某些"领地"或"封地"——在西哥特时期是重要的行政区——则透过协约或条约承认穆斯林的主权而得以保留其组织。

这样,产生了所谓的"阿尔—安达鲁斯国家"(país de al - Andalus)。阿拉伯人所占领的半岛地区变成了政治及宗教上服从于大马士革的卡里发的无上权威之下的大穆斯林国的行省一类。阿拉伯的伊比利亚总督是一位隶属于北非先知的先知,并通过北非先知而隶属于大马士革的卡里发。

上述情况,即半岛上有一位隶*属于大马士革的卡里发的先知*的情况于8世纪中叶(711~755年)结束。那时候的奥米达皇朝(dinastia Omíada)被阿巴斯达家族废黜;因此,奥米达皇子,即将来的阿卜度拉蒙一世(Abderramão I),逃到了半岛,得到一些效忠于其皇朝的有势力人支持,并向本地的先知开战。在斗争胜利以后,他本人成了先知,并宣布半岛穆斯林统治地区的独立。这样,便产生了*西班牙的独立先知*(*Emirado independente da Espanha*),

[3] 西哥特王国的政治生活被形容为为权力而斗争,至少从理论上,这种情况一直持续到其作为选任君主国的最后时期。值得一提的是,在阿瑞安时期,即589年(参见上文第72页及第78页),总共有16位君主,其中9位被暗杀。在转变为天主教徒后,同样存在16位君主,其中2位被暗杀,3位被流放。

或称*科尔多瓦先知*(*Córdova*),因为那里是他的首都(756～929年)。

在8世纪末叶,这位先知遇到了巨大的危机。贵族中出现了他的竞争对手,这些人还表达出分裂的倾向。统一的局面仅在10世纪初期——由于阿卜度拉蒙三世(912年)成功执行了中央集权政策,并将先知的地位提升为卡里发(929年)——才得以重新建立。

在整整约一百年的时间里,*科尔多瓦的卡里发*(929～1031年)代表了穆斯林统治的最繁盛时期。尤其是在10世纪末,更与绝大部分的基督教诸侯形成反差。

在这一伟大时期之后,随之而来的是另一个衰落(1031～1090年)时期。这一时期的衰落导致科尔多瓦的卡里发割裂成多个分裂的小国——*泰法诸王国*(*Reinos de Taifas*),数目最多时竟多达23个。于是,基督教君主又一次利用阿拉伯人的动乱,将其支配扩大到南面。

泰法诸王国所造成的穆斯林统治分裂状态一直持续到*阿姆拉瓦达的入侵*(*invasão dos Almorávidas*)为止。阿姆拉瓦达人是柏柏尔民族(berbere)的一支,源自西萨拉(Sara Ocidental),后来转变为伊斯兰教,并于1090年在约苏夫(Yūsuf)将军的带领下抵达半岛。这一民族在多次行动中取得成功后,统一了所有的穆斯林支配地,组成了阿姆拉瓦达帝国。

在12世纪中叶,阿拉伯人又发生了新的分裂。阿姆拉瓦达人的权力走向衰落。随之而来的是*阿尔莫阿达的入侵*(*invasão dos Almóadas*)(1147年)。这一次虽然没有阿姆拉瓦达那么迅速,但还是达成了半岛穆斯林世界的最后一次统一(1072年)。这次统一也是短暂的,但是自上次以后,穆斯林的政治史的意义便不再是那么大了,因为在那个时期,基督教光复已经有了非常巩固的基础。[4]

(二)侵略者以及其法律·穆斯林法的法律渊源

正如上面所观察到的一样,[5]阿拉伯人在半岛定居令法律的统一性消失,至少西哥特法典原则上出现了两极分化。侵略者所带来的法律有着宗教信仰的本质。宗教与法律并没有分别,或者更准确地说,法律是从宗教中寻找其规范标准的内容的。可是,他们的法律体系却被证实是属人性质的,对象只包括组成伊斯兰世界的信众群体。他们赖以界定所适用之法律的不是种族,[6]而是宗教信仰——一个并没有太多过去的联结因素。

虽然阿拉伯人对半岛的法律发展似乎贡献不大,但我们还是

---

〔4〕 关于穆斯林逗留在半岛的兴衰,参见 DAVID LOPES 的详细论述,《*O Domínio Arabe* 》,载《História de Portugal》,由 DAMIÃO PERES 主编,第 I 卷,Barcelos,1928,第 389 页及后续页。另可参见 R. DOZY 的古典著作,《*Histoire des Musulmans d'Espagne jusqu'à la conquête de l'Andalousie por les Almoravides (711/1110)*》,第 2 版,Leyde,1932;É. LÉVI – PROVENÇAL,《*L' Espagne musulmane au X. ème siècle. Institutions et vie sociale* 》,Paris,1932;《*La civilisation arabe en Espagne. Vue générale* 》,Caire,1938,以及《*Histoire de l'Espagne musulmane* 》,第 2 版,第 I 卷—《*La conquète et l'Emirat hispano – umayade (711 – 912)*》,Paris,1950, 第 II 卷—《*Le califat umayade de Cordoue (912 – 1031)*》,Paris,1950,以及第 III 卷 –《*Le siècle du Califat de Cordoue* 》,Paris,1953(由 E. GARCÍA GÓMEZ 译为西班牙语并作介绍,载《Historia de España》,由 R. MENÉNDEZ PIDAL 主编,第 IV 册,Madrid,1950,以及第 V 册,Madrid,957);C. SÁNCHEZ – ALBORNOZ,《*La España Musulmana. Según los autores islamitas y cristianos medievales* 》,第 I 册和第 II 册,Buenos Aires,1946;以及《The Encyclopaedia of Islam》,第 2 版,8 册,Leiden/London,1960/1995(正在出版中),法语版为《Encyclopédie de l'Islam》,Leiden/Paris。

〔5〕 参见上文第 96 页。

〔6〕 参见上文第 63 页及后续页,里面提到日耳曼民族。

以扼要的方式介绍其法律渊源[7]的一般背景。同时,必须突出以下两个方面:一方面,当穆斯林到达半岛时,其法律尚处于形成阶段,还需要时间才可获得一个巩固的结构;另一方面,由于其上述的宗教信仰本质,法律的创造无法在实质上独立于神明的显现。

在作其他论述之前,必须一提"可兰经"(Alcorão)[8]及"苏拿"(Sunna)。那是穆斯林的两项基本法律渊源,穆斯林的整个体系均植根于其上。

可兰经所记载的是真神阿拉的神喻,信众均习惯于诵读,而穆罕默德将之以明示的方式表达出来,但只有穆罕默德死后方以文字记载。这些教训内容多样,既有宗教、道德,也有法律。"苏拿"是穆罕默德个人言行的记录,包括其行为、言论以及其沉默作为同意其所见。这些教训均被默示接纳。开始的时候,仅以口传(hadith),但自 8 世纪中叶起便编集成书。

可是,可兰经及"苏拿"远远未能为所有的法律问题提供答案。所以,逐渐便发展出一套穆罕默德法的补充渊源。被视为间接及分散地体现神的意志的*群体的一致同意*(ijma)被赋予重要性。为此,对于群体这个概念的范围便有所争议。根据半岛上的主流意见,这一个一致的同意仅需在一个法学流派或国家集体的范围内获得,而不是整个伊斯兰民族。它被归纳为同时代的神学家及法学家的共同意见。

---

[7] 参见 J. LÓPEZ ORTIZ,《*Derecho musulmán*》, Barcelona, 1932, F. M. PAREJA,《*Ismalogie*》, Beyrouth, 1957/1963, 以及 E. TYAN,《*Histoire de l'organisation judiciaire en pays d'Islam*》,第 2 版,Leiden,1960 年。关于其伊斯兰法的渊源、发展及制度,有 RAYMOND CHARLES 的初步概括,但清楚的综述,《*Le droit musulman*》, colecção "Que sais – je?", n. o 702, 第 4 版, Paris, 1972, 以及 JOSEPH SCHACHT,《*Introduction au droit musulman*》, Paris, 1983 年。

[8] 阿拉伯语"al – Qur'an"在我们的语言中变成阿尔可兰(Alcorão)而不是可兰(Corão)。同样的情况也发生在其他词汇中:例如,"al – Garb"变成阿尔加维(Algarve),而不是加维(Garbe)。

同样,法律科学在没有丧失其宗教联系的情况下,对伊斯兰法律规则的发展有决定性的贡献,令其可适应新的环境。这些以基本的法律渊源作支持的"积极的努力"(idjtihad)是由法学家们——alfauis(fuqaha)——透过类推(qiyas)与逻辑理性(ra'y)所实现的。法律科学所带来的解释及解决方案与罗马的"法"(iura)具有相同的意义,换言之,由具有特别资格的法律专家(muftís)所作的意见书(fatwàs)构成实证法。

他们的法律解释很早以前已经出现不同的教派或学派,然而,仅仅以下四个学派被视为正统:哈涅费特(Hanifita)、马里吉特(maliguita)、舒费特(Chfeíta)及难巴列特(Hanbalita)。这四个学派均是由其创立人的名称而来的。在半岛上,马里吉特(Maliguita)[9]的学说较为占优。

"专家的同意"使风俗不再属于对穆斯林法律形成有很大影响力的官方渊源的类别。同样的情况也发生在司法判例(amal)之上。

还须补充的是,穆斯林国家的进步令由主权机关所制定的法律也被接纳。只是这些法律的命运经常被基本的神圣规则所左右。

(三)臣服于穆斯林统治下的基督徒以及犹太教徒

伊斯兰学说将人分为偶像崇拜者或异教徒(Kāfir)以及"有经书的人"(al - kitāb),如基督徒及犹太教徒,即先于穆罕默德拥有从神喻中得来的圣典的人。上述两种人之中,第一种必须转化为穆斯林,否则将清除;第二种则在支付一项人头税(jizya)之后,可

---

[9] 参见J. LÓPEZ ORTIZ,《*La recepción de la escuela malequí en España*》,载前揭《An. de Hist. del Der. Esp.》,第VII册,第1页及后续页。参见同一作者,《*La jurisprudencia y el estilo de los tribunales musulmanes en España*》,载前揭《An. de Hist. del Der. Esp.》,第IX册,第213页及后续页。尚可参见ABDEL MAGID TURKI,《*Théologiens et juristes de l'Espagne musulmane. Aspects polémiques*》,Paris,1982年。

保留其宗教信仰，虽然其信仰会被降格为受伊斯兰教所保护（ahl al－dhimma）。

这就是大部分希斯帕尼亚哥特人所取得的身份，背叛宗教者——被称为穆拉迪斯（muwalladun）——仅为少部分人。无论如何，转变为穆斯林的是奴仆阶层的人，当他们接受穆斯林宗教，可兰经保障其自由。保留基督教信仰的人则被称为摩色拉布（moçarabes）。

事实上，穆斯林只有在非常时期和在大骚乱的时候，才会对半岛基督徒进行迫害。一般情况下，他们所采取的是宗教容忍的政策。这样的好处是，在不损害可兰经的情况下，可实现拉拢人心以及获得庞大的税收。然而，摩色拉布的情况会其投降条约（sulh）的服从程度而有所不同，有的是绝对从属，有的则为和平条约（adh），即会赋予其若干政治—行政上的独立。

在后一个情况，摩色拉布会继续分布于其"领土"或"领地"。〔10〕在司法层面上，他们保留自己的法官，完全与穆斯林人不同。同样，在私法关系上，他们继续受源自西哥特王国的法律管辖，尤其是来自《Liber Iudiciorum》的规定，而在宗教事宜上则适用《希斯帕尼亚汇编》（《Collectio Hispana》）。〔11〕两部典籍均被译成阿拉伯语。伊斯兰法仅在涉及摩色拉布及穆斯林的混合关系中以及在刑法范畴中适用。〔12〕

然而，由于日常均与穆斯林人接触，毫无疑问，摩色拉布的人民会不自觉地接受很多穆斯林的风俗及习惯。因此，他们与一直处于伊斯兰世界之外的基督徒是有很不同的特征的。后来，这些摩色拉布元素在将来的基督教国家中产生可观的影响，有些是因

---

〔10〕 参见上文第98页。

〔11〕 参见上文第83页及后续页，第91页，注150。

〔12〕 参见 GARCÍA－GALLO，前揭《*Manual*》，第I册，第361页。

为移民引起,有些则是由于那些君主的征服。

犹太人在法律上也有相同的独立性。定居于半岛上的希伯莱群体无论在阿拉伯人或基督教统治下均同样受其本身法律保护。他们的法律本身也是一个宗教信仰性质的以及属人性的体系。[13]

二、光复·基督教国家的形成

众所周知,阿拉伯人于711年到达伊比利亚半岛,很快就统治了除比利纽斯及坎塔布里亚[14]地区外的整个半岛。贵族、主教以及被瓦解后的残余部队均隐藏在比利纽斯及坎塔布里亚地区。而不久以后的光复运动就是从那里开始的。

实际上,第一个基督教君主国便产生于阿斯图里亚斯(Astúrias)。但这不代表没有其他团体反抗阿拉伯人征服,同时,也不代表某些地区的基督徒不能透过与穆斯林订立和约[15]而维持半独立的状态。然而,却只有新的阿斯图里亚斯王国才拥有绝对与完全的独立,这个王国后来又被称为奥维多(Oviedo),因为这一城市正是其首都所在。

以下将不会详细论述基督教光复的形成及发展过程,例如,从阿斯图里亚斯王国(Reino das Astúrias)到里昂王国(Reino de Leão)的发展过程;纳瓦拉王国(Reino de Navarra)、卡斯蒂利亚王国(Reino de Castela)、阿拉贡王国(Reino de Aragão)如何建立;

---

〔13〕 犹太法律体系的基础是其法律渊源托拉(Tora)(即上帝在西乃山向摩西宣示的法律)、密舒纳(Mischna)(即圣经的解释)以及塔尔木(Talmud)(前面两种渊源的规则及学说的汇编),再加上拉宾诺(rabinos)的答复(犹太社会的大师及法官)以及希伯莱地方群体的决定(taqqanot)。关于犹太人在西哥特王国以及光复时期各国中的情况,分别参见MANUEL TORRES,前揭《*Lecciones*》,第II卷,第162页及后续页;以及L. G. DE VALDEAVELLANO,前揭《*Curso*》,第309页及后续页。

〔14〕 参见上文第98页。

〔15〕 参见上文第101页及后续页。

里昂王国与卡斯蒂利亚王国直至费尔南多三世(Fernando III)(1230年)之前又如何多次合并与分离。最后,在15世纪实现西班牙的统一[16]的是阿拉贡的费尔南多(Fernando de Aragão)以及卡斯蒂利亚的依沙具尔(Isabel de Castela)两位天主教国王。

值得我们回顾的仅仅是,基督教国王从半岛的东北及西北面开始组织力量,其目的自然是扩散其统治,光复被阿拉伯人所征服的土地。这项工作的困难之处除了因为穆斯林力量强大外,同样也因为基督徒之间常常发生的竞争与意见分歧。

可以说,光复的历史总是围绕上述两极力量的重心偏向:阿拉伯的统一程度——从种族的角度看是极度分散的,他们的接近仅仅是以一个新兴的宗教或一时的利益为纽带;基督教的团结程度。

阿拉伯人的力量以及基督徒贵族的频繁分裂令光复困难重重。在基督徒内部斗争中,有些贵族在与其他贵族或其国王对抗时还会请求阿拉伯领袖的帮助。这样,基督徒的每一次分裂都使光复的激情减弱。正如穆斯林的每一次力量转弱都会有助于基督徒向前迈进一样。直至1492年,当半岛的伊斯兰最后阵地格林纳达王国(Reino de Granada)被里昂王国及卡斯蒂利亚王国合并后,一切才结束。

在长达8个世纪的时间里,随着光复的进展,在基督教国家中产生了一个与摩色拉布对称的现象:留在被光复地区的穆斯林人继续保留其本身的宗教、法律及风俗。这些就是莫德哈尔人(mudéjares),他们占据着不同的地方,其影响在很多方面都不容忽视。

---

〔16〕 参见例如 DAMIÃO PERES,《*A Reconquista Cristã* 》,载前揭《História de Portugal》,第I卷,第433页及后续页;BRAGA DA CRUZ,前揭《*Hist. do Dir. Port.* 》,第247页及后续页,以及 VALDEAVELLANO 前揭《*Curso* 》,第225页及后续页。

三、葡萄牙的分离·将波尔图卡兰斯土地赐予恩历克伯爵的法律问题

在里昂国王阿丰素六世(Afonso VI)的时候,葡萄牙[17]实现了独立。其法律基础涉及一个极具争议性的古老争论。

有必要回顾一下这次独立发生时之政治背景的核心议题。11世纪末,布尔戈尼(Borgonha)的贵族 D. 莱蒙度及 D. 恩历克来到半岛,与上述里昂国王的两个女儿——分别为婚生的长女、将来继承父业的 D. 乌尔拉卡(D. Urraca),以及阿丰素六世婚外关系所生的较年幼女儿 D. 特里沙(D. Teresa)——订了婚。

到此,似乎没有必要再关注其他方面了。问题的产生,是从 D. 特里沙与 D. 恩历克结婚开始的。阿丰素六世将葡萄牙的土地[18]赐了给他们。可是,究竟是以何名义赐予的呢?

无人知道颁布封赐文件的内容,甚至是否真正存在过也有疑问。所以,整个争论的依据只是 D. 恩历克以及 D. 特里沙所立的法规以及私人文书中偶然提及到这一封赐,再加上少量的掌故渊源。让我们来评论一下基于这些少量的数据而产生的各种立场。[19]

在亚历山德拉·埃库拉诺(Alexandre Herculano)之前,主流意见是,葡萄牙土地的封赐是 D. 特里沙的嫁妆,具有世袭领主的

---

〔17〕 关于导致独立的发生的事件,参见十分出色的中世纪法专家死后出版的著作 TORQUATO DE SOUSA SOARES,《*Formação do Estado Português* 》(1096 – 1179),Trofa,1989 年。

〔18〕 关于葡萄牙领土的范围以及其封赐的日期,应该是 11 世纪的最后数年,参见 PAULO MERÊA,《*De "Portucale" (civitas) ao Portugal de D. Henrique* 》,载前揭《Hist. e Dir. 》,第 I 册, 第 177 页及后续页。那是该位著名的大师对这个问题论述的最后版本。

〔19〕 我们不会理会细节。关于其各种方案的解释及详细争论,参见 MARCELLO CAETANO,前揭《*Hist. do Dir. Port.* 》,第 I 卷,第 136 页及后续页; 以及 NUNO J. ESPINOSA GOMES DA SILVA,前揭《*Hist. do Dir. Port.* 》,第 108 页及后续页。

性质。这样,便使葡萄牙的建立有了法律依据,而不是承认国家原本政治上属于里昂王国,只是由于某次成功的叛乱而独立。

与此相反,埃库拉诺(Herculano)则主张阿丰素六世只是赋予D. 恩历克临时地管治葡萄牙土地的职务,国王可随意地将该职务撤销。所以,这不过是一个临时的职位,类似于里昂王国经常将某些地区交给富有及值得信赖〔20〕的人管治的情况。

梅雷雅(Paulo Merêa)对于这个观点〔21〕作了深思熟虑的批判性评述。在指出了埃库拉诺(Herculano)的立论基础后,梅雷雅(Merêa)辩称,葡萄牙土地的封赐是*以封臣关系为基础的世袭领主权赠与*(*doação de senhorio hereditário, com vínculo de vassalagem*)。概括而言,其是自主土地的赠与,其名义是扶养费(apanágio),〔22〕因为皇位由乌尔拉卡继承,所以以此对D. 特里沙作补偿。

综上所述,保罗·梅雷雅(Paulo Merêa)的学说有以下两个方

---

〔20〕 ALEXANDRE HERCULANO,前揭《*Hist. de Port.*》,第II册,第20页及后续页,以及该册结尾的注VI,第240页及后续页;以及《*Carta III sobre a História de Portugal*》,载前揭《Opúsculos》,第V册—《Controvérsias e Estudos Históricos》,第II册,第50页及后续页。然而,Herculano主张D. Teresa e D. Henrique,是以自主地的所有权方式,或者说,被视为其本身的及世袭的方式,获得存在于葡萄牙土地上的王室(王室土地权)财物及财产的(前揭《*Hist. de Port.*》,第II册,第20页)。在另一个场合,虽然没有推翻其可撤除的职务之说,但Herculano承认,可以赞同主张世袭职位说(前揭《*Hist. de Port.*》,第II册,注VI,第243页)。

〔21〕 PAULO MERÊA,《*Sobre a concessão da Terra Portugalense a D. Henrique*》,载前揭"Hist. e Dir.",第I册,第233页及后续页,内里以附录的形式载有其自1925年出版的关于这个问题的三个研究。

〔22〕 扶养费的概念同时也参见于A. HELFFERICH/G. DE CLERMONT的古老研究,《*Fueros francos. Les communes françaises en Espagne et en Portugal pendant le moyen-âge. Etude historique sur leur formation et leur dévelopement, accompagnée d'un grand nombre de textes inédits tirés de manuscrits espagnols et portugais*》,Berlin/Paris,1860,第43页(... Henri reçut en apanage la province de Portugal.)。

面:一是领主权的赠与;二是世袭性。而只有后者才是定论。

关于赠与的性质方面,有学者认为是*封建之类的世袭封赐*,因此,没有完全转移支配权,因为这是封建制度的特征。〔23〕其他学者则认为是*世袭的职位*(*tenência hereditária*),一种起源于比利纽斯地区〔24〕的制度。

以上就是争论的主要过程。一般认为,有关葡萄牙土地封赐之法律性质的谜团只有当知道形成封赐的行为〔25〕后才会消失。在此之前,一切都只停留在推测的阶段。在这个情况下,我们继续倾向于保罗·梅雷雅(Paulo Merêa)的解决方案,因为其他的方案都没有实益。肯定的是,无论是法律上抑或事实上,D. 恩历克及D. 特里沙都是从一开始便对葡萄牙这片土地独立地行使完全主权的,尤其是,他们签发特许状、签发封地证明、作出赠与、作出借款、发出法律判决、征收税项、召集封地的领主提供兵役以及参加其库利亚(元老院)。这些情节均追认了其封赐的确定性及世袭

---

〔23〕 参见例如 C. VERLINDEN,《*Quelques aspects de l'histoire de la tenure au Portugal*》,载《Recueils de la Société Jean Bodin》,第 III 册—《La tenure》, Bruxelles,第 231 页及后续页。参见 PAULO MERÊA 的评述,载前揭《Hist. e Dir.》,第 I 册,第 249 页及后续页。

〔24〕 C. SÁNCHEZ – ALBORNOZ,《*España, enigma histórica*》,第 2 版, Buenos Aires,1962,第 II 册,第 426 页及后续页;以及 L. G. DE VALDEAVELLANO,《*Historia de España*》,第 3 版,Madrid,1963 年,第 II 册,第 378 页及后续页(虽然这位作者没有从根本上排斥 Merêa 的理论,但他承认是一种世袭职位,土地由伯爵作为自己之物拥有),其意见被 PAULO MERÊA 指出来,载前揭《Hist. e Dir.》,第 I 册,第 256 页及后续页。同样,可参见 NUNO J. ESPINOSA GOMES DA SILVA 前揭《Hist. do Dir. Port.》,第 118 页以及后续页,倾向于类似 Sánchez – Albornoz 的立场 – a da tenência hereditária –,但是论据不同。PAULO MERÊA,载前揭《Hist. e Dir.》,第 I 册,第 269 页及后续页,后一位作者的观点有一个先前的版本(1965)。尚可参见 A. ALMEIDA FERNANDES,《*Do Porto veio Portugal (séc. V – XII)*》,Porto,1965,PAULO MERÊA 也曾对这一研究进行分析,载前揭《Hist. e Dir.》,第 I 册,第 272 页及后续页。

〔25〕 正如 MARCELLO CAETANO 的意见,前揭《*Hist. do Dir. Port.*》,第 I 卷,第 147 页。

性,正如以后事态的快速发展更抹去其作为封臣的义务。

四、光复时期法律的构成要素及特征

上文从罗马之前的时期开始的论述有助于我们了解光复时期的法律结构。以下所述大部分将作为一个阶段的结束语。

这一个时期,并没有达到法律上的统一,甚至连统一的倾向也没有。即使承认半岛的很多地区都保留了西哥特法,但必须承认也有很多其他的地区拥有地方的法律制度。然而,由于多个世纪以来,各种元素的相继被压倒、混合或趋同,使一个共同的基础得以形成。正是在这一个基础上,半岛各国及各地区的法律体系得以独立。

这一法律主要是习惯法性质的。但是,司法判决也有若干的重要性,它有时界定或说明风俗,有时更以决疑的方式展示藏于集体意识中的一些规则。

君主所制定的一般规范重要性不大,然而,自 16 世纪起便凸显其存在。直到 16 世纪以前,国王以及其他独立领主所制定的规定原则上只具有特别法性质,其作用是授予特权或豁免。这种情况可透过基督教光复期的社会、政治及经济状况解释。甚至在某种意义上,很可能是与继承自西哥特王国的一些观念有关的。

我们对这些法律的认识主要是来自大量所谓的*法律事务*(*foros*)或*风俗*(*costumes*)的汇编,以及一些*法令*(*forais*)。这样,便可得出*习惯法以及命令法*(*direito consuetudinário e foraleiro*)是光复期法律的一般特征。然而其构成元素又是哪些呢?[26]

不可忽视的是,很多研究者希望在这个时期发现罗马之前的

---

〔26〕 参见 PAULO MERÊA 的展开论述,前揭《*Lições de História do Direito Português*》(1923 年版),第 22 页及后续页,前揭《*Resumo das Lições de História do Direito Português*》,第 56 页及后续页;以及 前揭《*Elementos de História do Direito Português*》,第 45 页及后续页;以及 Braga DA CRUZ,前揭《*Hist. do Dir. Port.*》,第 302 页及后续页。

时期的制度,尤其塞尔梯贝里亚人的制度。其对光复时期法律的研究精力集中于*原始元素*的重新展现。我们甚至可以接受若干被罗马—希斯帕尼亚法所排斥的制度一直保持潜伏的状态,法律退化的过程一旦为其创造有利的环境,这些制度便会重新出现。然而,确定的历史数据的缺乏不利于系统地断定原始法律制度对中世纪半岛法的形成〔27〕有何影响。

似乎罗马元素便重要得多了。我们都知道,这里所指的是西哥特法律所大量反映的通俗罗马法。关于这一点,请参阅我们先前关于半岛法中罗马元素确凿地及宝贵地存在的各方面说明。〔28〕

然而,受争议的是罗马法元素及*日耳曼元素*的相对比例。苏尔沃—哥特法律的经验有参考价值,但不可以过分夸张地视之为中世纪希斯帕尼亚法律体系形成的决定性元素,以致将其视为日耳曼法的一种单纯发展。〔29〕

---

〔27〕 参见上文第 43 页及后续页,第 90 页。

〔28〕 参见上文第 56 页及后续页,第 79 页及后续页,以及第 90 页及后续页。

〔29〕 参见 J. FICKER,《*Sobre el intimo parentesco entre el derecho hispano y el noruego - islandico* 》, 西班牙译本,Barcelona,1928(德语原本于 1888 年),EDUARDO DE HINOJOSA,《*El elemento germánico en el Derecho español* 》,载前揭"Obras",第 II 册 -"Estudios de Investigación", Madrid,1955,第 407 页及后续页。(该研究的第 1 版,德语, 出版于 1910 年,由 R. KÖSTLER 翻译;有一个复印版,内有 FRANCISCO TOMÁS Y VALIENTE 的介绍 - Madrid,1993 - 西班牙语版的翻译由 GALO SÁNCHEZ 所完成 - Madrid, 1915), E. WOHLHAUPTER,《*Dasgermanische Element im altspanischen Recht und die Rezeption des römischen Recht in Spanien* 》,载前揭《Zeitschrift der Savigny - Stiftung für Rechtsgeschichte》,rom. Abt.,第 LXVI 卷,第 135 页及后续页, A GARCÍA - GALLO, 前揭《*La historiografia jurídica contemporánea (Observaciones en torno de la "Deutsche Rechtsgeschichte" de Planitz)* 》,载前揭《An. de Hist. del Der. Esp.》,第 XXIV 册,第 605 页及后续页,尤其是第 606 页及后续页。(*El Derecho germánico y su importancia en la formación del español*), 以及 El carácter germánico de la épica y del Derecho en la Edad Media española,载前揭《An. de Hist. del Der. Esp.》,第 XXV 册,第 583 页及后续页。在我国,德国元素被 TEOPHILO BRAGA 所强调,《*Historia do Direito Portuguez - Os foraes* 》, Coimbra,1868 年。

我们已展示了关于“罗马”元素与“日耳曼”元素间的争论以及极端立场的不利之处。[30]似乎毫无疑问的是日耳曼法对光复时期法律体系的形成有显著的贡献。西哥特法典虽然不得不承认其来源所留下的烙印，[31]但仍是法律的渊源。除此以外，很多制度都透过习惯法的方式在这个时期发展壮大，尤其是政治方面的法律、刑法以及诉讼法，从日耳曼传统出发会更易明白这些制度。

令人不可接受的是那种专属性的论调。我们永远不应低估罗马法在半岛上的长期存在的分量，当然，片面地向这一元素倾斜的立场也是不适当的。

以上展示了中世纪很多被认为具有日耳曼根源的制度都具有通俗罗马法的因子，又或者直接与征服时期的本身情况有关。再加上，一些制度既存在于通俗罗马法，又存在于日耳曼法，甚至存在于原始的法律里，因此，很难显示其准确起源。有时，又会是多种规则的合并而产生的，因此无法知道那些规则占主导地位。[32]

总的来说，一般认为罗马法元素优先。但除此之外，不应忘记中世纪半岛法尚有其他的元素。

其中也包括基督教及教会元素。其在半岛法形成中所产生的影响一开始时是间接的，即通过冈士坦丁之后的立法，尤其是载《阿拉力科法典》的规则。然而，在中世纪时期，其影响更多是直接的，无论是打击当时典型的野蛮化，抑或将若干法律问题——如婚姻[33]——归到教会法内。

关于穆斯林元素方面，必须指出其意义有限。我们已经在适当

---

〔30〕 参见上文第 90 页。

〔31〕 参见上文第 84 页。

〔32〕 整体参见 PAULO MERÊA，载前揭《Est. de Dir. Hisp. Med.》所作的序言，第 I 册，第 IX 页及后续页。这一位大师对多个制度的研究是具有决定性的。另可参见以上文第 57 页注 80 所列的文献。

〔33〕 参见上文第 90 页及后续页，有关于西哥特王国的教会法的论述。

的场合展示过，不仅因为伊斯兰法的宗教信仰性质，〔34〕而且也因为很大部分仍然信奉基督教的人口仍然享有法律及司法独立。〔35〕无论如何，有些制度是来自阿拉伯人的。例如，可处分的继承份额中的"三分之一"("terça")制度，这个制度在葡萄牙法中一直适用至1910年的革新发生为止。〔36〕另外，也存在一些有伊斯兰痕迹的法律—技术词语，如"Alcaide"，"Alcalde"、"Almoxarife"、"Alvazil"、"Alborogue"及"Alcavala"，等等。摩色拉布所担当的角色是在这一个范畴。

此外，处于次要地位的还有*希伯莱元素*。同样地，这一法律也是一种宗教信仰性质的法律。〔37〕在光复时期的国家中，犹太人民变得很活跃。然而，希伯莱法律的贡献只有透过基督教及穆斯林而产生影响。

古代及现代的学者均提醒我们应注意*法兰克元素*。可是毫无疑问，在中世纪希斯帕尼亚法律中，〔38〕任何强调法兰克元素优势

〔34〕 参见上文第99页及后续页。

〔35〕 参见上文第101页及后续页。

〔36〕 关于"三分之一"的起源，参见PAULO MERÊA，载前揭《Est. de Dir. Hisp. Med.》，第Ⅱ册，第55页及后续页。该改革是透过上述1910年10月的第31号命令实施的，它将一般情况下的可处分份额扩大为2/3，即第二等尊亲属或长辈的继承(独一段，第1条的第3点及第4点)。这一个解决方案被1867年的民法典所吸收，但其一些规则的行文是由1930年12月16日的第19 126号命令所改动过的。无论如何，民法典这一条文的原始版本接受当只存在并非父母的尊亲属时，可处分份额例外的只有1/2(第1784条，独一段以及第1787条)。

〔37〕 参见上文第102页。

〔38〕 参见A. HELFFERICH/G. DE CLERMONT，前揭《*Fueros francos. Les communes françaises en Espagne et en Portugal pendant le moyen – âge*》，在其第二页中，他宣称："Nous ne pensons pas exagérer en disant qu'il n'y a presque pas de province, de district en Espagne ou n'aient pénétré des français et des coutumes françaises"。提及葡萄牙领土的地方有第42页及后续页。尚可参见HELFFERICH，《*Entstehung und Geschichte des Westgothen – Rechts*》，Berlin，1858，第289页。

的做法都是夸张的。但不可忽视的若干有利于法律移植的事实有以下几点：D. 莱蒙度及 D. 恩历克的布尔戈尼血统；法兰克人在半岛的很多地区设殖民地——例如，在葡萄牙地区的阿图古以亚（Atouguia）、阿札姆布查（Azambuja）、罗伦尼亚（Lorinhã）、法兰克村（vila franca）以及弗得村（Vila Verde）——这些地方都获得法兰克人的特权；〔39〕克鲁尼修道院及西斯特尔教团的扩张。很自然，这些影响在东北地区较强，因为那边与这个泛比利纽斯国家〔40〕更为接近。

这样，被证实具有法兰克渊源的有"一年零一日的占有"（Posse de ano e dia），它使占有人在面对第三人的时候对占有物具有法律上的优先地位。〔41〕似乎也不能排除某些一般被视为具有苏尔沃—哥特根源的制度〔42〕也是受到法兰克元素影响的。

以上大致上分析了基督教光复时期法律形成所涉及的各种元素，但有必要强调单凭这些元素是无法完全解释那个时期的法律制度的。这一时期的法律制度很大部分是源自当时的社会、政治及经济情况。

自阿拉伯人的征服所造成的混乱开始，一个长期战乱的时期便展开。当时的情况是，社会组织完全视乎军事需要而定，没有强力的中央权力机关，而经济上主要依靠农业及家庭生产。可以理

---

〔39〕 参见由 A. HELFFERICH/G. DE CLERMONT 所收集到的资料，前揭《*Fueros francos* 》。

〔40〕 关于光复时期的法兰克人民，参见 L. G. DE VALDEAVELLANO 的综述，前揭《*Curso* 》，第 308 页。

〔41〕 参见 PAULO MERÊA，《*Sobre a posse de ano e dia no direito dos foros* 》，载前揭《Est. de Dir. Hisp. Med.》，第 II 册，第 163 页及后续页，以及 G. BRAGA DA CRUZ，《*A posse de ano e dia no direito hispânico medieval* 》，载前揭《Obras Esparsas》，第 I 卷，第 1 部分，第 259 页及后续页。

〔42〕 正如 PAULO MERÊA，在前揭《Est. de Dir. Hisp. Med.》的序言中所介绍一样，其第 I 册，第 6 页及后续页。

解的是,在这样的限制条件下,产生了一种由具有原始特征的粗糙规范及原则所构成的法律。很多时候,其建制更代表着一种时代的创造,一个非常独特的历史条件下的创造。当我们在强调先例、对应现象或平行现象时,必须要对这个方面加以考虑。

第二部分
葡萄牙法律史原论

第五章　葡萄牙法律史的阶段划分

葡萄牙法律沿革总览

过去曾根据不同的标准将葡萄牙法律史[1]划分为数个时期。每一个标准均强调其

---

〔1〕 参见 L. CABRAL DE MONCADA,《*O problema metodológico na ciência da história do direito português* 》,载前揭《Est. de Hist. do Dir. 》,第Ⅱ卷,Coimbra,1949,第179 页及后续页,该书分析了我国最古典的法律历史学所遵循的所谓“伦理—政治”以及“法律—外部”标准后,采取了“法律—内部”标准作为指导方针。属同一路线,但重点有些不同的分析有:G. BRAGA DA CRUZ, 前揭《*Hist. do Dir. Port.* 》,第 39 页及后续页; I. GALVÃO TELLES,《*História do Direito Português , Lisboa* 》,1942,第 I 部分,第 55 页及后续页;NUNO J. ESPINOSA GOMES DA SILVA,前揭《*Hist. do Dir. Port.* 》,第 34 页及后续页;以及 M. J. ALMEIDA COSTA,《*Uma perspectiva da evolução do direito protuguês* 》, Coimbra, 1988 (《Anuário da Universidade de Coimbra》特刊 - 1988/1989)。本文所采的阶段划分可被包括在这个背景内。MARCELLO CAETANO 还凸显了一些重要的经纬,前揭《*Liç. de Hist. do Dir. Port.* 》, 第 10 页及后续页; 以及前揭《*Hist. do Dir. Port.* 》, 第 I 卷, 第 29 页及后续页; ANTÓNIO MANUEL HESPANHA,《*História das Instituções. Épocas medieval e moderna* 》,Coimbra,1982,第 35 页及后续页,以及 RUY DE ALBUQUERQUE/MARTIM DE ALBUQUERQUE,《*História do Direito Português* 》,第 1 卷,第 8 版,Lisboa,1993,第 11 页及后续页。

作者本人认为在法律沿革中具主导或决定性的方面,又或者最完全地展示其沿革的方面。不同标准的选择也与其作者所研究的范畴有关。例如,一个时间上的划分要既适合政治方面法律的历史,又要适合私法的历史并不容易。同样,在法律渊源、法律制度以及法律思想上[2]也会存在时间上的不对称现象。尽管如此,这些标准中的一部分有时会存在相互补充的关系。无论如何,这些观点上的分歧都具有不可争议的相同的利益,即不过是从不同的角度看同一现实,因此,毫无疑问,均会对问题的更好理解有所贡献。

将葡萄牙法律的演进过程自其立国初期——12 世纪中叶起之前的一段时间——直到现在分为三个基本时期似乎是适当的。这三个时期在时间跨度、从审视的观点以及划分的意义上都十分不同。其分别为:(1)葡萄牙法的独立时期;(2)葡萄牙法受罗马—教会法启发的时期;(3)现代葡萄牙法形成期。

一方面,上述的阶段划分并非以其标准的同构性为前提,各个阶段更是非对称地强调构成其连续时期本身的特征[3]的特殊问题或重点问题。另一方面,纯粹为了要象征性地显示这些阶段的划分或者为了引述的方便,当然一般也会使用具体的日期。正如上文所作的分析一样,即使某些标志着一个历史时期结束的事件会引起翻天覆地的转变,在整体上,法律的转变也很少是激进与实时的。

*葡萄牙法律的独立期处*于其国家建立的期间,或更具体地

---

〔2〕 在论述编年方法及专题方法时,我们所观察到的正是这样(参见上文第 10 页)。

〔3〕 参见上文第 13 页及后续页的论述。

说，是从阿丰素・恩历克（Afonso Henriques）称帝[4]之年，直至阿丰素三世（Afonso III）管治之初，即从1140年至1248年。然而，葡萄牙的政治独立并没有带来法律范畴的实时独立。继承自里昂王国的法律制度继续得以保存。后来慢慢地才产生葡萄牙本身的法律渊源。另外，这些本土的法律都是以习惯法和法令为基础，具有经验主义法律的特征，主要与其发展中的公证官员活动有关。

随之而来的是*葡萄牙法律受罗马—教会法启发的时期*，该时期始于13世纪中叶，且仅在18世纪下半叶才结束，其是所谓的*共同法(ius Commune)*[5]征服性渗入的时期。

在这个我们的法律体系演进的漫长时期里，应再细分为以下两个时期：(1)*接受复兴的罗马法以及革新后的教会法（共同法）的时期*；(2)*律令时期*。事实上，虽然罗马法及教会法的影响得以保存，但在15世纪中叶，即1446年或1447年，《阿丰素律令》（Ordenações Afonsinas）却开始生效。[6]这第一次的官方法典编纂收进了适用于全国的规则——不久之后又重新修订，为我国的法律发展建下重要的里程碑。这是一次具有明显的政治前提而且产生了重大后果的中央立法。它解释了一项"前因"和一个"后果"。甚至至少在形式上，它强调了王国本身的法律相对于共同法的独立性，后者被降低到补充法的地位，而且也仅是由于国王的批准才获得这样的地位。所有这些都凸显出其时代的特征。

---

[4] 参见例如 RUY DE AZEVEDO，《*Ainda sôbre a data em que D. Afonso Henriques tomeu o título de rei*》，载前揭《Rev. Port. de Hist.》，第I册，第177页及后续页，以及 JOAQUIM VERÍSSIMO SERRÃO，《*História de Portugal*》，第I卷，第3版，Lisboa，1979，第85页及后续页。

[5] 关于这一概念，参见下文第172页及后续页。

[6] 参见下文第186页及后续页。

最后,终于到了*现代葡萄牙法律形成的时期*。这个时期的展开与彭巴尔伯爵的主政重叠。早在18世纪中叶,刘易斯·安多尼奥·弗尔尼(Luís António Verney)便已宣示了新的指导方针。[7] 可是,真正使法律科学、法律实务以及法律教育具体地发生明确转变的是1769年的所谓《良好理由的法律》以及1772年的《大学规章》。这两个日期都是具有代表性的。

就这样,直接萌生我们今日的法律体系的时期便得以展开。首先,它代表了由理性自然法、启蒙主义、现代应用主义(usus modernus pandectarum)的学说潮流到来和普及所引起的巨大的转变。除此之外,它也代表了在19世纪初以法国革命的意识形态为前提的个人主义以及与其有关的政治上及经济上的自由主义——后者使法律通往建立于抽象及形式面貌的法实证主义以及法典化运动。

其次,特别是在20世纪,由于法哲学以及法律思想的影响,新的改变又发生。这些改变与其他层面的已知因素一起导致了经济的民主化以及国家立法的干涉主义,从而限制——主要在私法方面——意思自治以及合同自由等被滥用的过往教条,建立起一套整体的社会法,或者说,形成一种法律的社会化倾向。其后果是,出现了新的法律形成现象以及教条方面的彻底改革。这些变化的最终考虑是建立实现实质正义的解决方案。

综上所述,这个葡萄牙法律史的最后时期应分解为以下三个次分期:(1)*理性自然法时期*,自18世纪下半叶到19世纪初——其界限是1820年,即自由革命发生的一年;(2)*个人主义时期*,由18世纪初到20世纪20年代——或更具体地说,直到第一次世界大战(1914~1918年)为止;(3)*社会法时期*,从上一时

---

〔7〕 参见上文第17页及后续页。

期结束后开始。[8]

上述次分期的第二阶段习惯上被称为自由时期，因为其开始是以政治上的自由思潮为标记的。然而，似乎个人主义时期的称谓——或者，甚至是思辩的或批判的个人主义时期[9]——会更充分和更准确，并能够展亟其多面性特征，换言之，其作为政治、经济、文化、私法方面的公分母的特征。

---

〔8〕 简单地对我国立法活动进行分析即会更准确地将浮标推往 20 年代末以及 30 年代初（参见下文第 350 页及后续页）。同样的意见，请参见 NUNO J. ESPINOSA GOMES DA SILVA，《*Hist. do Dir. Port.*》，第 34 页。

〔9〕 参见 L. CABRAL DE MONCADA，前揭《*Origens do moderno direito português – Época do individualismo filosófico ou crítico e O problema metodológico na ciência da história do direito português*》，载《Est. de Hist. do Dir.》，第 II 卷，分别是第 55 页及后续页，以及第 179 页及后续页。

葡国法律演进过程列表

葡国法律独立时期	葡国法律受罗马—教会法启发时期		葡国现代法律形成期		
	继受复兴罗马法及革新的教会法时期	律令时期	理性自然法时期	个人主义时期	社会法时期
- 保留继承自里昂王国的法律渊源 - 葡国独有的法律渊源的出现 - 习惯法为基础的法律制度 - 法律的经验主义，以表格或公证行为作为法律发展的主流	普通法的形式成及发展: - 注释学派（12世纪） - 批判学派（14世纪） - ௸ - 普通法的传播: - 在整个欧洲（12世纪） - 在葡萄牙（13世纪）	- 阿丰素律令（1446~1447年） - - 曼努埃律令(1521年) - D.N.里昂的单行法律汇编(1569年) - 菲利普律令(1603年)由若昂四世确认(1643年)	- 理性自然法主义 - “现代应用”学派 - 启蒙主义 - 人民主义 - ௸ - - 彭巴尔改革: a) 零星修改 b) 良好理由的法律（1769 年 8 月 18 日） c) 大学规章(1772年)	- 经济及政治自由主义 - 法实证主义(法条主义及科学实证主义) - 抽象及形式 - 法典化运动 - 稳定及安全作为法律的主要价值(演绎方法的占优)	- 工业及技术革命 - 经济上的民主及团结学说 - 法律新形式主义 - 法律社会化以及其公众化的发展 - 私法自治的干涉主义原则的能量 - 对实质正义的追求（专题及司法见解方法的占优）
	15世纪中叶（1446~1447年）		19世纪初（1820年）	20世纪初（1914~1918年）	

12世纪中叶（1140年）　13世纪中叶（1248年）　18世纪下半叶（1769年～1772年）

第六章　葡萄牙法独立的时期

一、18 世纪下半叶以前的葡萄牙法律渊源

首先,我们将分析我国从建国之初开始至18 世纪中叶为止的时期的法律渊源。仅在这个时期开始,即是说,从阿丰素三世(1248 ~ 1279 年)的当政开始,才发生了葡萄牙法律走向个性化的强烈趋势。

这是一个基本上延续传统上建立起来的法律框架的时期。由于我国是从里昂王国分裂出来的,里昂王国的法律渊源在葡萄牙独立的初期仍然生效便毫不奇怪,因此,需要分别指出哪些渊源是保留下来而生效的,而哪些是葡萄牙政治独立以后才制定的。

(一)保持生效的里昂王国法律渊源

1.《西哥特法典》

一般会首先提及西哥特法典,它在整个 12 世纪都作为葡萄牙的法律渊源。无论是建国前或建国后,其在这个地区的文件中被引用是频繁的:有时,《西哥特法典》的引用是形式上或原始的,它会被称为"lex gothorum",或只是"lex","forum iudicum","liber iudicum"及"lex iudicialis";其他时候,被引用的会是其内

容,引用方式大致上都是扼要的,但是,被引用时内容被显著改动的情况也非罕见。[1]

由此可以推知,《西哥特法典》片断的引述既可以单纯是对于经典的残留记忆,或者法官及公证官员的例行用语,不代表真正在实务上适用该渊源;[2]相反,也可以是其规则真正生效的见证。当时的法律环境造就了这样的缺陷。它是当时唯一一部足以作为半岛人民的共同法律基础或引述对象的一般性法律,也是唯一足以作为其补充法的法律。

---

〔1〕 例如,人们会提及1099年的一份文件:—"Magnus est titulus donationis in quo nemo potest actum largitatis inrumpere ne foris legis proicere ut quicquid omnis ingenuus vir atque femina de omni sua re vel hereditate faciat quod voluerit..."(《*Liber Fidei Sanctae Bracarensis Ecclesiae*》,第I册,Braga,1965,第151点,第177页—P.[e] AVELINO DE JESUS DA COSTA的批注版);1101年的一份文件—...et ad ipsum locum sanctum pariat quantum inde abstulerit in quadruplum et insuper auri talenta una et hoc factum nostrum firmitatis roborem habeat in secula seculorum sicut scriptum est in Libro iudicatum(sic por "Iudicum")V. o,kapitulo I. o,sententia III. a "de donationibus ecclesie datis sive famulorum meritis..."(前揭《*Liber Fidei*》,第I册,第232点,第274页);1130年一份文件—"...Si autem aliquis homo tam. de extraneis quam de propinquis hoc factum meum inrumpere voluerit quod fieri non credo tibi vel qui vocem tuam pulsaverit illam hereditatem componat in quadruplum et regiae potestati quod liber iudicum precipit..."(《*Documentos Medievais Portugueses – Documentos Régios*》,第I卷,第I册,Lisboa,1958,第106点,第129页);1146年的一份文件—"...Quoniam regum est necnon etiam cuiusque uiri ingenuitatis titulo decorati sicut in legibus gotorum inuenitur de propriis possessionibus propriam implere uoluntatem..."(前揭《*Doc. Med. Port. – Doc. Reg.*》,第I卷,第I册,第216点,第265页)。日期较后的则会提到由ALEXANDRE HERCULANO所指出的第1187年的文件,《*Portugaliae Monumenta Historica – Leges et Consuetudines*》,第I卷,Olisipone,1856第X卷("Lex gotorum liberas a servicio duplicia non sedeat crebantado, sed semper sit ingenuo")。

〔2〕 这是G. BRAGA DA CRUZ所倾向的观点,《*O direito subsidiário na história do direito português*》,Coimbra,1975,第180页,前一页的注1(前揭《Rev. Port. de Hist.》,第XIV册—《Homenagem ao Doutor Paulo Merêa》,第III卷,同一页码;该研究又重载前揭《Obras Esparsas》,第II卷,第2部分,Coimbra,1981,第245页及后续页)。

现今一般会以自13世纪初叶起葡萄牙文件中引述《西哥特法典》的次数开始减少来反映其逐渐丧失的权威性。由于地方的习惯规则的抗衡以及随着一般制定法和罗马—教会法的增加,这种结果应该是有发生的。可是,在没有系统地揭开大量未经公开的档案之前,一些作者毫无凭据地作出这种暗喻式的断言,[3]只算是单纯的推测,是十分空泛[4]的。

在里昂王国及卡斯蒂利亚王国,《西哥特法典》生效的时间更长。于13世纪上半叶,费尔南多三世(Fernando III)重新启用了这部法律。那时其被译成西班牙文,被称作《富埃洛·胡兹各》(Fuero Juzgo),很多城市均以之作为市政规章。[5]

---

〔3〕 一般认为阿丰素二世的一部日期不明的法规里曾提到西哥特法典,在该法规里,君主禁止人民遵守多米尼克教派的先驱 Soeiro Gomes 的某些决定,至于该法规内容则有争议。该禁令的其中一个论据是,这些决定违反"illum librum legum qui dicit quod non recipiamus nouam legem in regno nostro per quem librum et per quale forum debent iudicari filiis de algo Port."(前揭《*Port. Mon. Hist. – Leges et Cons.*》,第I卷,第XXI号,第180页)。ALEXANDRE HERCULANO(*ibid.*,《Nota Introdutória》,第XXI页)将上述情节与西哥特法典联系起来(第II篇,第I标题,第VIII条法律)。根据该同一段文字,又是否可以推测西哥特法典适用于贵族阶级,而平民阶级则由习惯法所规管呢?(参见 NUNO J. ESPINOSA GOMES DA SILVA,前揭《*Hist. do Dir. Port.*》,第148页,注1)。

〔4〕 JOSÉ ARTUR ANES DUARTE NOGUEIRA 对当时的各种不同主张作了综述,《*Sociedade e Direito em Portugal na Idade Média – Dos Primórdios ao Século da Universidade (Contribuição para o seu Estudo)*》,Lisboa,1994,尤其是第97页及后续页,以及168页及后续页。

〔5〕 参见 GARCÍA – GALLO,前揭《*Manual*》,第I册,第90页以及第377页。另可参见 MARÍA LUZ ALONSO,《*La perduración del Fuero Juzgo y el Derecho de los castellanos de Toledo*》,载前揭《An. de Hist. del Der. Esp.》,第XLVIII册,第335页及后续页。

2. 在里昂、库埃恩萨及奥维多举行的库里亚或主教会议所产生的法律

其他在葡萄牙地区上保持生效的法律渊源是在立国之前所举行的一些库里亚或主教会议上所产生的一般法律。我们所指的属于这种性质的会议有里昂会议(1017 年)、[6]库埃恩萨会议(1055 年)[7]以及奥维多会议(1115 年)。[8]

有争议的是这些庄严的会议究竟是库里亚特别会议(Cúrias extraordinárias)还是主教会议(Concílios)。库里亚,作为西哥特宫廷的分支机构,是国王的一个辅助机关,具有明显的政治性质。后来,库里亚的平常会议及特别会议更导致了朝廷(Cortes)[9]的建立。

与此不同的是,主教会议以其宗教性质作为特征。然而,教会内的高级权贵既参加库里亚,也参加主教会议,由于时势造就,很多时候两者均由国王召开,而且也有世俗人参加,所以这两种建制有混淆的倾向。[10]

要作出分辨,则每个个案均必须考虑其召集的单位、所处理的

---

〔6〕 整体参见 ALFONSO GARCÍA – GALLO,《*El Fuero de León. Su historia, textos e redacciones*》,载前揭《An. de Hist. del Der. Esp.》,第 XXXIX 册,第 5 页及后续页。

〔7〕 整体参见 ALFONSO GARCÍA – GALLO,《*El Concilio de Coyanza. Contribución al estudio del Derecho canónico español en la Alta Edad Media*》,载前揭《An. de Hist. del Der. Esp.》,第 XX 册 第 275 页及后续页。

〔8〕 可参见前揭《*Port. Mon. Hist. – Leges et Cons.*》,第 I 卷,第 140 页及后续页。

〔9〕 分别在于:在后者之中,僧侣、贵族及人民的代表可以建议将被评议及决定的事宜:即所谓的待决事宜(*agravamentos*),以及后来的条(*artigos*)或章(*capítulos*)。

〔10〕 参见 JOSÉ MALDONADOY FERNÁNDEZ DEL TORCO,《*Las relaciones entre el derecho canonico y el derecho secular en los concilios españoles del siglo XI*》,载前揭《An. de Hist. del Der. Esp.》,第 XIV 册,第 227 页及后续页,尤其是第 304 页及后续页。

问题以及其决定所对应的制裁属教会制裁抑或王室制裁。若真要严谨一点的话,似乎可以说成里昂的库里亚、库埃恩萨及奥维多的主教会议。

无论如何,一般会假定这些会议所产生的规范曾适用于我国。正是在这个意义上,才会出现部分由里昂王国以及库埃恩萨[11]制定的规定——正确地说,是其首十九份“命令”(decreta),或者说,那些一般性的规定——被收入葡萄牙教会文件集的情况。[12]至于奥维多会议的法律则是由 D. 特里沙及 D. 恩历克[13]所宣誓保证的。

3. 独立之前的葡萄牙土地法令

在建国后,11 世纪及 12 世纪初的法令仍继续具有完全效力。实际上,里昂王国制定了为数不少的这类地方法律渊源,其约束力在这些地区转变为葡萄牙领土后仍然保留,如佩斯古拉(S. João da Pesgueira)的法令、潘内拉(Penela)的法令、帕雷德斯(Paredes)的法令、林雅雷斯(Linhares)的法令、安塞尔斯(Anciães)的法令以及桑特伦(Santarém)的法令。其中一些更得到我国国王的确认。

同样,也有一些法令是 D. 恩历克及 D. 特里沙制定的,如吉马雷斯(Guimarães)的法令、阿初拉拉(Azurara da Beira)的法令、腾图加尔(Tentúgal)的法令以及科英布拉(Coimbra)的法令。此外,

---

[11] 关于库埃恩萨法规的文本第三章,即有关其在葡萄牙的适用,参见 NUNO J. ESPENOSA GOMES DA SILVA 所介绍的各种意见,前揭《*Hist. do Dir. Port.*》,第 156 页,注 3。

[12] 属“里昂管辖”(Forum Legionensis)(或 Fuero de León)的情况,载前揭《Liber Fidei》,第 I 册,第 1 页,第 3 页及后续页,而库埃恩萨宗教会议的法令则载《Livro Preto da Sé de Coimbra》,第 III 卷,Coimbra,1979,第 567 点,第 242 页及后续页—其批注版,Pe. AVLELINO DE JESUS DA COSTA/LEONTINA VENTURA/M. TERESA VELOSO(这一入区的第 I 卷及第 II 卷分别于 1977 年及 1978 年出版)。

[13] 参见前揭《*Port. Mon. Hist. – Leges et Cons.*》,第 I 卷,第 140 页,II,以及第 142 页。

还有其他的一些由教会组织或世俗领主[14]所制定的法令。

然而,有必要回顾一下何谓*法令*(*foral*)或*法令特许状*(*carta de foral*)。[15]这是一份由国王、世俗领主或教会领主所颁发的关于特定土地的证书,其内载有调整村民或居民相互之间的关系,以及村民或居民与证书发出人之间的关系的规范。*法令*(*foral*)是*特权书状*(*carta de previlégio*)[16]的一个重要类别。

根据观察所得,这些文件起初是十分粗糙的,基本结构是集体农业合同:*居住特许状*(*carta de povoação*),意图是鼓励人到荒芜的地方居住,又或者仅仅是为有人居住的地方吸引新的劳动力。为此,国王、领主或教会团体——各自对应属其所有的大庄园——通过在书状上加入一些条款,对于希望定居在特定地方的人会享有领导地位,虽然该地位很多时候都是纯粹在抽象意义上的。这些"法律"行为很多构成人口中心的自治基础。

不知不觉地,就由简单的长期租借合同变成了居住特许状。

---

〔14〕 参见建国前的法令,载前揭《*Port. Mon. Hist. – Leges et Cons.*》,第I卷,第343页及后续页,或者由科英布拉法学院所作的法律渊源汇编,标题为"Colecção de Textos de Direito Português",I –"Foraes",第I卷,Coimbra,1914,第3页及后续页。另可参见,ANA MARIA BARRERO GARCÍA/MARIA LUZ ALONSO MARTÍN,《*Textos de derecho local español en la edad media: catálogo de fueros y costums municipales*》,Madrid,1989,该文的好几处。

〔15〕 参见M. J. ALMEIDA COSTA的综述以及所列的文献数据,Forais,载前揭《Dic. de Hist. de Port.》,第II卷,第279页及后续页,以及载前揭《Temas de História do Direito》,第52页及后续页。特别要强调PAULO MERÊA的作品,《*Em torno da palavra "forum" (Notas de semântica jurídica)*》,载前揭《Rev. Port. de Filol.》,第I卷,第II册,第485页及后续页,以及ALFONSO GARCÍA – GALLO,《*Aportación al estudio de los fueros*》,载前揭《An. de Hist. del Der. Esp.》,第XXVI册,第387页及后续页,该文以介绍"fuero"这个字的起源及概念问题作开始。

〔16〕 在广义上,这是所有授予特权或豁免之文件的共同名称。然而,在狭义上,特权书状这个概念的范围仅限于为特定的群体或地方设定特殊的和优于一般的规定之证书。

正因为这样,居住特许状与法令(foral)之间的连续性并没有断裂。

关于这个议题,亚历山德拉·埃库拉诺(Alexandre Herculano)采取了一个过于严谨的立场:他认为只有界定市政机构在法律上的存在时——其特征是独自拥有司法官——才算法令。根据这个最低要求,其区分标准上升到可完美地界定市政组织的结构的文件方为法令,假如不符合这一最低要求,则只会被认为是单纯的居住特许状或集体的农业合同。[17]

这不是一个准确的标准。正如保罗·梅雷雅(Paulo Merêa)很好地提醒我们:最好不要对市政法官的问题给予过分重视,在市议会的组成中,它是一个重要的元素,但是,很多时候却是延后出现的。毫无疑问的是,市政的概念可先于那些法官出现,而一些村庄自行选任的法官也没有市政议员的性质。[18]

综上所述,随即可以断定,法令的范围及内容是可变的。原则上,其规定涉及以下事宜:村民的人身及财产自由和保障;税赋税

---

〔17〕 关于 ALEXANDRE HERCULANO 对法令的立场,参见其前揭《*Hist. de Port.*》,第 VII 册,第 83 页及后续页,以及第 VIII 册,第 20 页及后续页,以及前揭《*Port. Mon. Hist. – Leges et Cons.*》,第 I 卷,第 337 页及后续页。

〔18〕 关于《*Origens do Concelho de Coimbra*》,载前揭《Rev. Port. de Hist.》,第 I 册,第 49 页及后续页,尤其第 50 页。关于 Herculano 对市政议员的区分问题以及其关于中世纪市政机关起源于罗马的学说——该说现今已被推翻——参见 TORQUATO DE SOUSA SOARES 的综述,《Concelhos》,载前揭《Dic. de Hist. de Port.》,第 I 卷,第 651 页及后续页,那里明列了基本的参考文献。参见后期的 HUMBERTO BAQUERO MORENO 之作品,《Herculano e a História de Portugal》,载《Herculano e a sua Obra》,Porto,1978,第 14 页及后续页。关于市政制度,尚可参见 TORQUATO DE SOUSA SOARES,《Apontamentos para o estudo das instituições municipais portuguesas》,Lisboa,1931;MARCELLO CAETANO,《A Administração Municipal de Lisboa durante a 1. a dinastia》,载前揭《Rev. da Fac. de Dir. da Univ. de Lisb.》,第 VII 卷,第 5 页以及后续页,以及 HUMBERTO BAQUERO MORENO,《Os municípios portugueses nos séculos XII a XVI》,Lisboa,1986。

捐;因各种不法行为而生的罚款及罚金;兵役;平民骑士(cavaleiros vilãos)的负担与特权;司法证明的方式与举证负担、传唤、假扣押及保证;公共土地的利用。

因此,其主要包括的是公法范畴的规范。私法规则在法令中是极为次要的。可是,即使在公法范畴,其关注面也不是无所不包的,可以说,很多重要的事宜继续全部或部分地也由风俗所调整。

很多时候,当为特定的土地制定法令时,会以先前的土地法令为样板,将其完全复制或做修改。这样,便产生了"土地"法令的不同群组或家系。[19]

4. 风俗

最后,必须一提的是风俗。在我国,风俗保留其原有的效力。尤其是在私法方面,其主要渊源或甚至于唯一渊源是风俗,而这些风俗秉承里昂王国习惯规范的路线。然而,应指出规范在中世纪作为法源的方式。

从严格意义上说,风俗是法律规范的形成及表现方式,它是一些被经常及重复地实施的特定行为(实质元素),而这些行为又被确信具有强制力(心理元素)。然而,在那个时期,风俗这个概念是在广义或兜底意义上使用的,[20]即包括制定法以外的任何传统法律渊源。这个一般名称包括王室库里亚的判决——后来被称为法庭的风俗、市政法官及仲裁法官(juízes "alvidros"或

---

〔19〕 例如,这种情况发生于萨拉曼沙的"fuero breve",它至少是葡萄牙贝拉拜沙(Beira Baixa)的26份土地法令所参照的起点。参见ANA MARIA BARRERO,《*El fuero breve de Salamanca. Sus redacciones*》,载前揭《An. de Hist. del Der. Esp.》,第L册,第439页及后续页。

〔20〕 参见BRAGA DA CRUZ,前揭《*Hist. do Dir. Port.*》,第288页以及第292页及后续页;其前揭《*O direito subsidiário*》,第180页注3,RUY DE ALBUQUERQUE/MARTIM DE ALBUQUERQUE,前揭《*Hist. do Dir. Port.*》,第I卷,第167页及后续页,以及NUNO J. ESPINOSA GOMES DA SILVA,前揭《*Hist. do Dir. Port.*》,第148页及后续页。

“alvedrios”)——根据双方协议任命,但其法定构成有约束力的先例[21]者——的判决,以及很可能也包括著名法学家的意见。

(二)国家建立以后的法渊源

除了上述继承自里昂王国的法律渊源外,开始出现了其他典型的葡萄牙本身的法律渊源,即使内容上还算不上,但至少从形式上看已经是。这些法律使我国法律体系逐渐走向独立自主。

1. 初期君主的一般法律

关于来源自葡萄牙的最古老法律渊源,我们的论述从一般适用的法律的列举开始。必须理解的是,在开国初期,君主没有多余的时间在立法上实时灌输葡萄牙法律个性化的意识。他的时间都用在巩固独立、界定领土以及国家发展等问题上。

然而,虽然数量很少,但还是制定了一些法律的。我们便从教皇训谕[22]所作的引述中间接地知道一部由阿丰素·恩历克(Afonso Henrique)(1128~1185年)所制定的法律。另外,一份

---

〔21〕 那些对将来的类似案件具约束力的判决被称为 façanhas。有时,一些作者会将其范围限于仲裁判决。相反,另一些作者则扩大其概念,主张作为先例的模范案件不限于司法判决。这样,借助“façanhas”来审判相等于借助“案例”来审判。这种可以借助“案例”审判的情况后来被限于王室所产生的判决,或经王室确认的判决。还须指出的是,façanhas 这一个在卡斯蒂利亚王国经常被使用的词组在我国并不通用。参见 JOSÉ ANASTÁSIO DE FIGUEIREDO 的古典研究,《*Memoria sobre qual seja o verdadeiro sentido da palavra Façanhas, que expressamente se achão revogadas em algumas Leis, e Cartas de Doações e Confirmações antigas, como ainda se acha na Ord. liv. 2 tít. 35∮26*》,载前揭《Mem. de Lit. Port.》,第 I 册,第 61 页及后续页;GAMA BARROS,前揭《*Hist. da Adm. Publ*.》,第 2 版,第 I 册,第 62 页及后续页;PAULO MERÊA,前揭《*Lições de História do Direito Português*》(1923 年版),第 71 页,以及前揭《*Resumo das Lições de História do Direito Português*》,第 49 页及后续页;RUY DE ALBUQUERQUE/MARTIM DE ALBUQUERQUE,前揭《*Hist. do Dir. Port.*》,第 I 卷,第 183 页及后续页,以及 NUNO J. ESPINOSA GOMES DA SILVA,前揭《*Hist. do Dir. Port.*》,第 149 页,注 5。关于西班牙方面,参见 JUAN GARCÍA GONZÁLEZ, Notas sobre fazañas,载前揭《An. de Hist. del Der. Esp.》,第 XXXIII 册,第 609 页及后续页。

〔22〕 参见前揭《*Port. Mon. Hist. – Leges et Cons.*》,第 I 卷,第 161 页。

桑绍一世(Sancho I)的法规也流传到现在,该法规具一般性特征,年份为1210年。[23]

自阿丰素二世开始,立法活动便开始增加。这位君主登位后随即便召开了一次库里亚——有时被不适当地界定为朝廷[24]——的特别会议,地点位于科英布拉,时间为1211年。该会议产生了多部法律,从这些法律中,似乎朦胧可见优士丁尼罗马法汇编[25]的影响。

这些法规之间似乎有某种联系及体系。虽然没有构成一部统一的立法,但无论如何也是一组以某种方法安排的有秩序规则。其中有一个规范便为教会法与国王立法之间可能发生的冲突提供了解决方案,使前者享有优先。[26]

需指出的是,这一系列立法之中,除了保护王国财产以及打击王室工作人员滥权外,还对个人自由的保障以及明确谴责私自复仇——代之以司法判决——起着重要作用。这些规范中很多都表现出捍卫平民阶级针对权贵们的滥用权势。其例子有:禁止有权势的人以低于公平价格——根据王国的"maao costume dantigo soya seer"——取得商品;[27]容许自由人仅向其喜欢的人提供服务,且不受强制婚姻所约束;禁止骑士夺取平民的财产。上述最后一部法律的序言本身便宣称:"因为我们的责任是对贫弱者慈爱,

---

〔23〕 刊登于前揭《*Port. Mon. Hist. – Leges et Cons.*》,第I卷,第162页。

〔24〕 参见上文第121页,注220。

〔25〕 1211年的库里亚的法律刊登于前揭《*Port. Mon. Hist. – Leges et Cons.*》,第I卷,第163页及后续页。另可参见DAMIÃO PERES, As cortes de 1211,载前揭《Rev. Port. de Hist.》,第IV册,第1页及后续页。

〔26〕 参见下文第172页。

〔27〕 参见第II号法律(同一著作,第164页)。

并保护其免受权贵欺凌”,[28] 这显示出其主要关心的问题。[29]

可以说,自阿丰素二世(Afonso II)起,便开始展现出国王要使成文法凌驾于那些被视为不合时宜的习惯规则之上的趋势。然而,这一法律还不是国王意志的直接产物,他是在听取库里亚的意见后才制定法律的。

然而,随之而来的桑绍二世(Sancho II)(1223 ~ 1247 年)的统治却是一个停顿期。没有迹象显示有任何立法文本是在其任内制定的。他最多不过重新公布及扩大了其父阿丰素二世制定的一条禁止永久营业的组织取得不动产的法律。[30]

2. 法令(Forais)

为弥补一般性法律的缺乏,那个时期出现了大量的地方性法律渊源。在起初数位君主在位的时期,颁发了很多法令(*forais*)和*居住特许状*(*cartas de povoação*)。[31]

王国对土地的征服及殖民的野心——分析到最后,不过是为了对抗撒拉逊人的攻击以及被里昂王国吸收的威胁——使其有需要颁发居住特许状及法令。毫无疑问的是,直到阿丰素三世(1248 ~ 1279 年)的时候,它们是葡萄牙最重要的法律渊源。[32]

由于我们正在论述的是 13 世纪中叶,所以对风俗(costumes)

---

〔28〕 参见第 XXV 号法律(同上,第 177 页及后续页)。

〔29〕 在法令中,已经提及捍卫村民的自由,保障其人身及财产的意图(参见上文第 123 页)。

〔30〕 阿丰素二世第 X 号法律,参见前揭《*Port. Mon. Hist. – Leges et Cons.*》,第 I 卷,第 182 页。

〔31〕 关于这些概念,参见上文第 123 页及后续页。

〔32〕 自 1140 年起颁发的法令可于前揭《Port. Mon. Hist. – Leges et Cons.》中参阅,第 I 卷,第 376 页及后续页,或于前揭《Col. de Text. de Dir. Port.》,I –“Foraes”,前揭第 I 卷,第 61 页及后续页。参见 FRANCISCO NUNES FRANKLIN 的法令列表,《Memoria para servir de indice dos foraes das terras do Reino de Portugal e seus dominios》,Lisboa,1816(第 2 版,Lisboa,1825 年)。

或习惯(foros)的论述并不属于这一范围之内。这是与法令不同的又一种宝贵的地方性法律渊源,在我国,它仅在下一个时期才出现。[33]

3. 教庭条约(Concórdias)与宗教事务协议(Concordata)

教庭条约(Concórdias)与宗教事务协议(Concordata)是国王与教会领导所订立的协议。透过该协议,国王与教会领导之间互相许诺,承认权利与义务。很多时候,这些协议源自对神职代表在朝廷上所作的一些投诉的响应。另一些时候,它也会来自国王与国内的教会领导或者教皇所参与的谈判。在后一情况里,经常会使用宗教事务协议(concordata)这一个保留至现代的名称。

首批为人所知的协定可追溯到桑绍一世(1185~1211年)、阿丰素二世(1211~1223年)以及桑绍二世(1223~1247年)在位的时期。之后的时期[34]数量应更多。

二、当时法律体系的各个方面

(一)一般思考

综上所述,确认了直至13世纪中叶,葡萄牙法均以习惯法为基础。一方面,正如中世纪半岛上的其他国家一样,西哥特法典的地位逐渐丧失,而制定法的发展也只是羞涩地前进。另一方面,社会及经济的发展使得地方性法律渊源——居住特许状和法令——快速扩散。

可以理解的是,这一个葡萄牙立国初期的法律体系是一个刚

---

〔33〕 参见下文第177页及后续页。

〔34〕 参见 FORTUNATO DE ALMEIDA,《*História da Igreja em Portugal*》,Coimbra,1910,第I卷及第II卷,ANTÓNIO DOMINGUES DE SOUSA COSTA,As Concordatas Portuguesas,载《Itinerarium》,第XIII年,第51号,Braga,1966,第24页及后续页,以及 EDUARDO BRASÃO,《Colecção de Concordatas estabelecidas entre Portugal e a Santa Sé de 1238 a 1940》,Lisboa,1941。

刚萌芽的法律体系，是具有原始特征的制度。〔35〕众所周知，从内容上说，基督教光复时期的希斯帕尼亚法律是互相重叠的大量法律混合起来的结果。其中，在长期反抗半岛的外来统治的土著民族的法律遗产上，还须依次加上：所谓的通俗罗马法规则，即由于罗马人长期逗留在希斯帕尼亚而产生的法律规则；教会的影响，无论是由于冈士坦丁以后的罗马制定法所产生的间接影响，抑或中世纪时期的直接影响；日耳曼习惯，主要由苏尔沃人及西哥特人带来；阿拉伯人所遗留的可见影响，虽然都带有宗教信仰的性质；以及其他的影响，如法兰克的影响，主要是由于其设在半岛土地上的殖民地。

一言以蔽之，先前所见的就是那种被称为"文化的法律"，而不是"家族的法律"〔36〕体系的明例。然而，不可忘记的是，这一时代的法律秩序还有很大部分是具有原创性的，就像朝着其藉以发展的历史状况回归一样。应注意当时的经济、政治及社会情况，即我们在论述基督教光复时期的希斯帕尼亚法律所强调的一般情况。〔37〕

要结束这部分的论述还须提一下在私法范畴指导着法律创造的经验主义，主要是指公证官员透过合同及其他行为制定各种制度的一般独立规则——原则上是一些原来不存在的规则。实际上，是那些按当事人具体意愿而拟就的公证契约，一个接一个地逐

〔35〕 参见 GAMA BARROS 的详细论述，前揭《*Hist. da Adm. Publ.*》，以及 PAULO MERÊA 的综述，前揭《*Resumo das Lições de História do Direito Português*》，第 63 页及后续页，以及 MARCELLO CAETANO，前揭《*Hist. do Dir. Port.*》，第 I 卷，第 247 页及后续页，后者仅论述了当时的刑法及诉讼法。

〔36〕 参见 ARRIGO SOLMI，《*Storia del Diritto Italiano*》，第 3 版，Milano，1930，第 4 页。

〔37〕 参见上文第 106 页及后续页，关于光复时期法律的特征与构成元素的论述。

渐塑造出各种法律交易(negócios jurídicos)[38]的范式。这些交易的完全自治、其定义以及法律对其调整均仅仅在罗马法的复兴及教会法的改革[39]渗入其规范及法律科学的层面才会发生。

(二)农业开发合同及债权合同

简单的举例是不足够的,在这里似乎有必要论述一下农业合同,因为那是中世纪经济及社会生活的其中一条顶梁柱。[40]而且,农业合同在交易实务中所表现出的生命力及灵活性是无可争议的。[41]在受到罗马法影响之前,那些合同是一系列无名"法律"行为,而且也没有严格的外形。因此,在罗马法律科学还未到达的时期,要识别出各种不同的农业交易——后来,发展到最高峰的时候,这些交易被注释学派及评注学派的学说所归纳,必须在每一个案中将法律行为的方式与其当事人所欲达到的经济目的相对照。

以下两类农业利用合同是较为特殊的:*永佃权*(*enfiteuse*),后期又被称为*长期租赁*(*aforamento*)或*长期租借*(*emprazamento*)[42];以及*共同种植*(*complantação*)。两种合同均反映了发生在12世纪的一项运动,该运动使得经营他人房地产的人针对房地产的领主获得更巩固的地位。这是政治、经济、社会等不同层面的原

---

〔38〕 PAULO MERÊA很清楚地倡议,公证官员的行为"经适当调整后,可能可以与文学作品的丑角(jogral)的行为作比较——一半是小丑(bobo)一半是诗人(trovador)"(前揭"Est. de Dir. Hisp. Med.",第I册,"序言"的注5,第XVIII页)。

〔39〕 参见下文第135页及后续页。

〔40〕 关于这些合同,参见M. J. ALMEIDA COSTA的文献综述,《Os contratos agrários e a vida económica em Portugal na Idade Média》,载前揭《Bol. da Fac. de Dir.》,第LV卷,第111页及后续页(该研究先前以《*Die Verträge über Rechte an Grund und Boden und das Wirtschaftsleben Portugals im Mittelalter*》的标题发表于前《Zeitschrift der Savigny - Stiftung für Rechtsgeschichte》, germ. Abt.,第XCV卷,Weimar,1978,第34页及后续页)。

〔41〕 参见例如,PAOLO GROSSI,《L'ordine giuridico medievale》,Roma/Bari,1995,第106页及后续页。

〔42〕 又或者"prazo"或"foro"。

因——如希斯帕尼亚基督教国家的诞生及成长以及那一时期的发展力量，其中隐约可见农民阶级的进步——合流而导致的结果。本义的法律方面则表现在凭工作取得所有权的原则中，这是中世纪法律的其中一个核心概念。

永佃权〔43〕是一份合同。这一合同将日后的法律科学所称的房地产“直接支配”(domínio directo)及“使用支配”(domínio útil)在合同当事人之间分配。前者属于领主，其权利主要是从“使用支配”权人处收取佃租(foreiro 或 enfiteuta)；而使用支配权利人则需每年支付佃金(foro 或 canon)，原则上，与其土地所取得的孳息成比例。这一制度对于尚未开垦或产量不足的土地的开发有重要作用，因为它的特征是农人所承受的负担：他必须勤奋努力地利用土地。在永佃权人的使用支配的各项权能之中，包括了将其地位转让于第三者的权能，对此土地领主可以有优先权，也可以没有。〔44〕

正如其他国家一样，在葡萄牙中世纪的农业生活中，除永佃权以外还流传着源于同样的经济—社会需要以及法律理念的共同种

---

〔43〕 除上一页注 251 所指的综述外，整体参见 M. J. ALMEIDA COSTA 的前揭研究，《*Origem da Enfiteuse no Direito Português* 》，Coimbra，1957。这一制度在我国法律中保留到现行民法典行效为止，其规定见于 1491 条至 1523 条。然而，对于农用及都市房地产的永佃权分别被 3 月 16 日的 195 – A/76 号法令(经 6 月 10 日的第 546/76 号法令以及 6 月 24 日的第 22/87 号法律修订)，以及被 4 月 2 日的第 233/76 号法令(相继被 4 月 3 日的第 73 – A/79 号法令，7 月 15 日的第 226/80 号法令，以及 10 月 18 日的第 355/84 号法令所修订)所废止。可参见 ROBERT FEENSTRA 关于这一法律制度的一般性论述，前揭《*L 'emphytéose et le problème des droits réels* 》，in “La formazione storica del diritto moderno in Euopa”，第 III 卷，第 1295 页及后续页。

〔44〕 仅自阿丰素三世起，即本章所述时期之后时期，对王室财产的永佃权登记方变为强制性，其机关是王家掌玺大臣公署，并具有独立的簿册。这样，我们可透过参阅相关的簿册而认识本范畴所遵循的指导思想(参见 ROSA MARREIROS，《A política de fomento agrícola e de povoamento do rei D. Dinis》，载前揭《Rev. Port. de Hist.》，第 XXVII 册，第 1 页及后续页，尤其是第 6 页及后续页)。

植制度(complantatio)。[45]简单地说,就是以不同的方式平衡在土地上的工作与土地的所有权。对这种合同的分析如下:土地所有权人将其土地让与农人,要农人为其种植植物——一般是葡萄树或其他长期的种植——施肥;在约定期限过后,一般为4年至8年不等,双方会分享土地,一般是等分。当然,一如永佃权制度一样,当事人可以加入一些附加条款,这些条款在每份合同中均有所不同。

除了上述用于作农业开发或相关产业的(如金矿、盐矿)制度外,稍后的时期,又发展出另外两种制度:*收益的买卖*(*compra e venda de rendas*),后来被称为*收益指定*(*censo consignativo*);以及*不动产质权*(*penhor imobiliário*)。虽然这两种制度同样是以土地为客体,但所担当的却是重要的信贷或融资的功能。其发展离不开教会法及民法对暴利或有偿借贷的禁止,它们正是有偿借贷的一种代替品。

透过*收益的买卖*,[46]需要资本的房地产所有人为换取一笔一次性支付的金钱,会将一项按年收取金钱给付的权利转让给一个有资金的人,这一权利会构成该房地产的负担。因此,这是一种投资的方式,类似会产生利息的借贷一样,但却不会被禁止暴利条

---

〔45〕 上文第129页,注251所作的综述,另外再加上M. J. ALMEIDA COSTA的论述,《*A Complantação no Direito Português – Notas para o seu estudo*》,载前揭《Bol. da Fac. de Dir.》,第XXXIV卷,第93页及后续页,以及RAFAEL GIBERT,《La "complantatio" en el Derecho medieval español》,载前揭《An. de Hist. del Der. Esp.》,第XXIII册,第766页及后续页。

〔46〕 再次援引上文第129页,注248所指之综述。另加上M. J. ALMEIDA COSTA的前揭专著,《Raízes do Censo Consignativo – Para a História do Crédito Medieval Português》,Coimbra,1961,内有关于该制度在其他国家的发展情况的大量论述。收益指定还传到我们的1867年民法典,规定于第1644条至第1652条。这一法律制度发展成今日的永久定期金及终身定期金(民法典第1231条至第1237条,以及第1238条至第1244条),但无论如何已丧失其作为物权负担的性质,完全属于债权的范畴了。

例所禁止,除非其条款极端。

葡萄牙中世纪法律同样承认*不动产质权*(*penhor imobiliário*)。[47]这样,欠债的所有权人将土地移转给其债权人可以具有多重目的:有的纯粹是担保和作为所支付之金钱的补偿;有的又作债务的逐渐摊还,透过对房地产的享益,该债务得以摊销。这样,不动产质权常以不同的模式出现。其重点是,从这个制度演变为罗马式的抵押制度,仅在后期才发生。

---

〔47〕 再次援引上文第129页,注248所指之综述。另参见 M. J. ALMEIDA COSTA,前揭《Raízes do Censo Consignativo》,第14页及后续页,注11;以及《Penhor imobiliario》,载前揭《Dic. de Hist. de Port.》,第III卷,第347页及后续页,以及载前揭《Temas de História do Direito》,第102页及后续页;以及 LUÍS G. DE VALDEAVELLANO,《Sobre la prenda inmobiliaria en el Derecho Español Medieval》,Madrid 1959年。

第七章　葡萄牙法受罗马—教会法启发的时期

第一节　继受复兴的罗马法及改革后的教会法（共同法）的时期

一、6 世纪至 11 世纪期间的优士丁尼罗马法

我们现在进入葡萄牙法律史与紧凑发生的优士丁尼罗马法复兴运动息息相关的时期。该运动早在 11 世纪时便从意大利开始，然而，其鼎盛期则始于随之而来的一个世纪。作为中世纪从上半期转折到下半期的重要界标，这一轮学术上与实务上对民法大全（*Corpus iuris Civillis*）[1]汇编的新热潮终于转变成西欧国家

---

〔1〕　我们应记得的是，所谓《民法大全》（*Corpus Iuris Civilis*）是指东方皇帝优士丁尼在 529 年至 565 年期间展开的一次著名立法活动中所颁布的不同种类的罗马法渊源（“法”与“法律”）的总称。《民法大全》并非其原来名称：这个名称源于注释学派，他们以之概括构成优士丁尼汇编体系的所有部分（参见上文第 140 页及后续页；同样的意见可参见，FRANCESCO CALASSO，《*Medio Evo del Direito*》，第 I 卷—《*Le Fonti*》，Milano，1970 年重印，第 527 页）；但无论如何，这一名称的落实使用应归功于 Dionísio Godofredo，他在 1583 年

真正的普遍现象。[2]该现象有一个显赫的名称:罗马法的复兴。

这一名称并非完全没有争议。事实上,“复兴”[3](renascimento)这个词会引导人认为优士丁尼罗马法有一段时间曾经完全地不为人所知、没有人研究以及不被适用。不是的,这样的事情是没有发生过的。[4]

在东方,优士丁尼的法律渊源一直沿用到冈士坦丁堡的陷落(1453 年)为止。绝对不可能认为在那么多的世纪里它还是完整

于日内瓦制作的优士丁尼法律渊源总集的第 1 版中使用了这一名称。《民法大全》的内容包括:《法学阶梯》(*Institutiones* 或称 *Enchiridion*)(533)——括号内的名称分别为拉丁文及希腊文,它是一部载满法律基本概念的小手册,共分为四篇;《学说汇纂》(*Digesta* 或称 *Pandectae*)(533),它是“法”(ius)的汇编,即古代法学家的作品的片断,共分五篇;《新法典》(*Codex repetitae praelectionis*)(534),它是旧法典的(Codex vetus)(529)更新版,共分为十二篇;以及《新律》(*Novellae leges* 或 *Constitutiones*)(535/565),即《法典》以后至优士丁尼死前所颁布的帝国宪法。《民法大全》没有收录的优士丁尼法律只剩《旧法典》(*Codex vetus* 或 *Codex primus*)(529)——它被《新法典》(Codex repetitae praelectionis)所取代——以及《五十项裁定》(*Quinquaginta decisiones*)(530)——这可以被认为是《学说汇纂》(*Digesta*)的预备作品。《民法大全》的各部分之葡语译名分别为 Instituições(这一译法似乎比传统译为 *Institutas* 更好)、*Digesto*(现行使用的这一单数名词很可能可以追溯到 12 世纪)、*Código* 以及 *Novelas*。关于《民法大全》(*Corpus Iuris Civilis*),参见 SEBASTIÃO CRUZ,《*Direito Romano, I - Introdução*》,《*Fontes*》,第 4 版,Coimbra,1984 年,尤其第 35 页及后续页,第 441 页及后续页。

〔2〕 参见例如,GIUSEPPE ERMINI,《*Corso di Diritto Comune*》,第 I 卷—《*Genesi ed evoluzione storica. Elementi costitutivi. Fonti*》,第 3 版(重印),Milano,1989 年,第 57 页及后续页。北方国家虽然明显地受到欧洲大陆法律体系的影响,但并没有发生真正的罗马法继受。因此,这些国家的法制更接近于欧洲大陆的体系而不是英美法体系(参见上文第 36 页及后续页)。罗马法的某些影响晚期才在这些国家中发生。参见 DITEV TAMM,《*Stato, diritto e costituzione nell' esperienza scandinava*》,载《Alle origini del costituzionalismo europeo》(ANDREA ROMANO 主编),Messina,1991 年,第 73 页及后续页。

〔3〕 译者注:原义为再生,有死去后复活的意思。

〔4〕 参见 MANLIO BELLOMO,《*Società e istituzioni dal medioevo agli inizi dell' età moderna*》,第 7 版,Roma,1994 年,第 51 页及后续页。

地、不经修订地被适用。优士丁尼大帝死后,出现了大量以他的立法作品为对象的释义性作品、希腊文翻译、摘要,等等。这一文献为实质性改变的发生创造了条件。

优士丁尼的汇编在西方的生效时间毫无疑问只是昙花一现。它的生效与意大利受拜占庭统治以及于6世纪中叶(55年的"pragmatica sanctio")明确地颁布该法有关,其效力存续了约14年。之后便发生了伦巴度(568年)的征服。这次征服虽然没有扩及整个泛亚尔卑斯山地区,但却摧毁其政治的统一性,并且使得优士丁尼法的效力限于特定的城市,如保持相对独立的罗马(Roma)及拉文纳(Ravena)。

我们也知道拜占庭部队占领了伊比利亚半岛南部,可是,那并不足以导致对法律方面产生重大影响。[5]

无论如何,早在这个时候,优士丁尼的汇编已经到达西方世界了。一旦被认识后,它便一直被保存下来,甚至开始被人分析,尤其是在教会的文化中心区。[6]但这不表示该法在中世纪初段广为流传,或实际构成影响。相反,一般来说,优士丁尼的法律文本均被散失或被遗忘。必须强调的是,该法律极为温和或微不足道的传播以及在12世纪之后对其研究——在11世纪时便早有先例——所产生的决定性利益所形成的反差。其12世纪之后的研究说明甚至解释了罗马法复兴的界定。这里是导致现代法律科学产生的一个冗长与多样的演变过程的起点。

二、罗马法复兴的前奏

曾经作为通说的意见是罗马法复兴仅于12世纪随着所谓的博洛尼亚学派或注释学派而出现。这一信念建基于这样一个传说:《学说汇纂》("Digesto")是于1135年在阿马尔菲城(Amalfi)

---

〔5〕 参见上文编号第21号。

〔6〕 参见上文第84页及编号第23号。

的一次劫掠中被偶然发现的，并带到伦巴度宫庭所在的比萨(Pisa)。一般认为是日耳曼君主洛他里奥二世(Lotário II)以一条法律恢复了优士丁尼法律文本的约束力。

当代的历史批判不接受上述解释，认为它太过富有想象力。人所共知，《学说汇纂》(Digesto)在12世纪以前已被认识和引用。除此以外，对罗马法复兴的根源的解说绝对不可限于一个带有传说性质的方面，因为它是不同层面的力量共同作用的结果。

实际上，必须注意到一个充满不同原因与联系的复杂背景。在这个背景之下才可以理解集中研究优士丁尼罗马法的运动如何展开及发展。〔7〕

西方罗马帝国——所谓的神圣罗马—日耳曼帝国——的复兴从一开始便是在《学说汇纂》里找到其法律制度的。在教会的带领下，不仅实现了政治上改革，而且还使得优士丁尼汇编里的法律适用于世俗问题。然而，自查理曼大帝死后，教庭与帝国的关系紧张起来。弥漫着整个时代的大争论——构成该争论的是关于国家、国家的社会功能以及管治的形式的问题，关于教会以及其内部组织的问题等大致上模糊不清的方面——被打破。帝国企图从优士丁尼法中找到加强其地位的支持，当中包括了支配其他王国的君主的野心〔8〕也毫不奇怪。

不可忘记的是源自信仰以及十字军精神的世界主义，它超越了种族和历史的疆界，将人团结起来。再加上在11世纪及12世纪期间，由于基督教的世界观而引起的对罗马的不可预见的激情。除此之外，文化的整体进步亦有所助力。

---

〔7〕 CALASSO的综述，前揭《*Medio Evo del Diritto*》是其典型的续篇，第I卷，第345页及后续页。

〔8〕 关于这个问题 无论一般而言、关于半岛以至具体地关于我国，参见MARTIM DE ALBUQUERQUE，《*Portugal e a "Iurisdictio Imperii"*》，载前揭《Rev. da Fac. de Dir. da Univ. de Lisb.》，第XVII卷，第303页及后续页。

另外,也不可忘记经济因素,如人口的增加、农地的耗尽、城市经济——其主要特征是货币经济——的潜力以及随着城市经济出现的工业、商业和新社会阶层。法律因而面对更复杂的问题。

简而言之,优士丁尼罗马法研究的增加具有政治、宗教及经济层面的动机。这样一种活跃气氛由于12世纪博洛尼亚法学家的出现而加速。但是在这样一个特殊的行动发生之前,已经有显著的先兆了。罗马法复兴的前奏正是在这个意义上论述的,它主要发生在11世纪。

首先,必须强调在博洛尼亚学校出现之前,意大利已经有多个均教授优士丁尼法的中心,并使用着后来的注释学派所采纳的教学方法。我们所知的最重要者为帕维亚(Pavia)及拉文纳(Ravena)。

除了法律学校之外,还须加上法学文献的见证。为此,仅须举出下列名著:《Exceptiones legum romanorum petri》或仅称《Exceptiones petri》,这是先前的多部作品的集合;《Brachylogus iuris civillis》,这是企图根据优士丁尼的《法学阶梯》(Instituições)的模式对所有法律进行论述的作品。这两部作品均明显的受到《民法大全》(Corpus Iuris Civilis)〔9〕的影响。

值得一提的还有同一时期的数部教会编集,相信是由卡特雷(Chartres)的依弗(Ivo)大主教所收集的,其内载有大量的优士丁尼法。〔10〕

而在伊比利亚半岛呢?似乎与该地继受复兴罗马法慢于欧洲的普遍地区的情况一样,同样,罗马法复兴的初期迹象在这里也是较晚才出现。〔11〕主张希斯帕尼亚在罗马法复兴的预演期有所参

〔9〕 关于上列作品,参见例如,CALASSO,前揭《*Medio Evo del Diritto*》,第I卷,第297页及后续页。正如这位作者指出:"exceptio"在当时等同于"compêndio"(同一书目第299页)。

〔10〕 *Decretum*、*Panormia* 以及 *Tripartita*。

〔11〕 参见下文第149页及后续页。

与的证据似乎很难令人满意,或者,至少不是没有争议的。[12]

可以断定,罗马法复兴的前奏期的动力及象征主要集中在意大利。这是很容易理解的,因为在其他西方地区,优士丁尼的法律从来都未被官方正式颁布,因此,其为人所知的程度自然是较低的。

三、随着博洛尼亚学派或注释学派的出现而发生的本义的罗马法复兴

(一)学派的起源以及其主要代表人物

真正的罗马法复兴,或者说,优士丁尼法律作品的系统研究及大面积传播,仅始于12世纪的博洛尼亚学校。[13]当然,如要寻根问底的话,这所学校创立的时期是11世纪末叶(1088年)以及12

---

〔12〕《*Collectio Caesaraugustana e os Usatici ou Usaticos Barchinonenses* (*Usatges de Barcelona*)》。参见例如,GALO SANCHEZ,《*Curso de Historia del Derecho. Introducción y fuentes*》,第9版, Madrid,1960年,第61页及后续页,以及第110页及后续页;GARCÍAGALLO,前揭《*Manual*》, 第I册,第375及388页。关于上述的第二项渊源,尤其参见 F. VALLS TABERNER,《*Los Usatges de Barcelona. Estudios, comentarios e edición bilingue del texto*》(由 JESÚS FERNÁNDEZ VILADRICH/MAUEL J. PELÁEZ 作序,并由 MANUEL J. PELÁEZ/ENRIQUE M. GUERRA 写作,选取正本以及修改。),Barcelona,1984。在我国,参见 BRAGA DA CRUZ,前揭《*Hist. do Dir. Port.*》,第317页。

〔13〕 关于这一命题,参见 CALASSO,前揭《*Medio Evo del Diritto*》,第I卷,第521页及后续页, P. KOSCHAKER,《*Europa y el Derecho Romano*》,Madrid,1955年,第101页及后续页(西班牙语译本由 JOSÉ SANTA CRUZ TEIJEIRO 所译;德语第4版《*Europa und das römisches Recht*》, München,1966);WIEACKER,前揭《*Hist. do Dir. Priv. Mod.*》,第38页及后续页; PETER WEIMAR,《*Die legistische Literatur und die Methode des Rechtsunterrichts der Glossatorenzeit*》, 载《Ius Commune》, 第II卷, Frankfurt,1969年,第43页及后续页; HELMUT COING,《*Trois formes historiques d'interprétation du droit. Glossateurs, pandectistes, école de l'exégèse*》,载《Revue Historique de Droit Français et Etranger》,第48年,第4组,Paris,1970年,第531页及后续页;OTTE GERHARD,《*Dialektik und Jurisprudenz. Untersuchungen zur Methode der Glossatoren*》,Frankfurt,1971年;PAOLO MARI,《*Fenomenologia dell'esegesi giuridica bolognese e problemi di critica testuale*》,载前揭《Riv. di Stor. del Dir. Ita.》,第LV卷,第5页及后续页; ADRIANO CAVANNA,《*Storia del diritto moderno in Europa*》, 第I卷—《*Le fonti e il pensiero giuridico, reedição*》, Milano,1982年,第105页及后续页; 以及 ENNIO CORTESE,《*Alle origini della scuola di Bologna*》,载前揭《Rivista Internazionale di Diritto Comune》,第4卷,第7页及后续页。

世纪初叶。

作为该学校的基础,我们会发现依尔涅里奥(Inério)这个名字。他的伟大贡献之所以获得认同,不仅仅因为他令法律教育获得从前一度被否定的、相对于构成中世纪知识体系的一系列科目——尤其是逻辑学与伦理学——的独立地位,而且也因为他跳过先前时期的优士丁尼法律文本选本及摘要,对其完整及原始版本作了研究。凭他在自由艺术方面的大师级的造诣,[14]为这部作品带来了文法及辩证学方面的认识。

博洛尼亚学校并非从诞生开始便是一所大学。从其别名——"法律的蜡烛"(lucerna iuris)——可知,囿于当时的办学风格,它开始时不过是以依尔涅里奥(Irnério)的讲义为基础的一个小型教学中心。这一中心不断培养出门徒,而其名声则超出该城市及意大利。大量的学者从四方八面涌来。逐渐地,这所小小的学校变成了真正的大学,是为欧洲法律科学的辐射的一极。

依尔涅里奥(Inério)可能死于1130年,且在其直接弟子之中,最突出的是所谓的"四大博士"——布格鲁斯(Balgarus)、马丁努斯(Martinus)、胡果(Hugo)及雅可布斯(Jacobus)。[15]在较后期,帕辛迪努(Placentino)及艾楚(Azo)横空出世。到衰落期,则出现了阿库修(Acúrsio),他修撰了一部系统整理前人作品的编集。

博洛尼亚学派亦被称为依尔涅里奥学派及注释学派。第一个别名突出自其创始人,而第二个别名则来自依尔涅里奥与其学生所使用的基本科学方法或写作文体,即*注释*(*glosa*)的文体。我们将会在后面分析这种文体的内容。

---

〔14〕 关于Irnério,参见CALASSO,前揭《*Medio Evo del Diritto*》,第I卷,尤其第367页及后续页,以及507页及后续页。

〔15〕 除了上述参考文献外,尚可参阅GIACOMO PACE,《"*Gaurerius Theoutonicus*". *Nuove fonti su Irnerio e i "quattro dottori"*》,载前揭《Rivista Internazionale di Diritto Comune》,第2卷,第123页及后续页。

注释学派这一名称有更广泛的含义，这一法律指导思想既包括博洛尼亚大学，也包括别名为"研究"（"Studium"）的大学以及其他的所谓较小的大学。其在方法上并非完全一致：注释学派由于受到法律专业人士[16]影响很大，所以与实务科学的关联更大。

（二）注释派学者所采纳的"民法大全"体系

注释派学者将《民法大全》(*Corpus Iuris Civilis*)分为与原版不同[17]的部分。此一新的体系化方式与历史及教学上的原因有关。

一方面，优士丁尼的汇编并非全部在同一时间被认识。另一方面，由于这些汇编的特征及篇幅差异很大，所以必须将其划分以便教学上作为独立的科目。

由注释派学者所采纳，并且普及于法律学校——在我国，直至彭巴尔的法学研究改革之前均遵循该模式——的体系是将优士丁尼的汇编划分为五个部分[18]（*）。分别是以下五个：

1.《旧学说汇纂》（Digestum Vetus），包括《学说汇纂》的第 I 至第 XXIII 篇，以及第 XXIV 篇的首两章；

---

〔16〕 参见 ENNIO CORTESE，《*Scienza di giudici e scienza di professori tra XII e XIII secolo*》，载《Legge，giudici，giuristi. Atti del Convegno tenuto a Cagliari nei giorni 18－21 maggio 1981》，Milano，1982 年，第 93 页及后续页。

〔17〕 参见上文第 135 页，注 259。

〔18〕 关于这一命题，参见例如，GIUSEPPE ERMINI，前揭《*Corso di Diritto Comune*》，第 I 卷，第 157 页及后续页；CALASSO，前揭《*Medio Evo del Diritto*》，第 I 卷，第 526 页及后续页；JAMES Q. WHITMAN，《*A note on the medieval division of Digest*》，载《Revue d'Histoire du Droit－Tijdschrift voor Rechtsgeschiedens》，第 LIX 册，《Dordrecht》等，1991 年，第 269 页及后续页。

* 译者注：有汉语著作将该五部分分别译为学说汇纂上集、学说汇纂中集、学说汇纂下集、敕谕集成以及综合集。本文之译法考虑了葡语的语义。

2.《强化学说汇纂》(Digestum infortiatum,或仅称为infortiatum),[19]由《学说汇纂》的第XXIV篇第III标题起至第XXXVIII篇;

3.《新学说汇纂》(Digestum Novum),由《学说汇纂》的第XXXIX篇至第L篇,即最后一篇;

4.《法典》(Codex),由《优士丁尼法典》——如以上所述,整部法典有12篇[20]——的首9篇所构成;

5.《小集》(Volumen Parvum,或简称Volumen),包括《优士丁尼法典》的最后3篇(Tres Libri)、《优士丁尼法学阶梯》以及被称为《真本》(Authenticum)的《新律》(Novelas)的汇编;后期,又加入了一些封建法(Libri Feudorum)的渊源以及神圣罗马日耳曼帝国君主所制定的单行法。须注意的是,此第五卷有时也被称作《真本》(Authenticum)。

(三)写作方法

1.注释以及其他种类的作品

一如所见,这个学派的法学家最重要的写作工具当然就是注释(*glosa*)了。[21]这是一种早就用于法律以外的其他文化领域的对文本加注的方法。在开始时,这种方法可概括为对某些单词或词组的直接说明,其目的是使得被认为不清楚或解释上有疑问的

---

〔19〕 根据一个广为流传的说法,首先恢复的是《旧学说汇纂》的内容,然后是《新学说汇纂》的内容。这就是其相关名称的由来。仅在后期才知道有作为《强化学说汇纂》内容的中间部分,而之所以被称为《强化学说汇纂》是因为一句据说是出自Irnério的著名慨叹:"彼法强化此法"(ius nostrum infortiatum est)。然而,有争议的是,不知"强化"这个定语的意思是指其"强化"增加(reforço)了先前的法律,抑或指获得这些文本花费了很大气力(esforço),又或者是其他意思。无论如何,在12世纪之前,被引述的仅有《旧学说汇纂》及《新学说汇纂》。

〔20〕 流行的说法是,这部分仅包括《法典》的首9篇,因为那9篇最为重要,其余的3篇大部分均与过时的罗马行政—政治组织有关。

〔21〕 参见上文第140页。

地方更容易阅读理解。由于这些评注或旁注是这样的简短,因此会被插入载有所分析之规范的手写稿的行与行之间,所以被称为"*行间注释*"(*glosas interlineares*)。

随着时间的发展,解释变得愈来愈完整和愈来愈详细。同样,其所提及的再不仅是一个片段或一个规则,而是整个篇章。所以,必须将解释写在页边。"页边注释"(glosas marginais)的名称就是因此而来的,它形成了一种系统的表述方式(apparatus)。

注释派法学家当时所应用的技术还有其他。在很早期,便有如下技术:*法律原则*(*Regulae iuris*)(又称 generalia 及 brocarda),即一些把基本的法律原则及教条以摘要的方式定义,之后,通常会将定义编集成书;*事实陈述*(*Casus*),开始的时候,只是具体个案以及其适用规范的列举,后来,逐渐变成解释性的论述;*学说争论*(*dissensiones dominorum*),即不同的知名学者对重要法律问题的意见;*法律问题的提出*(*questiones*),透过这种方法,对于有争议的法律个案,针对所呈现的解决方案指出相关的典籍以及提出赞成(pro)理由或反对(contra)理由,再加上本人解释而作出结论(solutio);*鉴别*(*distinciones*),即把一个被视为可分解的法律问题分数个方面分析;*注释大全*(*summae*)是一种困难的体裁,它由最著名的注释学家、哲学家以及神学家对特定的课题以完整及体系的方式进行探讨,从而超越作为其研究的原始对象的"文义"(littera)。

可以认为,注释只不过是起点。除此之外,注释学者还会依其专长及喜好,投身于上述不同种类的作品之中。

2. 注释派学者面对《民法大全》的态度

关于注释学者的写作方法,有一个必须强调的方面,即其对*《民法大全》*(*Corpus Iuris Civilis*)近乎神圣的尊重。他们研究《民法大全》的目的主要是实务性的:弄清楚其相关规范,从而将之适用于现实情况。然而,这种解释上的努力从来没有大胆地脱离罗马法规则文义的束缚而创造新的法律规则。

注释派学者将《民法大全》视为一种圣典,因此,是不可变动的。优士丁尼汇编中的规则的立法技术之完美使注释派学者们为之目眩,他们认为此乃立法上的终极之作。从这一观点上,法律学者的角色应限于说明这些规则,从而为生活中的具体问题提供答案。他们并没有企图要创造一些超越当中所载之规定的学说,更遑论要对这些规定进行驳斥了。

传统上,注释学者一般被视为单纯的法律文本注解者。事实上,在面对《民法大全》的时候,他们的态度是典型的教条主义或法条主义。同样,他们也附上对语言学及历史学极为无知之名。他们没有认识清楚罗马法规则出现时的状况,所以,经常会导致不正确的解释,又或者将一些对眼前的现实而言已是过时的原则保留。

这一情况的发生,有部分是值得理解的,我们应记得当时主要的考虑是研究真正的优士丁尼法律文本以及要领悟那些文本所遇到的困难。注释于是成了一种自然而然的方法,然而,正如我们所见,注释本身亦经历了发展。何况,这一学派的法学家也采用了三段论法以及其他逻辑的程序,寻求从文义里找到法律的精神。这里,已经可以辨别出一些经院哲学的影响〔22〕了。

注释派学者作品的重要性是,它寻求将无机及分散的一大堆优士丁尼法律规范转变成一个既统一又系统的整体。鉴于其注释活动、对原则的鉴定以及规则的制定,注释派学者们形成了一个整体的学说架构。他们创造了“可能是世界历史上第一个独立的法

〔22〕 整体参见 WIEACKER,前揭《*Hist. do Dir. Priv. Mod.*》,第 51 页及后续页。

学教条”。〔23〕为此,我们上面所提到的各项工作〔24〕均有贡献。

(四)注释学派的高峰期以及其没落、“大注释”、后阿库修时期

注释学派的黄金时期在12世纪。在随之而来的一个世纪,其方法论已明显出现没落的迹象。该学派所欲追寻的目标已经穷竭。

那时,所研究者已经不再是优士丁尼的法律文本,而是其相关的注释了。他们在为注释作注释。换言之,每一位大师都在先前的注释上加上自己的注释,而且一般来说,他们都会以一些符号来识别自己的注释。

到了在13世纪的第二个25年,〔25〕阿库修——死于1263年之前——将这大量的杂乱无章的数据进行整理。他将有关于《民法大全》之每一部分的前人注释加以选择,批判性地鉴定或介绍那些最可信的不同意见。这样,产生了所谓的*标准注释*(*Glosa ordinária*)、*大注释*(*Magna glosa*)或仅称*注释*(*glosa*),它为代代相传的法学家所累积的科学遗产画上了完满的句号。他的作品囊括了96940个注释。

与很多人所主张的相反,生于翡冷翠的阿库修应被视为注释学派的其中一位最伟大的阐述者。理由是他的作品得到广泛流传。从此以后,所有《民法大全》的复本均附有包围在页上的阿库修注释。印刷版的优士丁尼汇编亦继续有复印其注释。

阿库修注释的重要性在于,它是西欧各国法院除《民法大全》

〔23〕 WIEACKER,前揭《*Hist. do Dir. Priv. Mod.*》,第53页。另参见CALASSO,前揭《*Medio Evo del Dititto*》,第I卷,第531页及后续页。

〔24〕 参见上文第141页及后续页。

〔25〕 一般会将该作品日期定于1220年至1240年。

的规定外又一被适用的规范。在我国,它是通过律令[26]的规定而明确适用的法律的补充渊源。其适用方式我们将会在下面分析。

随着《大注释》的诞生,法律科学的一个时期就此结束。13 世纪的下半叶犹如是 14 世纪才真正开始的一种新方法的过渡期。这一中转时期的法学家很多时候被称作后*注释学派*或*后阿库修学派*的法学家。

他们的活动主要特征是切合实际需要。这个时期值得强调的一个方面是作为撰写法律文献的新方式的"*专题论着*"(*tractatus*)或系统论述的出现。有一些法学部门经发展而取得了科学上的独立性,尤其是诉讼法以及公证规范。

四、优士丁尼罗马法及注释学派作品的传播

(一)在欧洲普遍地区的传播及传播的原因

我们已论述了注释学派在罗马法复兴中所担当的角色。假如这个现象只发生于意大利,则对于葡萄牙法律史的论述而言,便没有必要特别细心地对它进行研究。然而,正如我们先前所见,[27]

---

〔26〕 参见下文第 181、215 页及后续页,以及 260 页及后续页。参阅 M. J. ALMEIDA COSTA,《*La présence d' Accurse dans l' histoire du droit portugais*》,载《Atti del Convegno internazionale di studi Accursiani》(Bologna, 21 – 26 Ottobre1963),第 III 卷,Milano,1968 年,第 1053 页及后续页(又载前揭《Bol. da Fac. de Dir.》,第 XLI 卷,第 47 页及后续页)。关于阿库修的作品以及其在意大利与欧洲所代表的意义,参见载前揭《Atti del Convegno internazionale di studi Accursiani》内的各项研究,第 I, II 及 III 卷,Milano,1968 年。阿库修早在 14 世纪中叶便在葡萄牙产生威望这很可能是由于一位名叫 Andreas Iohannis 的科英布拉堂区的教士会成员(1317 年)的推崇所致,他与《大注释书》的作者有家族关系(参见 M. J. ALMEIDA COSTA,《*Um jurista em Coimbra, parente de Acúrsio*》,载前揭《Bol. da Fac. de Dir.》,第 XXXVIII 卷,第 251 页及后续页;以及 FRANK STOETERMEER,《*Un professeur de l' Université de Salamanque au XIII. o siècle, Guillaume d' Accurse*》,载《An. de Hist. del Der. Esp.》,第 LV 册,第 754 页及后续页)。

〔27〕 参见上文第 135 页及后续页。

这是西方国家的一个普遍运动,而且,很多方面都影响我国。因此,对其进行分析的意义不仅在于复兴运动本身,而且还在于其扩散,这对我国法律的进步有决定性影响。

考虑到当时的社会状况,似乎很容易便可以描述罗马法是如何传播的。首先,我们从整个欧洲来考虑这个问题。这样,必须强调两个决定性因素:外国学者在博洛尼亚的逗留以及大学在欧洲各国的建立。

1. 博洛尼亚的外国学生

众所周知,博洛尼亚学校及其仿效者吸引了来自不同地方的学生,其中包括很多远道而来者 。依尔涅里奥及他的继承者们的名气快速扩散。在短短的几个十年内,博洛尼亚成了吸引无数学生的学习中心,而学生则依国籍组成"学生国"(*nations*)。每一个"学生国"均聚集了来自同一国家的学者。在很短的时间内,即形成了集合在一所大学内〔28〕的13个由"山外国家"——阿尔卑斯山以外的国家——的学者所组成的"学生国"。

很多时候,这些学生已都是一些具有相当的法律基础的人,他们的到来主要是为了追随有名的大师学习某一专业,以确保其回到祖国时在教育或公共领域取得重要的地位。无论如何,他们至少也会作为一名传讯员,把一套新的法律制度带回祖国。在欧洲各国,复兴罗马法的引入均非公权强制的结果,而是大学培训出来的法学家们具体努力的成果。

---

〔28〕 除了外国学生的大学(ultramontanos)外,博洛尼亚还存在一所意大利学生(cismontanos)的大学,它分为四个地区的"学生国",后缩减为三个。后来,在此二所法学大学外,又增加了一所招收自由艺术(artistae)的学生的大学,由于生员十分少,所以既包括意大利人也包括外国人。参见CALASSO,前揭《Medio Evo del Diritto》,第I卷,第513页及后续页。

2. 大学的建立

罗马法传播还包括另一个因素的竞合。假如当初必须到意大利才能学习法律的话,渐渐地,在欧洲很多国家也可以做到。因此,在12世纪及13世纪,大学逐渐建立。大学里所研究的是当时属于高等教育的知识部门。在这些部门中,除了教会法外,还包括遵循意大利学校的方法讲授的优士丁尼汇编罗马法。

应指出的是,"大学的"第一个名称是**一般研究**(studium generale),这与皇国和教庭内占主导的世界大同论有关,它相对于**特殊研究**(studium patculare)。事实上,自13世纪起,教授高级文化的中世纪学校均有这样一个别名,虽然其准确特征还有所争议。〔29〕综合有关的资料,似乎应认为**一般研究**不仅仅是指向来自不同地方的学者开放的机构,而且还指聚集了一大班讲授所有或若干最重要学科的教授的地方。而且,这个机构可以享有向其证书的取得者授予"ius ubique docendi"(或"licentia ubique docendi")——是在基督教世界的任何地方任教的权利——的特权。

大学(Universidade)这个名称是后来才出现的,而在某段时间内,它是与**一般研究**平行使用的。最后大学却变成了一个专属名称。只是,大学(universitas)这一词语在那个时代的意思并非像后来一样,代表高等学院(universitas facultatum)的集合,而是大师及

---

〔29〕 参见GIUSEPPE ERMINI,《Concetto di 'studium generale'》,载《Archivio Giuridico "Filippo Serafini"》,第5组,第VII卷(全部共CXXVII卷),Modena,1942年,第3页及后续页;以及PAOLO NARDI NARDI,《*Le origini del concetto "Studium generale"*》,载前揭《Riv. Int. di Dir. Com.》,第3卷,第47页及后续页。

学者(univeristas magistorum et scholarium)聚集的机构。[30]这里反映了组成大型的艺术及职业团体所需的专业团结精神。在这个例子里,是一个具有法律独立性的机构将无数的专业研究者[31]

〔30〕 关于这一命题,参见 G. BRAGA DA CRUZ,《*Origem e evolução da Universidade*》,载前揭《Obras Esparsas》,第 IV 卷—《Estudos Doutrinários e Sociais》,第 2 部分,Coimbra,1985 年,第 189 页及后续页。这一宝贵的论述首次发表于《"Estudos-Revista de Cultura e Formação Católica"》,第 XXXII 年,Coimbra,1954 年,第 323 号,第 3 页及后续页,以及第 71 页及后续页。另外,可参见其西班牙语版,《*Historia y espíritu de la Universidad*》,载《Nuestro Tiempo》杂志,第 II 年,Madrid,1955 年,第 9 号,第 9 页及后续页。在我国,尚可参见 J. VERÍSSIMO SERRÃO,《*História das Universidades*》,Porto,1983 年。最后,还可指出,H. RASHDALL,《*The Universities of Europe in the Middle Age*》,第 2 版(由 F. M. POWICKE/A. B. EMDEN 出版),第 3 卷本,Oxford,1936;ANTONIO GARCÍA Y GARCÍA,《*Los estudios jurídicos en la Universidad medieval*》,载《Estudios sobre la Canonística Portuguesa Medieval》,Madrid,1976 年,第 17 页及后续页,附有多国的参考书目 - 第 17 页注 2,以及 MANLIO BELLOMO,前揭《*Società e istituzioni*》,第 405 页及后续页,以及《*Saggio sull' università nell' età del diritto comune*》,Roma, 1992 年(1994 年重印)以及收录于《Dall' Università degli Studenti all' Università degli Studi》内的重要作品(由 ANDREA ROMANO 主编),Messina,1991 年。

在《I poteri politici e il mondo universitario (XIIIXX secolo). Atti del Convegno Internazionale di Madrid 28 – 30 Agosto》(ANDREA ROMANO/JACQUES VERGER 主编),以及《Università in Europa. Le Instituzioni universitarie del Medio Evo ai nostri giorni-strutture, organizzazione, funzionamento. Atti del Convegno Internazionale di Studi》,Milano 28 Settembre – 2 Ottobre 1993(由 A. ROMANO 主编),Messina,1995 年,这两部著作中,有关于直到现代为止的大学发展的重要分析。

〔31〕 与此一种精神相一致的是,大学有其本身审理民事与刑事案件的法院。这种豁免于普通管辖的特权不仅包括老师与学生、他们的家人,而且也包括大学的职员及其他大学的合作者。参见 ANTÓNIO DE VASCONCELOS,《*Origens do foro académico na antiga Universidade portuguesa*》,载前揭《Bol. da Fac. de Dir.》,第 III 卷,第 379 页及后续页。上述研究经加强以后,以《*Génese e evolução histórica do foro académico da Universidade portuguesa. Extinção do mesmo* (1290 – 1834)》的名义重新发表,载 ANTÓNIO DE VASCONCELOS,《Escritos vários relativos à Universidade dionisiana》,第 I 卷,Coimbra,1987 年,第 297 页及后续页(其再版由 MANUEL AUGUSTO RODRIGUES 整理)。

聚集起来。

我们将不会分析这种扩散到全世界的学校出现的原因。除了上述的团体精神外,还须加上其他方面,如知识的普遍进步、关于科学以及其不同方向的位阶的新概念以及大型都市中心的形成现象。值得强调的是某些领域的快速发展,当中包括罗马法及教会法。

然而,不同的大学有不同起源。以三分法进行区分是合理的。

第一类大学的出现是自发形成的,是一些先前已存在的较小型学校——包括了僧侣学校、慈幼会学校或市政学校——发展及壮大而成。这一情况的发生,总是由于一位地方上的大师在特定的科学领域的教学上闯出名堂,而且广纳门徒而引起。依尔涅里奥(Irnério)与格拉斯安诺(Graciano)分别使得博洛尼亚在罗马法及教会法方面闻名于世,而蒙庇利埃(Montpellier)则使巴黎成了医学教育的中心。这些大学就犹如从“习惯”(ex consuetudine)中产生一样。

有时,一所大学(ex secessione)的分裂或独立会造成另一所大学的建立。这一过程之得以顺利发生,是由于中世纪大学的资源有限,因而具有很大的流动性。一般来说,“大学”均没有本身的建筑物,授课会在教堂或修道院的回廊处进行,又或者在租用的房子内进行,而教学材料则仅限于少数几本书。因此,当学生与中产阶级的常见的矛盾日益尖锐时,大学很容易便会搬到其他地方。很多时候,当危机过后,至少一部分的大师或学者会拒绝回到原址。例如,剑桥大学(1209 年)是由于牛津大学的分离而诞生的,而帕度亚(Pádua)大学(1222 年)则是由于博洛尼亚大学的分裂而诞生的。

剩下要指出的是在时间顺序上较后的第三种路线。这是由君主发起(“ex privilegio”)而建立的大学,这些一般是背后没有稳固的传统优势的大学。由于这样,这些大学唯有透过教皇的确认才可提升到与其他大学一样的层面、其学位方会获得世界性的价值;更准确地说即向其赋予所谓的“ius ubique docendi”。[32]属于这一类型大学的第一批有帕伦西亚大学(Palência)(1212 年)、纳普鲁斯大学(Nápoles)(1224 年)、图卢兹大学(Toulouse)(1229 年)。自此之后,这一程序在建立新的大学教育中心时一无例外地被采用。

这是复兴罗马法向普遍欧洲传播的第二个因素。法律科学的教育是大学的最重要部分。

(二)在伊比利亚半岛(特别是在葡萄牙)的传播

在伊比利亚半岛,上述的历史一无例外地发生。半岛实在地参与了罗马法在欧洲的复兴。我们在下面将分析罗马法在西班牙及葡萄牙传播的因素及其传播方式。

1. 何时开始

在 12 世纪已经有复兴罗马法渗透入与欧洲其余部分接触较多的希斯帕尼亚地区。这就是卡塔伦尼亚(Catalunha)。然而,假如我们考虑的是比利纽斯山边的所有国家,则应断定罗马法运动只在 13 世纪才向所有这些国家传播。[33]

关于我们国家方面,在这个问题上的一些断言是无依据的。我们要强调的是,当对整个半岛而言是正确的,则对葡萄牙来说也是正确的。

当然,假如我们认为从有人或多或少地认识注释学派的这些文献的简单事实便足以证明优士丁尼罗马法的复兴的话,我们便

---

〔32〕 参见上文第 147 页。

〔33〕 参见 EDUARDO DE HINOJOSA,《*La admisión del Derecho romano en Cataluña*》,载前揭《Obras》,第 II 册,第 389 页及后续页;JOSÉ MARIA FONT RIUS,《*La recepción del Derecho romano en la Península Ibérica durante la Edad Media*》,载《Recueil de Mémoires et Travaux publié par la Société d'Histoire du Droit et des Institutions des Anciens Pays de Droit Écrit》,第 VI 册,Montpellier,1967 年,第 85 页及后续页;GARCÍA - GALLO,前揭《*Manual*》,第 I 册,第 89 页及后续页,以及第 458 页及后续页;以及 ANTÓNIO GARCÍA,《*Derecho común en España:los juristas y sus obras*》,Murcia,1991 年。

必须将罗马法复兴进入葡萄牙的日期推前。因为基于其与法国及意大利的关系,葡萄牙几乎不可能直到13世纪还对这一新的法律飞跃完全无知。一方面与我们的首几任国王有关的历史显示出国王们均有一些对优士丁尼汇编以及与该法有关的研究肯定不会陌生的助手。例如,阿丰素·恩历克(Afonso Henrique)的掌玺大臣敖别图(Alberto)大师;历事阿丰素·恩历克(Afonso Herique)、桑绍一世(Sancho I)以及阿丰素二世(Afonso II)的三朝元老朱理恩(Julião)大师;桑绍一世以及阿丰素二世还任用了米兰人里奥纳多(Leonardo)为法律顾问,另外,桑绍二世则任用维森特(Vicente)大师为掌玺大臣。另一方面,自12世纪以来的很多手抄古籍的遗迹均显示出罗马法及中世纪教会法[34]的存在。然

---

〔34〕 参见 P.ᵉ AVELINO DE JESUS DA COSTA,《*Fragmentos Preciosos de Códices Medievais*》, Braga,1949 年,尤其是第 15 页(前揭《Bracara Augusta》特刊,第 I 卷,第 420 页及后续页;以及第 II 卷,第 44 页及后续页);M. J. ALMEIDA COSTA,《*Para a história da cultura jurídica medieva em Portugal*》, 载前揭《Bol. da Fac. de Dir.》,第 XXXV 册,第 253 页及后续页;DOMINGOS PINHO BRANDÃO,《*Teologia, Filosofia e Direito na diocese do Porto nos séculos XIV e XV*》 Porto,1960 年;ISAÍAS DA ROSA PEREIRA,《*Livros de Direito na Idade Média*》,载《Lusitânia Sacra》,第 VII 册, Lisboa,1966 年,第 7 页及后续页,以及第 VIII 册 (1970 年),第 81 页及后续页,《*Achegas para a história da cultura jurídica em Portugal*》,载前揭《Bol da Fac. de Dir.》,第 LVIII 卷,第 II 册,第 511 页及后续页,《*Escolas e livros na Idade Média em Portugal*》,载《Universidade(s):"História. Memória. Perspectivas" – Actas do Congresso "História da Universidade"(No. 7. o Centenário da sua Fundação),5 a 9 de Março de 1990》,第 1 卷,Coimbra,1991 年,第 55 页及后续页; A. MOREIRA DE SÁ,《*Primórdios da Cultura Portuguesa – II e O Porto e a cultura nacional nos séculos XII e XIII*》,载《*Arquivos de História da Cultura Portuguesa*》,第 II 卷,Lisboa,1968 年,第 2 号;以及 A. GARCÍA Y GARCÍA,《*Canonistas portugueses medievales*》, 载前揭《Est. sobre la Can. Port. Med.》,第 95 页及后续页,尤其第 99 页及后续页。Pode consultar – se um valioso levantamento alfabético – cronológico de pessoas relacionadas com a actividade jurídica nacional,durante os séculos XII e XIII 在 JOSÉ ARTUR DUARTE NOGUEIRA 所组织的前揭《*Sociedade e Direito em Portugal na Idade Média*》,第 425 页及后续页中,可以见到一个按字母顺序排列的宝贵列表,内里详列了在 12 世纪与 13 世纪与本国法律活动有关的人物。

而，这事件的任何一项均不等于真正的“罗马法”继受。

2. 何时以显著的规模发生

事实上，先前的论述无法令人承认优士丁尼法及注释学派的作品在这一时期真正传播到我国。若要说复兴罗马法真正被我国继受，必须证明其进入了法庭以及对我国的法律生活产生具体影响的公正的实务中。然而，这在13世纪初以前并没有发生。在这一个世纪之中，而且主要在该世纪的中叶，上述的继受才渐进地发展。

其“传播的”操作方式足以为证。必须记住的是，它主要是大学所培植〔35〕的一种新的法律科学的传播现象。因此，其决定性的媒介是受过大学培训的法学家，他们透过在司法范畴以及公证范畴上的实务作为而将之传播，并渐渐地步向超越先前的法律经验主义〔36〕的道路。

同样影响我国继受复兴罗马法的还有即将在下文分析的其他因素。然而，不应忘记的是，国王及朝廷的决定或者立法文本所具有的效力仅仅是相对的，因为法官、公证员以及律师的训练不足，很多时候根本不具备解释及适用——或者甚至阅读——法律规则的能力。在13世纪以及随后的一段时间，地区的司法基本上仍然交由普遍选举产生的法官负责。经过了很长时间以后，才发展到由“外地法官”来代替普选的法官。他们以王国的名义执法，通常，这些法官先前已经是律师。〔37〕

因此，复兴罗马法的继受是一个渐进及漫长的运动。毫无疑问，在接近朝廷以及教会文化中心的地方——与远离这些地方的

---

〔35〕 参见上文第146页。

〔36〕 参见第129页。

〔37〕 参见例如，BRAGA DA CRUZ，在前揭《*O direito subsidiário*》中所作的观察，第193页，注20。

小型人口中心相比——继受的发生是更为快速及有效的。

综上所述,研究我们继受罗马法的方式和真正范围的正确方法应该主要围绕一个新兴的法学家阶层——当中包括司法辅助人员。这里要注意的是其有关培训、教会或世俗来源、所拥有的书籍、所在地以及所享有的社会地位。唯有艰辛地揭示这些数据方可得出准确的结论。〔38〕

五、复兴罗马法在希斯帕尼亚及葡萄牙法律领域渗透的原因

罗马法扩张的表现形式各有不同,而且对半岛法的命运有巨大影响。在这个方面,我国没有什么值得强调的特点。可以说,在继受复兴罗马法的问题上,半岛国家是受到共同因素影响的。我们将指出其最有价值者。

一开始便必须强调的是,上文所提及的两个存在于罗马法在整个欧洲传播的因素在半岛上有具体的表现,然而,除此之外还须加上其他因素。

(一)意大利及法国法律学校里的半岛学生及*半岛上的外国法学者*

早在12世纪下半叶期间已经发现伊比利亚半岛有受过外国培训〔39〕的法学家。然而,仅自13世纪初叶才有证据显示半岛学生——主要是神职人员——在意大利及法国的法学教育中心〔40〕

---

〔38〕 A. PÉREZ MARTÍN 是在这一层面展开其名为《Corpus Iuristarum Hispanorum》的计划的(参见前揭《An. de Hist. del Der. Esp.》,第 LI 册,第 859 页及后续页)。

〔39〕 参见上文第 149 页。

〔40〕 参见 BRAGA DA CRUZ, 在前揭《*O direito subsidiário*》中所作的参考书目列表,第 184 页,注 8,以及 A. GARCÍA Y GARCÍA,前揭《*Derecho común en España*》,第 21 页及后续页,以及 56 页及后续页。关于自 16 世纪起在外国各大学学习法律与教会法的葡萄牙学生, 参见 J. VERÍSSIMO SERRÃO,《*Portugueses no Estudo de Toulouse*》,Coimbra,1954 年,第 24 页及后续页,《*Portugueses no Estudo de Salamanca*》,

显著出现,且最受欢迎的是博洛尼亚大学。[41]

这些来自半岛不同地区的法学家(legistas)及教会法专家(canonistas),似乎一般仅会被识别为希斯潘诺人(Hispanos),因而,不一定显示出其正确出生地是希斯帕尼亚。[42]同时,由于半岛人的数目众多,在博洛尼亚大学内的"希斯潘尼"("Hispani")

第I卷,Lisboa,1962年,第35页及后续页,《*Les portugais à l' Université de Montpellier* (*XII. o – XLL. o siècles*)》,Paris,1971年,第35页及后续页; ANDRÉ GOURON,《Les espagnols et l' enseignennent du droit à l' ancienne Université de Montpellier》,载前揭《An. de Hist. del Der. Esp.》,第LVII册,第687页及后续页;ANTÓNIO DOMINGUES DE SOUSA COSTA,《*Portugueses no Colégio de S. Clemente de Bolonha durante o séculoXV*》,载《"Studia Albornotiana",XIII,Bologna》,1973年;CELESTINO PIANA,《*Il "Liber Secretus Iuris Caesarei" della Università di Bologna*, 1451 – 1500》, Milano,1984年,以及《*Il "Liber Secretus Iuris Pontificii" dell' Università di Bologna*, 1451 – 1500》, Milano,1989年,以及 GIOVANNI MINUCCI/LEO KOSÜTA,《*Lo Stulio di Siena nei secoli XIV – XVI. Documenti e notizie bibliografiche*》, Milano 1989 年 (由 DOMENICOMAFFEI主编的《Orbis Academicvs. Saggi e documenti di Storia delle Università》汇编,第8卷)。另外参见 M. J. ALMEIDA COSTA,在前揭《*La présence Accurse*》中所列的参考书目,载《Bol. da Fac. de Dir.》,第XLI卷,第51页及后续页,注9及注10。

〔41〕　关于博洛尼亚大学对西班牙文化的一般影响,尤其参见 JUAN BENEYTO,《*La Universidal de Bolonia y la cultura española*》,载《"Studi e Memorie per la Storia dell' Università di Bologna", nuova serie》,第I卷,Bologna,1956,第589页及后续页。

〔42〕　教会法学家 Vicente Hispano 便属于这个例子,对于他是否具有葡萄牙国籍是一个有争议的问题(参见 ANA B. DE LIMA MACHADO,《*Vicente Hispano – Aspectos biográficos e doutrinais*》,载前揭《Bol. do Min. da Just.》,第141号,第5页及后续页;另可参见 ANTÓNIO DOMINGUES DE SOUSA COSTA,《*Mestre Silvestre e Mestre Vicente, juristas da Contenda entre D. Afonso II e suas Irmãs*》,载前揭《Itinerarium》,第IX年,第4号,第249页及后续页)。关于 Pedro Hispano 则没有疑问(参见前揭 ISAÍAS DA ROSA PEREIRA.《*O canonista Petrus Hispanus Portugalensis*》, in "Arquivos de História da Cultura Portuguesa",第II卷,第4号)。另可参见 A. GARCÍA Y GARCÍA,前揭《*Canonistas portuguese medievales*》,载《Est. sobre la Can. Port. Med.》,第104页及后续页,里面提到数位葡萄牙教会法学家。

学生组织最后又再细分为葡萄牙、卡斯蒂利亚、阿拉贡、卡塔伦尼亚及纳瓦拉学生组织。

有一些半岛法学家成就了显赫的名声,占据了罗马法及教会法的教席。例如,著名的教会法学家若昂·迪乌斯(João de Deus),可能是我国在中世纪最出色[43]的法学家。无论如何,这些在博洛尼亚受训的法学家一旦完成学习后一般都会回国。这些律师(*letrados*)——当时如是称呼——回国后便会在教会、政治或教育事业上攀升到顶峰,毫无疑问地会成为新的法律传播[44]的重要代言人。

外国法学家的莅临半岛也带来类似的结果。这也是令人印象

---

〔43〕 根据 PAULO MERÊA 在论述当代的另一位法学家时所提及的资料(参见 *Domingos Domingues*,《*canonista português do séc. XIII*》,载前揭《Bol. da Fac. de Dir.》,第 XLIII 卷,第 223 页及后续页)。关于 João de Deus,参见 ANTÓNIO DOMINGUES DE SOUSA COSTA,《*A doutrina penitencial do canonista João de Deus*》, Braga,1956 年,《*Um mestre português em Bolonha no século XIII,João de Deus. Vida e obras*》,Braga,1957 年,以及《*Animadversiones criticae in vitam et opera canonistae Joannis de Deo*》,Romae,1958 年,以及 A. GARCÍA Y GARCÍA,前揭《*Canonistas portugueses medievales*》,载《Est. sobre la Can. Port. Med.》,第 113 页及后续页。

〔44〕 我们记得的还可另一个例子:João das Regras,虽然其年代较晚。关于这位法学家,参见 NUNO J. ESPINOSA GOMES DA SILVA,《*João das Regras e outros juristas portugueses da Universidade de Bolonha* (1378 – 1421)》,Lisboa,1960 年,《*O chanceler João das Regras,Prior da Igreja da Oliveira, em Guimarães. A propósito de um estudo recente*》,Lisboa,1974 年(前揭《Rev. da Fac. de Dir. da Univ. de Lisb.》特刊,分别于第 XII 卷及第 XXV 卷),《*O Discurso do Doutor João das Regras nas Cortes de Coimbra de* 1385. *Dúvidas e Observações*》,Braga,1984 年,《*Apostilha a* "*O Discurso do Doutor João das Regras nas Cortes de Coimbra de* 1385. *Dúvidas e Observações*"》, Braga,1987 年(前揭《Scientia Ivridica》,分别载第 XXXIII 册以及第 XXXVI 册),以及《*Sobre o apelido do Doutor João das Regras*》,Lisboa,1985 (前揭《Bol. do Min. da Just.》,第 349 号),以及 ANTÓNIO BRÁSIO,《*O clérigo João Afonso das Regras D. Prior da Colegiada de Guimarães*》,Guimarães,1981 (前揭《Actas do Congresso Histórico de Guimarães e da sua Colegiada》,第 II 卷)。

深刻的。这些法学家们在国王身旁担任要职，最高者如秘书及顾问又或者在大学中当教员。

（二）《民法大全》及注释的传播

很自然地，法律专家除了从外地带回其专业知识外，还带来了其专攻科目的书本。这些行为具有重要意义。这样，12世纪〔45〕偶然才出现的法律手抄古籍到了13世纪以后便得以传播。

《民法大全》的文本以及相关的注释以倍数增加。这些典籍以不断增加的速度流传以及被援引对于共同法的增进起到不容置疑的历史作用。各个半岛国家的大教堂与修道院图书馆的馆藏便有大量的证据。同样，神职人员在遗嘱中对其引述也愈来愈多，后期，包括世俗的法学家也开始引述。〔46〕

（三）大学内教授罗马法

大学的兴起亦不失时机地传到半岛，且作为其模范的是博洛尼亚的架构。在13世纪初——可能起源于上一个世纪末——帕伦西亚大学（Universidade de Palência）得以创立，然而，很快便销声匿迹了。在13世纪上半叶之交，色拉曼卡大学（Universidade de Salamanca）已完全巩固。在此以后，其他的大学也相继在希斯帕

---

〔45〕 参见上文第150页及注293。除了里面提及的研究外，还需加《*Bibliotecas Medievais Españolas*》，载《Miscelânea Mons. José Rius Serra》，第I卷，San Cugat del Vallés，1965年，第139页及后续页，正如NUNO J. ESPINOSA GOMES DA SILVA所观察到的一样，那里对附有一份1364年的、对里斯本红衣主教的藏书的盘点以及一份这个城市在1368年及1369年所出售的图书的价目表（前揭《*Hist. do Dir. Port.*》，第210页，注1）。

〔46〕 参见J. M. FONT RIUS，前揭《*La recepción del Derecho romano*》，载《Recueil de Mémoires et Travaux publié par la Société d'Histoire du Droit et des Institutions des Anciens Pays de Droit Écrit》第四册，第91页及后续页，以及A. GARCÍA Y GARCÍA，前揭《*Derecho común en España*》，第83页及后续页。

尼亚国家内建立。罗马法及教会法〔47〕的教授是其主导。

至于在我国,众所周知“**一般研究**”〔48〕是在 D. 甸尼斯的时期产生的。它的准确创立日期有所争议,但毫无疑问是介乎1288 年至 1290 年之间。〔49〕将葡萄牙大学的创建日期定于

---

〔47〕 关于半岛的大学,参见 A. GARCÍA Y CARCÍA,前揭《*Los estudios jurídicos en la Universidad medieval*》,载《Est. sobre la Can. Port. Med.》,第 17 页及后续页,以及《*La Universidad de Salamanca en la Edad Media*》,载前揭《Università in Europa》,第 17 页及后续页,ARMANDO DE JESUS MARQUES,《*Portugal e a Universidade de Salamanca. Participação dos esolares lusos no governo do Estudo*》(1503 - 1512),Salamanca,1980 年,MARIANO PESET,《*Interrelaciones entre las universidades españolas y portuguesa en los primeros siglos de su historia*》,载前揭《Bol. da Fac. de Dir.》,第 LVIII 卷,第 I 册,第 875 页及后续页,《*Universidades Españolas y Universidades Europeas*》,载前揭《Ius Commune》,第 XII 卷,第 71 页及后续页,以及《*Modelos y estatutos de las Universidades españolas y portuguesas* (*siglos XIII - XVIII*)》,载前揭《Dall' Università degli Studenti all' Università degli Studi》,第 65 页及后续页,JOSE LUIS PESET/MARIANO PESET,《*Carlos IV y la Universidad de Salamanca*》,Madrid,1983 年,ANDRÉS BARCALA MUNOZ,《*Las Universidades españolas durante la Edad Media*》,载《Anuario de Estudios Medievales》,第 XV 卷,Barcelona,1985 年,第 83 页及后续页,以及 DOMENICO MAFFEI,《*Fra Cremona, Montpellier e Palencia nel secolo XII. Ricerche su Ugolino da Sesso*》,载前揭《Riv. Int. di Dir. Com.》,第 1 卷,第 9 页及后续页。关于大学的一般论述,参见上文第 146 页及后续页。

〔48〕 关于这一名称,参见上文第 147 页。

〔49〕 更具体地,1288 年 11 月 12 日作为先前(a quo)期限,而 1290 年 8 月 9 日作为事后(ad quem)期限。这两个日期中的第一个是宗教贵族以及世俗教庭将与 D. 甸尼斯所作的关于将若干堂区的收入用于建立一个位于里斯本的一般研究通知教皇尼可劳四世以及请求教皇确认的日子;第二个日子则是寄给“里斯本的大师及学者所在的大学”的前述教皇训谕“De statu Regni Portugalie”,在该训谕中,教皇同意其建立以及把一些特权赐给它——当然必须以其建立为前提。关于这些文件可参见,《*Chartularium Universitatis Portugalensis* (1288 - 1537)》,具葡文翻译,由 A. MOREIRA DE SÁ 所整理,第 I 卷(1288 - 1377),Lisboa,1966 年,另参见其第 6 页及后续页(第 2 及 3 号),第 12 页及后续页(第 6 及 7 号)。另参见《Carta Magna de Privilégios de D. Dinis》,日期为 1309 年 2 月 15 日,载《*Os Primeiros Estatutos da Universidade de Coimbra*》(附有 MANUEL AUGUSTO RODRIGUES 的简介),Coimbra,1991 年,第 1 页及后续页。

1290 年 3 月 1 日[50]的传统观点，被人以极具说服力的论据质疑，然而这些论据也是有争议的。我们不会在这里分析这些问题。[51]无论如何，即使创建的日期推前到上述两年的其中一年，但尼可劳四世主教（Papa Nicolau IV）在 1290 年 8 月 9 日所作的确认性训谕仍然是“**一般研究**”官方化的决定性时刻。这一法律文件明确地提到教会法及民法学士（licenciado）[52]的取得，而众所周知，这些被授予学位的人可以无需重新参加考试便在整个基督教世界教学（ius ubique docendi）。[53]

早在 D. 甸尼斯的时期，大学的所在地[54]已从里斯本转到科英布拉，而直到 16 世纪[55]之前还一直徘徊于这两座城市之间。

---

〔50〕 这是一份由 ANTÓNIO G. RIBEIRO DE VASCONCELOS 所发表的文件上的日期，在该文件 D. 甸尼斯提到其决定建立的一般研究，并承诺对其学生或将来的学生负保障及安全的责任（参见载《Revista da Universidade de Coimbra》内的一份宝贵文件，第 I 卷，Coimbra，1912 年，第 363 页及后续页；重刊于前揭《*Chart. Univ. Port.*》，翻译，第 I 卷，第 10 页及后续页，第 4 号及第 5 号）。

〔51〕 参见 BRAGA DA CRUZ 的综述，前揭《*O direito subsidiário*》，第 190 页注 18，以及该处所引述的作者。参见例如，MARCELLO CAETANO，前揭《*Hist. do Dir. Port.*》，第 I 卷，第 283 页及后续页，及 ANTÓNIO DOMINGUES DE SOUSA COSTA，《*Considerações à volta da fundação da Universidade Portuguesa no dia* 1 *de Março de* 1290》，载前揭《Universidade(s)：História. Memória. Perspectivas》，第 I 卷，第 71 页及后续页。

〔52〕 参见上一页注 308。

〔53〕 除了艺术（“trivium”以及“quatrivium”）以及医学学士学位。该文本如下：“Quodque Scolares in artibus et iure Canonico ac Civili ac Medicina (...) possint (...) in studio licentiari predicto”（参见上一页所述著作注 4 最后部分）。神学教育乃是若干的教会修道院（多明戈修道院以及弗朗斯高修道院）的保留事项。

〔54〕 参见上文第 146 页。

〔55〕 MÁRIO A. NUNES COSTA，的作品《*Reflexão acerca dos locais ducentistas atribuídos ao Estudo Geral*》很有趣，Coimbra，1991。

但必须强调的是,法律课程从一开始便在我国的"**一般研究**"[56]中占据显要的地位。以往一般都认为法律科学所培训的是有利可图的职业活动,在这方面,它甚至更胜医学,[57]因此,它才更具权力。[58]

这种本土教育并没有减损外国著名大学的吸引力,反而,它更构成了共同法传播的另一因素。

(四)受罗马法启发的立法及法律实务

共同法的影响同样见于本国的法律以及其他渊源中。我们将会在适当的时候分析我国一般立法的发展。[59]然而,现在便必须强调的是,这些新规则的规定受到了罗马法的显著影响。

在法律实务上所发生的也一样。尤其是在公证的范畴,有复兴罗马法的迹象。[60]

(五)具罗马法内容的学术及立法作品

最后,必须一提的是这个时期的一些原来以西班牙语写成的法律作品。那些学说及立法性质的作品,显示出受到共同法的强烈影响,甚至简直可以说是其原则的摘要或综述。因此,也属于罗

---

〔56〕 一如所见,是 D. 甸尼斯本人于 1308 年将大学转移到科英布拉。D. 阿丰素四世于 1338 年又将大学迁回里斯本,但到了 1354 年,这位君主又重新将大学迁到科英布拉。于 1377 年 D. 费尔南多重新将大学设于首都内。而永久地将大学设在科英布拉的是 D. 若昂三世,当时是 1537 年。

〔57〕 参见 M. J. ALMEIDA COSTA,《*Leis, Cânones e Direito* (*Faculdades de*)》,载前揭《Dic. de Hist. de Port.》,第 II 卷,第 677 页及后续页。关于大学教育的一般问题,参见 MÁRIO BRANDÃO/M. LOPES DE ALMEIDA 的前揭研究,《*A Universidade de Coimbra, Esbôço da sua História*》, Coimbra, 1937 年。

〔58〕 参见 MANLIO BELLOMO,前揭《*Saggio sull' università*》,第 17 页及后续页。

〔59〕 参见下文编码第 43 号。

〔60〕 参见 GAMA BARROS,前揭《*Hist. da Adm. Publ.*》,第 2 版,第 VI 册,第 199 页及后续页。

马法的半岛传播运动的一部分。其翻译成葡语,包括其作为补充渊源更显示出这些作品在我国的流行程度。[61]

关于学说作品方面,必须强调《Flores de Derecho》或《Flores delas leys》以及《Nueve tiempos de los pleitos》的重要性,两者均为雅科莫(或雅科布)·鲁伊斯(Jácome(或 Jacobo) Ruiz)所作,他又被称为雅科莫法律大师(Mestre Jácome das Leis)。[62]这两部均是受到罗马—教会法启发的民事诉讼法大全,其倾向是取代具有日耳曼根源的现行法令及习惯法体系。换言之,共同法中的诉讼法文献首先登陆半岛并且对于这一体系在实务中被继受具有决定性作用。[63]

从政治上推动这个领域的立法要数博学者[64]阿丰素十世。这位君主不仅要将创立法律的大权取回,而且要将其王国的法律统一及更新。当中有特别意义的要数《皇家法令》(*Fuero Real*)及

---

〔61〕 参见下文第 179 页及后续页。

〔62〕 参见 PAULO MERÊA,《*A versão portuguesa das "Flores de las leys" de Jácome Ruiz*》,载前揭《Rev. da Univ. de Coimb.》,第 V 卷,第 444 页及后续页(介绍性研究;重刊于其前揭《Est. de Hist. do Dir.》第 45 页及后续页,有所修改及增订),以及第 6 年,第 341 页及后续页(原文及翻译)。上述作品的葡文版可在一本名为《*Foros da Guarda*》的手抄古籍中找到,该作品的日期介乎 1273 年及 1282 年,所以,是 D. 阿丰素三世的末期或 D. 甸尼斯统治开始的期间。但是,也可能有更早的译本——应该是一个粗糙的版本——虽然也不是太古老(参见 PAULO MERÊA,前揭《Est. de Hist. do Dir.》,第 61 页及后续页)。

〔63〕 参见 J. M. FONT RIUS,前揭《*La recepción del Derecho romano*》,载《Recueil de Mémoires et Travaux publié par la Société d' Histoire du Droit e das Institutions des Anciens Pays de Droit Écrit》,第四册,第 91 页及后续页。

〔64〕 阿丰素十世的统治时期(1252 ~ 1284 年)与葡萄牙的阿丰素三世(1248 ~ 1279 年)在时间上非常接近。

《七章法》(Siete Partidas)。我们仅极为简略地介绍一下。[65]

《皇家法令》(Fuero Real)[66]是为了那些还没有"法令"("fuero")——市政法律规范的汇编——的城市而设,又或者,是为了那些虽然拥有法令,但希望以这一更完善及更新的法令取而代之的城市而设的。这是一部以**西哥特法典**(Fuero Juzgo)和卡斯蒂利亚地区风俗——在此领域中,一部先前的地方法律汇编

〔65〕 关于阿丰素十世是否有真正的立法政策存在严重的争议。这位君主的法律作品除了在时间上有疑问外,还在其与《*Fuero del Libro*》或《*Libro del Fuero*》,后来被称为《*Espéculo*》,以及《七章法》(*Siete Partidas*)的关系上存在疑问。可能是主流的意见认为《*Espéculo*》从其第3版起便变成了基础的法律文本,并且被称为《七章法》(*Siete Partidas*),那时阿丰素十世已经逝世。然而,其他的作者则主张,《*Espéculo*》的版本并没有结束,根据阿丰素十世的愿望,制定了《七章法》(*Siete Partidas*)或称《律书》(*Livro de las Leys*)取而代之。除了上述作品之外,在相关的层面还应提及《*Setenario*》,这是一部为政治及民事培训而作的理论著作,当中反映出正确的法律意识,尤其是国王的法律意识。在大量的参考书目中,可参见 ALFONSO GARCÍA - GALLO,《*El "Libro de las leys" de Alfonso el Sabio. Del Espéculo a las Partidas*, *Nuevas observaciones sobre la obra legislativa de Alfonso X e La obra legislativa de Alfonso X. Hechos e hipótesis*》,载前揭《An. de Hist. del Der. Esp.》,分别于第 XXI 册,第 345 页及后续页、第 XLVI 册,第 609 页及后续页以及第 LIV 册,第 97 页及后续页;AQUILINO IGLESIAS FERREIRÓS,《*Alfonso X el Sabio y su obra legislativa*: *algunas reflexiones e Fuero Real y Espéculo*》,载同一作品,分别于第 L 册,第 531 页及后续页,以及第 LII 册,第 111 页及后续页;JERRY R. CRADDOCK,《*La cronología de las obras legislativas de Alfonso X el Sabio*》,载同一作品,第 LI 册,第 365 页及后续页,以及 ROBERT A. MACDONALD,《*Problemas políticos y Derecho Alfonsino considerados desde tres puntos de vista*》,载同一作品,第 LIV 册,第 25 页及后续页。

〔66〕《*Fuero Real*》的葡语版,追溯到 13 世纪末,同样可在《Foros da Guarda》中发现。ALFREDO PIMENTA 于 1946 年出版了一部《*Fuero Real de Alfonso X*, *o Sábio. Versão portuguesa do séc. XIII*》,Lisboa,附有简介及注释,但有时并不符合法律史学的严谨性(参见 PAULO MERÊA 的统计,载前揭《Bol. da Fac. de Dir.》,第 XXI 卷,第 701 页及后续页,以及 REFAEL GIBERT,载前揭《An. de Hist. del Der. Esp.》,第 XVII 册,第 1118 页及后续页)。后来,该文本由 JOSÉ DE AZEVEDO FERREIRA 印行,文字上作了更小心的处理,名为《*Alfonso X - Foro Real*》,第一卷(*Edição e Estudo Linguístico*)以及第二卷(*Glossário*),Lisboa,1987 年。

《索雷亚法令》(Fuero de Soria)[67]具有特别的意义——作为规范基础的大型“法令”(Fuero)。[68]它既包括私法,又包括刑法。这部法令显示出可观的罗马法及教会法的影响,总的来说,这些影响是透过继受实际的解决方案而发生的。[69]

《七章法》(Siete Partidas)是百科全书式的法律作品,主要是受到罗马—教会法的共同法体系的启发,但是在说明各种规则的理由之时,也使用了来源各异的简短哲学、神学、宗教、道德方面的原则。该法曾多次重订,因其编列为七个部分而命名。

有争议的是这部作品作为法律渊源的范围。对于某些作者来说,《七章法》(Siefe Partidas)在很长的时期内均没有正式生效,其适用仅限于国王的法院。另一个流派则主张阿丰素十世曾颁布该法,然而,大众及贵族阶级为保卫其特权及习惯,最终复辟了“旧”法——传统的法律规则。无论如何,这一部汇编在法律专家的培训方面担当了重要角色,而在14世纪,更正式被采纳为补充法。[70]

---

〔67〕 参见GONZALO MARTÍNEZ DÍEZ,《*El Fuero Real y el Fuero de Soria*》,载前揭《An. de Hist. del Der. Esp.》,第XXXIX册,第545页及后续页。

〔68〕 参见下文第179页以及注394。

〔69〕 参见 GONZALO MARTÍNEZ DÍEZ,《*Los comienzos de la recepción del Derecho romano en España y el Fuero Real*》,载《Diritto comune e diritti locali nella storia dell' Europa. Atti del Convegno di Varenna (12 – 15 giugno 1979)》, Milano, 1980年,尤其是第260页,以及 ANTONIO PÉREZ MARTÍN,《*El Fuero Real y Murcia*》,载前揭《An. de Hist. del Der. Esp.》,第LIV册,尤其是第69页及后续页。必须注意《*Fuero Real*》(edição, estudo e glossário de A. PALACIOS ALCAINE)的出版,Barcelona,1991年。

〔70〕 除了上文第157页注324所列的参考书目外,还请参见例如,GARCÍA—GALLO的综述,前揭《*Manual*》,第I册,第90页及后续页,以及第392页及后续页,J. M. PÉREZ—PRENDES,前揭《*Curso*》,第I卷,第708页及后续页,以及ENRIQUE GACTO FERNÁNDEZ/JUAN ANTONIO ALEJANDRE GARCÍA/JOSÉ MARÍA GARCÍA MARÍN,前揭《*El Derecho Histórico de los Pueblos de España*》,第271页及后续页。关于该作品本身的查阅,可见《*Las Siete Partidas. Glosadas por el licenciado G. López*》(1555年原文的复制本),Madrid,1982年重印(3卷本)。

《七章法》在我国所产生的巨大投射不容置疑。由于有确凿的历史证据[71]为凭,可以断言的是,在上述各种卡斯蒂利亚法律文本中,它是最广为传播的。

六、评注学派

14世纪期间,发展出一种新的法学方法。这就是*评注学派*(*Escola dos Comentadores*),[72]这个名称的由来是因为其代表人物以*评注*(*comentário*)作为其典型作品的工具,正如注释派学者的注释一样。

我们会继续使用这个名称,即使还有其他合理的名称,如经院学派、巴托鲁斯学派,这两个名称所关注的分别是其科学类别——在神学哲学的范畴已有先例——以及其最有代表性的法学家——巴托鲁(Bártolo de Sassoferrato);又或者,还可以叫作实务学派或鉴定

---

〔71〕 参见下文第180页。关于载在葡萄牙档案里的无数片断,无论西班牙语抑或本国语言,全部均可参见BRAGA DA CRUZ,前揭《*O direito subsidiário*》,注35,第201页。后期作品可见JOSÉ DE AZEVEDO FERREIRA,《*Alphonse X – Primeyra Partida. Édition et Étude*》,Braga,1980年,该书论述了其在葡萄牙传播的问题(第CXX页及后续页)并附有详细的参考书目(第CXLVII页及后续页)。

〔72〕 关于这一学派,参见CALASSO,前揭《*Medio Evo del Diritto*》,第I卷,第563页及后续页,KOSCHAKER,前揭《*Europa y el Derecho Romano*》,第143页及后续页,WIEACKER,前揭《*Hist. do Dir. Priv. Mod.*》,第78页及后续页,TH. VIEHWEG,《*Tópica e Jurisprudência*》(葡文翻译第5版,德文第7版,1973年,译者为TÉRCIO SAMPAIO FERRAZ JR.),Brasília,1979年,第59页及后续页(意大利文版为《*Topica e giurisprudenza*》,译者为G. CRIF?,Milano,1962年,第67页及后续页—根据1953年的德语第一版译出),VICENZO PIANO MORTARI,《*Il problema dell' interpretatio iuris nei commentatori*》,载《nnali di Storia del Diritto – Rassegna Internazionale》,第2卷,Milano,1958年,第29页及后续页,NORBERT HORN,《*Die juristische Literatur der Kommentatorenzeit*》,载前揭《Ius Commune》,第II卷,第84页及后续页,CAVANNA,前揭《*Storia del diritto moderno in Europa*》,第I卷,第137页及后续页,以及635页及后续页(参考书目),MANLIO BELLOMO,前揭《*Società e istituzioni*》,第484页及后续页,以及HELMUT COING,《*Europäisches Privatrecht*》,第I卷—《Älteres Gemeines Recht (1500 bis 1800)》,München,1985,第15页及后续页。

学派(Escola dos Práticos ou dos Consultores)("Konsiliatoren"),即凸显其法学家在适用法律层面的最主要行为,即鉴定(Consilia)行为。[73]有时,这个学派会与后注释学派混淆,其实后者似乎很多时候是对在《大注释》[74]出现以后才进行写作的注释派学者的总称。总的来说,可以断定上述的任何一个叫法都不是没有争议的。

(一)学派的起源、发展及主要代表人物

根据传统的观点,法律思想的改变,或更准确地说,法律思想的演进可从两个基本方面说明。首先,是注释学派的没落。其典型方法显然无法令人满意地将罗马体系转化为切合时代需要的现行法律。

除此之外,必须指出辩证方法或经院哲学方法的优越性和普及。在神学及哲学研究中得以成功应用之后,其被传到法律研究之中也毫不使人吃惊。

较之于先前的方法,这种方法显然有很多特点。首先,最特出的是在法律研究上使用了亚里士多德的辩证法。这一方法的首次问世可追溯到 13 世纪末叶以及 14 世纪初叶法国奥尔良(Orléans)一所著名学校,那里的雅克·利瓦伊尼(Jacques de Revigny)(1235 ~ 1296 年)以及皮雅·比利帕希(Pierre de Belleperche)(1250 ~ 1308 年)是为其先驱,然而,其全面发达却见于意大利。

从注释学派到评注学派可以被视为一个连续性没有真正断裂[75]的过程。在注释学派时期已经是经院哲学的技术占优,只是,其使用是到了评注学派才被加强。这样,导致了教学类型以

---

〔73〕 参见 WIEACKER,前揭《*Hist. do Dir. Priv. Mod.*》,第 79 页。

〔74〕 参见上文第 144 页。

〔75〕 参见例如,PAOLO GROSSI,前揭《*L' ordine giuridico medievale*》,第 154 页及后续页,尤其是第 158 页及后续页,以及 ENNIO CORTESE,《*Tra Glossa, commento e umanesimo*》,载前揭《Miscellanea Domenico Maffei》,第 III 卷,第 29 页及后续页。

及对优士丁尼法律渊源的侧重有实质的不同。注释法律文本的新方法对法律规范及法律制度的体系化的着重对比起注释学派而言则更为完美。他们对法律问题的审视主要是从逻辑—体系的角度,而不是注释的角度出发。为此,须结合语言学、分析法及综合法〔76〕等技术参数。

评注学派学者的态度是非常实务的。他们所追求的是以解决具体问题为导向的教条。虽然注释学派也已经反映了其时代的规范要求,然而,评注学派与之不同的是,它逐渐摆脱了优士丁尼法律文本的束缚。换言之,与其研究罗马法的文本本身,他们会更优先地适用其注释,然后对注释所作的连续不断的评注。除了上述元素外,他们还会适用其他渊源,尤其是地方风俗、成文法及教会法。这样,终于建立了新的制度以及新的法律部门。

作为这两个学派的过渡期的是后阿库修时期。〔77〕评注学派学者最具创造力的时期是 14 世纪初叶到 15 世纪中叶。这一种新的方法虽然发源于法国,但是其发展成熟的地方却是意大利。评注学派最著名的学者,如 14 世纪秦诺(Cino)、〔78〕巴托鲁(Bártolo)以及巴尔多(Baldo),15 世纪的保罗(Paulo de Castro)及雅桑(Jasão)(1435~1519 年)都是属于这个国家的。雅桑所见证的已经是这个学派的没落时期了。

---

〔76〕 参见 WIEACKER, 前揭《*Hist. do Dir. Priv. Mod.*》, 第 64 页, 以及 CAVANNA, 前揭《*Stor. del dir. mod. in Eur.*》, 第 I 卷, 第 142 页及后续页。

〔77〕 参见上文第 144 页。

〔78〕 学说以及后阿库修时期的方法的汇合在 Cino de Pistoia 身上清晰可明。参见 DOMENICO MAFFEI 的综述,《*Il pensiero di Cino da Pistoia sulla Donazione di Costantino, le sue fonti e il dissenso finale da Dante*》, 载《Die Bedeutung der Wörter – Studien zur europäischen Rechtsgeschichte. Festschrift Sten Gagnér zum 70. Geburtstag》, München, 1991 年, 第 237 页及后续页。

无论从作品的产量而言,抑或从其所产生的影响而言,巴托鲁(1314~1357年)均为其中的佼佼者。正如依尔涅里奥(Irnério)之于12世纪、阿库修(Acúrsio)之于13世纪,巴托鲁是14世纪法学家的象征。其重要程度从当时的一句格言便可得知:“好的法律专家没有不是巴托鲁主义者”(nemo bonus iurista nisi sit bartolista)。

巴托鲁的评注取得了普遍的威望。它甚至变成了欧洲各国法律秩序的补充渊源。例如,在葡萄牙,《律令》便规定除阿库修注释〔79〕以外,巴托鲁的著作也作为补充法适用。

(二)评注学派作品的意义及“共同意见”

如上所述,评注学派方法论的基本方面包括了使用辩证法及经院哲学的思考模式,通过不受拘束的方式解释及超越优士丁尼的法律文本而逐渐摆脱其僵化文义,使用一种多元的法律渊源体系以及特别实务化的解决方案。以上种种均促进法律科学的进步,而且更为切合时代的实际需要。

同样可以发现的是,一些在罗马法范畴没有根源又或者罗马法仅仅是偶然提及的制度或规定因此而建立了基础。发生这种情况的法律领域主要包括:商法及海事法、国际私法、民法、刑法及诉讼法。

---

〔79〕 参见下文第181页、214页及后续页,以及261页及后续页。参见 M. J. ALMEIDA COSTA,《*Romanisme et bartolisme dans le droit portugais*, in “Bartolo da Sassoferrato – Studi e documenti per il VI centenario”》,第I卷,Milano,1962年,第313页及后续页(葡文版,载前揭《Bol. da Fac. de Dir.》,第XXXVI卷,第16页及后续页,少许修改),NUNO J. ESPINOSA GOMES DA SILVA,前揭《*Bártolo na História do Direito Português*, in “Rev. da Fac. de Dir. da Univ. de Lisb.”》,第XII卷,第177页及后续页,以及 MARTIM DE ALBUQUERQUE,《*Bártolo e Bartolismo na História do Direito Português*》,载前揭《Bol. do Min. da Just.》,第304号,第13页及后续页,而关于Bártolo在西班牙的影响,A. GARCÍA Y GARCÍA,前揭《*Derecho común en España*》,第99页及后续页。关于Bártolo以及其作品,参见修于前揭《Bartolo da Sassoferrato – Studi e documenti per il VI centenario》之内的研究,第I及第II卷,Milano,1962年。

通过其评注、意见及专著,这个学派的法学家创造了一套法律文献,其威望日后传遍整个欧洲。一言以蔽之,法律科学又向现代化的道路迈进了漂亮的一步。

15 世纪下半叶,评注学派开始没落。满怀天赋的法学家们所使用的经院哲学方法曾经是创新及发现法律规则的真正精神("ratio")的方法,可是,一旦习以为常之后,便趋向僵化,趋向于不断重复论据及作者的名字。

到了某个时期,这一学派的潜力便消耗殆尽。其为现行法律的体系化而作的方法上的转变之美德好像是仅仅属于其第一代的法学家的一样。随之而来的是权威原则的滥用以及过度的专断。这个没落时期的法学家已经丧失了对原创性的关心。对于每一个问题,他们不仅罗列与引述对特定解决方案的所有赞成与反对的论据,而且还有各种意见的作者的列表。

这样所获得的"共同意见"(communis opinio)或"最共同意见"(magis communis opinio)便会被视为正确。值得一提的是,曼努埃律令(Ordenações Manuelinas)将"博士的共同意见"规定为补充渊源,而且更优于阿库修注释及巴托鲁评注。[80]

我们将对上述概念作一些简短的介绍。首先"共同意见"(Communis Opinio)这一词组开始时是指一般百姓的普遍意见,自13 世纪下半叶起,便包括"博士们"的意见。然而,到 15 世纪初叶,它变成仅仅指后者,因此,具有"博士的共同意见"(Communis opinio doctorum)的意思,又或者学说(doutrina)的意思。

关于"博士的共同意见"的形成方式及其效力的问题曾引发重大的争议。这些争议最初由教会法学者提出,而其答案则因时而异。有关的基本问题包括:究竟"共同意见"等于"肯定"抑或纯粹是一种"可能性"的问题、究竟需要多少数目的博士一起

---

〔80〕《曼努埃律令》,第 II 篇,第 5 标题,第 1 节。参见下文第 217 页及后续页。

才形成共同意见的问题(量的标准)、根据其科学范畴决定其优先的问题(质的标准)、结合上述标准而形成特别大多数(混合标数)的问题、不同类别的作品的相对价值的问题,以及最后,当多种意见均值得界定为“共同意见”,但又互相排斥〔81〕时,如何选择的问题。

七、教会法及其重要性

以上分析了罗马法的复兴以及其被葡萄牙继受的问题。现在需要论述的是同时期发生的教会法革新以及其对我国的影响。两个现象显然是互相关联的。

正如以下的评论所示,教会法对葡萄牙法律体系的历史背景有宝贵的意义,其影响甚至延续至现代。同样的事情也发生在普遍具有基督教传统的国家。〔82〕在那个时候,教会法规范着很多不同方面的社会关系,而在今时今日,这些关系是由国家立法规范的。除此之外,由于教庭一直具有举足轻重的地位,因而认识其制度及组织——主要是透过其相关法律体系——对于社会及政治史〔83〕有重要意义。

八、教会法的概念

现在必须做一些前期思考。首先需要的是教会法的概念以及

---

〔81〕 更详细的论述请参见我国的 BRAGA DA CRUZ,前揭《*O direito subsidiário*》,尤其是第 248 页,注 73,以及第 264 页及后续页。NUNO J. ESPINOSA GOMES DA SILVA,在其前揭《*Hist. do Dir. Port.*》中列出了大量的外国参考书目,第 307 页,注 3。

〔82〕 教会法对欧洲的法律意识的形成的意义,可参见 H. THIEME 的综述,前揭《*Unidad y pluralidad en la historia del Derecho europeo*》,载《Revista de Derecho Privado》,第 XLIX 册,第 695 页,以及 PAOLO GROSSI,前揭《*L' ording giuridica medievale*》,第 109 页及后续页,以及第 203 页及后续页。ANTÓNO GARCÍA Y GARCÍA 的研究中,有很多具说明意义的观点,《*Derecho canónico y vida cotidiana en el medievo*》,载前揭《Rev. Port. de Hist.》,第 XXIV 册,第 189 页及后续页。

〔83〕 参见上文编码第 22 号,当中有对西哥特王国的法律背景的观察。

教会法的渊源。我们就往这个方向出发。

所谓教会法(*direito canónico*)是指规范天主教教庭权限以内事宜的法律规范的总称。在各种其他名称中,须特别一提宗教法(*direito edesiástico*)。但是,这一提法是不准确的,因为它同样被用来指称国家为宗教信仰有关的事宜制定的法律规范。另外,必须注意的是,关于礼拜仪式的规则虽然严格意义上也属于教会法,但由于其特别性质,〔84〕习惯上不会被包括在教会法之内。

"教规"("Cânone")这个来自东方的词语很早的时候已经被使用,在广义上,它包括教会法的所有规则。〔85〕然而,在狭义上,这个词仅包括主教会议所制定的规范:主教会议的教规(Cânones conciliares)。

与此平行的是被称为"命令"或"命令状"的教皇书信,即由教皇〔86〕个人直接制定的教会法律规范。

我们将会特别分析教会法的法律渊源。以其起源及形成方式来分类,可以有以下两个基本类别:*神圣法渊源及人法渊源*。

前者由**圣经(新旧约)**及**传统**组成。这里,教庭仅宣示性地建议或解释。**传统**网罗了没有文字记录但以口相传的耶稣基督的教诲;我们主要是透过圣人——换言之,即教庭建立初期的神职作者——的作品来认识的。

在上述渊源之外,还须加上属于人法的形成方式的风俗。在这里可发现罗马法的影响。

---

〔84〕《教会法法典》,教规 2。这些规范组成了所谓的《*礼拜法*》。

〔85〕使用这一名称(从希腊文"canon"而来,"canon" = 规则,规范)是为了将教会的法律规则与民法的规则("nomoi","leges")区别开来。其形式一般较简洁,与现代的制定法法条相似。

〔86〕参见 GÉRARD FRANSEN,《*Les décrétales et les collections de décrétales*》, Louvain,1972 年。

自4世纪以来,教会法律规范中,脱胎自人法渊源规范剧烈增加。例如,罗马教皇的命令或命令状(其形式为训谕、摘要等)、教皇主持的全体主教大公会议产生的法律或教规、教会内部机关(主教、教会的上级、个人宗教会议等)所制定的法规、教庭条约或宗教事务协议,换言之,即天主教会与各国的约定;分别由教会法学家的学术作品以及宗教法庭的判决所组成的学说及司法见解;以致被“宗教化”的民事法律规范,即教庭收为己用而且命令人遵守——即使在宗教事务上亦然——并适用于有关法庭上的民事法律规范。

九、12世纪以前的教会法

一般而言,自教会法诞生到大约12世纪中叶止的时期被界定为教会法的古代时期(ius vetus)。[87]其第一阶段的特征是以所谓的神圣法作为其近乎专属的渊源,随之而来的是风俗及其他人法渊源[88]的进步。人法渊源变成了创造教会法规则的正常方式,这些规则所调整的情况越来越多且越来越复杂。

难怪在很短的时间内便感到有需要以编集将这些规范集合起来及形成体系了。第一批的编集起源于东方,但是,后来传到西方后,又加入了与欧洲的这一个角落有关的教皇规则及主教会议的规定。

这类汇编的数量相当大。这里仅指出一些对我国法律史有重

〔87〕　现时将教会法的历史分为四个时期:旧法(*ius vetus*)时期(从其开始之时起至《格拉蒂安命令集》—1140年的时期)、*新法(ius novum)*时期(从1140年至特伦多宗教会议-1564年的时期)、*最新法(ius novissimum)*时期[从1564年起至第一部教会法大全(*Codex Iuris Canonici*)—1918年出现的时期]以及1918年以后的时期。然而,随着现行的教会法大全于1983年年末开始生效,开创了教会法发展的一个新阶段(参见下文编码第40号)。

〔88〕　参见JEAN GAUDEMET,《*Les sources du droit de l' Eglise en Occident: du II. au VII. Siècle*》, Paris,1985年。

要性的:《马蒂诺节录》(Capitula Martini)于由杜梅的圣马蒂诺[89]所编修,以及《希斯帕尼亚汇编》(*Collectio Hispana*),又称《依西多洛汇编》(*Collectio Isidoriana*),因为人们误以为是西维耶的圣依西多洛[90]所编的。

实际上,后者是由托莱多主教会议于633年命令制定,而后来又由教皇阿历山大三世(1159~1181年)为西班牙教庭而正式通过。其内容包括半岛内主教会议——包括布拉格卡主教会议,其规定将转入下文所述的《格拉蒂安教令集》(Decreto Graciano)。[91]需注意的是,经不断修订后,上述的汇编的巨大影响甚至到达泛比利纽斯地区。可以说其为教会法的发展作出了重要的贡献。[92]

有时,世俗法汇编也包括一些宗教事宜的规则。例如,优士丁尼的各部汇编、西哥特的各部法典以及法兰克王国的各部节录。

教会法的发展需要研究工作的不断增加。其相关规范的制定以及其规范汇编的收集及组织反映出教会法学说的不断进步。教会法是作为一种神学的学术研究,在教会的中心里进行的。可是,

---

〔89〕 参见上文第73页注107。

〔90〕 参见上文第91页注150及93页。

〔91〕 参见下文第167页。

〔92〕 关于这一个时代的教会法汇编,参见GÉRARD FRANSEN,《*Les collections canoniques*》, Louvain,1973年。在我国,可参见BRAGA DA CRUZ的详细论述,《*Hist. do Dir. Port.*》,第349页及后续页。另外,还需指出由查理曼大帝时期的法兰克教庭所组织的《*Collectio Hadriana*》。这一汇编是由于哈德良主教对呆子狄奥尼西奥在5世纪末或6世纪被所组织的《*Collectio Dionisiana*》所作的更新(也参见上文第138页注270所引的汇编)。在这里顺带一提的是由狄奥尼西奥开始以耶稣基督的生日取代西泽的生日作为纪年之用。在我国,以基督的生日(拉丁文件上写为"Anno Domini")作为日子的基准是始于D. 若昂一世于1460年8月22日的一条法律的,该法律将该年变为1422年,因此,共减少了38年(《阿丰素律令》第IV篇,标题66;也参见标题1,第58节)。然而,即使在该法规出台之前,此一系统已经有被使用。

一直到11世纪末叶,或者甚至12世纪中叶以前,还不可以说存在系统及深入的教会法科学,要做到这一点,它必须与神学及罗马法有清晰的界限。

十、教会法的革新运动

自12世纪以后,宗教法领域出现了重大的革新。这是一个与罗马法研究的增加——具有相同或相似的原因[93]——平行并进的历史事件。甚至两个法律范畴的培训以及所取得的学位——"in utroque iure"或者根据约定俗成的表达方式,简称为"in utroque"——也是互相关联的,因为,在当时,两者加起来才构成完美法学家的象征。

然而,假如认为也有一个教会法的复兴的话,则似乎是不太正确的。这一个已经成为罗马法的省略号的定语[94]在这里使用无论如何是没有理由的。如上所述,教会法的发展从来就没有断裂过。教会法一直在同一条道路上进步着。

在这个时期,不过是出现了一种与优士丁尼罗马法一样,前提发生在11世纪的规范及教条转变的推动力。[95]事实上,反映教会法革新的有两种力量:不仅仅是组织更完善的规范汇编以取代前者,而且还以这些法律文本为基础,推进科学的教会法的重新制定。

(一)自12世纪起制定的教会法汇编——《教会法大全》

在新的教会法汇编出现的同时,也出现了这一法律体系的统一化及集中化趋势。事实上,与一些国家或地区的本位主义不同的是,到11世纪末叶,教皇已经开始为教会规范的统一化而努力,教会的法律规范主要是罗马教廷所创造的。

---

〔93〕 参见上文第136及后续页。

〔94〕 参见上文第135及后续页。

〔95〕 参见上文第136及后续页。

《格拉蒂安命令集》(Decreto de Graciano)正是属于这一路线的产物。它制定于1140年,是教会法发展的一个重要里程碑。其产生归功于既是僧侣又是博洛尼亚教授的若昂·格拉斯安诺(João Graciano)。他企图将当时生效原则及规范综合及修编。在一些古老的手抄本中,该作品名叫《*Concordia discordantium canonum*》,因为其作者的目标是要协调、统一及弄清楚众多来源不同的规则,将这些规则以系统的方式分类,而不是按时间顺序或地理来源分类。它凸显了教会法相对于神学的独立地位。虽然这是一部私人的汇编,但由于其内容广泛而且技术完善,所以它以《命令集》(Decreto)〔96〕之名作为教廷的一般法而广为传播。

之后又出现了《格列高利九世谕令集》(Decretais de Gregório IX),同样被简称为《谕令集》(Decretais)。〔97〕这是一部对产生于格拉斯安诺作品之后的教会规范的汇编。它是由S.莱蒙度(S. Raimundo de Peñafort)应格列高利九世的要求而组织汇编的。那位教皇于1234年将之颁布。这部汇编分为五篇,〔98〕它把《命令集》之后产生但又没有收入其内的教会法规全部废止。

《命令集》(Decreto)与《谕令集》(Decretais)的互相补充关系与本文在论述罗马法的范畴所指出的《学说汇纂》(Digesto)与《法

---

〔96〕 古代的葡语使用"*Degredo*"一词。关于《格拉蒂安命令集》以及其作者,参见STEPHAN KUTTNER,《*Gratian and the Schools of Law*, 1140－1234》,London,1983年。也可参见ANTHONY MELNIKAS的宝贵作品,《*The Corpus of the Miniat-ures in the Manuscripts of Decretum Gratiani*》, Romae,1975年(3卷本)。

〔97〕 在引用的时候,很多时会使用拉丁文"额外"(extra)的简写X,这是由于中世纪的作者称之为《*Decretales extra decretum Graciani vagantes*》。

〔98〕 第一篇(judex)所修入的是关于教会管辖级别的,第二篇(judicium)所修入的是关于民事事宜的教会法诉讼,第三篇(clerus)与国家、教士的权利义务有关,第四篇(connubia)则是配偶与婚姻有关,而第五篇(crimen)则规定教会的刑事与刑罚事宜的诉讼。

典》(Código)的关系相同。前者收编了教廷的旧法律,后者收编了教廷的新法律。

与此同时,为数众多的教庭法规继续公布。将这些在《谕令集》之后出现的教会规范整理成为汇编的是波尼法齐奥八世。这样,便于1298年产生了《波尼法齐奥八世的谕令第六篇》(Livro Sexto ou Sexto de Bonifácio)。这一名称来自其对《谕令集》的补充性,尽管它使用了格列高利的五篇体系,但这部新的法规始终是一部独立的法规。

除此之外,还有一部获官方通过的汇编以克莱蒙特(*clementinas*)命名。教皇克莱蒙特五世在维也纳(法国)主教会议后,于1311～1312年决定将该会议所产生的教规再加上其本人的谕令编集成书。然而,这位教皇的身故使得该作品仅于若昂二十二世(João XXII)时,即1317年,才经修订后通过。

这一系列的汇编活动由两部私人的汇编写下句号。实际上,上述的四部汇编大约在1500年第一次付印。然而,出版者却自资且自担风险地增加了自1317年以后的谕令作为附录。这些谕令被分成不同的组别:第一组是若昂二十二世的谕令,而另一组则是若昂二十二世以后的教皇的谕令。分别被称为《*若昂二十二世的单行谕令*》(*Extravagantes de João XXII*)以及《*单行的共同谕令*》(*Extravagantes Comuns*)。“单行”这一个词语所表达的是,这些文本是在真正的汇编之外的。

上述的这些教会法汇编,合起来称为《*教会法大全*》(*Corpus Iuris Canonici*),然而,一如所见,其中的三部汇编并非由公家产生的。这一个与《民法大全》(Corpus Iuris Civilis)——优士丁尼罗马法全部作品的总称[99]——相对称的名称是自1580年起,当格列高利八世通过了先前之汇编的修订版后才流行起来的。直到

〔99〕 参见上文第135页,注259。

第一部《教会法法典》(Codex Iuris Canonici)——由庇护十世(Pio X)[100]命令制定,并由边图十五世(Bento XV)于1917年颁布[101]——诞生之前,这部汇编是教会法的基本渊源。

(二)教会法科学的革新、《命令集》的专家与《谕令集》的专家

12世纪至14世纪期间所汇编的教会法表现出教庭的立法活动的非常活跃,大大超越了同时代的君主立法。基于这个原因,产生了相互对峙的两个共同法秩序,即基础的共同法秩序以及具有普遍性倾向的共同法秩序:其前者以上述法律文本为基础,而后者以罗马法的规则为基础。众所周知,皇室与教廷的关系构成了那个时代的政治问题的核心,其最明显的投射就是民法规范与教会法规范体系何者为重。库里亚派的理论(teoria curialista)倾向于以教皇为主导,与其相反,帝权派(imperialista)则主张分权。两种司法权——世俗上的以及精神上的——妥协或结盟,最终表现为"任一法"(utrumque ius)规则,它所追求的是道德目标的统一(salus animae)。[102]

这一民法学者与教会法学者之间的争议不仅仅限于研究理论层面,它也包括实务的方面。但是,除了这个争论以外,摆在教会法学者面前的任务还有教会法律规范的更新以及最终对这

[100] 透过1904年3月19日的《*Motu proprio Arduum sane*》。

[101] 透过1917年5月27日的《*Providentissima Mater Ecclesia*》,设定其生效期为1918年5月19日。现行的《教会法大全》(Codex Iuris Canonici)乃是由若望·保禄二世(João Paulo II)透过1983年1月25日的训谕《*Sacrae Disciplinae Leges*》所颁布的。生效期为同年的11月27日。关于后一部法规,参见F. D' OSTILIO的综述,《*La storia del nuovo Codice di diritto canonico*》,Città del Vaticano,1983,及ANTÓNIO LEITE,《*O novo Código de Direito Canónico*》,载前揭《Brotéria》,第118卷,第1号,第3页及后续页。

[102] 参见CAVANNA,前揭《*Stor. del dir. mod. in Eur.*》,第I卷,尤其是第54页及后续页。

些规则进行的解释及适用。总括而言，就是为教会法科学的革新而努力。

我们先前曾指出这个运动与罗马法的研究有密切关系。两者所走向的是相同的科学道路。教会法之所以得以形成，主要是因为不断地使用了注释学派及评注学派〔103〕的方法。换言之：法律学家(*legistas*)对罗马典籍所使用的解释程序(特别是注释与评注)被移植到教会法汇编[主要是《命令集》(*Decreto*)以及《谕令集》(*Decretais*)]的解释上。视乎教会法专家所专注的是上述法律渊源的前者还是后者，他们会分别被称为《命令集专家》(*Decretistas*)或《谕令集专家》(*Decretalistas*)。

十一、教会法在伊比利亚半岛的渗透

(一)一般思考

教会法的立法及学说的革新毫不迟缓地在欧洲传播。很早以前，它便在比利纽斯山下产生影响。〔104〕

必须谨记的是，到意大利及法国的法学教育中心学习的半岛人多数是神职人员，他们的工作机构为其在外地开始或继续这类研究提供了很大的便利。虽然他们专攻罗马法，因为罗马法的教条是必须学习的，但是，他们最终还是朝着教会法的方向迈进的。

《命令集专家》(Decretistas)与《谕令集专家》(Decretalistas)中，别名为希斯帕诺人〔105〕的有一大串。有一些半岛教会法专家

---

〔103〕 参见上文编码第 33 号以及编码第 36 号。

〔104〕 参见例如，ANTONIO GARCÍA Y GARCÍA，《*La penetración del Derecho clásico medieval en España*》，载前揭《An. de Hist. del Der. Esp.》，第 XXXVI 册，第 575 页及后续页（作出一些修改后在该作者的前揭《Est. sobre la Can. Port. Med.》内重新发表，第 67 页及后续页，标题为《*La penetración del Derecho clásico medieval en la Península Ibérica*》, e Derecho común en España ），第 47 页及后续页。

〔105〕 参见上文第 152 页，注 301，Pedro Hispano 以及 Vicente Hispano 的例子。

身居显赫地位,其中包括博洛尼亚及其他大学的教席。上文已经提过若昂·迪乌斯(João de Deus)[106]这个模范例子了。此外,格列高利九世也是委托一名西班牙人莱蒙度(Raimndo de Peñafort)制定其《谕令集》(Decretais)。[107]

教会法的文献在半岛也透过很多在半岛或半岛以外制作的副本甚至翻译而得到相当广泛的传播。无数的中世纪文件都提到这些手抄古籍。[108]

另外,还需考虑的是教会法在半岛的大学里的教授。当然,无论从熟练程度与威望而言,与作为其模范[109]的博洛尼亚大学都是无法比较的。然而,其采取的相同方法、同类的法律文献以及相同的教学体系肯定是产生积极的成果的。慈幼会的一般研究一开始便包括教会法及罗马法[110]的教授,并设有《命令集》的博士(doutor "in decretis")以及《谕令集》的硕士(mestre "in decretalibus")。[111]

---

〔106〕 参见上文第 153 页,在注 302 中,也提到了一份关于葡萄牙教会法学家 Domingos Domingues 的研究。

〔107〕 参见上文第 167 页。

〔108〕 参见上文第 150 页,注 293,以及 153 页,注 304 所提到的参考书目。

〔109〕 参见 A. GARCÍA Y GARCÍA,前揭《*La penetración del Derecho clásico medieval en España*》,载《An. de Hist. del Der Esp.》,第 XXXVI 册,尤其是第 586 页及后续页(关于该研究的重新发表,参见上一页注 363)。

〔110〕 这是从教皇尼可劳四世 1290 年 8 月 9 日的上述训谕中知悉的(参见上文第 154 页及后续页)。

〔111〕 在赐予大学特权的 1309 年 2 月 15 日的诏令中,D. 甸尼斯不仅设定了这两个教会法教授的教席,还有一个罗马法教授的教席(in legibus)(参见前揭《*Chart. Univ. Port.*》,第 I 卷,第 43 页及后续页—第 25 点,尤其第 44 页)。关于只有一位教会法教授的任命,参见下文第 234 页。

(二)教会法在司法上的适用

认识教会法不仅具有理论研究的意义,而且也有实务利益。这一法律体系无论在宗教法庭抑或民事法庭或世俗法庭都是适用的。当时除了国家有司法组织〔112〕以外,教庭还设有自己的司法组织。

1. 宗教法庭上的适用

教会法首先表现为宗教法庭本身的法律秩序。其管辖权是根据事宜(ratione materiae)以及根据属人法(ratione personae)确定的。以下且看两者的理由。

事实上,曾经有若干事宜是属教会管辖的。例如,婚姻、教会财产、涉及遗赠的遗嘱以及其他宗教利益的事宜。

另外,某些特定的个人仅可以在宗教法庭受审。例如,神职人员——即使对方当事人没有相同的身份亦然——以及其他被赋予这项特权的人。然而,发展的趋势是限制宗教法庭的管辖权。〔113〕

2. 民事法庭上的适用

教会法同时也在民事法庭适用。有争议的是教会法在我国究竟是否曾经作为直接渊源生效,而且优于本国法。根据阿丰素二

〔112〕 关于1545年至1563年的特伦多主教会议所通过的规则在我国的适用,以及关于那些问题属于宗教法庭的权限,而那些又属于民事法院的权限问题(mixti fori),参见MARCELLO CAETANO,前揭《*Recepção e execução dos decretos do Concílio de Trento em Portugal*》,载前揭《Rev. da Fac. de Dir. da Univ. de Lisb.》,第XIX卷,第7页及后续页。

〔113〕 这个议题很早便有规定(参见《*Livro das Leis e Posturas*》,Lisboa,1971年,第57页及后续页,以及380页—由里斯本大学法学院所整理的版本;关于在《阿丰素律令》之前的法律汇编,参见下文第182页及后续页)。

世(D. Afonso II)在1211年[114]的科英布拉库里亚的决定,对这个问题一般持肯定意见。

无论如何,即使在最初的时期教会法体系曾经优于本国法,但该体系很快便落入补充法的层面,因此,仅在本国法[115]有缺漏时才介入。在这一背景下,其相对罗马法秩序的优势仅在后者的规则有缺陷时才体现。[116]

十二、共同法

经过多次使用之后,我们应该已认识共同法这个词组了。现在需要做的是决定性地分析其精确意义。

所谓*共同法*(*ius commune*)是指以罗马法为基础、经评注学派的学者整固、直至18世纪末叶以前一直构成欧洲法律生活的基础——虽然不是唯一的基础——的规范体系。另外,也会称

---

〔114〕 有重要性的段落如下:"(...) Outrosy estabeleçeo que as sas leys sseiam guardadas e os dereytos da santa egreia de Roma conuem a ssaber que sse forem feitas ou estabeleçudas contra eles ou contra a santa egreia nom ualham nem tenham",(前揭《*Port Mon. Hist. – Leges et Cons.*》,第I卷,第163页及后续页)。持这个意见的有 NUNO J. ESPINOSA GOMES DA SILVA,以上全部问题均可参见其前揭《*Sobre a lei da Cúria de* 1211 *respeitante às relações entre as leis do Reino e o direito canónico*》,载前揭《Revista Jurídica》,第1点(1979年),第13页及后续页,以及前揭《*Hist. do Dir. Port.*》,161页及注4,以及 RUY DE ALBUQUERQUE/MARTIM DE ALBUQUERQUE,前揭《*Hist. do Dir. Port.*》,第I卷,第112页及后续页。持相反意见的有,BRAGA DA CRUZ,前揭《*O direito subsidiário*》第188页注16,以及218页注50;JOSÉ MATTOSO,《*Identificação de um País – Ensaio sobre as origens de Portugal*, 1096 – 1325》,第II卷—《*Composição*》,2. a ed. ,Lisboa,1986年,第91页及后续页,虽然各人所持理由不同。关于1211年的科英布拉库里亚,参见上文第125页。

〔115〕 这样解释了《阿丰素律令》(第II篇,第9标题)何以在规定补充法渊源时,仅仅认为有需要肯定本国法优于罗马法而不是优于教会法——"这表示,关于这一点,显然并不像罗马法一样,构成一个公开的问题"。BRAGA DA CRUZ;前揭《*O direito subsidiário*》,第218页,上一页注50;也参见 NUNO J. ESPINOSA GOMES DA SILVA,前揭《*Hist. do Dir. Port.*》,第251页。

〔116〕 参见下文第215页及后续页。

之为罗马—教会共同法，或与其平行使用的共同的法律（iura communia），即强调其第二个元素（ius canonicum）〔117〕的重要性。这样，该词组既可作狭义使用，即仅仅包括罗马法体系，也可作广义使用，即还包括其他组成元素，特别是教会法，但也不可忘记日耳曼法及封建法。历史的原因解释了何以有这两种意思〔118〕的存在。

相对于共同法的是个*别法*（*iura propria*），换言之，即个别存在的法制秩序。相对于这一一般法，由于政治及经济原因，各国的地方法律——由制定法及习惯法规范所组成——均具有一定的重要性。

---

〔117〕 关于共同法的概念、内部特征以及构成要件的争论，参见 F. CALASSO，《*Il concetto di "diritto comune", Il problema storico del diritto comune e Il diritto comune come fatto spirituale*》，载《Introduzione al diritto comune》，Milano，1951 年（1970 年重印），分别于第 33 页及后续页，第 79 页及后续页，以及第 139 页及后续页，《*Il problema storico del diritto comune e i suoi reflessi metodologici nella storiografia giuridica europea*》，载《Storicità del diritto》，Milano，1966 年，第 205 页及后续页，以及前揭《*Medio Evo del Diritto*》，第 I 卷，特别是第 372 页及后续页，A. CAVANNA，前揭《*Stor. del dir. mod in Eur.*》，第 I 卷，尤其是第 95 页及后续页，GIOVANNI SANTINI，《*Ius commune - ius generale. I tre sistemi normativi generali: diritto naturale, delle genti e romano*》，载前揭《Rivista di Storia del Diritto Italiano》，第 LVI 卷，第 31 页及后续页，H. COING，前揭《*Europäisches Privatrecht*》，第 I 卷，第 7 页及后续页，以及第 43 页及后续页，ANTONIO PÉREZ MARTÍN，《*Derecho Comúm, Derecho Castellano, Derecho Indiano*》，MANLIO BELLOMO，《*Parlando de "ius commune"*》，载前揭《Rivista Internazionale di Diritto Comune》，第 5 卷，分别于第 43 页及后续页，以及第 91 页及后续页，《*L' Europa del diritto comune*》，第 7 版，Roma，1994 年。另外，还要特别指出 LUIGI PROSDOCIMI 的研究，《*Il diritto canonico di fronte al diritto secolare nell' Europa dei secoli XVI - XVIII*》，载前揭《La formazione storica del diritto moderno in Europa》，第 I 卷，第 431 页及后续页，BARTOLOMÉ CLAVERO，《*Historia del Derecho; Derecho comúm*》，第 2 版（重印），Salamanca，1994 年，以及 PAOLO GROSSI，前揭《*L' ording giuridico medievale*》，第 227 页及后续页。

〔118〕 参见例如，A. CAVANNA，前揭《*Stor. del dir. mod. in Eur.*》，第 I 卷，第 96 页及后续页。

评注学派学者的研究不仅涉及罗马法及教会法的关系,而且也涉及“共同法”及“个别法”的关系。此第二个问题在不同时期曾导致不同的解决方案,而且方案也因国家而异。

一般而言,似乎值得支持的主张是,在12世纪及13世纪,共同法至少在理论层面上优于与其相冲突的其他法律渊源。在随之而来的两个世纪里,处于一个相对平衡的时期,个别法正在其相关的法律秩序中被确认为优先的法律渊源,而共同法也倾向于超越其单纯的补充法渊源的地位。到16世纪初叶,这一现象便随着“个别法”(ius proprium)的完全独立而结束。这一独立使得“个别法”成了唯一的直接规范渊源,而“共同法”(ius commune)则仅仅由于君主——国家〔119〕的人格象征——赋予其相应的权威或正当性的时候才担当补充法的角色。

在我国,一些法律规则及很多法学家的作品所提到的共同法都是我们上面所指的意义。然而,也有一些现行作品在提到共同法时,所指的是葡萄牙法(“ius nostri regni”),或者说,优于其他任何法律适用之法律。其希望表达的意思是,罗马法体系在我国以补充法的名义生效仅是由于内在权威而不是外在的权威。〔120〕

〔119〕 F. CALASSO 论述了上述的演变,参见前揭《*Il problema storico del diritto comun*》,载《Introduzione al diritto comune》,第125页及后续页,以及 V. PIANO MORTARI,《*Dialettica e giurisprudenza. Studio sui trattati di dialettica legale del sec. XVI*》,载前揭《Annali di Storia del Diritto》,第I卷,第369页。ANTÓNIO MANUEL HESPANHA 也使用了这一个阶段划分,并提到上述作者,前揭《*História das Instituições*》,第480页,注1029。

〔120〕 参见 PAULO MERÊA,《*Direito romano, direito comum e boa razão*》,载前揭《Bol. da Fac. de Dir.》第XVI卷,第539页及后续页,以及 MARTIM DE ALBUQUERQUE,前揭《*Portugal e a "Iurisdictio Imperii"*》,载《Rev. da Fac. de Dir. da Univ. de Lisb.》,第XVII卷,第334页及后续页。

十三、从 13 世纪中叶至阿丰素律令期间的葡萄牙法渊源

现在是时候论述这一时期，即 13 世纪中叶到 15 世纪中叶的时期的葡萄牙法律渊源了。因此，以下所论述的只涉及产生于“阿丰素律令”——它是葡萄牙法逐步独立于其他半岛国家的法律的标志——以前的法律。须要补充的是，这些法律毫无疑问也会反映出优士丁尼罗马法以及《命令集》与《谕令集》所载的新的教会法的引入所带来的影响。

（一）转化为表达君主意志的一般立法、法律的公布及生效

只要分析一下自阿丰素三世（1248 ~ 1279 年）起的法律渊源，便会发现一般法律的明显占优。可是，这并不代表一般法律立即便构成了现行法的总仓库。风俗仍然是那个时期的重要法律基础。但是，法律——也被称为命令（*decreto* 或 *degredo*）、律令（*ordenação*）、诏令（*carta*）或令条（*postura*）——在各种创造新规则的方式〔121〕中已变成了主导的方式。

这个现象与罗马法及教会法〔122〕影响的增加是同时发生的，两者有相互作用的关系：主要是，对优士丁尼罗马法的继受有利于君主的立法活动；反过来，一般立法的发展亦促进罗马法及教会法规则的传播，因为罗马法及教会法很多时候会在法律上留下明显的痕迹。

毫无疑问，立法的跃增是由于王室的力量而造成的。罗马法

---

〔121〕 直到 13 世纪末为止，有 250 部文件可纳入广义的法律（令条、命令、章程、律令、宪法）上的。推测大约有 220 部是介乎 1238 ~ 1279 年的。在 14 世纪以及 15 世纪，有大约 150 部法律。关于这些数据以及其极富争议的特征，以至这些文件的性质及内容，参见 ANTÓNIO MANUEL HESPANHA，在 JOHN GILISSEN 的《*Introdução Histórica ao Direito*》中所作的《译者注》，Lisboa，1988 年，第 318 页及后续页（译者为 A. M. HESPANHA/L. M. MACAÍSTA MALHEIROS，原文是《*Introduction historique au droit*》，Bruxelles，1979 年）。

〔122〕 参见上文第 151 页及后续页。

原则——如“Quod principi placuit legis hbet vigorem”以及“princeps a legibus solutus est”[123]——的传播为君主在行政、司法及立法[124]范畴上不受限制地行使公权建立了基础,开创了政治上的中央集权以及相关的法律体系统一的道路。法律的创造愈来愈集中于国王的身上,当然,这种集中的情况在实际的层面——主要是朝廷城市特权阶级的合作——是有一些缓和的。法律开始被视为不仅是国家意志的产物,而且也是其日常活动之一。

在里昂王国,一般法规的颁布是罕见的,因为要召开库里亚进行讨论才会最终被通过。我们的首几任国王[125]也遵循相同的做法。

自阿丰素三世起,情况便有所改变了。法律(lei)不再是一个偶然的法渊源,它变成了创造法律的主要方式。除此之外,它的制定更无需朝廷在政治上的支持。相反,日益明显的是君主逐渐寻求受过罗马法及教会法培训的法律专家协助。

在阿丰素三世的时候,制定法超过200部,特别受重视的是诉讼范畴的事宜。这个立法动态在往后的君主统治期间还继续加速。

我们将分析这些法规如何被公众知悉以及其待生效期。关于这一个问题,并没有一个固定的制度。[126]

由于没有印刷术,法律都是手写的,而其复制也须透过抄写进

---

[123] 分别参见 Digesto,1,4,1,及1,3,31。

[124] 参见 V. PIANO MORTARI,前揭《*Dialettica e giurisprudenza*》,载《Annali di Storia del Diritto》,第I卷,尤其第368页,以及注279所列的作者。特别要指出 DIETER WYDUCKEL 的作品,《*Princeps Legibus Solutus. Eine Untersuchung zur frühmodernen Rechts- und Staatslehre*》, Berlin,1979年。

[125] 参见上文第125页及后续页。

[126] 参见 GAMA BARROS,前揭《*Hist. da Adm. Publ.*》,第2版,第I册,第136页及后续页,该书对本文的论述有辅助作用。

行。程序的开始应是王家掌玺大臣公署[127]对法规进行登记，但这还未曾形成现代所理解的真正意义的公示。这一程序在更大意义上是作为一个监督法律的真实性以及证实现行法律的存在的机制。

利用公证员来对法律规定进行公示变得愈来愈普遍。在无数的例子里，君主在法规本身中便强制规定公证员负有将法规登记在其簿册内的责任，并且具有将法规向公众朗读的义务。视乎法律的重要性，这一宣读文告的期限与周期也有所不同。一般上，以一年为期，而宣读的密度是每星期日一次，某些情况下，指定为星期日。然而，也有一些是规定"常常"或"经常"宣读的，或者每月宣读，甚至每年宣读的。除此之外，还有其他机关——主要是需要适用这些法律的机关——是必须登记法律文本的。

同样，一如所见，法律的开始生效时间也并不统一。一般的做法是立即生效，但也有一些法律设定长短不一的[128]待生效期(vacatio legis)。无论如何，法律的适用应取决于该法是否实际传播到其适用对象的范围内，由于扩及所有领土，所以需要很长的时间。可是由于当代条件上的限制，不确定性、任意性与专断的解决方案[129]还是存在的。

---

[127] 关于掌玺大臣这个制度及职位，参见 ARMANDO LUÍS DE CARVALHO HOMEM，《*O Desembargo Régio* (1320－1433)》，Porto，1990 年，第 100 页及后续页，以及第 155 页及后续页；MARIA DA GLÓRIA FERREIRA PINTO DIAS GARCIA，《*Da Justiça Administrativa em Portugal－Sua origem e evolução*》，Lisboa，1993 年，第 73 页及后续页。

[128] 例如，在 1379 年 12 月 12 日的一条关于合同的证明的法律中，规定了自朝廷公布之日起 70 天内生效(GAMA BARROS，前揭《*Hist. da Adm. Publ.*》，第 2 版，第 I 册，第 143 页)。

[129] 前揭版本的《*Livro das Leis e Posturas*》里的一条法规中，明确规定了法律不溯及既往原则，第 448 页。

(二)王家决议

除了由君主作主动的立法措施之外,还有一些是由他在朝廷上响应向其呈交的要求或投诉而进行的。这些就是*王家决议*。实际上,这些决议就是君主对三个社会阶层[130]的代表所作的要求(*agravamento*)的响应。

只要这些决议载有适用于将来的规范,从实质的角度来看,那便是真正的法律。其与国王所制定的本义上的法规的区别仅仅在于形成的过程上。正常而言,其公示的实现是透过议会的检察官或其他关系人所要求的副本或抄本来达成的。

(三)风俗作为法律渊源的没落

我们都知道风俗仍是现行法律体系的储藏库。可是,其作为创造新法律的渊源则大大地减退,在这个层面,它让位于制定法。

同时,法学家已经不再将习惯法仅仅视为人民默示地表达共识,因为其也代表了君主的意志。这是从罗马法中引申出的概念。也就是说,假如国王不颁布与风俗相反的立法,从而将风俗废止,即代表国王默示地接受它。[131]

(四)法令与习惯或风俗

法令(forais)的重要性得以保留。很多阿丰素三世(1248～1279年)及D. 甸尼斯(1279～1325年)[132]的法令仍然得到承认。但无论如何,自阿丰素四世起(1325～1357年),便再没有颁布新的法令了。

在这一个时期,另一项地方上的法律渊源享有巨大的重要性:*习惯*(*foros*)或*风俗*(*costumes*)。以下我们将注意力集中在这个

---

〔130〕 参见上文第121页,注221。

〔131〕 参见下文第211页。

〔132〕 这位君主颁布了84项法令特许状(参见ROSA MARREIROS,前揭《*A política de fomento agrícola e de povoamento do rei D. Dinis*》,载《Rev. Port. de Hist.》,第XXVII册,第1页及后续页,尤其第8页)。

方面。

中世纪一些授权予自治市所作的汇编或单纯由这些自治市所发起的汇编称之为*习惯*(foros)或*风俗*(costumes)。[133]有些作者喜欢称之为“*市政规章*”(estatutos municipais)。这些汇编是市议会法律活动的基础,其内容包括政治及行政法规范、私法规范、物权规范、家庭及继承方面的规范、刑法规范和诉讼法规范,其是真正的法源,涉及面极为广泛。实际上,这些渊源的篇幅与范围比法令(forais)——的规定经常被其转录——要大得多。

制定这些汇编所使用的元素具有不同的来源:除了实际的习惯规则外,还有仲裁法官的判决或议会法官的判决、法学家的意见、市政机关本身关于其警察、卫生或经济方面所制定的规范,以及一些由编纂者引入的具有立法性质的创新法律规范。这里很多时候可以毫无含糊地发现复兴罗马法的影响。随着习惯或风俗的出现,“开启了半岛法律法典编纂的一个新纪元,它虽然免不了该时期所特有的技术上的缺陷,但已经追求完整及有秩序地展示习惯法规范,从而精细地确定这些规范以及将它体系地布置”。[134]

在里昂及卡斯蒂利亚王国,这些内容丰富的习惯(fueros extensos)[135]自12世纪末叶起出现,虽然其数目最多的时期是接着的两个世纪。而在我国,根据一般的意见,留传于世的习惯是在13世纪下半叶以及14世纪制定的。

应注意的是,习惯或风俗会组成“家族”,而对确定中世纪习

---

〔133〕 全部参见 M. J. ALMEIDA COSTA,《*Foros ou Costumes*》,载前揭《Dic. de Hist. de Port.》,第 II 卷,第 283 页及后续页,以及标题为《*Estatutos Municipais*》的文章,载前揭《Temas de História do Direito》,第 58 页及后续页。

〔134〕 PAULO MERÊA,前揭《*Resumo das Lições de História do Direito Português*》,第 53 页。

〔135〕 该词与简短的习惯(fueros breves)相对。简短的习惯属于法令。参见上文第 122 页,注 226 所列的参考书目。

惯法这些法律领域的研究从很多方面而言都具有重大的历史意义。在形成文字之后,一个地方的法律很多时候会全部或部分地传到另一个地方,但原则上会或多或少地受到更改。发生这种情况的有:如在卡斯蒂利亚的埃斯特拉马度拉(Estremadura Castelhana)、有萨布维达(Sepúlveda)、库安卡(Cuenca)(这是第一部写成的习惯,虽然它是以萨布维达的习惯法为基础的)、特鲁埃尔(Teruel)以及乌克勒斯(Uclés)的习惯;或与其同样的里昂的埃斯特拉马度拉(Estremadura Leonesa),关于我国的利巴—科阿(Riba-coa)地区的四部习惯(Alaintes Castelo Bom, Castelo Rodrigo, Castelo Mellzor)以及科利亚(Coria)、卡斯拉斯(Cáceres)、乌沙格勒(Usagre)等地的习惯——所有这些情况均衍生自一个共同的不知名或已遗失的范本,可能是罗得里古城(Cidade Rodrigo)或阿维拉城(Ávila)[136]的习惯法。

---

[136] 参见 LUÍS F. LINDLEY CINTRA,《*A Linguagem dos Foros de Castelo Rodrigo*》,Lisboa, 1959, 尤其是《Introdução》,第 XXI 页及后续页(这部作品的再版 - Lisboa,1984 年),JOSÉ ARTUR DUARTE NOGUEIRA,《*A organização municipal da Extremadura Leonesa nos sécs. XII e XIII*》,载前揭《Bol. da Fac. de Dir.》,第 LVIII 卷,第 II 册,第 373 页及后续页,以及 GONZALO MARTÍNEZ DIEZ,《*Los Fueros de la Familia Coria Cima – Coa*》,载前揭《Rev. Port. de Hist.》,第 XII 册—《Homenagem ao Doutor Paulo Merêa》,第 II 卷,第 343 页及后续页,以及前揭《*Recepción de fueros locales leoneses o castellanos en territorio portugués*》,载前揭《Bol. da Fac. de Dir.》,第 LVIII 卷,第 I 册,第 451 页及后续页。我国习惯或风俗被编入《*Collecção de Livros Inéditos de Historia Portugueza*》,第 IV 册, Lisboa,1816 年,第 527 页及后续页,以及第 V 册,Lisboa,1824 年,第 365 页及后续页,以及前揭《*Port. Mon. Hist. – Leges et Cons.*》,第 I 卷,第 739 页及后续页、第 II 卷(Lisboa,1868 年),第 1 页及后续页。除了以上所述之外,我们记得的尚有瓜尔达(Guarda)、桑塔灵(Santarém)、从桑塔灵传到奥里奥雅(Oriolha)、从桑塔灵传到阿尔维图新村(Vila Nova de Alvito)、贝热(Beja)、埃武拉(Évora)、托雷斯·诺瓦斯(Torres Novas)以及圣马蒂约·德·摩罗斯(S. Martinho de Mouros)等地的习惯与风俗。尚可参见 ANA MARIA BARRERO GARCÍA/MARIA LUZ ALONSO MORÍN,前揭《*Textos de derecho local español en la edad media: catálogo de fueros y costumes municipales*》,各处。

(五)教庭条约(Concórdias)与宗教事务协议(Concordata)

上文已经解释过这些法律渊源有什么内容。[137]剩下需要强调的是,在阿丰素三世(D. Afonso III)登上王位后,教会与王室之间一直存在多方面的分歧。所以,被终止的协议——无论是与王国内的宗教机构订立抑或直接与教皇订立者——数目因而增加。

双方摩擦的其中一点是王室的许可问题,换言之,即有关我国的教庭决议——主要是教皇的决议——需要追认。但是该制度还是保留了下来,且仅在D. 若昂二世[138]时才被暂时废止。

(六)补充法

我们上面所提到的法律渊源虽然众多,但是还有很多而且经常有被遗漏的情况,即本国法律体系[139]没有规范的情况。只有在后期,随着《阿丰素律令》(Ordenações Afonsinas)的出现,立法者才为法律漏洞的补充[140]确立了完整的规定。在此之前,这一问题基本上是留给法学家及法院决定的。

当葡萄牙的法律渊源未能提供解决具体问题的答案时,很大部分会求助于罗马法及教会法,又或者卡斯蒂利亚法律。基于罗马法及教会法[141]传播所产生的影响,这是自然而然的。这些法律作为补充法的巨大重要性的其中一项证明是,具有这类内容的作品有葡文版的存在。

一般而言,法官们——尤其是地区级法官——表现得明显未

---

〔137〕 参见上文第127页,里面附有关于这一命题的参考书目。

〔138〕 除了 MANUEL DE OLIVEIRA CHAVES E CASTRO 的古典研究,《*O Beneplacito Regio em Portugal*》外, Coimbra, 1885年, 参见 EDUARDO NUNES/MARTIM DA ALBUQUER,《*Parecer do Doutor "Velasco di Portogallo" sobre o beneplácito régio* (*Florença*,1454)》,Lisboa,1968(《Do Tempo e da História》特刊,II),尤其第111页及后续页,内有丰富的参考书目。

〔139〕 关于补充法本身的问题参见下文第212页及后续页。

〔140〕 参见下文第215页及后续页

〔141〕 分别参见上文第194页及后续页,以及第170页及后续页。

有足够准备直接接触罗马—教会法。因此,在第一个阶段,只好使用二手材料,即一些受罗马法或教会法渊源影响或与其规则具有相同结构[142]的材料。

这解释了为何在我国自13世纪起便流传着很多具有补充渊源性质、而又源自卡斯蒂利亚的作品,这些作品上文已经提及:除了由于阿丰素十世的立法政策所产生的著名汇编《皇家法令》(Fuero Real)和《七章法》(Siete Partidas)外,还有雅科默法律大师(Mestre Jácome das Leis)的《Flores de Derecho》、《Nueve tiempos de los pleitos》。众所周知,为便于检阅,所有这些作品均被翻译成本国语言;根据猜测,这些作品均得以相当程度的传播,虽然传播的程度有所不同。[143]

上述源自卡斯蒂利亚的作品作为补充法适用仅仅是由于这些作品的内容以罗马—教会法为基础所产生的固有权威。这些作品的滥用——特别是《七章法》——程度是如此严重,而且损害了真正的罗马法及教会法规则,以至在14世纪中叶,这种滥用成为了向国王投诉的对象,而且被国王所接纳。[144]

概括而言,当时已经了解到补充渊源仅限于罗马法及教会法——无论这些法律记载什么地方。在同一时期,人们也开始了相关法律文本及解释这些文本的一些重要学说的翻译。《格列高利九世谕令集》在1359年时已被译成葡语。在1426年之前,同样

---

[142] 关于本文对这一命题的论述,参见BRAGA DA CRUZ的分析,前揭《*O direito subsidiário*》,第192页及后续页。

[143] 参见上文第156页及后续页。

[144] D.彼德罗一世1361年4月13日的规定以及同年的阿尔瓦斯宫廷的会议(全部参见BRAGA DA CRUZ,前揭《*O direito subsidiário*》,第202页及后续页,注37及38,以及M. J. ALMEIDA COSTA,前揭《*Romanismo e Bartolismo no Direito Português*》,载《Bol. da Fac. de Dir.》,第XXXVI卷,第25页及后续页)。

的情况还发生在《优士丁尼法典》之上，它由于 D. 若昂一世[145]的命令而与《阿库修注释》以及《巴托鲁评注》一起被翻译。为了避免司法见解上的缺陷，这位君主还下令每当有需要的时候即对有关的规则作解释性的摘要。

葡萄牙没有将罗马法提升为直接渊源的意图，其意图仅仅是确保其作为纯粹补充法[146]的正确适用。然而，在以后的时期，本国法律规范的很多省略都是不适当的。而在补充法的范畴，很多时候非直接的渊源反而盖过了真正的罗马法及教会法规则。

十四、《阿丰素律令》前的一般法律私人汇编

不断增加单行法使得汇编变成必要。事实上当时很多文件均显示出在阿丰素律令以前已存在王国法律的汇编。所有的这些汇编均有一个共同特征，即其汇编并不是立法颁布的对象。然而，这样并不能断言这些汇编的其中一些并非与公权机关——如王家掌玺公署或法院——有关。

保留到现在的仅有两部：《*法律及令条集*》(*Livro das Leis e Posturas*)以及《*杜瓦特律令*》(*Ordenações de D. Duarte*)。两者均具有私人性质的特征。

上述的两部汇编均不仅包括真正的法律，而且还包括一般风俗以及朝廷之法院的司法见解。一般都承认那两部作品构成了《阿丰素律令》的预备之作。

这一个由若昂·里贝卢(João Pedro Ribeiro)[147]提出的假设

---

[145] 后多作者都错误地认为这是由 João das Regras 翻译的。BRAGA DA CRUZ 研究过这个命题，前揭《*O direito subsidiário*》，第 207 页，注 44。

[146] 为证实 BRAGA DA CRUZ 的这一观点，参见 *O direito subsidiário*，第 207 页及后续页，以及 MARTIM DE ALBUQUERQUE，《*Bártolo e Bartolismo na História do Direito Português*》，载前揭《Bol. do Min. da Just.》，第 23 页及后续页注 304。

[147] 在前揭《*Reflexões Historicas*》，第二部分之中，Coimbra，1836 年，Reflexão 第 11 号，第 132 页及后续页。

后来被普遍接受。亚历山德拉·埃库拉诺(Alexandre Herculano)更认为,这两部作品是若昂·缅德斯(João Mendes)——第一位负责草拟这部官方法典草案的法学家[148]——之工作的后续。总的来说,这些推测引起了很大的疑问。[149]

(一)《法律及令条集》

在已知的两部汇编集之中,《法律及令条集》(Livro das Leis e Posturas)[150]较为古老。其制定日期应处于14世纪末叶或15世纪初叶。我们可以在它里面找到D.阿丰素二世、D.阿丰素三世、D.甸尼斯及D.阿丰素四世的规定,除此以外,还有一条后来加入的彼德罗(Infante D. Pedro)皇子——即将来的彼德罗一世——的法律。

这部作品没有任何协调法律的意图,它只是将法律收集。这点从其缺乏体系以及在很多地方有重复条文的不同版本可以看出。

(二)《杜瓦特律令》

从其名称推测,人们可能会以为《杜瓦特律令》[151]是一部由该君主推动的官方法典,但事实并非如此。正如我们所强调的一样,它只是一部私人的汇编,据闻,其名称的产生只是由于它曾经

[148] 前揭《*Port. Mon. Hist. – Leges et Cons.*》,第I卷,第149页及151页。参见下文第186页及后续页。

[149] 参见NUNO J. ESPINOSA GOMES DA SILVA,载前揭《*Livro das Leis e Posturas*》,《Introdução》,第X页及后续页。

[150] 参见上一注释所指的研究及其版本。

[151] 参见M. J. ALMEIDA COSTA,《*Ordenações*》,载前揭《Dic. de Hist. de Port.》,第III卷,Lisboa,1968年,第206页,载前揭《Temas de História do Direito》,第61页及后续页,以及后期的《*Ordenações del – Rei Dom Duarte*》,Lisboa,1988年(复述了里斯本国家图书馆保留资料第9164号的内容),内附MARTIM DE ALBUQUERQUE的简介,第V页及后续页,以及EDUARDO BORGES NUNES,《Nota Prévia de Codicologia e Textologia》,第XXVII页及后续页。

是杜瓦特图书馆的藏书，而杜瓦特则为其加上了一个作者目录（“tavoa”）以及一篇关于一个好的裁判者的品德的论文。[152]

我们现在所说的这部汇编载一部15世纪的手抄典籍中。内里有阿丰素二世至杜瓦特国王的法律。

这一部汇编与先前的相比有相当大的区别。在所谓的《杜瓦特律令》中，不仅法律的数目更多，而且罕有重复。另外，其条文按君主在位期编排，而在同一君主在位期内，则按内容分类。

十五、建制的发展

在这一个漫长的时期里，要盘点所有重要领域里——无论是公法抑或私法方面——所发生的变化会走得很远。我们仅仅作一些简短的思考。[153]

我们都知道，罗马法及教会法的规范及法律科学的加强渗入逐渐取代了在先前阶段[154]主宰法律生活的经验主义。我们的国家加入了“共同法”（iura comunia）的世界。

从一开始，这些学说对政治法律范畴——主要是王权[155]的发展方面——的影响便显得非常重要。这些学说在公法的其他领域和私法范畴所发生的更新也有重要意义。

例如，公共秩序的维护成了国家——作为惩罚权（ius puniendi）的唯一持有者——专属的任务。因此，以私力解决或权利的自我保障便不被认同。民事诉讼与刑事诉讼的分立发生了，

---

[152] 在该文中，大约复述了 *Leal Conslheiro* 第LX章的大约一半内容。

[153] 再次援引GAMA BARROS的论述，前揭《*Hist. da Adm. Publ.*》，第2版，各处，以及PAULO MERÊA的踪述，前揭《*Resumo das Lições de História do Direito Português*》，第118页及后续页，以及MARCELLO CAETANO，前揭《*Hist. do Dir. Port.*》，第I卷，第359页及后续页，以及第553页及后续页，上述的最后一部作品涉及刑法与诉讼法。

[154] 参见上文第128页及后续页。

[155] PAULO MERÊA的《*O poder real e as côrtes*》是一部经典研究，Coimbra，1923年。

在后者上,侦查制度(sistema inquisitório)或依职权介入的制度凌驾于先前的检控制度(sistema acusatório)。程序法的立法规定得以发展,当中强调了以书面代替口头以及对上诉制度[156]的组织。又如,关于举证责任的改变——落在申诉人身上——也十分突出,另外,改变的还有关于被接纳的不同证明方式的位阶的建立。须注意的是,在开始的时候,仍然以人证优于书证,可是这个规则后来被倒置[157]过来。

至于实体刑法方面,由于其逐渐公法化,随着金钱性处罚的没落,出现了一种以体罚为主的趋势。其强调的是刑事正义[158]的报复性。同样地,在这个范畴,一般性适用的法律的增加超过了已过时的地方规范及法令。整个地区的犯罪行为以及相应的刑罚走向统一,即使这些刑罚仍然是十分严厉的,而且随着犯罪人的社会等级不同而有所差异。在处罚的时候,除了考虑犯罪行为本身外,亦考虑与其有关的情节,视其罪过的程度而量刑。

私法方面的演变亦同样彻底。我们强调的是在家庭及继承制度方面所引入的改变。同样,在债、合同、所有权的取得方式、占有、永佃权、地役权、抵押权、质权及其他制度方面亦冒出了新的学说。

总的来说,可承认罗马法的影响是最为主要的,然而,有些部门则以教会法为优先。后者在家庭法的领域最为重要,但是在其他一些领域——诸如占有、取得时效、刑诉法等——亦明显地感受

---

[156] 参见 PAULO MERÊA,前揭《*Resumo das Lições de História do Direito Português*》,第 119 页,以及 MARCELLO CAETANO,前揭《*Hist. do Dir. Port*》,第 I 卷,第 359 页、400 页及后续页。

[157] 参见 ANTÓNIO MANUEL DE ALMEIDA COSTA,前揭《*O Registo Criminal*》,尤其第 43 页,注 51,当中指明了外国的一些具说明意义的研究。

[158] 参见 ANTÓNIO MANUEL DE ALMEIDA COSTA,前揭《*O Registo Criminal*》,第 59 页及后续页。

到教会法的影响。

第二节　律令时代

一、《阿丰素律令》

(一)制定及开始生效

关于阿丰素律令的历史的最重要资料载其第一篇[159]的前言中。那里提到，朝廷上不断“有人”要求制定现行法律汇编以避免因法律规范散失与混乱所造成的不稳定，而对法律生活及正义之主持构成损害。

若昂一世(D. Jōao I)接纳了这些意见，并责令朝中的地方法官若昂·缅德斯(João Mendes)准备该作品。可是，期间发生了D. 若昂一世的驾崩，不久之后若昂·缅德斯亦逝世。根据杜瓦特国王(D. Duarte)的决定，有关的预备工作交由另一个公认出色的法学家、国王的顾问鲁伊·费尔南德斯博士负责。然而，该作品到杜瓦特的短暂统治结束之时还未完成。

这位国王逝世后，阿丰素五世(D. Afonso V)的摄政王彼德罗王子(D. Infante Pedro)鼓励编纂者专心于该项工作。鲁伊·费尔南德斯重新关注该工作，并于1446年7月28日在阿鲁达村(“Villa da Arruda”)[160]完成作品。这一草案之后被呈交予一个

---

[159] 参见《“Prefação” das *Ordenaçoens do Senhor Rey D. Affonso V*》, Coimbra, 1792年，没有署名，但是众所周知是作者是法律学院的替补讲师 LUÍS JOAQUIM CORREIA DA SILVA。除了文中依次指出的其他研究外，参见 M. J. ALMEIDA COSTA，前揭《*Ordenações*》，载《Dic. de Hist. de Port.》，第III卷，第206页及后续页以及第210页，载《Temas de História do Direito》，第62页及后续页，以及第71页及后续页，除有大量的参考书目；以及《阿丰素律令》的上述版本影印版(Lisboa, 1984年)的序言第5页及后续页。

[160] 参见第V篇，第119标题，第31节。该文本中所提到的“Villa da Arruda”即现时的 Arruda dos Vinhos。

由鲁伊·费尔南德斯本人及另外三位立法学家——里斯本市的地方法官洛普·法斯克斯博士(Dr. Lopo Vasques)、鲁伊斯·马丁斯(Luis Martins)以及国王的上诉法官佛能·候德理格斯(Fernão Rodrigues)——组成的委员会。在作了一些小改动后,题为《律令》(Ordenações)以阿丰素五世之名出版。

修订的工作所用的准确时间无人知晓。然而,似乎可相信的是,律令的通过是在1446年,又或者更可能是在1447年,即仍然是先于彼德罗王子放弃摄政权——他在次年的年初便放弃了摄政权。无论如何,彼德罗王子均堪称为该作品的伟大推动者。在彼德罗从布鲁日这个佛兰德城市——他从1425年12月的最后一日起直到1426年的3月中旬为止停留在这个城市中——寄给其尚未登上帝位的兄弟杜瓦特的著名《布鲁日家书》中,他已经强调了将王国法律[161]进行编纂的迫在眉睫。

概括地说,似乎1446年与1447年最可能是《律令》的完成草案呈交以及其公布的两个年头。可是,要确定其生效之日则更为困难。对于这个问题,应指出的是,在那个时代并不存在任何界定法律规定公示方式以及其开始生效时间[162]的实务规则。除此之外,当时还未使用印刷术,因此,需要相当长的时间制作手抄本。这些手抄本耗费劳力与金钱,[163]但是,为了使《律令》的文本能在王家掌玺官署以及各高等法院以外的全国各地流通,它又是必须

---

〔161〕 参见例如,前揭《*Chart. Univ. Port.*》,第III卷(1409~1430年),Lisboa,1969年,第311页及后续页(n. o 856),尤其第317页。

〔162〕 参见上文第175页及后续页。

〔163〕 关于这些方面,参见ISAÍAS DA ROSA PEREIRA的说明,前揭《*Livros de Direito na Idade Média*》,载《Lusitania Sacra》,第VII册,第13页及后续页,他指出手抄本的法律作品是最昂贵的;以及MARTIM DE ALBUQUERQUE,前揭《*Bártolo e Bartolismo na História do Direito Português*》,载《Bol. do Min. da Just.》,第304点,第32页及后续页。

的。另外，众所周知的是，都市中心的司法官以及其他参与法律活动的人员与偏远地区的相同人员之间的技术准备水平存在巨大的参差。可能也需要考虑在阿尔法洛贝拉事件(Alfarrobeira)〔164〕(1449年)之后，人们对一切与彼德罗王子有关的东西所表现出的敌意。

结果，实际的普及化——而且其实现的方式又产生另一个问题——应该是在四百年代初叶之交〔165〕以后才得以实现。有助于其传播的是《律令》没有加入多少彻底的创新，它大量地使用了先前的法律渊源。所以说它巩固了先前的法律，虽然在很多方面也作了一些明显的改动。

无论如何，对《阿丰素律令》的有效性本身提出质疑的极少数意见是不正确的。其大范围的扩张可以从其留存于世的本册数目得到显示，虽然这些存世本册是截录本或局部本。

(二)所引用的法律渊源及立法技术

《阿丰素律令》出现的主要目的是要将现行法律体系化及更新。所以，其制定使用了先前的各种渊源：〔166〕一般法律、为响应

---

〔164〕 译者注：1448年，阿丰素五世登基，但直到他的在位期结束为止，上层贵族一直把持朝政。摄政王(彼德罗王子)及其党羽受到迫害。1449年，彼德罗聚集了自己的人马，领着一支小部队开赴宫廷，似乎要对他遭到的指责进行辩解，但是国王的军队出来截击，在阿尔法洛贝拉展开战斗，结果王子及其随从被击毙。资料来自，J. H. Saraiva：《葡萄牙简史》，李均报、王全礼译，澳门文化司署与花山文艺出版社1994年版，第115、116页。

〔165〕 关于这一命题，参见MARCELLO CAETANO，前揭《*Hist. do Dir. Port.*》，第I卷，第531页及后续页。使《阿丰素律令》成功被全国知悉及在全国切实生效的目标是以D. 若昂二世命令Lourenço da Fonseca将该律令缩为一册，且可能附有依字母排列的目录这样一个推测为基础的(全部参见NUNO J. ESPINOSA GOMES DA SILVA，《*Sobre o abreviamento dos cinco livros das Ordenações, ao tempo de D. João II*》，载前揭《Bol. do Min. da Just.》，第309点，第31页及后续页)。

〔166〕 关于这些不同范畴的法律渊源，参见上文第125页及后续页，以及第174页及后续页。

一些在朝廷内或朝廷以外提出的请求或疑问所作出的王家决议、[167]教庭条约(Concórdias)、宗教事务协议(Concordata)、训谕、[168]宗教裁判、一般习惯、地方习惯、朝廷以及高等法院的礼仪,或者说,在朝廷以及高等法院内形成的司法见解、惯例及风俗;[169]以及从《七章法》中抽出的规范、分别被称为"王家法律"(leis imperiais)或"王家法"(direito imperial)以及"圣教会规则"(santos cânones)或"谕令"(decretal)的罗马法及教会法的规则,另外,还可发现其间接提到"共同法"。[170]

在立法技术方面,原则上使用了所谓的辑录方法(*estilo compilatório*)。换言之,即将先前的法律渊源完整地抄录,然后在后面宣布以何种方式对这些规则进行确认、修改或放弃。[171]

然而,这一体系也不一定会被采用。例如,差不多在整个

---

[167] 例如,第I篇,第69标题,以及第II篇,第29标题,第15节。

[168] 例如,第II篇,第94标题。

[169] 例如,第III篇,第110标题,以及第V篇,第18标题,第3节,以及第44标题。

[170] 参见由MARCELLO CAETANO制作的上述所有渊源的列举,前揭《*Liç. de Hist. do Dir. Port.*》,第259页及后续页,以及前揭《*Hist. do Dir. Port.*》,第I卷,第540页及后续页。穆斯林法的遗迹十分罕见(第II篇,第28及99标题)。

[171] 这里有两个例子:"EIRey Dom Affonso o Terceiro de Louvada Memoria em seu tempo fez Ley, per que ordenou e estabeleceo, que se o Autor for entregue per revelia d'alguuns beês de raiz (...) 1. A qual Ley vista per Nós, ademdo em ella: Dizemos, que se depois esse Autor, que assy for emtregue d'alguus beês per revelia, e receber delles (...) 2. E com esta declaraçam e addiçam Mandamos que se guarde e cumpra a dita Ley d'EIRey Dom Affonso, assy como em ella he contheudo, e per Nós adido e declarado."(第III篇,第47标题);"EIRey Dom Eduarte meu Senhor, e Padre da muito louvada, e esclarecida memoria em seu tempo fez Ley em esta forma, que se segue (...) 4. E vista per nós a dita Ley, mandanos que se guarde, e cumpra, como em ella he conteu do."(第IV篇,第20标题)。然而,这一格式并不是绝对不可改变的,正如本文所转录的例子所示,有时也会有少许的改动。

第一篇，便使用了命令方法(*estilo decretório*)或立法方法(*estilo legislativo*)，即使不指出其先前渊源的情况下直接制定规范。

这种风格上差别的原因曾经被解释为因为第一篇的作者——被认为是若昂·缅德斯(João Mendes)——与其余篇章的作者——被认为是鲁伊·费尔南德斯(Rui Fernandes)——不同，又或者第一篇所载的是原始内容，是国内法先前的渊源所不曾考虑过的。但这些都只是推测，可能单凭第二个理由本身便足以解释这个现象了。[172]

(三)体系及内容

可能是受到《格列高利谕令集》[173]的影响，《阿丰素律令》分为五篇。每一篇均有若干标题，标明其内容，而很多时候这些标题又细分为不同的段落。[174]所有的"篇"("livro")均有前言，而第一篇的前言最长，因为正如上文所述，在这个前言中，要解释编纂的历史。

第一篇有72个标题，涵盖了各个公共职位——无论是王室的抑或市政机关的——的规章，包括政府、司法正义、税务以及军队。因此，其内容表现出行政法的性质。第二篇由123个不同类别的标题组成，所规范的是教会的财产与特权、国王特权——国王的权利、其征收、受损献人的管辖权以及贵族的特权、犹太人及摩尔人

---

[172] 参见MARCELLO CAETANO，前揭《*Hist. do Dir. Port.*》，第I卷，第541页，以及NUNO J. ESPINOSA GOMES DA SILVA，前揭《*Hist. do Dir. Port.*》，第249页。

[173] 参见上文，第167页及后续页。

[174] 段落的划分仅在出现18世纪的印刷版的时候引入(参见其前揭《Prafação》，第XXVIII页及后续页)。

的地位。现在,惯于认为那是政治及宪法性质[175]的规定。第三篇有 128 个标题,其所处理的是民事诉讼程序,包括执行程序,同时,也对上诉[176]作了大量的规定。之后是第四篇,在其 112 个标题中,涵盖了民事实体法,尤其是债法、物法、家庭法、继承法等专题,尽管不太系统,而且又加入了一些与其基本内容无关的专题。最后,第五篇有 121 个关于刑事诉讼法的标题。[177]

(四)作品的重要性

《阿丰素律令》在葡萄牙法律史上占有突出的地位。它是建国后,或更准确地说,自阿丰素三世起,肯定及巩固本国法律体系独立于整体半岛法的过程的综述。除此之外,它亦构成了以后的葡萄牙法律发展的支柱。下文将看到,正式地说,后来的律令所做的不过是不断更新《阿丰素律令》。

虽然它没有一个足以比拟现代法典的有机结构,亦远远未能提供一套倾向于完整的法律规则,但以当代的眼光看来,那是一部具有很多优点的作品。当与其他国家的汇编比较起来,它亦毫不

---

〔175〕 基于第二篇的上述范围,一般认为其具有宪法性质。这种性质保留到后期的律令中。实际上,除了国王的权利外,该法还关心到国民的基本权利。然而,正如法令特许状一样(参见上文第 123 页),远未达到现代的权利、自由与保障的程度。这些规范只是纯粹对个人及制度的具体保护。涉及这一个命题,PAULO FERREIRA DA CUNHA,《*Para uma História Constitucional do Direito Português*》,Coimbra,1995 年,第 213 页及后续页。

〔176〕 第三篇主要是关于民事诉讼的,但不排除有一些刑事诉讼的规定。MARCELLO CEATANO 的前揭《*Hist. do Dir. Port.*》,对此有详尽的论述,第 I 卷,第 580 页及后续页。

〔177〕 然而,很多时候诉讼行为也可以在第三篇看到。关于《阿丰素律令》中如何规定刑法的实体法及程序法,再一次准用 MARCELLO CAETANO 在其前揭《*Hist. do Dir. Port.*》,第 I 卷中的所述,分别是第 553 页及后续页,以及第 571 页及后续页。

逊色，甚至还可强调其某种程度上的诞生在先。[178]

《阿丰素律令》的公布与争取中央集权的普遍现象有关。这一部法律汇编是当时尚未完全定型的各种趋势的平衡点，或者说，是各种趋势仍然可以交汇的一个中间地带。从另一个角度看，它强调了王国本身的法律相对于共同法的独立性，将共同法的地位降格为纯粹因君主的意志[179]才获得正当性的补充渊源。

《阿丰素律令》为历史研究提供了宝贵的辅助。如没有这些文本，将难以认识某些制度，或至少不会如此完整地认识这些制度，而且它所展现的其中一些方面是实务上的单张文件经常会遗漏的。

(五)版本

阿丰素的法典在其生效期间未有付印，而是到在18世纪末叶才由科英布拉大学促成其印刷版。它产生于一个历史研究的兴奋期，正是这个时期出现了本国法律史的大学教育。[180]

这一工作由法律学院的替补讲师鲁伊斯·达·席瓦尔(Luís Joaquim Correia da Silva)负责，他在出版之时加上了一个宝贵的序言。[181]这个序言介绍了关于确定出版的文本所采用的方法。

并没有任何一个版本是将其全部五篇复制的。为人所知的手抄本中，也没有一部是真正的原本。除此之外，各个副本均有相当的缺漏与错误。然而，较为确定地重构《阿丰素律令》的完整文本

---

〔178〕 例如，更后期才出现这类汇编的国家有：法国(1454年)、西班牙(1484年)、德国(1518年)以及荷兰(1553年)(参见MÁRIO REIS MARQUES,《*O Liberalismo e a Codificação do Direito Civil em Portugal. Subsídios para o Estudo da Implantação em Portugal do Direito Moderno*》,Coimbra,1987,第48页，以及注80)。

〔179〕 参见上文第173页及174页及后续页。

〔180〕 参见上文第17页及后续页，以及下文第261页及后续页。

〔181〕 参见上文第186页注418。

还是有可能的。这样便产生了 1792 年的批判性版本。[182]

从来没有人真正质疑这一项重构工作的忠实性。[183]但是,无论如何,当考虑重印——于 1984 年出版[184]——的时候,曾经有人提出是否要选择重新制作一个批判性版本,还是简单地影印复制 1792 年的文本的问题。很自然地,其选择似乎应取决于对国内各种档案资源的必不可少的系统研究的成果,再加上根据现在的古文书学与古文字学标准,将所有流通的手抄本对照 18 世纪的重构本进行细心的检查及比较。然而,即使制作一个全新的批判性版本似乎是一个在科学上更为完美的方案,但考虑到从语言学的角度可能遇到的困难,这样一个版本的准备工作毫无疑问的是极为费时的,所以,并没有减少到制作一个可接触的影印复制本的作用。[185]

二、《曼努埃律令》

(一)制定

考虑到准备一部这样的作品所经常遇到的困难,《阿丰素律令》的生效时间是相对较短的。它完成及被通过的时间是在 15

---

〔182〕 前揭《*Ordenaçoens do Senhor Rey D. Affonso V*》,收录在《Collecção da Legislação Antiga e Moderna do Reino de Portugal》,第 I 部分—《Da Legislação Antiga》之内。律令的专属出版权曾经属于圣奥古斯汀教士会的 S. Vicente de Fora 修道院。菲利普一世透过 1602 年 11 月 16 日的准照将该为期 20 年的特权赐给该修道院;上述期限在菲利普三世的时候又透过 1633 年 9 月 17 日的准照续期 20 年,这一续期又被 D. 若昂四世以 1643 年 1 月 26 日的准照确认。S. Vicente de Fora 修道院的这一特权随着 1773 年 12 月 16 日的准照的颁布而结束,该准照将特权永久地赐予科英布拉大学。1786 年 9 月 2 日的王家决议则重新确认大学的这一特权。

〔183〕 这里仅指出 MARCELLO CAETANO 的一些意见,前揭《*Hist. do Dir. Port.*》,第 I 卷,第 530 页及后续页。

〔184〕 由 Calouste Gulbenkian 基金发起。

〔185〕 在这一个 1984 年的再版中,参见 M. J. ALMEIDA COSTA 的前揭《Nota de Apresentação》,第 5 页及后续页,以及,EDUARDO BORGES NUNES,《Nota Textológica》,第 13 页及后续页。

世纪中叶,而很快地在1505年便开始要改革了。在这一年,D. 曼努埃责成三位当代出色的法学家——担任首席掌玺大臣职位的鲁伊·博图(Rui Boto)、[186]鲁伊·达·格拉(Rui da Grã)学士以及朝廷的民事法庭大法官若昂·科特灵(João Cotrim)——对王国的《律令》进行更新,由他们视乎需要而对其作出修改、废除或增加。[187]

曾经有人推测这位君主决定进行该项改革的动机。其发现的第一个制约因素便是印刷术在15世纪末叶被引入,可能仅从1487年开始,才引进到各个村镇及城市,如法罗(Faro)、查韦斯(Chaves)、布拉加(Braga)、雷利亚(Leiria)、里斯本(Lisboa)及波尔图(Porto)。[188]为了方便这一部王国的基本法律汇编的传播,[189]便必须将其付印,所以,宜将该作品先行修订及更新。

---

〔186〕 参见 PAULO DRUMOND BRAGA,《*O doutor Rui Boto, homem da burocracia régia e mestre do Estudo Geral de Lisboa*》,载前揭《Universidade(s):História. Memória. Perspectivas》,第3卷,第99页及后续页。

〔187〕 对曼努埃改革的论述由于上述各方面的观点并非完全没有争议,可参见 FRANCISCO XAVIER DE OLIVEIRA MATTOS 在《*Ordenaçoens de Senhor Rey D. Manuel*》的序言中的详细论述,Coimbra,1797年(载前揭《Col. da Leg. Ant. e Mod. do Rein. de Port.》,第一部分—《Da Leg. Ant.》)。参见 M. J. ALMEIDA COSTA,前揭《*Ordenações*》,载《Dic. de Hist. de Port.》,第III卷,第208页及后续页,以及第210页,载《Temas de História do Direito》,第66页及后续页,以第71页及后续页,附参考书目;以及《曼努埃律令》的这一版本的影印复制本(Lisboa, 1984)的简介,第5页及后续页。JOHANNES—MICHAEL SCHOLZ,《*Legislação e Jurisprudência em Portugal nos Sécs. XVI a XVIII. Fontes e Literatura*》研究了自《曼努埃律令》起的葡萄牙法律,载前揭《Scientia Ivridica》,第XXV册,第512页及后续页。另参见同一作者的论文《*Literaturgeschichtliche und vergleichende Anmerkungen zur portugiesischen Rechtsprechung im Ancien Régime*》,载前揭《Rev. Port. de Hist.》,第III卷,第XIV册,第95页及后续页。

〔188〕 参见 ARTUR ANSELMO,《*Les origines de l' imprimerie au Portugal*》,Paris,1983年,第87页及后续页,以及第241页及后续页。

〔189〕 关于《阿丰素律令》的缓慢传播,参见上文第186页及后续页。

此外,还有人提到另一个方面。处身于大发现高峰期的丰功伟业之中的D. 曼努埃没有理由不将其名字与一次大型的立法改革拉上关系。这一假设建基于很多的证据之上,包括这位国王对法律以及实现公义的重视。[190]

肯定的是这一行动落实了,而有争议的是这一作品完成的日期。实际上,这部《律令》为世所知的第一篇及第二篇的印刷版分别出版于1512年以及1513年,但留存到现在的仅剩下1514年的一个完整五篇的版本。某些作者因此而主张仅在这一个年头才有完整的版本,而另一些作者则认为在1514年之前已经制作了一部五篇齐全的《律令》印刷版。该争论似乎尚未完全弄清。然而,一般倾向于后一个假设。在这一个观点之下,有人对于是否存在单独的一部印刷本抑或存在由两个印刷者[瓦伦延·费尔南德费(Valentim Fernandes)与若昂·彼德罗·博若米尼(João Pedro Bonhomini)]制作的不同文本提出疑问。看来,似乎只有同一个印刷本的说法更真实。但这一争论并不属于本文简约论述的范围内。[191]

可能是太过固守于阿丰素的汇编的缘故,无论如何,这是一部被视为不满意的立法草案,而其工作仍继续进行。仅在1521年,即国王逝世的一年,《曼努埃律令》的确定版本才得以完成。

同样,关于其作者的问题也不是完全没有争议的。可以肯定的有鲁伊·博图(Rui Boto)、鲁伊·达·格拉(Rui da Grã)以及克

---

[190] 在地方法的范畴,D. 曼努埃推动了法令特许状的改革(参见下文第220页及后续页)。关于这位君主的行政及立法活动,参见MARCELLO CAETANO,在《*Regimento dos Oficiais das Cidades, Vilas e Lugares destes Reinos*》影印版的序言中的论述,Lisboa,1955年,第11页及后续页。该文承认1504年的这次出版,是我国关于一般法律透过印刷传播的首个研究(第21页)。

[191] 参见BRAGA DA CRUZ的详细分析,前揭《*O direito subsidiário*》,第223页注59,以及后期NUNO J. ESPINOSA GOMES DA SILVA的作品,《*Algumas notas sobre a edição das Ordenações Manuelinas de* 1512 – 1514》,载前揭《Scientia Ivridica》,第XXVI册,第575页及后续页。

里斯托旺·埃斯特维斯(Cristovão Esteves),但加上若昂·德·法利亚(João de Faria)、若昂·科特灵(João Cotrim)以及彼德罗·若热(Pedro Jorge)[192]则不无疑问。

这一更为完整的文本才是《曼努埃律令》的确定版本。为了避免可能引起的混淆,1521 年 3 月 15 日的王家诏令强制规定拥有先前印刷版本的人必须于 3 个月内将之销毁,否则处以罚金或流刑。这部作品现今十分罕见的原因正在于此。同样在 3 个月期限内,各市政机关必须取得新的《律令》。

(二)体系及内容与立法技术

由标题与段落组成的五篇制结构基本得以维持。[193]同样,内容的分配也保持原状,虽然与《阿丰素律令》相比,《曼努埃律令》在内容上有相当大的分别。例如,较显著的不同有:一方面,压缩适用于犹太人及摩尔人——当时已被驱逐出国[194]——的规则,以及律令内有关国库的独立规范;另一方面,又加入了透过上诉法院的判例(assentos)对法律作约束性解释的规定。[195]同样,在补充法范畴也有重要的修改。[196]

概括而言,它肯定没有对葡萄牙法律作出彻底或深入的改变。然而,在单纯的调整及更新之余,应注意某些改动确实显示了一些

---

〔192〕 参见 BRAGA DA CRUZ,前揭《*O direito subsidiário*》,第 225 页及后续页,以及 NUNO J. ESPINOSA GOMES DA SILVA,前揭《*Hist. do Dir. Port.*》,第 269 页。

〔193〕 参见上文第 189 页及后续页。除了第一篇外,《曼努埃律令》其他篇的标题数目均少于《阿丰素律令》。具体情况为:第一篇—78 个标题(《阿丰素律令》为 72 个标题);第二篇—50 个标题(《阿丰素律令》为 123 个标题);第三篇—90 个标题(《阿丰素律令》为 128 个标题);第四篇—82 个标题(《阿丰素律令》为 112 个标题);第五篇—93 个标题(《阿丰素律令》为 121 个标题)。

〔194〕 1496 年 12 月 5 日的法律强制命令其在下一年的 10 月底之前转投基督教,或者离开这个国家。参见《曼努埃律令》第二篇第 41 个标题。

〔195〕 第五篇第 58 个标题(参见下文第 207 页及后续页)。

〔196〕 第二篇第 5 个标题(参见下文第 217 页及后续页)。

新的观点,即使这些观点很可能在将来又被否定。

从形式的角度看,这部作品在立法技术上有所进步。其进步主要表现为内里的规则系统地采用命令方法(*estilo decretório*)撰写,或者说,全部的规范均犹如重新撰写一样。与这一优点相对的是,它对于重构先前的法律较为不利。

(三)版本

在其生效期间,《曼努埃律令》曾经有多个版本,这造成了文献学上的一些麻烦的争论。[197]其第一个版本出自雅科布·科林姆伯格尔(Jacob Cromberger)的印刷厂,于1521年3月11日印刷完成。

当其在1603年被《菲利普律令》取代之后,《曼努埃律令》还在1797年[198]出过一个专为方便历史研究而设的大学版。这一个版本中,除了列入上述的宝贵序言外,还附有一个四行的对照表,比照了这部大学版本的《律令》的规则与1514年的《曼努埃律令》的规则、《菲利普律令》的规则以及独立法律中的规则的差别,并指出了其参考的相关资料。这一个就是1984年的影印版所复制的版本了。[199]

三、杜瓦特·努内斯·度·利昂的单行法律集录

(一)制定、内容及体系

立法活动的加速发展是那个时代的特征,这一现象很快便造成《曼努埃律令》被大量单行法规所包围。这些法规不仅废止、修改或说明律令的很多规则,而且还处理新的事宜。除此之外,还加上上诉法庭的判例产生大量约束性解释。[200]因此,至少制定一部系统地补充《曼努埃律令》的汇编、保障法律的稳定与安全是有迫切性的。

---

〔197〕 全部参见 BRAGA DA CRUZ,前揭《*O direito subsidiário*》,第236页注60。

〔198〕 参见上文第192页,注446。

〔199〕 同样是由 Calouste Gulbenkian 基金发起(参见上文第192页注446)。

〔200〕 参见下文第207页及后续页。

发起这项工作的是相当年轻的 D. 塞巴斯蒂昂(D. Sebastião)的摄政王的 D. 恩历克(Cardeal D. Henrique)红衣主教。他委托杜瓦特·努内斯·度·利昂(Duarte Nunes do Lião)〔201〕组织一套单行法律——或者说,《曼努埃律令》以外的生效法律——的汇集〔202〕。这位当时身任上诉法庭检察官的法学家具有足够的经验确保有关立法工作的成功。实际上,他也曾经根据该法院院长洛兰素·达·席尔瓦(Lourenço da Silva)的指示,制定了一部单行法则的私人汇编〔203〕以供法院使用。

---

〔201〕 上述法学家的名字还有以下的写法:Duarte Nunes (或 Nunez) do (或 de) Leão (或 Liam)。他是一名留下大量作品的法学家,其作品还包括其他领域,如语言学与历史学。关于这位作者的生平著作,全部参见 JOSÉ PEDRO MACHADO 对 Duarte Nunes de Leão 作品的初步研究,《*Origem da Língua Portuguesa*》,第 4 版,Lisboa,1945 年,第 3 页及后续页,以及载前揭《Dic. de Hist. de Port.》,第 II 卷,第 667 页及后续页;以及 MARIA LEONOR CARVALHÃO BUESCU,《*Historiografia da Língua Portuguesa*》,Lisboa,1984 年,第 143 页及后续页。有必要参考 PEDRO DE AZEVEDO,《*Um memorial de Duarte Nunes de Leão*》,载《Boletim da Segunda Classe da Academia das Ciências de Lisboa》,第 VIII 卷(1913 年/1914 年),Coimbra,1915 年,第 267 页及后续页。

〔202〕 关于其写作的数量,参见 M. J. ALMEIDA COSTA,《*Leis Extravagantes e Repertório das Ordenações de Duarte Nunes do Lião*》中的简介,Lisboa,1987 年,第 5 页及后续页。

〔203〕 即《"Liuro das leis extrauagantes copilado per mandado do senhor Regedor/ Lourenço da Sylva, pelo Licenciado Duarte Nunez do Lião, Pro/curador da casa da supplicação" /MDLXVI(A. N. T. T. —*Casa Forte*, códice 26)》。该手抄本属于里斯本高等法院。它是从上诉法院转到里斯本高等法院的。根据 D. 恩历克主教的决定,从这一原版中制作了一份副本,供葡萄牙国家档案馆(Torre do Tombo)(A. N. T. T. —Núcleo Antigo, códice 19)使用。在该副本的最后一页(第 322 页),有 Duarte Nunez do Lião 亲手所写的鉴定语,其签署日期为 1566 年 11 月 23 日。该手抄本出版的重要性可参见 JOSÉ ANASTÁSIO DE FIGUEIREDO 的前揭《*Synopsis Chronologica*》,第 II 册,第 113 页及后续页;JOÃO PEDRO RIBEIRO,前揭《*Reflexões Historicas*》,第 II 部分,第 124 页,以及 MARTIM DE ALBUQUERQUE,《*O Regimento Quatrocentista da Casa da Suplicação*》,Paris,1982 年,第 76 页及后续页。

须注意的是,那一部手抄的汇编与印刷及官方版的汇编相比有相当大的不同。首先,其内容的体系编排有别。除此之外,它采取的方法是将所收集到的文本完全复制。[204]

而在具有约束力的汇编中,为了使其体积不致太大、便于参阅,故此,是将不同规则的精华摘要或摘录,而不是将先前的法律及判例辗转抄录。这一部集录的“信誉及信用”(fé e crédito)被 1569 年 2 月 14 日的准照所承认,该准照并赋予其与原规定“一样的权威”,“犹如‘按原规定’逐字逐句写成一样”。然而,在此之前,上述的上诉法院院长洛兰素·达·席尔瓦(Lourenço da Silva)以及国王的其他顾问及大法官还是被委托对这一份单行规范——必定对照其相关的原条文——的“实质性报告”作复核。

自然以后,这些被简略的规则当然就按其节录版的意思产生效力了。立法者当然可以修改浓缩版的内容,但任何修改均已经被自动设限。对节录版的可信性的疑虑——不断在批核的准照上显示出来——为解决解释上产生的疑问指出了道路:参阅原文。

该汇编分为六大部分,依次规范的内容为:公职以及王家职位;管辖以及特权;案件,包括 D. 若昂三世的一条关于法院程序的手续(“ordem do juízo”)的重要法律的摘要;犯罪人;王家财政;杂项事宜。每一个部分均分为数个标题,而其规定——即使摘自性质不同的渊源——则称为法律。较长的法律会被细分为段落。

(二)版本

其 1569 年的“初”版是唯一一个在杜瓦特·努内斯·度·

---

[204] 关于该手抄汇编以及其四个部分的内容,参见 MARTIM DE ALBUQUERQUE,《*Para a história da legislação e jurisprudência em Portugal. Os livros de leis e assentos dos antigos tribunais superiores*》,载前揭《Bol. da Fac. de Dir.》,第 LVIII 卷,第 II,第 635 页及后续页。

利昂的单行法律集录生效期间所出版的版本。人们所认识的仅仅是七百年代的第2版,由科英布拉大学为历史研究的目[205]而制作。

1987年[206]所影印复制的正是这一大学版本。在同一版本中,收入了杜瓦特·努内斯·度·利昂于1569年当年所出版的一篇小文章,内里既载有一些《曼努埃律令》中被《杜瓦特·努内斯·度·利昂的单行法律集录》所废止或解释的规范,也有一些裁判员必须"查究或寻找数据"的案例。这应是他充作个人用途[207]的有用笔记。

四、《菲利普律令》

(一)制定

《单行法集录》不过是一部单纯的过渡性作品,因此对《曼努埃律令》的彻底改革显得愈来愈迫切。《曼努埃律令》甚至无法实现其时代所要求[208]的法律变革。

因此,制定新的律令成了菲利普一世(Filipe I)[209]自然的工作。尽管如此,菲利普一世在位期间还作出了其他对法律范畴有重要意义的措施。我们记得的有,以该君主规定成立的波尔图地

[205] 《*Leis Extravagantes Collegidas e Relatadas pelo Licenciado Duarte Nunez do Lião, per mandado do muito alto e muito poderoso Rei Dom Sebastião, nosso Senhor*》, Coimbra, 1796年,载前揭《Col. da Leg. Ant. e Mod. do Rein. de Port.》,第I部分—《Da Leg. Ant.》,(参见上文第191页,注441)。

[206] 由于Calouste Gulbenkian基金的支助(参见第195页,注458)。

[207] 在《Colecção das Leis Extravagantes》的大学版之中,这一作品附有一个附录(第853页及后续页)。在一部1560年付印的《律令汇编》中,还收入了Duarte Nunes的另一法学作品。

[208] 参见上文第194页。

[209] 关于《菲利普律令》,参见M. J. ALMEIDA COSTA,前揭《*Ordenações*》,载《Dic. de Hist. de Port.》,第III卷,第209页及后续页,另载前揭《Temas de História do Direito》,第69页及后续页,内附参考书目,以及《*菲利普律令*》的简介,1985年,第5页及后续页。

区法院[210]取代在里斯本运作的民事法庭,以及一条关于司法重组的法律生效。

一般提到,可能在政治上利用了对法律协调及更新的迫切心态。这种愿望使菲利普一世可以充分尊重葡萄牙的制度,并在该国的法律传统以内对其进行更新。

根据推测,菲利普汇编的准备工作始于1583年及1585年之间。对于所参与的法律专家,同样存在疑问:可肯定的有,若热·德·卡别度(Jorge de Cabedo)、阿丰素·瓦兹·田雷罗(Afonso Vaz Tenreiro)、杜瓦特·努内斯·度·利昂(Duarte Nunes do Lião);然而,可能还有其他的合作者。[211]

新的律令完成于1595年,并由同年的6月5日的法律所通过,但是没有产生效力。只有到菲利普二世(Filipe II)在位期间,才透过1603年1月11日的法律使其开始生效——其生效期是葡萄牙立法传世之作中最长的。[212]

(二)体系及内容与被废止的法例

《菲利普律令》维持了细分为标题及段落[213]的传统五篇体

---

〔210〕 参见下文第208页及后续页。

〔211〕 参见 NUNO J. ESPINOSA GOMES DA SILVA,《*Sobre os compiladores das Ordenações Filipinas*》,载前揭《Bol. do Min. da Just.》,第264号,第5页及后续页。

〔212〕 在我国,它被1867年7月1日的民法典全部废止;而在巴西,其废止则仅发生于1916年1月1日公布的民法典(第3071号法律),该法典于1917年1月1日生效。因此,实体民法构成了《律令》(第四篇)的最后堡垒。

〔213〕 参见上文第191页及后续页,以及第194页及后续页。《菲利普律令》的各篇由以下数目的标题组成:第一篇—100个标题;第二篇—63个标题;第三篇—98个标题;第四篇—107个标题;第五篇—143个标题。关于先前的律令之标题数目,参见上文第194页,注452。可参见 JOAQUIM JOSÉ FERREIRA GORDO 在其《*Fontes Proximas da Compilação Filippina*》中所作的《菲利普律令》与其先前的律令或单行法规的对照表,Lisboa,1792年。在 MELLO FREIRE 的前揭《*Historiae iuris civilis lusitani liber singularis*》内,也可发现王国的先后三部律令的一个对照表,该作品第1版,Lisboa,1788年,第205页及后续页。

系。同样,各篇的内容也没有基础性的改变。

它所追求的显然是纯粹对《曼努埃律令》的更新修订。当中存在受到卡斯蒂利亚启发的规范——例如一些源自《托罗法》(Leis de Toro)——并没有剥夺《菲利普律令》[214]的典型葡萄牙特征。原则上,它仅仅是将《曼努埃律令》的规定以及很多在其之后生效的规则收入单一的一部法律中。

然而,若干修改还是有的。值得一提的是关于补充法的一个方面。《曼努埃律令》所表述的补充法律漏洞的标准没有受到任何实质的改动。然而,不论在《曼努埃律令》还是在《阿丰素律令》中均规定在第二篇的关于程序方面内容现在变成在第三篇规定。这一改变所显示出的观点与法律漏洞补充的问题大不相同。[215]

除了一些体系编排的改变外,还有一些十分重要的内容上的改变。例如,是《菲利普律令》第一次将关于国籍法的一系列规定纳入汇编的。根据其里面的规范,判别是否具有王国的国藉所采用的标准并非传统标准——血统原则("ius sanguinis")以及出生地原则(ius soli)——的其中之一,而是两者相结合,但可能更侧重于后者。[216]

核准《菲利普律令》的法规声明,除被转抄入保存于上诉法院

---

〔214〕 关于在菲利普统治时期,卡斯蒂利亚法律对葡萄牙法律的影响,参见 BARTOLOMÉ CLAVERO ARÉVALO,《*Lex regni vicinoris. Indicio de España en Portugal*》,载前揭《Bol. da Fac. de Dir.》,第 LVIII 卷,第 I 册,第 239 页及后续页。

〔215〕 参见下文第 217 页。

〔216〕 第二篇第 55 个标题。似乎这些规定的来源是西班牙的《*Ordenanzas Reales* de Filipe II de Espanha》(第一篇,第 3 个标题,第 19 号法律)。参见 RUI MANUEL GENS DE MOURA RAMOS,《*A evolução do direito da nacionalidade em Portugal* (*das Ordenações Filipinas à Lei n. o* 2098)》, 载前揭《Bol. da Fac. de Dir.》,第 LVIII 卷,第 II 册,第 695 页及后续页,尤其是第 699 页及后续页,以及《*Do Direito Português da Nacionalidade*》,Coimbra,1984 年,第 7 页及后续页。关于现行法,参见 1994 年 8 月 19 日的第 25/94 号法律,它修订了 1981 年 10 月 3 日的 37/81 号法律(国籍法)。

的簿册法律、载于财政律令内的法规以及物业转移税条例内的法规外,所有未载入汇编的法律规范均被废止。然而,在实务上很多其他的规则还是继续被适用的。

(三)D. 若昂四世的确认

《菲利普律令》一直生效到 1640 年的革命为止。在同一年,D. 若昂四世(D. João IV)普遍地确认所有在卡斯蒂利亚统治期间所颁布的法律。

1643 年 1 月 29 日的法律明示地确认律令及使其重新生效。在同一法规中,这位君主表示出其进行改革的打算,而改革也是朝廷的意愿。然而,最后并没有落实。

(四)"菲利普主义"

必须注意的是,菲利普时代的编纂者所关心的是审核与协调现行法,创新是被减到最低的。根据这位君主的上述政策安排[217],这种取向并不奇怪。

其企图仅仅是将《曼努埃律令》更新。只是,该工作并非透过将各项规则适当地重整来完成,而是将新的规则加到旧的规则上。因此,一些已被废止或不获使用的规范还继续保留,很多时候会由于没有清除旧的规则而又加入相反的规定而发生不清晰甚至矛盾的现象。

缺乏原创性以及上述的其他缺点在 18 世纪末的时候被称为"菲利普主义"(filipismos)。[218]这个词语被保留了下来。若非将其理解为刻意对《曼努埃律令》文本的尊重,则这些不完美之处似乎难以解释。那个时期当然不是我国法律文化的辉煌时期,

---

〔217〕 参见上述第 197 页及后续页。

〔218〕 这一说法源自 José Virissimo Alvares da Silva,《Introdução ao Novo Código》,或者《Dissertação Critica sobre a principal causa da obscuridade do nosso Código Authentico》,Coimbra,1780,第 6 页。这一作品对菲利普汇编作了尖锐的批判。

然而,只须回顾一下肯定有参与其准备工作的法学家是谁,我们便必须承认他们至少有能力制作一部避免上述的一些重大失误的作品。

(五)版本

《菲利普律令》有多个版本。这毫不奇怪,因为上文已提及,它在葡萄牙以及巴西[219]均有很长的生效期。

《菲利普律令》的第1版出自彼德罗·克雷斯碧克(Pedro Craesbeeck)[220]的工作室,地点位于里斯本,日期是1603年。在印刷律令的特权于1773年年末[221]转到科英布拉大学之前,还有其他的版本。其最后一个版本——别名为"维森特版"的版本——是在D. 若昂五世(D. João V)的时候产生的。虽然它在版面规格上更具气势,但却不便于参阅。[222]此后,在1789年至1865年期间,科英布拉大学曾多次印行。

值得强调的是由坎迪多·缅德斯·德·阿尔梅达(Cândido

---

[219] 参见上文第198页,注471。

[220] 这一版本的封底页有Crasbeeck的字迹。

[221] 应该记得的是它之前属于圣奥古斯汀教士团的S. Vicente de Fora修道院(参见上文第190页,注441)。

[222] 这一个1747年的版本与D.若昂五世的时候尝试制定新的律令有关。这一尝试最后没有成功落实,该版本尤其与Fr. Gaspar da Incarnação Moscoso以及Alexandre de Gusmaão关系密切(参见ALEXANDRE DE GUSMÃO,《*Colecção de varios escritos ineditos, politicos e litterarios de Alexandre de Gusmão que dá á luz publica J. M. T. de C.*》,Porto,1841年,第59页及后续页;J. M. T. de C. 是José Manuel Teixeira de Carvalho的缩写)。开始时,仅有由Jerónimo da Silva主编的《菲利普律令》上述版本。在这一版本的基础上,各篇均增加了在1603年及1747年公布的单行规定,这些规定废止、修改或解释了第1版的《菲利普律令》。但是这一工作并不完美(参见FRANCISCO COELHO DE SOUZA E S. PAIO,《*Prelecções de Direito Patrio Publico e Particular*》,第1部分及第2部分,Coimbra,1793年,第15页,第XIII节,注t,以及第17页,第XV节注z)。

Mendes de Almeida)[223]于1870年在巴西付印的版本。这位出色的法学家声称参阅了所有先前的版本,并按1603年的初版以及1824年的第9版定稿。总的来说,这是《菲利普律令》的第14版,但却是巴西的第1版。在其出版之日,该律令在我国已被完全废止。

这一个确保文本的忠实性的版本所具有的优点是,其法条均附有注文。注文内容除了学说及司法见解的援引外,还包括语言学上的、历史性的以及注释性的批注,法律渊源的提示以及直到当时为止的一些修订或废止该律令内之规定的法规。在其附录中,还抄录了与各个标题有关的法例。毫无疑问,这是一个对于研究最为有用的版本,由于其制定历时多年,坎迪多·缅德斯的很多历史一法律意见均显得过时,尤其是其在序言中关于葡萄牙法律发展的论述,充满了其时代的方法论特色。[224]

五、单行法例、法律的公布与开始生效

(一)概述

除了那一些没有被《菲利普律令》废止或者继续滥于适用的法规外,还增加了一些其他的规定。[225]没有多久,菲利普的汇编

---

〔223〕 注意,不要将上述版本与FERNANDO MENDES DE ALMEIDA所作的另一版本混淆,即《*Ordenações Filipinas – Ordenações e leis do Reino de Portugal Recopiladas por mandado d' el Rei D. Filipe,o Primeiro*,São Paulo》,第I卷(1957年),第II卷(1960年)以及第III卷(1966年)。这一作品是后于民西民法典的颁布的,它所持的是历史一法律的观点,内有宝贵的注释及引文。然而,仅包括《菲利普律令》的首三篇。

〔224〕 这一个在葡萄牙极为罕有的版本又是由于Calouste Gulbenkian基金的支持而得以影印再版(前述《*菲利普律令*》,Lisboa,1985年,关于该作品及其作者,可参见M. J. ALMEIDA COSTA,《Nota de Apresentação》,第9页及后续页)。这个版本附有同样是由CÂNDIDO MENDES DE ALMEIDA所作的《*Auxiliar Jurídico*》(Rio de Janeiro,1869),内有一个附录(共2卷),收入了葡萄牙及巴西的法例、司法见解及学说。

〔225〕 参见上文第199页。

便被一部重要及大型的单行法规所修订或补充。这部法规就是所谓的"*单行法例*"(*Legislação extravagante*)。然而，这一名称早已为人所知。[226]

首先,我们要强调的是,法律这个概念在这里所使用的是一个比在现代法所使用的宽广得多的意义。[227]即使不计算导致立法、行政及司法范畴的区分的三权分立原则[228]亦然。在那个时候，一般将所有旨在改动既存的法律秩序的主权意思表示均界定为法律,甚至连普遍性以及存续性等条件也不被视为必须。原则上,虽然承认本义的法律应可作一般及抽象适用，但是对于没有这些特征的法规,也不反对给予该称谓。

从内容上概括而言,可认为这一单行法规主要是以维持公共秩序——例如刑法性质的以及有关武器的使用及持有的措施、主持正义——例如解决各管辖机关之冲突以及致力于追求正义的使者(律师、公证员等)的正确作为的规范——以及赋税的征收为对象的。

从这一个片面看,私法处于从属的地位。人们依赖于补充法渊源的支持。[229]这成了学说及司法见解的一项重要工作,从事这些工作的人当中,不乏出色的法学家。[230]

---

〔226〕 参见上文第168页,关于教会法的内容,以及第195页及后续页,关于葡萄牙法。

〔227〕 关于在葡萄牙法律发展的过程中,法律的概念以及立法的功能的问题,包括统计分析,参见 ANTÓNIO MANUEL HESPANHA,前揭《Nota do Tradutor》,载 JOHN GILISSEN,《*Introdução Histórica ao Direito*》,第318页及后续页。关于直到现代为止"法律"(lei)的历史点滴,参见 A. CASTANHEIRA NEVES,《*O instituto dos "assentos" e a função jurídica dos Supremos Tribunais*》, Coimbra, 1983年,第489页及后续页(《Revista de Legislação e de Jurisprudência》特刊)。

〔228〕 关于三权分立原则的起源,参见下文第274页及后续页。

〔229〕 参见下文第212页及后续页。

〔230〕 参见下文第226页及后续页。

(二)法规的种类

法律的创制仍然集中掌握在君主的手中,[231]然而,其立法意思则有不同的表示方式。因此,可平行地区分出不同种类的法规。[232]

其中最重要的是*法律诏令*(*cartas de lei*)[233]以及*准照*(*alvarás*)。虽然两者有形式上与存续期上的不同,但均具有由王家当玺官署发出[234]的共同特征。关于其格式方面,法律诏令以君主的专有名称为开始,[235]而准照则仅仅载有"朕,国王"(Eu Elrei)之词组;[236]另外,在实务上,署名的时候,又分别署以"国王"(Elrei)或仅仅是"王"(rei)。[237]关于存续期方面,如目标生效期超过一年者,应以

---

〔231〕 参见上文第174页及后续页。

〔232〕 关于这一类的立法,参见 VICENTE JOSÉ FERREIRA CARDOZO DA COSTA,《*Compilação Systematica das Leis Extravagantes de Portugal*》,Lisboa,1806年,《Discurso Preliminar》,第IX页及后续页;PAULO MERÊA,前揭《*Resumo das Lições de História do Direito Português*》,第141页及后续页,以及 ARMANDO LUÍS DE CARVALHO HOMEM,前揭《*O Desembargo Régio*(1320–1433)》,第49页及后续页。

〔233〕 又称为 *cartas patentes* 或仅称为 *cartas* 或 *leis*(狭义)。

〔234〕 《曼努埃律令》第II篇,第20个标题;《菲利普律令》,第II篇,第39个标题。

〔235〕 例如,Dom Manoel per graça de Deus Rey de Portugal e dos Algarves d'aquem e d'alem Mar em Africa Senhor da Guine e da conquista navegaçam comercio, etc. A quantos esta Nossa carta virem (...)(1506年4月18日的法律诏令;A. N. T. T. – *Col. Esp.*, *p. I.*, cx. 37, n. o 9)。

〔236〕 以"Eu EIRei"取代"Nós EIRei"是由上诉法院1524年的一份被D. 若昂三世认可的判例所确定的。这一修改显示了王权意志绝对凌驾于由宫廷所代表的人民意志(参见 CÂNDIDO MENDES DE ALMEIDA,前揭《*Auxiliar Jurídico*》,第I卷,第111页及后续页)。

〔237〕 VICENTE JOSÉ FERREIRA CARDOZO DA COSTA,前揭《*Compilação Systematica*》,《Discurso Preliminar》,第IX页及后续页,写道:"签名的不同是明显的,虽然我不知道这一不同是否由我国的某些法律所确立的:在诏令中,习惯上是君主的头衔置于国王、女王、王子或朕(ELRei)之前的,并总是附有印记,而在准照中,则签名一般不带国王、女王、王子等字。"

法律诏令颁布，而目标生效期低于一年者，[238]则以准照颁布。然而，自很早期开始，无论是形式方面抑或生效期方面的区别均常有例外或经常不被遵守，[239]两种类别的法规变得混淆。因此，出现了所谓的*法律准照*(*alvarás de lei*)、*具法律效力*(*alvarás com força de lei*)的*准照*或*法律形式*(*em forma de lei*)的*准照*。[240]

命令(*decretos*)处于重要性较低的层面。它并非以君主的名字作为上款。由于它一般均以一位部长或一个法院为对象，所以原则上均以一个写上其对象地址的一个词组为下款。[241]命令的本身范围限于对个别案件作出决定。然而，随着时间的消逝，最终的结果是，命令有时也载有一些创新的一般规则。

其他包括在法律这个谱系名称之下的还有与法律诏令完全不同的"*王家诏令*"(*cartas régias*)。王家诏令是真正的诏令，换言之，是以特定个人为对象的书信，因而，以收信人的名称作上款，但是其格式则根据收信人的社会等级不同而有别。[242]正如在准照上的情况那样，君主仅署以"王"(Rei)之字样。

被称为*决议*(*resoluções*)的是君主回复法院向其提呈之咨询——一般附随有关法官的意见书——的文件。虽然决议所涉及的是具体个案，但是趋势却是将其类推适用，变成一般法律。

---

[238]　《曼努埃律令》第II篇第20个标题第5节；《菲利普律令》第II篇第40个标题。

[239]　新法规定在没有明确地指明要废止律令的规则与列出有关规则的内容时，不得废止律令这样一个原则也没有得到遵守。这一个关于废止所需符合的要求明确规定于《曼努埃律令中》第II篇第49个标题第1节及第2节中，以及在《菲利普律令》第II篇第44个标题之中。

[240]　法律诏令以及准照视乎其所处理的事宜，可以有特别的名称。例如，当涉及法院的组织及公务员的权利义务时，可被称为规章；如为规范行会者，则被称为章程；如为关于市政组织或地方赋税，则称法令特许状。

[241]　尤其是："F. . . o tenha assim entendido e faça executar"。

[242]　最常见的是："F. . . Eu EIRei vos envio muito saudar"。

被称为*规定*(*provisões*)的是法院根据君主的决议,以君主的名义发出的文件。因此,符合法律的广义概念。很多时候,它的出现是由命令或王家决议引起,而且是为了推广前两者的内容。原则上,*规定*仅由负责发出的部长签署。由国王以准照的方式签署的规定在立法价值上与准照无异,所以,被称为"*王家规定*"(*provisões reais*)或*具法律形式的规定*(*provisões em forma de lei*)。

需最后一提的是*训令*(*portarias*)以及*通知*(*avisos*)。这些都是由部长[243]以君主的名义发出的命令。两者的区别是,训令作一般适用,[244]而通知则以一所法院、一个司法官员、一个组织或甚至一个个人[245]为对象。同样,透过这些文件,以超越其本身目的,部长们最后亦成功颁布真正的法律规则。

(三)法律的公布与开始生效

在《阿丰素律令》里,还没有任何明确规定法律的公布制度的规范,[246]即使规整掌玺大臣[247]这个职位的法规亦然。然而,这正是掌玺大臣的其中一项职务。实际上,它的职位不仅是君主与

---

[243] 国务秘书(secretários de Estado)这一职位,仅在18世纪下半叶才被称为"部长与国务秘书"(ministros e secretários de Estado);关于此一事宜,参见PAULO MERÊA,《*Da minha gaveta – Os secretários de Estado do antigo regimen*》,载前揭《Bol. da Fac. de Dir.》,第XL卷,第173页及后续页。关于这一职位在西班牙的情况,在菲利普时期很可能对我国产生影响,参见JOSE ANTONIO ESCUDERO,《*Los Secretarios de Estado y del Despacho* (1474 – 1724)》,4卷本,Madrid,1969年。

[244] 这一训令有一个起始语如下:"我们尊敬的国王命令(Manda ElRei Nosso Senhor)(...)"。必须指出,与此不同的是通知上附有王家部队的印玺。

[245] 关于通知的规范效力,参见JOSÉ HOMEM CORRÊA TELLES,《*Commentario Critico á Lei da Boa Razão, em data de* 18 *de Agosto de* 1769》,Lisboa,1824年,序言上的第三个评注。

[246] 关于先前的时期,参见上文第175页及后续页。

[247] 第I篇第2个标题。参见上文第176页,注386。

子民[248]之间的中间媒介，而且国王的信件——广义上包括法律文件[249]——也是由他发出的。

《曼努埃律令》直接处理了这一事宜。[250]它责令掌玺大臣既需在朝廷的掌玺大臣公署公布法律，也要将有关的复本寄给地区的法官。在D.若昂三世于1534年委任掌玺大臣的新规章之中，这一职责受到确认。该规章表明，其在朝廷上的公布必须于法律出台的当日[251]作出。《菲利普律令》仅仅是复述该规则。[252]

在很长的一段时间里，议会均保持着将一般规定以及关系地区利益的规定抄录进专为此目的而设的书册内的做法。同样，各高等法院亦拥有其本身的记录法律的书册。[253]印刷术的引入——令很多法律规定均以此方法传播——并没有减损上述的私人汇编的兴趣，因为印刷的数量总是有限的，而且印刷复本仅在很晚期方变为强制性；[254]负责公布新法规[255]的官方报刊也是很晚期才出现。

---

〔248〕《阿丰素律令》第I篇第2个标题。

〔249〕参见ANTÓNIO RIBEIRO DE LIZ TEIXEIRA，《*Curso de Direito civil Portuguez*》，Coimbra，1848年，第I部分，第59页。

〔250〕第I篇第2个标题第9节。

〔251〕1534年10月10日的规章（参见JOSÉ ANASTÁSIO DE FIGUEIREDO，前揭《*Synopsis Chronologica*》，第I册，第350页及后续页。），被收入《Colecção das Leis Extravagantes de Duarte Nunes do Lião》，第I部分第1个标题（尤其参见法律第1号，第9节）。

〔252〕第I篇第2个标题第10节。

〔253〕参见MARTIM DE ALBUQUERQUE，前揭《*Para a história da legislação e jurisprudência em Portugal. Os livros de registo de leis e assentos dos antigos tribunais superiores*》，载《Bol. Da Fac. De Dir.》，第LVIII卷，第II册，第623页及后续页，尤其第629页及后续页。

〔254〕参见下文第293页。

〔255〕参见下文第293页及后续页。

于1518年年末[256],关于法律开始生效的规定措施出台:法律在其于掌玺大臣公署公布3个月后,即于全国生效,不论其是否在议会上公布。这一规则被转录到《曼努埃律令》之内,[257]但针对朝廷而言,则待生效期被缩减为8天。一般的理解是,其他的法规——即没有呈交给掌玺大臣公署的法规——的生效期自其公布之日开始。《菲利普律令》保留了上述期间。[258]

值得一提的是,法律诏令以及准照须强制提交掌玺大臣公署。[259]然而,随着时间的推移,很多的法规即使没有遵守这一要求也还是被视为有效的。

明显的是,法律的实际被知悉会随着朝廷与地方之间的距离不同而有别。最大的困难出现在海外。因此,在1749年规定,仅当法律在地区政府所在地公布之后方对海外领土产生强制力。[260]

六、透过判例解释法律

对将来具有普遍约束意义的法律解释的问题乃是由16世纪

---

[256] 1518年12月10日的准照(参见JOSÉ ANASTÁSIO DE FIGUEIREDO,前揭《*Synopsis Chronologica*》,第I册,第231页)。关于先前的制度,参见上文第175页及后续页。关于法律条文的开始生效期,可采取同步生效方法(*método sincrónico*)或逐步生效方法(*método sucessivo*),视乎法律于同一天在全国的所有地区生效抑或在不同地区或地方分数个不同时期逐步生效。

[257] 第I篇第2个标题第9节。

[258] 第I篇第2个标题第10节。

[259] 参见上文第203页。

[260] 1749年1月25日的法律。参见ANTÓNIO RIBEIRO DE LIZ TEIXEIRA,前揭《*Curso de Direito Civil Portuguez*》,第I部分,第59页。

第二个十年的一个法规调整的。[261]这个法规的规定后来被收入《曼努埃律令》,[262]然后又传到《菲利普律令》。[263]

该法规定,当上诉法院的法官对某些规则产生疑问的时候,这些疑问应该上呈同一法院的院长。院长在召集其认为适合的法官后,便与这些法官一起定出其认为最适当的解释。然而,假使解释上仍然有困难,上诉法院的院长也可以将疑问上呈君主解决。

依此所得的解决方案会被登录在*判例簿册*(*Livro dos Assentos*)中,并对将来的同类案件具强制力。这样,上诉法庭的*判例*(*assentos*)便犹如具有强制性的司法见解[264]一样。这就是处于司法组织的顶端的法院——主要是最高法院(Supremo Tribunal de Justiça)——的判例的历史前身。[265]

---

[261] 1518年12月10日的准照(参见 JOSÉ ANASTÁSIO DE FIGUEIREDO,前揭《*Synopsis Chronologica*》,第I册,第231页)。法律的权威解释是君主的一项权力。有数部法规是用来解释先前的规定的。很多时候,国王也会主持高等法院的会议,并对所发生的解释上的疑问作出决定。在D. 曼努埃一世将这一项职能赐给了上诉法院的上述准照原本上,可发现由于行政上的复杂性增加,君主主持这些高等法院会议的习惯便消失了(参见 BRAGA DA CRUZ,前揭《*O direito subsidiário*》,第283页,注109,当中分析了不同形式的判例)。

[262] 第V篇第58个标题第1节。

[263] 第I篇第5个标题第5节。另参见上诉法院1605年6月7日的规章第8节(载 JOSÉ JUSTINO DE ANDRADE E SILVA,《*Collecção Chronologica da Legislação Portugueza* (1603-1612)》,Lisboa,1854年,第130页及后续页)。

[264] 关于其与"法桑雅"(*façanhas*)的比较,参见上文第124页,注232。然而,在1648年2月4日的命令中,接纳了对有"明显不公平"的判例进行修改[参见 JOSÉ JUSTINO DE ANDRADE E SILVA,前揭《*Collecção Chronologica*》,(1683-1700),第7页]。

[265] 参见 A. CASTANHEIRA NEVES 的前揭研究,《*O instituto dos "assentos" e a função jurídica dos Supremos Tribunais*》,Coimbra,1983年。对于判例的现代制度,参见下文第259页的综述,在第258页注720的下半部分。

上诉法院是王国的高等法院,它曾经与朝廷处于同一地方,但是最后却落户于里斯本。[266]

在该城市运作的还有构成第二审的民事法庭(Casa do Cível)。它有权审理全国范围——处于朝廷方圆五公里范围内的地区所产生的判决除外,其上诉直达朝廷法院——内的民事上诉案件,以及审理产生自里斯本与其郊区的刑事案件的上诉。[267]

---

[266] 关于从宫廷法院(朝廷法院(Tribunal da Corte)或宫廷正义厅(Casa de Justiça da Corte),后来分裂成上诉法院(Casa da Suplicação)以及宫廷法院(Desembargo do Paço),往后又区分出民事厅(Casa do Cível)有时或称为民事与刑事厅(Casa do Cível e Crime)的不断分裂而产生的古代高等法院,参见 MARCELLO CAETANO,前揭《*Hist. do Dir. Port.*》,第 I 卷,第 482 页及后续页,以及 MARIA DA GLÓRIA GARCIA,前揭《*Da Justiça Administrativa em Portugal. Sua origem e evolução*》,第 205 页及后续页。先前的作者中,最为突出的是 AFONSO COSTA,其作品为《*Lições de Organisação Judiciaria*》,Coimbra,1897 年,第 96 页及后续页,以及 ALBERTO DOS REIS,《*Organização Judicial. Lições feitas ao curso do* 4. *o ano juridico de* 1908 *a* 1909》,Coimbra,1909 年,第 169 页及后续页,虽然有些地方不太清晰。关于上诉法院(Casa da Suplicação),参见 MARTIM DE ALBUQUERQUE,前揭《*O Regimento Quatrocentista da Casa da Suplicação* (ed. de 1982)》,该作品在作了一项概述性的研究之后,将拉丁文本作了锌版的重印,并由 EDUARDO BORGES NUNES 作古文字学的分析,以及由 MIGUEL PINTO DE MENESES 翻译成葡语。在这一个概述性的研究中,分析了该文本中的一些有疑问的方面,尤其是关于其法律性质究竟是真正的法律、纯粹的内部规章抑或是私人文书的问题。关于 1605 年 6 月 7 日的上诉法院规章(Regimento da Casa da Suplicação),可参见 JOSÉ JUSTINO DE ANDRADE E SILVA,载前揭《*Collecção Chronologica* (1603 - 1612)》,第 129 页及后续页。参见 PAULO MERÊA,《*Bosquejo histórico do recurso de revista*》,载前揭《Bol. do Min. da Just.》,第 7 号,第 43 页及后续页;以及 M. J. ALMEIDA COSTA,《*Suplicação* (*Recurso de*)》,载《Verbo - Enciclopédia Luso - Brasileira de Cultura》,第 17 卷,Lisboa,1975 年,第 881 页。

SOVERAL MARTINS 的《*A Organização dos Tribunais Judiciais Portugueses*》之中,有关于葡萄牙法院的法律与司法组织立法的历史性描述,其第 II 卷,Coimbra,1991,第 163 页及后续页。

[267] 《阿丰素律令》第 I 篇第 7 个标题;第 III 篇第 90 个标题,以及第 V 篇第 98 个标题(参见 MARCELLO CAETANO,前揭《*Hist. do Dir. Port.*》,第 I 卷,第 484 页及后续页)。

为了将上诉法院分散并回应先前的要求，菲利普一世于1582年将民事法庭迁往波尔图，使其变身为波尔图高等法院（Relação do Porto）。〔268〕波尔图高等法院新法庭是有关北部地区的刑事案件的第二审和终审法院；同样的情况也发生在民事案件上，除非案件的目标超过特定金额（利益值 alçada）——这个情况下，有可能向上诉法院提出上诉〔269〕。

这样，波尔图高等法院相对于上诉法院还保存着若干的附属性。不管如何，在北部地区里，这个法院是享有高度自主性的，因此，波尔图高等法院的法官即使在没有任何法律文件赐予其类似权力的情况下，还是将制定规范性判例的权利据为己有。这样，自然便造成解释上的混乱与矛盾。〔270〕

---

〔268〕　1582年7月27日的法律。有争议的是究竟菲利普一世有否将里斯本民事法院迁往波尔图，抑或关闭了里斯本民事法院，代之而设立波尔图高等法院（全部参见 MARTIM DE ALBUQUERQUE，前揭《*Para a história da legislação e jurisprudência em Portugal*》，载《Bol. da Fac. de Dir.》，第LVIII卷，第II册，第627页及后续页）。

〔269〕　视乎所涉及的目标是动产抑或不动产，诉讼利益值分别为10万雷尔与8万雷尔。根据1696年7月26日的法律，这两个数值被增加为三倍，而1813年5月13日的准照又再次将其提高。须向波尔图高等法院上诉的地区为以下省份：Entre – Douro – e – Minho 省、Trás – os – Montes 省以及 Beira 省，除了 Castelo Branco 地区——因为这一地区离上诉法院较近——以及"对科英布拉大学的登记官的民事抗诉"外（参见 BRAGA DA CRUZ，前揭《*O direito subsidiário*》，第287页，注110）。

〔270〕　关于判例的汇编，参见 J. – M. SCHOLZ，前揭《*Legislação e Jurisprudência em Portugal nos Sécs. XVI a XVIII*》，载《Scientia Ivridica》，第XXV册，第512页及后续页，尤其第557页及后续页，以及 MARTIM DE ALBUQUERQUE，前揭《*Para a história da legislação e jurisprudência em Portugal*》，载《Bol. da Fac. de Dir.》，第LVIII卷，第II册，第623页及后续页，内也提到各海外省的高等法院的建立（第628页及后续页）。在 CÂNDIDO MENDES DE ALMEIDA 的前揭《*Auxiliar Jurídico*》中，有一份关于礼仪、判例以及判决的编集，第I卷，第47页及后续页，以及第II卷，第799页及后续页。这一作品还有一份被上诉法院以及民事法院的判例所宣示之律令与单行法律的列表（第II卷，第789页及后续页）。

同一时间,那些在海外建立的高等法院——果亚高等法院(1544年)、巴伊亚高等法院(1609年)[271]以及里约热内卢高等法院(1751年)[272]——均以此为榜样,[273]开始制定解释性的判例。这一滥用情况仅到18世纪才告终。1769年8月18日的法律,被称为“良好理性的法律”,规定只有上诉法庭的判例才具有解释性效力。[274]

七、朝廷的礼仪、风俗

(一)朝廷的礼仪

各部《律令》均指明,除法律外,朝廷的礼仪与风俗也是本国法的法律渊源。[275]民法学家与教会法学家曾争论风俗

[271] 虽然创立于1587年,这一高等法院仅透过1609年3月7日的规章才真正建立。

[272] 当巴西还在政治上与我国连在一起的时候,还设有Maranhão(1812年)以及Pernambuco(1821年)的高等法院。

[273] 葡萄牙及巴西的古代高等法院的规章由CÂNDIDO MENDES DE ALMEIDA所出版,参见其前揭《*Auxiliar Juídico*》,第I卷,第1页及后续页。该作品还指出了上述法院的各任院长(第II卷,第775页及后续页)。

[274] 《良好理由的法律》(Lei da Boa Razão),第8节(参见下文第367页及后续页)。须注意的是,透过1808年5月10日的准照,里约热内卢的高等法院转变成为巴西的上诉法院,取得了在其管辖范围内作出解释性判例的权限。巴西的上诉法院被最高法院——根据1824年3月25日的帝国宪法,透过1828年9月18日的法律组成,于1829年1月9日建立——所取代。根据1890年10月11日的第848号命令,该法院后来被称为联邦最高法院(Supremo Tribunal Federal)。关于巴西在帝国时期的判例法律制度,参见ALFREDO BUZAID,《*Da uniformização da jurisprudência*》,载前揭《Bol. da Fac. de Dir.》,第LVIII卷,第II册,第127页及后续页,尤其第136页及后续页。

[275] 《阿丰素律令》第II篇第9个标题;《曼努埃律令》第II篇第5个标题,以及《菲利普律令》第III篇第64个标题。

(*Consuetudo*)与礼仪(*Stylus*)之间的差异,[276]但是一直没有形成一致的学说。

两者有两个共同特征:均为自然法而非制定法渊源;都是建基于习惯的。然而,对于其区分标准为何则曾经存在分歧。

对于某些作者而言,风俗来自集体行为,而礼仪则由公共实体——特别是司法机关——的实务形成。另一流派以其所规范的事宜为基础的,认为礼仪仅限于诉讼方面(审判的惯例)的事宜,与此不同的是可在法庭范围内(判决内容)产生的本义上的实体法风俗。

对我们而言,礼仪这个概念已被广义使用,它等于高等法院的统一与稳定的司法见解。[277]关于应符合那些要件方视为礼仪的问题,同样没有一致意见。根据主流意见,它必须:(1) 不违反法律;(2) 具有时效性,换言之,即存在 10 年或以上;(3) 至少须由高等法院的两个具有一致性的行为所引进。某些作者主张必须有三个司法行为。而其他则主张,仅在礼仪违反法律时,才强制要求证明其时效;所以,原则上,即使不符合这个前提的礼仪也是有

[276] 全部参见 BRAGA DA CRUZ,前揭《*O direito subsidiário*》,第 216 页,注 49;尤其参见 NUNO J. ESPINOSA GOMES DA SILVA,《*O Direito Subsidiário num Comentário às Ordenações Manuelinas atribuído a Luís Correia*》,载《Estudos de Direito Público em Honra do Professor Marcello Caetano》,Lisboa,1973 年,第 253 页及后续页,尤其第 263 页及后续页,以及前揭《*Hist. do Dir. Port.*》,第 295 页及后续页,里面分析了我国古代作者的意见,并附有大量的参考数据。关于国外的参考书目,引用 L. PROSDOCIMI,《*Tra civilisti e canonisti del sec. XIII al XIV. A proposito della genesi del concetto di "stylus"*》之所述,载前揭《Bartolo da Sassoferrato – Studi e documenti per il VI centenario》,第 II 卷,第 413 页及后续页。

[277] 上诉法院(Casa da Suplicação)、民事法院(Casa do Cível)以及各高等法院(as Relações)。然而,从严格意义上说,宫廷的礼仪仅包括上诉法院的礼仪(参见上文第 207 页及后续页)。Correia Telles 观察到,有时会将礼仪这个概念与风俗等同,他以《菲利普律令》第 I 篇第 1 个标题第 37 节为例(参见前揭《*Commentario Critico á Lei da Boa Razão*》,第 14 节的第 197 号评注)。

效的。

17 世纪初叶[278]的一个法规终于处理了上诉法院旧礼仪的强制力问题。这条法规也同样规定关于礼仪的疑问和礼仪的修订是判例(assentos)的处理对象。[279]

(二)风俗

我们应该记得的是,风俗在立国之初是司法体系内占主导地位的渊源,但自 18 世纪中叶[280]起,便开始让位于法律。原则上,新的法律均由立法的方式产生。[281]

尽管如此,律令仍然明确提到风俗。律令规定,它与法律和朝廷礼仪一样,均须被遵守。换言之,无论风俗是符合法律(secundum legem)、超越法律(praeter legem)抑或违反法律(contra legem),它均维持其作为法律渊源的效力。

必须注意下文所论述的转变。《阿丰素律令》仅限于确认王国古代所使用的风俗[282]的有效性,但《曼努埃律令》则较详细地作了规定:一方面,强调地方风俗的有效性与一般风俗处于同一层面,这样做的目的可能是避免先前的规定方式所产生的疑问;另一方面,对一般或地方风俗的遵守——作为直接法律渊源——仅限

---

[278] 1605 年 6 月 7 日的王家诏令(第 8 节)。参见 JOSÉ JUSTINO DE ANDRADE E SILVA,前揭《*Collecção Cronologica*(1603 - 1612)》,第 130 页及后续页;以及 CORRÊA TELLES,前揭《*Comentario Critico á Lei da Boa Razão*》,对第 5 节的第 21 号以及续后之评注,里内谈及其他的争议方面。后期的作品可参见 BRAGA DA CRUZ,前揭《*O direito subsidiário*》,第 283 页注 109(III)。

[279] 关于《Lei da Boa Razão》的规定,参见下文第 257 页及后续页。

[280] 参见上文第 124 页及后续页以及 177 页。

[281] 参见上文第 174 页及后续页。

[282] 第 II 篇第 9 个标题(“或我国先前沿用的风俗”)。

于罗马法与教会法学说均承认其有效性的情况。[283]

简要地说,关于第二个方面,立法者求助于那个时代的法律科学为风俗所建立的理由与生效要件。无论在国内抑或国外,这一议题均是在共同法学者之间极受争议的。正如本文在其他场合所论述的那样,[284]风俗一般被承认为具有与法律一样的效力;其具有强制力的理由乃基于其起源——表征为某种重复行为的集体意志——与君主意志等于创制实证法的基本或唯一渊源这一原则的和谐吻合。根据这一观点,形成了国王的默示许可的观念,因为,要主张君主的明示意思——这一主张必须以君主切实知悉习惯为前提[285]——是不可能的。

一如所见,关于风俗的约束力问题其实一点也不平静。立法者仅在很后期才把该问题确定下来。[286]对于违反法律的风俗,教会法学者的主导思想接纳其有效性,但违反公共秩序规定的除外。[287]

---

〔283〕 第 II 篇第 5 个标题("或上述王国的风俗,或这些王国的部分地区长久沿用的,而依法应予保留的")。《曼努埃律令》的句语被转录到《菲利普律令》第 III 篇第 64 个标题之上。BRAGA DA CRUZ 提醒我们注意这些方面,前揭《*O direito subsidiário*》,第 242 页注 65。

〔284〕 参见上文第 177 页。

〔285〕 全部参见 BRAGA DA CRUZ,前揭《*O direito subsidiário*》,第 242 页注 65;以及 NUNO J. ESPINOSA GOMES DA SILVA,前揭《*O Direito Subsidiário num Comentário às Ordenações Manuelinas atribuído a Luís Correia*》,载《Estudos de Direito Público em Honra do Professor Marcello Caetano》,第 253 页及后续页,尤其第 267 页及后续页;以及前揭《*Hist. do Dir. Port.*》,第 299 页及后续页,其内指出了古代法学家的意见。在外国学者之中,需特别指出的是 CALASSO,前揭《*Medio Evo del Diritto*》,第 I 卷,第 197 页及后续页。

〔286〕 参见下文第 259 页。

〔287〕 关于以长期以及一致的习惯废止法律,参见 1757 年 4 月 19 日的命令,载 ANTÓNIO DELGADO DA SILVA,《*Collecção da Legislação Portugueza desde a ultima compilação das Ordenações*(1750 – 1762)》,Lisboa,1830 年,第 505 页。

在有关风俗的要件的争论中,凸显了以下两个问题:一是其年资;二是展示其存在所需的行为的数目。关于前者,即时效(praeseriptio)的问题,共同法(ius commune)的学说——要求一段相等或超过10年的时间——变成通说。然而,在教会法法律范畴,有些学者认为对于违反法律的风俗而言,其最低期限为40年。

关于风俗的所需表现的次数问题,在这一时期里,有不同的意见,从一个行为到十个行为都有,似乎最为人所采纳的是认为两个行为——主要是司法性质的行为——便足够的意见。然而,也有不少人将这些时间上和行为数目上的要件[288]留给法官判断。

八、补充法

本文在论述《阿丰素律令》[289]的重要性时,曾经强调这部律令在很多方面都是不完整的。债法或债权的范畴就是一个例子。

同样的评价对于作为《阿丰素律令》继受作品的《曼努埃律令》和《菲利普律令》也能成立。因此,很多时候便引出法律漏洞的补充,或者说,补充法的适用问题。

在分析律令如何规定这一事宜之前,应就这一问题本身作进一步的思考。在下面,我们将评论一下。

(一)补充法的问题

补充法是一个被其他法律体系援引以作堵塞漏洞之用的法律规范体系。视乎其所填补的是一个司法秩序的整体的漏洞,抑或仅仅是一个法律部门或一个简单的制度,补充法依次被分为一般补充法与特别补充法。

补充法的问题与漏洞的问题——或甚至法律渊源的问

---

[288] 参见在本书注544所列出的作者。其中一个学派指出,风俗除了要有时效性之外,不仅被社群的大部分成员沿用,而且还要是理性的,即会导致共同利益的(参见PAULO MERÊA,前揭《*Resumo das Lições de História do Direito Português*》,第146页及后续页)。

[289] 参见上文第190页及后续页。

题——有特殊的关联。可以说,补充法的问题是受到对漏洞与渊源问题的发展的一种特殊理解、其特定历史状况以及其方法学所制约的。〔290〕

在这一普遍问题的背景下,其自身的重要性取决于以下两个在历史性上曾经出现的前提:一方面,各个法律秩序缺乏真正的独立性——尤其是本国法的独立性或排他性,并且缺乏对法律秩序所指向的法律领域或范畴作自给自足的统一法律规范的企图(这一企图一般是上述的独立性所产生的结果);另一方面,与上一个前提相一致的是,审判者援引任何其他可接触的法律秩序的可能性,其结果是, 要么隐藏了漏洞的真正问题,因为很容易便联想到总是可以求之于一套在形式上已成形的法律,要么,则透过法律渊源所界定的补充法解决该问题,这样,该问题只代表一个特定个案。

上述前提在欧洲法律思想的历史现实的一个很长时期内是行之有效的,特别是在所谓的罗马法复兴以及主要以复兴罗马法为基础的共同法形成之后。〔291〕这些前提的被采纳产生了表面上是不合情理但是却十分重要的以下结果:本国法律体系或整个实证法秩序的不完美或不充足获得肯定的同时,也承认了这样一个观念:法官可引用补充法、引用任一假设的法律或一项其他的形式上的法律渊源; 总有一套既有的法律可供其使用,所以,原则上,他无需以补充漏洞的方式为法律的创制做出贡献。

自从自主及统一的、以规范的完整性——因为这是 19 世纪思

---

〔290〕 关于这一命题,参见 A. CASTANHEIRA NEVES,《*Metodologia Jurídica Problemas Fundamentais*》,Coimbra,1993 年,第 207 页及后续页,以及前揭《*Fontes de Direito. Contributo para a revisão do seu problema*》,载《Bol. da Fac. de Dir.》,第 LVIII 卷,第 II 册,第 169 页及后续页(重新发表于前揭《Digesta》,第 2 卷,第 7 页及后续页)。

〔291〕 参见上文第 134 页及后续页,以及第 172 页及后续页。

想所产生的政治—法律与科学—数学准则的要求——为目标的国家立法运动发生起,这一个阶段便成为过去。正是这样一个运动,再加上上述目标以及那些准则,使法学教条必须直接及明确地面对漏洞的问题。不仅是填补漏洞的手段、标准及方法,而且是填补漏洞的问题本身变成了法律思想的关心对象。这里仅仅考虑这一广泛争论的问题的结果,[292]且今时今日,一般都会同意这一点:在实际上,无论立法者有否规定填补漏洞时应遵守的方法论上的一般标准,该问题均只可透过审判者的创设性填补活动来解决。或者说:只要审判者享有填补漏洞的相对自由,他便必须透过其超越形式上的法律数据而规范地创设的决定,为存在真正漏洞的情况给出法律答案。

因此,今时今日,真正的漏洞问题仅会在实证法的范围内出现。换言之,直接适用一部先前生效的法律、一个形式上的法律渊源的直接或间接(准用)可能性已经不存在。这样等于确认该问题——作为一个独特问题——在现代取决于法律秩序的限制以及秩序的完全独立性。当低于这些限制或完全的独立性不存在,所可能出现的是,同一体系内一个环节或一个特定部分从另一环节或部分——在整个体系里,这一部分与前述部分有着特殊的关系——里作体系内的规范援引,其目的是修补局部及依赖援引的秩序的形式上的规范缺陷。在整个法律秩序假定为协议与统一的大背景下,这些足以容许上述引用发生的特殊关系主要是指那些体现具体化的关系,或者说,从一般法到特别法的关系。在现代,补充法的意义正是在于此。

因此,当时间向前追溯,并从特定角度出发,认识到本国法律

---

〔292〕 争论点包括:漏洞的概念以及其规范意义、仅存在法律漏洞(lacunas da lei)抑或尚可暗示法的漏洞(lacunas do direito)、本义的漏洞与非本义的漏洞间的区别、形式上的漏洞与目的上的漏洞的区别、关于是否有不可补充的漏洞,等等。

渊源短缺及不完善而必须大量借助外国法律规定时,补充法的问题便会增加其重要性。作为各民族在法律及文化上的趋同其中一个元素,以上事实扮演着一个十分重要的角色。以上的论断以及其在比较法领域的重要意义正好在葡萄牙法律史中得到很好的反映。

(二)《阿丰素律令》所规定的补充法渊源

在我国,仅自《阿丰素律令》起才对法律渊源的框架作了系统的规定。此内容载其第Ⅱ篇第9个标题。那里首先提及的是本国法的渊源。被放在同一水平的有*国王的法律*、*朝廷的礼仪*[293]以及*古时所采纳的风俗*。[294]

这些就是直接渊源。阿丰素律令的立法者明确强调其强制性及优越性。[295]仅当"系争"案件无法以本国法决定的时候,借助补充法才是合法的。[296]同样,有关的渊源也被列举规定并按等级排列。下文将再分析这些渊源。[297]

1. *罗马法及教会法*

在缺乏本国法——一如所见,本国法乃由法律、朝廷礼仪以及风俗构成——的情况下,首先应使用被称为"王家法律"(Leis imperiais)与"神圣教规"(Santos cânones)的罗马法与教会法。[298]当法律问题具有世俗问题的性质,则以罗马法为优先,除非其适用会导致罪孽的结果。所以,当涉及精神层面的事宜以及当世俗事

[293] 关于朝廷的礼仪参见上文第209页及后续页。

[294] 关于风俗,参见上文第211页及后续页。

[295] 第Ⅱ篇第9个标题。

[296] 关于补充法的章节先前所发生的事,参见上文第180页及后续页。

[297] 参见G. BRAGA DA CRUZ详细及重要的研究,前揭《*O direito subsidiário na história do direito português*》;后期则参见NUNO J. ESPINOSA GOMES DA SILVA,《*O sistema de fontes nas Ordenações Afonsinas*》,载前揭《Scientia Ivridica》,第XXIX册,第429页及后续页。

[298] 第Ⅱ篇第9个标题。参见上文第164页及后续页。

宜遵循罗马法会导致罪孽的结果(ratio peccati),换言之,即违反基督教的道德,[299]则教会法优于罗马法。

然而,这并不是我国的律令所独有的标准。当适用罗马法导致罪孽时,教会法优于罗马法的学说曾经是通说。《阿丰素律令》以取得时效——该律令称之为取得性的时效(prescrição aquisitiva)——为例子展示了该学说:罗马法接纳恶意占有人占有经过30年后,可凭取得时效取得,但教会法则不接纳。[300]

2.*阿库修注释及巴托鲁意见*

倘若遗漏的情况无法直接凭上述的罗马法或教会法文本决定,则应参考《阿库修注释》,然后,再参考巴托鲁的意见,即使其他的"博士"有不同的说法亦然。[301]立法者对其以巴托鲁为优先的做法所提出的理据包括有:那是自D.若昂一世起便被采纳的实

---

[299] 第II篇第9个标题第1节。

[300] 该学说以及其所举的例子均来自巴托鲁。参见M. J. ALMEIDA COSTA,前揭《*Romanismo e Bartolismo*》,载《Bol. da Fac. de Dir.》,第XXXVI卷,第32页,以及同一作者的前揭《*La présence d' Accurse*》,第XLI卷,第56页,NUNO J. ESPINOSA GOMES DA SILVA,前揭《*Bártolo na Hist. do Dir. Port.*》,载《Rev. da Fac. de Dir. da Univ. de Lisb.》,第XII卷,第186页及后续页,以及前揭《*O sistema de fontes*》,载《Scientia Ivridica》,第XXIX册,第444页及后续页。关于上述的巴托鲁学说及其传播,参见例如,G. ERMINI,《*Corso di diritto comune*》,第I卷,Milano,1946年,第145页;CALASSO,前揭《*Medio Evo del Diritto*》,第I卷,第488页及后续页,以及CAVANNA,前揭《*Stor. del dir. mod. in Eur.*》,第I卷,第83页及后续页。

[301] 第II篇第9个标题第2节。只要世俗事宜不涉及罪孽,一个新的解释认为《阿库修注释》及巴托鲁意见优于教会法,参见JOSÉ ARTUR DUARTE NOGUEIRA,《*Algumas reflexões sobre o direito subsidiário nas Ordenações Afonsinas*》,载《Revista de Direito e de Estudos Sociais》,第XXIV年,Coimbra,1980年,第281页及后续页。然而,支持这一假设的论据似乎并未达到决定性(参见NUNO J. ESPINOSA GOMES DA SILVA,前揭《*O sistema de fontes* 》,载《Scientia Ivridica》,第XXIX册,第445页,注45,以及前揭《*Hist. do Dir. Port.*》,第253页,注2,以及MARTIM DE ALBUQUERQUE,前揭《*Bártolo e Bartolismo*》,载《Bol. do Min. da Just.》,第304号,第38页及后续页)。

务做法、这位法学家被公认为最具理性以及希望避免司法见解的不确定及混乱。

3. *君主的决议*

只要是寻遍上述各项材料仍然无法为遗漏的情况找到规定的，便必须咨询国王。国王的决定对将来的所有同类案件均有效力。[302] 同样的程序也适用于当系争个案既不涉及罪孽的事宜，在罗马法文件中又没有规范，而适用教会法、注释书以及法律博士的意见又会产生不同的解决方案的情况。[303]

（三）《曼努埃律令》及《菲利普律令》所引入的修改

《阿丰素律令》关于补充法的规定基本上均传承到《曼努埃律令》（第 II 篇第 5 个标题）[304] 里去，而又再从《曼努埃律令》传承到《菲利普律令》（第 III 篇第 64 个标题）。然而，在传承的过程中，这些规定受到了大范围的重新调整。从《曼努埃律令》传到《菲利普律令》的过程中，除了加入专门规定诉讼法事宜——对此，上文已作论述[305]——的一篇外，仅仅是作了形式上的小修订。

以上最后一点所提到的篇章的纳入似乎并不是偶然的。实际上，此一事宜的纳入所代表的意义是，补充法的问题不再是为了教会和国家之间（第 II 篇）的关系而作的规范，它已经转移到诉讼（第 III 篇）的范围了。正如布拉加 · 达 · 克鲁斯（Braga da Cruz）[306] 所强调的一样，可以发现，先前将补充法的问题与世俗权力和宗教权力——分别以罗马法与教会法作为其象征——之间

---

[302] 第 II 篇第 9 个标题第 2 节最后部分。

[303] 第 II 篇第 9 个标题第 3 节。

[304] 关于《曼努埃律令》1521 年的确定版本与其 1512 ~ 1514 年的第 1 版之间在我们所面对的这一个问题上的分别（参见上文第 192 页及后续页），参见 BRAGA DA CRUZ，前揭《*O direito subsidiário*》，第 236 页及后续页。

[305] 参见上文第 199 页。

[306] 前揭《*O direito subsidiário*》，第 251 页及后续页。

的管辖权冲突观念连在一起的“最后绳索”从这里开始断裂。根据时代的取态,总括而言,它变成了单纯的法律—技术上的问题。

然而,实质的改变在《曼努埃律令》中却是实时出现的。必须强调的是,它有一点与《阿丰素律令》不同,在此,罗马法作为补充法之效力是有理据说明的。罗马法之所以被适用是因为其固有的权威性,而不是因为葡萄牙王国对帝国有任何政治上的从属。[307]

在补充法的范围,将《曼努埃律令》和《菲利普律令》与先前《阿丰素律令》里的规定区分开来的是其内容上的两点基本差别。分别为:

1. 关于罗马法和教会法的文本的适用,不再提世俗上的法律问题与精神上的法律问题之间的区别。仅仅承认罪孽这一标准,[308]它成了罗马法优于教会法作为补充法的唯一限制,无论出现漏洞的个案属何种性质。

2. 有关《阿库修注释》和巴托鲁意见方面,其优先级予以保留,但规定以“博士的共同意见”不得与这些渊源相违背作为要件。如属巴托鲁的意见,则可对其作出限制者仅包括在他之后发表著作的作者。[309]

法律把“共同意见”作为《阿库修注释》和巴托鲁意见的过滤器这一事实导致人们作出这样的解释——即使不是一致的:共同

---

〔307〕《曼努埃律令》第 II 篇第 5 个标题,(“as quaes Leys Imperiaes Mandamos soomente guardar pola boa razam em que sam fundadas”)。另参见《菲利普律令》第 III 篇第 64 个标题,当中提到良好的理由是“相等于自然的理由或正义的理由”,根据 PAULO MERÊA 的提要,前揭《*Direito romano, direito comum e boa razão*》,载《Bol. da Fac. de Dir.》,第 XVI 卷,第 540 页(另参见 BRAGA DA CRUZ,前揭《*O direito subsidiário*》,第 245 页注 69 ,第 257 页及后续页,以及第 293 页)。后来,《良好理由的法律》使用这个词组时所表示的是一种不同的意思(参见下文第 257 页及后续页)。

〔308〕《曼努埃律令》第 II 篇第 5 个标题以及《菲利普律令》第 III 篇第 64 个标题。

〔309〕《曼努埃律令》第 II 篇第 5 个标题第 1 节;《菲利普律令》第 III 篇第 64 个标题第 1 节。

意见本身亦构成补充法渊源。[310]换言之,当缺乏本国法、罗马法和教会法,在适用《阿库修注释》及巴托鲁意见之前,应先行适用“共同意见”。

(四)补充法律的应用

上文阐述了由各部律令所界定的直接及补充法律渊源的位阶体系。立法者一向追求以清晰和强制的方式对该体系进行规定。

可是,正如先前所述,还是留有产生疑问的空间的。尤其具有巨大重要性的是体系的文义以及其精神之间经常发生的混乱与冲突。[311]本国法很多时候被罗马法——被视为书面理由(ratio scripta)——所忽略,或者至少是偏向于这样的诠释学规则:视乎本国的法律规范是否符合罗马法而对其作扩张或限制解释。根据其所代表或相对的法律,共同意见被滥用,尤其是落实到高等法院的决定上,后来,甚至包括不属于补充法渊源范围内的卡斯蒂利

---

〔310〕　在律令采纳了“communis opinio doctorum”的情况下,在我国仍不乏作者试图主张“verior opinio”而反对“communis opinio doctorum”。然而,在决定何谓“communis opinio doctorum”的时候,偏向于采取混合标准,即量的标准与质的标准的融合(参见上文第163页)。由Alciato、Martín de Azpilcueta以及Menochio所提出的特别大多数的标准在17世纪、17世纪到18世纪的过渡期,以致整个18世纪均获得了“我国法律学界最出色的作者的支持”。这是人文主义发挥影响的结果,虽然它也有经院哲学流派本身的若干根源。然而,无论在决定那些作者应计算在内,抑或当有数个相矛盾的“共同意见”时——这不是罕见的——由法官作出选择都有不同的指导思想这一事实,引致其越来越不被信任,而高等法院的“习惯”或司法见解则越来越重要(参见BRAGA DA CRUZ,前揭《*O direito subsidiário*》,尤其第264页注95,第267页注96,以及第274页注97;关于上述律令规则的解释,亦参见NUNO J. ESPINOSA GOMES DA SILVA,前揭《*Hist. do Dir. Port.*》,第273页及后续页)。

〔311〕　参见BRAGA DA CRUZ,前揭《*O direito subsidiário*》,第253页及后续页。必须指出的是,强制要求律师拥有一部律令、不得以律令违反共同法及教会法为借口而给予违反律令规范的意见或作出违反律令的请求(《曼努埃律令》第1篇第38个标题第4节及第5节,以及《非利普律令》第1篇第48个标题第6节及第7节;在《曼努埃律令》之前,参见1512年2月6日的判例,载JOSÉ ANASTÁSIO DE FIGUEIREDO,前揭《*Synopsis Chronologica*》,第I册,第170页)。

亚法律也被适用。

这就是葡萄牙法律世界长达三个多世纪的背景状况。这段时间里,也曾出现过一些反抗力量——主要是人文主义的力量,但是不足以阻挡那或多或少是保守的经院派罗马法〔312〕的主导地位。只有到七百年代末期,在庞巴尔改革的背景下,法律渊源之框架才作了多方面的深层修改。〔313〕

上述观察的指向对象自然是由具有大学学历的法律工作者担任的较高级的一般司法官员以及若干非一般司法官员。因为要出任普遍较低级的司法官员是不需要学位的。这些没有法律文化、甚至很多时候是文盲〔314〕的市议会法官所适用的是与"共同法"学说相去甚远的地方性质法律。对他们而言,罗马法和教会法的文本以及补充法体系的法学文献是无法接触的。这种情况仅一小步一小步地得到改善,但总的来说,有必要强调外来法官〔315〕以及地方法官〔316〕的积极作用。向高等法院所提起的上诉很多时候是消除判决的缺陷或瑕疵的一个途径。

九、法令的改革

在未曾论述法令的改革〔317〕之前,我们对这一时期的法律

---

〔312〕 参见下文第 266 页及后续页。

〔313〕 参见下文第 256 页及后续页。

〔314〕 根据 1642 年 11 月 13 日的准照,规定不懂阅读与书写的人不得"充当法官"(参见 JOSÉ JUSTINO DE ANDRADE E SILVA,前揭《*Collecção Chronologica da Legislação Portugueza*》,(1640 – 1647),Lisboa,1856 年,第 162 页,以及 A. LINO NETTO,《*Historia dos juizes ordinarios e de paz*》,Coimbra,1898 年,第 58 页)。

〔315〕 参见 JOSÉ ANASTÁSIO DE FIGUEIREDO,《*Memoria sobre a origem dos nossos Juizes de Fóra*》,载前揭《Mem. de Lit. Port.》,第 I 册,第 31 页及后续页。

〔316〕 参见《阿丰素律令》第 I 篇第 23 个标题;《曼努埃律令》第 I 篇第 39 个标题;以及《菲利普律令》第 I 篇第 58 个标题。

〔317〕 参见 M. J. ALMEIDA COSTA,前揭《*Forais*》,里面具有丰富的参考书目资料,载《Dic. de Hist. de Port.》,第 II 卷,第 280 页及后续页,以及载《Temas de História do Direito》,第 54 页及后续页及第 57 页。

渊源的分析算不上完满结束。法令是重要的地方法律渊源，[318]但是随着时间的推移，逐渐便显得不合时宜。其内容的一部分已被一般立法——尤其是有关行政的规则、民事法及民事诉讼法以及刑事法律——所废止。即使是关于税务负担与豁免等仍然生效的规定也很明显是过时的：一方面，里面提及已经不使用的度量衡和货币；另一方面，由于货币不断贬值，其为更新给付所设计的措施，愈来愈容易产生不确定及专断性。除此以外，这些法令很多均已经处于退化损坏或无法确保其完全的真实性的状态。

概括而言，是国王的权力的日渐巩固以及透过一般立法而达至的法律统一导致了市议会建制在 15 世纪期间的极其明显的衰落。法令特许状正是从那时起失去其先前的作用空间，并转变为单纯的市政赋税纪录的。更简单的是，大量的诏令均充满被曲解的地方，或仅仅因经年累月而被遗忘。

于 1472 ~ 1473 年度的朝廷——始于科英布拉而结束于埃武拉（Évora）——之上，市议会的检察官指出了法令的缺陷，诉请 D. 阿丰素五世对其进行改革，结束人民所受的迫害。D. 若昂二世的统治开始不久，在埃武拉以及阿兰特茹的维亚娜（Viana）1481 ~ 1482 年度的朝廷上，同样的请求也被提出。

作为响应，这位君主宣告其早已作出的同意有关要求的决定。事实上，在 1481 年 12 月 15 日的王家诏令中，他下令所有的法令均须寄回朝廷以便作出相关的改革，否则便丧失效力。

由于当 D. 曼努埃一世登上王位时，此项工作尚未实现，城市的居民又重新要求这项改革，这一次是在 1495 年，在蒙特摩尔—罗—诺弗（Montemor – o – Novo）的朝廷。为了要完成此项任务，

---

[318] 参见上文第 122 页及后续页，第 127 页及后续页，以及第 177 页及后续页。

国王于1497年强制命令所有人将尚未交出的法令交到朝廷,同时又委任了一个修订委员会,其成员包括鲁伊·博图(Rui Boto)、若昂·塔山雅(João Taçenha)及费尔能·德·皮纳(Ternão de Pina),同时,亦接纳鲁伊·达·格拉(Rui da Grã)的合作。

无论如何,改革于1520年完成了。这样,产生了相对于先前的*旧法令*(*forais velhos*)[319]的*新法令*(*forais novos*)或*曼努埃法令*(*forais manuelinos*)。关于其内容方面,必须记着新的法令仅限于规定市议会应向国王和土地的受赠人支付的负担与税赋。其作为市议会的政治规章的角色已经完结了。[320]

十、法律的人文主义

在我们思考那个时期的葡萄牙法律思想——主要是我国法学家的精神面貌以及大学法律教育的状况——之前,必须一提人文主义和文艺复兴为罗马法和教会法研究的发展所带来的贡献。无论在我国抑或是国外,法律文化均继续以该两个法律体系为核心。无论是在大学范围内抑或在大学以外,本国法的研究依然处于从属地位。

众所周知,人文主义和文艺复兴运动是欧洲精神发展的两个代表性现象。[321]在古代典籍的研究得以复兴之后,艺术、科学、文化与哲学范畴的普遍转变随之而来。与之紧密相连的有政治、宗教、社会及经济方面的动机。那时提出或强调了一些意念和结构是后世必须追随及巩固的。本文便无须纠缠在这些一般人都知道

---

〔319〕 少量在D. 曼努埃改革之后颁布的法令特许状被称为最新的法令特许状。

〔320〕 参见LUIZ FERNANDO DE CARVALHO DIAS,《*Forais Manuelinos do Reino de Portugal e do Algarve*》,Beja/Fundão,1961~1969年。

〔321〕 关于一般的文艺复兴对我国的影响,参见AMÉRICO DA COSTA RAMALHO的重要贡献,《*Estudos sobre a Época do Renascimento*》,Coimbra,1969年,《*Estudos sobre o Século XVI*》,第2版,Lisboa,1983年,以及《*Para a História do Humanismo em Portugal*》,Coimbra,1988年,内附大量的参考书目。

的方面上了。

文艺复兴人文主义的领域同样亦包括了法律科学的自然批判性修订。这一新思维形成了所谓的宗教信仰法学家学派(Escola dos Juristas Cultos)、人文主义法学家学派(Escola dos Jurisconsultos Humanistas)、历史批判学派(Escola Histórico - Crítica)以及库雅斯学派(Escola Cujaciana)等指导思想。最后一个名称来自库雅斯(Cujácio)(撒克·库雅斯,Jacques Cujas),他被视为法律人文主义[322]的最杰出人物。

(一)其产生的原因及特征

这一新的法律指导思想的问世系于两个重要因素。其一是我们刚刚提到的文艺复兴人民主义的进步。另一个因素是发生在15世纪下半叶的评注学派作品的衰落。[323]

与人文主义学者所提倡的观念相反的是墨守成规地使用经院哲学的方法。从某个时候开始,原则上,巴托鲁主义者除了其近乎

---

[322] 关于法律的人文主义,可参见 DOMENICO MAFFEI 的基本著作,《*Gli inizi dell' umanesimo giuridico*》,Milano,1956 年(第三次重印,Milano,1970 年),以及 HANS ERICH TROJE,《*Die Literatur des gemeinen Rechts unter dem Einfluss des Humanismus*》,载 HELMUT COING,《Handbuch der Quellen und Literatur der neueren europäischen Privatrechtsgeschichte》,第 II 卷——《Neuere Zeit (1500 - 1800)》,第 I 部分——《Wissenschaft》,München,1977 年,第 615 页及后续页,H. COING,前揭《*Europäisches Privatrecht*》,第 I 卷,第 67 页及后续页,以及 HANS THIEME,集于《*Rechtswissenschaft und Humanismus*》标题之下的数项研究,载前揭《Ideengeschichte und Rechtsgeschiche》,第 I 卷,第 395 页及后续页。在我国,参见 NUNO J. ESPINOSA GOMES DA SILVA,《*Humanismo e Direito em Portugal no Século XVI*》,Lisboa,1964 年。ISALTINA DAS DORES FIGUEIREDO MARTINS 的作品《*Bibliografia do Humanismo em Portugal no Século XVI*》很有价值,Coimbra,1986 年。关于文艺复兴以及其在法律范畴的影响以及关于法律的人文主义,其追随者的科学创作,其相关的方法论,以及这一流派与巴托鲁主义的分别,参见 CAVANNA,在其前揭《*Stor. del dir. mod. in Eur.*》中的极为详尽的参考书目列表,第 I 卷,第 640 页及后续页。

[323] 参见上文第 162 页及后续页。

专有的对先前作者的意见的引用外,就只会在其文章上堆砌一大串没完没了的问题、分类以及次分类。

尽管如此,评注学派对历史方面的缺乏准备以及蔑视引致了来自当代的精神信仰的强烈非议。同样震撼的还有其风格本身的不优雅。简言之,他们不明白议事日程中应包括"文字的优雅"(bonae litterae)。

这便是五百年代的法律人文主义产生的背景。罗马法开始被视为古典文化的其中一项表征。开始对罗马法渊源进行批判性研究的正是这一学派的法学家。他们也是第一批尝试在优士丁尼文本中找出被添加的字句〔324〕的法学家。

然而,法律的人文主义不应被理解为一项以对载有罗马法规范的渊源作语文学与训诂研究为主的单纯文化运动(studia humanitatis)。我们有必要从一个更宽阔的层面——包括精神与知识方面的思潮,主要是足以界定这一个时期的理性主义与个人主义思想的冲击——看待这一运动。

实际上,法律的人文主义是循着不同的趋势发展的:从以古典文献的研究与重构为目的之语文学批判,到恢复法学家在面对共同意见或最为人接受的解释对法律注释的自由和自主。无论如何,其最基本的命题在于对罗马法渊源的自由研究。毫无疑问,相对于评注学派的思想而言,这种态度是一种彻底的转折。

(二)学派的先驱以及黄金时期

可以说,法律的人文主义从16世纪初开始被确定为一项欧洲运动应归功于意大利人阿尔切雅图(Alciato)(1492 ~ 1550

---

〔324〕 必须识别出 António Fabro (1557/1624)所作的添加,他的作品在著名的圣伯多禄书院图书馆可以找到(参见《*Catálogo da Biblioteca do "Real Colégio de São Pedro" de Coimbra*》,第I卷, Coimbra,1977年,第1221号至第1225号)。

年)——被视为该学派的创始人、[325]法国人布狄(Budé)(1467～1540年)和德国人查西欧(Zasio)(1461～1535年)。在这个"伟大的三巨头"[326]之上,还应加上同样属于顶尖人物的安多尼奥·德·戈维亚(António de Gouveia)(1510～1566年)这个名字。他出生于贝雅(Beja),早期赴巴黎研究后便再也没有返国。其余生均在法国及意大利的大学[327]中作为权威的大师度过。

众所周知,评注学派起源于法国,但却在意大利才真正发扬光大。[328]而人文主义学派的轨迹则相反:第一个语文学批判的潮流[维基奥(Vegio)、瓦拉(Valla)、普里切安诺(Poliziano)]在意大利

---

〔325〕 参见 CALASSO,前揭《Medio Evo del Diritto》,第 I 卷,第 600 页,以及 CAVANNA,前揭《*Stor. del dir. mod. in Eur.*》,第 I 卷,第 178 页。另参见 ANNALISA BELLONI,《*L' insegnamento giuridico in Italia e in Francia nei primi decenni del Cinquecento e l' emigrazione di Andrea Alciato*》,载前揭《Università in Europa》,第 137 页及后续页。

〔326〕 MAFFEI 的用语,前揭《*Gli inizi*》,第 126 页,CAVANNA 同样在其前揭《*Storia*》中指出这一点,第 I 卷,第 178 页。

这些作者的作品在我国也为人所知,至少在圣伯多禄书院的范围内[参见前揭《*o Catálogo*》,第 I 卷,第 60 至 62 号 (Alciato),第 573 及 574 号 (Budé),以及第 II 卷,Coimbra,1978 年,第 3801 号 (Zasio)]。

〔327〕 关于 J. VERÍSSIMO SERRÃO 所作的这一人文主义的研究,最突出的有《*António de Gouveia e a prioridade do método cujaciano do direito*》,载前揭《Bol. da Fac. de Dir.》,第 XXVIII 卷,第 181 页及后续页,以及《*António de Gouveia e o seu tempo* (1510－1566)》,同一作者,第 XLII 卷,第 25 页及后续页,以及第 XLIII 卷,第 1 页及后续页。另参见 A. MOREIRA DE SÁ 在以双语出版 ANTÓNIO DE GOUVEIA 的哲学作品,《*Comentário sobre as conclusões e Em defesa de Aristóteles contra as calúnias de Pedro Ramo*》时所作的"简介"(由 MIGUEL PINTO DE MENESES 翻译),Lisboa,1966 年,第 VII 页及后续页,以及 LUÍS DE MATOS 的一项综述,《*Gouveia* (*António de*)》,载前揭《Dic. de Hist. de Port.》,第 II 卷,第 363 页及后续页。

关于 Cujácio 与 Gouveia (库雅修称 Gouveia 为 "summus amicus meus")之间的友谊,参见 J. VERÍSSIMO SERRÃO,前揭《*António de Gouveia e o seu tempo*》,载《Bol. da Fac. de Dir.》,第 XLII 卷,第 29 页,注 1,以及第 160 页及后续页,尤其第 182 页,注 1。

〔328〕 参见上文第 160 页及后续页。

产生,之后才在法国继续与发展。阿尔切雅图(Alciato)是在这个国家中,特别是在博尔日大学(Universidade de Bourges),根据新的教学方法(1527~1532年)——其中法律的人文主义被决定性的增加——展开罗马法教育的。随后,其向欧洲的扩散大致是成功的,它所突显的趋势是法学家对法律规范解释的自主性。

库雅修(Cujácio)(1522~1590年)的时代被视为人文主义学派的黄金时期。他生于图卢斯(Toulouse),后来成了该世纪最具代表性的法学家。作为其大量作品的标记的是其从历史学和语文学上对罗马法所作的严谨注释,并最后导致了罗马法被相对化。〔329〕

(三)人文主义与巴托鲁主义的对立

即使在法国,法律的人文主义也未能获得对巴托鲁主义的绝对胜利。在有些国家之中,如意大利和德国,上述的后一种思想仍然居于明显的主导地位。〔330〕几乎整个欧洲均有人提出要捍卫传统方法的声音,其中最突出的是牛津大学教授〔331〕阿尔贝里科·仁蒂里(Alberico Gentili)。以下将会出现的是一场从16世纪延续到18世纪的法国法学方法(mos gallicus)与意大利法学方法(mos italicas)之间的争论。

通常强调的是,人文主义者在纯理论研究上花费太多的精力,因而,其所构筑的主要是一套具有训诂倾向的"理论上的法律",

---

〔329〕 在圣伯多禄书院中同样有库雅修作品的遗迹(参见前揭《*o Catálogo*》,第I卷,第924、973点及第974点)。

〔330〕 关于走传统路线的法律作品,包括提到葡萄牙法学家的,可参见ERNST HOLTHOFER,《*Literaturtypen des mos italicus in der europaischen Rechtsliteratur der fruhen Neuzeit* (16. –18. *Jahrhundert*)》,载前揭《Ius Commune》,第II卷,第130页及后续页。

〔331〕 参见G. ASTUTI的著名研究,《*Mos italicus e mos gallicus nei dialoghi* "*De iuris interpretibus*" *di Alberico Gentili*》,载前揭《Rivista di Storia del Diritto Italiano》,第X卷,第149页及后续页。

而评注学者所走的道路则会通往“实务的法律”的方向，换言之，当使用罗马法体系的时候，心存为具体个案寻找解决方法的法律精神。对上述两个学派的这一综合对比至少是大致上准确的。无论如何，法国法学方法的纲领不仅由于其所需的科学培训更严格而难以执行，而且对于司法的日常工作而言也是吸引力较低的。

科沙克尔(Koschaker)注意到这一现象与拉丁语的相似性。[332]在中世纪的这一时期，拉丁语仅被极少数人使用，而且是有教养的人所组成的一个小圈子的象征，这一点虽然引致其不被信任，但却从未成功导致其被取代。法律的人文主义的情况也与其类似。

尽管如此，却不容排除可能会发生一些本土的法律条文或多或少地与“法国法学方法”相一致的情况，虽然它并不是受到这一学派的直接影响，而是作为普遍的人文主义运动的结果。然而，受过巴托鲁主义培训的法学家却总是有点实务主义的意味的。

整体而言，法律的人文主义仅仅是昙花一现。它并未征服那些根深蒂固的标准。尽管如此，不容置疑的是它所撒下的种子在七百年代的启蒙主义中开花结果。

十一、法学文献

(一)一般思考

以下是关于奠定了那一个时代的葡萄牙法学思想的法学家的介绍。但是，在此之前有必要认识在当时欧洲法学界占主导地位的“法国法学方法”与“意大利法学方法”对我国所产生的影响。

此外，这一问题应从以下两个角度来审视：其一是特定数目的本国法学家加入了历史批判学派的阵营；其二是该学派对本国法律生活的影响。这是两个不同的方面。

毫无疑问的是，确有葡萄牙法学家接受了法律的人文主义，有

---

〔332〕 参见前揭《*Europa y el Derecho Romano*》，第174页及后续页。

的接受得较为明显,有的则不明显。然而,原则上,从全国的范围而言,无论是从科学建构的观点抑或从实务的观点观之,它都是一个意义不大的行动。

紧贴着语文学批判思潮的人文主义指导思想并没有跨进我国的疆域。接受了源于意大利的人文主义——主要受到阿尔切雅图(Alciato)的启发——教育的葡萄牙人要么便没有回国[如恩历克·凯雅多(Henrique Caiado)以及刘易斯·阿尔瓦雷斯·诺格拉(Luís Álvares Nogueira)的情况],要么已回来的却没有为我国撰写任何法学著作[如刘易斯·特谢拉(Luís Teixeira)[333]和马蒂若·德·菲格雷多(Martinho de Figueiredo)的情况]。

同样的情况也发生在师承于作为意大利学派的后继者的法国学派的法学家身上。安多尼奥·德·戈维亚(António de Gouveia)变成了一个真正的外国人,而其余在法国学习的葡萄牙人中,有些虽然返回祖国,但所起的作用相当有限[狄奥古·缅德斯·德·瓦斯康塞洛斯(Diogo Mendas de Vasconcelos)与米格尔·德·卡贝度(Miguel de Cabedo)的命运便是如此],而另一些人最终甚至对人文主义的幻想破灭[如苏亚雷斯·达·里贝拉(Soares da Ribeira)]。

必须承认的是,关注人文主义基本恢复对文本解释的自由和自主性方面的指导思想,其命运并没有太大的差异:尽管它在葡萄牙受到明智与现实的节制,但是其所产生的影响只是偶然的。[334]

---

[333] 参见 NUNO J. ESPINOSA GOMES DA SILVA,《*Sobre os dois Doutores de nome Luís Teixeira*》,载前揭《Bol. do Min. da Just.》,第 334 号,第 67 页及后续页,以及 GIOVANNI MINNUCCI /LEO KOSÜTA,前揭《*Lo Studio di Siena nei secoli XIV – XVI*》,第 283 页及后续页。

[334] 关于这一命题,可参见 NUNO. J. ESPINOSA GOMES DA SILVA 的大量及宝贵论述,前揭《*Humanismo e Direito em Portugal no Século XVI*》,尤其是第 81 页及后续页,以及第 353 页及后续页。

简言之,似乎有理由强调占主导地位的法学家是和谐与大量地融合了评注学派方法的实务优点与训诂研究——主要是源于现代人文主义诠释学的假设[335]——的要求的法学家。

本文所附和的正是这一个可信的观点。然而,不可排除的是,更深入地研究那一时期的法学教育以及法律文献可能会为这一观点带来若干的修正。无论如何,本国的法学家在协调教条的观点与历史的观点方面,表现出作为实务科学家的高度纯熟的技巧与法律触觉。此外,值得一提的名字还有曼努埃·达·科斯塔(Manuel da Costa)、艾雷斯·皮尼尔(Aires Pinhel)和埃托尔·罗德里格斯(Heitor Rodrigues)。在教会法的领域,则还须加上巴托鲁米乌·菲利普(Bartolomeu Filipe)。[336]另外,他们所有人均仅仅在比利纽斯山下的范围学习与讲学。

作了上述的介绍之后,必须回顾一下16世纪中叶到18世纪期间葡萄牙的主要法学家。人们通常系统地将之分为以下三个基本大类:*民法学家*(*civilistas*)——专注于研究罗马法者——的类别;*教会法学家*(*canonistas*)的类别以及本*国法的研究者*(*cultores do direito pátrio*)的类别,且最后一个类别随着时间的推移而占据主导地位。然而,须注意的是,这一区分有时并不完美,或者在某些方面甚至是人为的,因为不乏法学家享誉于一个以上的

---

〔335〕 参见上文第218页,注569,关于对所谓的"共同意见"的混合标准所作的观察。

〔336〕 关于Bartolomeu Filipe在经济事宜的个人主义观念,参见JOSÉ CALVET DE MAGALHÃES,《*História do Pensamento Económico em Portugal. Da Idade Média ao Mercantilismo*》, Coimbra, 1967年, 第141页及后续页(《Boletim de Ciências Económicas》特刊,第VIII/XII卷)。

上述领域。[337]

(二)民法学家

刚刚提到了一些专注于罗马法研究而其作品所持立场又在两个国外占主导地位的学派之间持平的法学家。[338] 上文所指出的名字包括绰号为“深奥博士”(doctor subtilis)的曼努埃·达·科斯塔(Manuel da Costa),科英布拉与撒立曼卡的教授艾雷斯·皮尼尔(Aires Pinhel)和埃托尔·罗德里格斯(Heitor Rodrigues)。

事实上,那个时代的葡萄牙法学家正是处于这样的一条半正统的路线上,即使有时亦会对其中一种指导思想有若干的偏向。在16世纪末与17世纪初,被誉为“不凡的博士”(doctor insignis)的彼德罗·巴波沙(Pedro Barbosa)、[339] 弗朗西斯科·德·卡尔达斯·佩雷拉、卡斯特罗(Francisco de Caldas Pereira Castro)、埃德华多·卡尔代拉(Eduardo Caldeira)以及若昂·

---

〔337〕 关于这一个时期的法学家,参见 DIOGO BARBOSA MACHADO,前揭《*Biblioteca Lusitana*》,ANTONIO BARNABÉ DE ELESCANO,《*Demetri Moderno ou o Bibliografo Juridico Portuguez*》, Lisboa,1781,虽然其数据不一定都值得信赖,MELLO FREIRE,前揭《*Historiae Iuris Civilis Lusitani Liber Singularis*》,前揭,第 CXIII 节以及续后节,CÂNDIDO MENDES DE ALMEIDA,在其编辑的前揭《Ordenações Filipinas》中,第I篇,第 XLVII 页及后续页,以及在前揭《*Auxiliar Jurídico*》中,第II卷,第603页及后续页,以及最近期,J. – M. SCHOLZ,前揭《*Legislação e Jurisprudência em Portugal nos Sécs. XVI a XVIII*》,载《Scientia Ivridica》,第 XXV 册,第512页及后续页,以及 A. GARCÍA Y GARCÍA,《*Juristas de Salamanca y Coimbra en los siglos XVI – XVII*》,载前揭《Universidade(s): História. Memória. Perspectivas》,第3卷,第107页及后续页。

〔338〕 这一思路同样也是出色的西班牙法学家,如 Diego de Covarrubias 的思路。同样,关于巴士拉大学,Amerbach 作了一个关于“mos italicus” 以及“mos gallicus”的很好的综述,这对于瑞士法有长期的重要影响(参见 GUIDO KISCH,《*Humanismus und Jurisprudenz. Der Kampf zwischen “mos italicus” und “mos gollicus” an der Universität Basel*》,1955年)。

〔339〕 关于这一位作者,参见 JOSÉ ANTÓNICO GOMES DA SILVA MARQUES,《*A boa fé na prescrição “longissimi temporis”. Sua necessidade e natureza segundo o Doutor Pedro Barbosa (+ 1606)*》,Braga,1964年。

阿尔特米兰诺(João Altamirano)均属于这一路线。前二人较为倾向于评注学派的实务方法,而后二人则倾向于人文主义的方法。

在商法和海事法的专门领域里,最引人注目的要数彼德罗·桑塔灵(Pedro de Santarém),他是一部系统论述保险问题的先峰著作的作者。这部作品甚至先于为商法的独立建立基础的意大利法学家班文努图·史特拉卡(Benvenuto Stracca)(1509～1578年)的同类研究。彼德罗·桑塔灵的作品享誉欧洲。其第一个版本是文内沙(Veneza)的版本,出版于1552年,但该著作早于1488年完成。其出版延迟的动机成了不解之谜,同样成迷的是其应该没有以手抄本[340]方式流传。

---

〔340〕“第一”版的标题是《*De assecurationibus et sponsionibus mercato rum*》,虽然手抄本的标题是《*De securitatibus et sponsionibus mercatorum*》。全部参见 DOMENICO MAFFEI,《*Il giureconsulto portoghese Pedro de Santarém autore del primo trattato sulle assicurazioni*(1488)》,载前揭《Bol. da Fac. de Dir.》,第LVIII卷,第I册,第703页及后续页(重新发表于该作者的著作《Studi di storia delle università e della litteratura giuridica》,Goldbach,1995年,第349页及后续页,在其注8与注9有轻微的改动),JOSÉ CALVET DE MAGALHÃES,前揭《*História do Pensamento Económico em Portugal*》,第125页及后续页,第461页及后续页,以及第471页及后续页。其1961年在里斯本的再版——有葡语版、英语版及法语版——前面置有 RUY E. ULRICH 的序言以及 MOSES B. AMZALAK 的简短研究有助于参阅。另有一现代版本,由 PEDRO DE SANTARÉM 整理,《*Tractatus de Assecurationibus et Sponsionibus*》,Lisboa,1988年,其由 JOSÉ HERMANO SARAIVA 所作的序言启发了 MIGUEL LUSO SOARES 的有趣的书评,《*Nótula a propósito de PEDRO DE SANTARÉM*》,载前揭《Brotéria》,第141卷,第1号,第99页及后续页。另参见 SANTOS M. CORONAS GONZÁLEZ,《*El concepto de seguro en la doctrina mercantilista de los siglos XVI y XVII*》,载《“Boletín semestral de Derecho privado especial, histórico y comparado del Archivo de la Biblioteca Ferran Valls i Taberner” n. o 1/2 –“Orlandis 70:Estudios de Derecho Privado y Penal Romano, Feudal y Burgués”》,Barcelona,1988年,第243页及后续页。

(三)教会法学家

在这个时期,我国也产生了一批非常著名的教会法学家。须注意的是,在大学里,教会法教育的重要性与罗马法看齐。

作为16世纪的顶尖人物的是被称为纳瓦罗博士(Doutor Navarro)——由于他出生于西班牙的这一个地区——的马丁·艾兹皮奎塔(Martín de Azpilcueta)。[341]他是欧洲的其中一个最享负盛名的教会法学家。由于在科英布拉大学建立后,艾兹皮奎塔曾在科英布拉定居达17年之久(1538~1555年),并在该17年间大大地巩固其威望,所以他与葡萄牙的法律文化很有联系。他所收取的薪俸之高是当时他的半岛同行们甚至法国同行们[342]所从未有过的。

在具有葡萄牙国籍的教会法学家中,最突出的包括有巴托鲁米乌·菲利普(Bartolomeu Filipe)——他可能是最具声望的、费尔南多·派伊斯(Fernando Paes)、彼德罗·阿丰素·德·瓦斯康塞洛斯(Pedro Afonso de Vasconcelos)以及冈萨罗·缅德斯·德·瓦斯康塞洛斯·卡贝度(Gonçado Mendes de Vasconcelos

---

[341] 值得一提的是他的名著《*Manual de Confessores*》,这部作品有三个葡语版本(Coimbra,1549年、1552年以及1560年 – JOÃO BARREIRA工作室),该作品也以西班牙语出版,并自1573年的罗马版本起,先后以多个拉丁语版本在欧洲广为流传(《*Euchiridion, sive manuale confessariorum et poenitentium, etc.*》)。这是对道德神学发展的一个重要贡献。AZPILCUETA的经济思想反映在《*Comentario Resolutorio de Cambios*》这部作品中(introducción y texto crítico por ALBERTO ULLASTRES/JOSÉ M. PÉREZ – PRENDES/LUCIANO PERENA),Madrid,1965年(《Corpus Hispanorum de Pace》的第四卷)。关于这位作者,可参见ELOY TEJERO,《*Martín de Azpilcueta en la Historia de la Doctrina Canonica y Moral*》,载《Ius Canonicum – Revista del Instituto Martín de Azpilcueta》,第XXVII卷,第548号,Pamplona,1987年,第425页及后续页。

[342] 参见M. GONÇALVES CEREJEIRA,《*Notas históricas sôbre os Ordenados dos Lentes da Universidade*》,第2版,Coimbra,1927年,第27页及后续页,以及MÁRIO BRANDÃO/M. LOPES DE ALMEIDA,前揭《*A Universidade de Coimbra*》,第I部分—《*A Universidade de* 1290 *a* 1580》,由MÁRIO BRANDÃO所作,第193页。

Cabedo)。他们全都遗下了极宝贵的著作。在 17 世纪则出现了阿古斯蒂诺・巴波沙(Agostinho Barbosa)和曼努埃・特姆多・达・丰塞卡(Manuel Temudo da Fonseca),当然还有其他名字未曾详列。

(四)本国法的研究者

很自然的是,这一时期的葡萄牙法学家同样大量地专注于本国法。其研究自 17 世纪起即占主导地位。这明显先于大学教育将本国法纳入其中,后者仅在彭巴尔改革后才发生。

受到共同法科学的启发,这些作品可被划分为以下三个不同类别:一类是对律令以及单行法律的评注;另一类是对真实或虚构的具体个案的论述与解决;最后一类则涉及司法实务甚至公证实务。与该划分相对应,其作者分别被称为*评注专家*(*comentadores*)、*决疑专家*(*casuístas*)以及*惯例专家*(*praxistas*)。上述的最后一个形容词似乎有时也作广义使用,作为国王法律顾问的同义词,换言之,即包括我国所有的古代法学家,而不论其学术成果的性质为何。

以上的三个类别集中了专注于本国法研究的法律文献的主要种类,然而,它也不是尽数列举的。在我国也有关于葡萄牙法律的专题研究,其作品以系统的专著[343]的方式产生。相应地,其作者被称为*专题论著者*(*tratadistas*)。最后,不应忘记*判例的汇编*(*repertórios*)。这类作品将不同的事宜按照字母顺序排列,里面指出了有关的规范、判决和相关学说。

在专注于律令及其他本国法解释的评注专家方面,最值得一提的出色人物是波尔图高等法院的律师曼努埃・巴波沙(Manuel

[343] 关于专著("tractatus")的起源,在共同法的范畴,参见上文第 145 页及后续页。

Barbosa)。他是首位完成这项任务[344]的律令注释者。他的儿子,教会法学家阿古斯蒂诺·巴波沙(Agostinho Barbosa),续写了其著作。到17世纪末,产生了由曼努埃·阿尔瓦雷斯·佩格斯(Manuel Alvares Pegas)所作、使用率极高、共十四卷[345]的大型律令评注。这项未完成的工作后由曼努埃冈沙瓦斯·达·席尔瓦(Manuel Gonçalves da Silva)[346]与阿马罗·刘易斯·德·利马(Amaro Luís de Lima)[347]继续。

决疑性的作品是法学文献中作品数量最多的范畴。这一类作品一般被贯以"决定"(decisões)、"咨询"(consultas)和"主张"(alegações)等标题,其内里汇集了从高级法院的判决中或从知名律师的意见中摘录的具体个案,又或者仅仅是由其作者虚构的个案,并附以其认为可取的解决方法作结论。最著名的决疑专家(*casuístas*)有安东尼奥·迦玛(António Gama)、[348]阿尔瓦罗·瓦斯(Alvaro Vaz)——通常被称为瓦拉斯古(Valasco)[349]、若热·德·卡贝度(Jorge de Cabedo)——《菲利普律令》的其中一名编纂者[350]、加布里埃尔·佩雷拉·德·卡斯特罗(Gabriel Pereira de

---

[344] 《*As suas Remissiones Doctorum ad contractus, ultimas voluntates et delicta spectantes in libris IV et V Constitutionum Regiarum Lusitaniae*》(Lisboa,1618年)以及《*Remissiones Doctorum Officiis publicis, jurisdictione et ordine judiciario in earumdem lib. I, II et III, etc.*》(Lisboa,1620年)。

[345] 《*Commentaria ad Ordinationes Regni Portugalliae*》(Lisboa,1669~1703年以及1759年)。

[346] 《*Commentaria ad Ordinationes*》(Lisboa,1731~1740年)。

[347] 《*Commentaria ad Ordinationes regni Portugalliae*》(Lisboa,1761年)。

[348] 《*Decisiones Supremi Sentus Regni Lusitaniae, etc.*》,(Lisboa,1578年)。

[349] 《*Consultationum et Decisionum, ac rerum judicatarum*》(Lisboa,1588年)。

[350] 《*Praticarum observationum sive decisionum Supremi Senatus Regni Lusitaniae*》(Lisboa,1602年)(参见上文第198页)。

Castro)、[351]贝尔西奥尔·费博(Belchior Febo)[352]以及曼努埃·德·雷诺索(Manuel de Reinoso)。[353]

研究司法与公证实务[354]——所谓的"惯例"——的*惯例专家*(*praxistas*)群体同样重要。其最突出者有格列戈里奥·马丁时·卡米雅(Gregório Martins Caminha)、[355]曼努埃·缅德斯·德·卡斯特罗(Manuel Mendes de Castro)——其著作可能是这一类别中最好以及流传最广的[356]——以及曼努埃·洛佩斯·费雷拉(Manuel Lopes Ferreira)。[357]

另外,也出现了一些采用专题—体系的方法研究本国法律制度的法学家。他们就是*专题论著者*(*tratadistas*)。瓦拉斯古

[351]《*Decisiones supremi eminentissimique Senatus Portugaliae*》(Lisboa, 1603年)。

[352]《*Decisiones Senatus Regni Lusitaniae*》(Lisboa,1616年以及1625年)。

[353]《*Observationes praticae in quibus multa, quae in controversiam in forensibus Judiciis adducantur, felici stylo pertractantur*》(Lisboa,1625年)。

[354] 关于这一法律职业,值得一记的是JERÓNIMO DA SILVA ARAÚJO的有趣作品,《*Perfectus Advocatus*》(Lisboa,1743年),虽然该书具有特殊性质。它有一个葡语译本,书名为《*O Perfeito Advogado*》(Lisboa,1969年),译者为MIGUEL PINTO DE MENESES(前揭《Bol. do Min. da Just.》特刊,第180181及183/186号)。该作品有以下两个部分:第一部分,即唯一被翻译的部分,论述了法律职业的不同性质,并以一个当时规范该职业的法律规定摘要结束(第LIV章);其第二部分是作者认为对律师的培养有用的一些判决与意见。

[355]《*Tractado da forma dos libellos. E da forma das allegações judiciaes. E da forma de proceder no juizo secular e ecclesiastico. E da forma dos contractos*: com sua glosa e cotas de direito (*Coimbra ,1549*)》。由JOÃO MARTINS DA COSTA所续写的作品。

[356]《*Pratica Lusitana omnibus utroque Foro versantibus, utilissima et necessaria*》(Lisboa,1619年)。

[357]《*Pratica criminal expendida na forma da praxe observada neste nosso Reino, etc.*》(Lisboa, 1730年)。

(Valasco)这个名字又重新出现,他撰写了关于永佃权和分割[358]的专题论著。作为例子的还有费朗西斯古·皮涅伊罗(Francisco Pinheiro)、[359]加布里埃尔·佩雷拉·德·卡斯特罗(Gabriel Pereira de Castro)——他研究的是教会与国家之间的关系[360]——以及多明戈斯·安图内斯·波尔图加尔(Domingos Antunes Portugal),他关于王室赠与的宝贵著作反映了那个时代的公法学说。[361]

最后,剩下要论述的是*判例汇编的作者*(*autores de repertórios*)。在某种意义上,这些著作被视为较低重要性。然而,它们在实务上十分重要,不仅因为其所涉及的律令与其他单行法的体系有缺陷,而且也因为它有助于认识在当代背景下有特别意义的司法见解及学说。[362]在众多的判例汇编中,特别值得一提的是杜瓦特·努内斯·度·利昂(Duarte Nunes do Lião)[363]与曼努埃·缅德斯·德·卡斯特罗(Manuel Mendes de Castro)[364]的判

---

[358] 《*Quaestionum Iuris Emphyteutici*》(Lisboa,1591 年)以及《*Praxis Partitionum et Collationum inter haeredes*》(Coimbra,1605 年)。

[359] 《*De Censu et Emphyteusi*》(Coimbra,1655 年)。

[360] 《*Tractatus de manu regia*》(Lisboa,1622 年/1625 年)。

[361] 《*Tractatus de Donationibus Regiis Iurium et Bonorum Regiae Coronae*》(Lisboa,1673 年)。关于 Domingos Antunes Portugal 以及其对国际公法一章的参与,尤其关于海的自由的问题,参见 VICENTE L. SIMÓ SANTONJA,《*Escuela Portuguesa del Derecho Internacional. Siglo XVII: Domingos Antunes Portugal, Valencia*》,1973 年,第 87 页及后续页。

[362] 正如 ANTÓNIO MANUEL HESPANHA,在其前揭《*História das Instituições*》,第 522 页及后续页中所指出的一样。

[363] 《*Repertorio dos cinquo livros das Ordenações com addições das leis extravagantes* (Lisboa, 1560)》,与《*Coleçcão das Leis Extravagantes* (Lisboa,1987)》一起影印再版(参见上文第 197 页,注 464 以及注 466)。

[364] 《*Repertorio das Ordenações do Reino de Portugal novamente recopiladas, com as remissões dos Doutores todos do Reino, que as declararão, e concordia das Leis de Partida de Castella*》(Coimbra,1699 年)。

例汇编。

十二、法学教育

上文以概括的笔触评述了本国法学家从16世纪至18世纪中叶的学述生产，但是要了解这一时期的葡萄牙法律文化的整体面貌则还需分析大学的法律教育。以下所作的也只是简短的勾勒。[365]

(一)若昂三世之前

在我国，法律教育真正要追溯到甸尼斯的**一般研究**的创立。上文已经指出，教皇1290年8月9日的确认性训谕实时便提及教会法及罗马法[366]学位的取得问题。所以，教会法及罗马法是葡萄牙大学教育中具有最悠久传统的范畴之一。

然而，关于D.若昂三世之前的时期并没有留下详细的资料。D. 甸尼斯本决定设两名教会法的教师(一名《"命令集"》的博士与一名《谕令集》的硕士)与一名法律("in legibus")的教师。[367]但是，似乎上述的两个法律范畴均只有一个教席运作。这是因为，后来再次复述的时候他仅仅提及唯一的一位教会法硕士。[368]换言之，大学开始的时候，是由简单的"科目"所组成的，而不是真正的现代意义的"学院"所组成的。

当时法律和教会法的教育在大学范围内的相对重要性可透过

---

[365] 参见M. J. ALMEIDA COSTA，前揭《*Leis*, *Cânones*, *Direito* (*Faculdades de*)》，载《Dic. de Hist. de Port.》，第II卷，第677页及后续页，内附参考书目表。另可参见MÁRIO REIS MARQUES的简短分析，《*Ciência e acção*: *o poder simbólico do discurso jurídico universitário no período do "ius commune"*》，载前揭《Universidade(s): História. Memória. Perspectivas》，第5卷，第25页及后续页。关于大学的一般教育，再次引用MÁRIO BRANDÃO/M. LOPES DE ALMEIDA的作品，《*A Universidade de Coimbra. Esboço da sua História*》，Coimbra，1937年。

[366] 参见上文第153页及后续页。

[367] 正如上文第171页注370所观察到的一样。

[368] 参见MÁRIO BRANDÃO/M. LOPES DE ALMEIDA，前揭《*A Universidade de Coimbra*》，第一部分第58页及第63页。

大学支付给有关教授的报酬比其他教授高得多[369]这一点依稀看见。法学教育——肯定也是最多学生报读的——的这种主导地位还表现在可以从学生的观点出发选举校长。在我国,直至16世纪末叶均保持双校长制,正如所有采博洛尼亚模式的学校一样:校长每年从学生中选任两人,其中一人必须出自法律学院,而另一人则必须出自教会法学院。上述两个学院的学生开始时各自选出四名合适的同学,并由有权投票的学生、讲师以及学校理事从当选者中选出两名校长。即使到了四百年代中叶,校长有时会由教授担任,但这些教授也是来自法律学院和教会法学院的。[370]

虽然无论是D.若昂二世抑或D.曼努埃一世均没有取得其时代所渴望的成果,但是他们均努力改善我国高等教育的水平。他们邀请了一些国外的知名教授来担任大学的教席,又为有志于到国外的文化中心学习的学生提供金钱补贴。在15世纪初,D.曼努埃批准了大学的章程。这个章程基本上只不过是将15世纪末已生效的规则巩固下来。[371]这些章程印证了在教会法方面有三个有报酬的教席的存在,而在法律(Leis)方面的教席数目相同。但是,这位君主后来又多设了一个教会法的教席(教授**谕令第六篇**)。[372]

---

〔369〕 参见M. GONÇALVES CEREJEIRA的前揭研究,《*Notas históricas sôbre os Ordenados dos Lentes da Universidade*》,第2版,Coimbra,1927年,当中指出了关于将法律科学向营利职业以及向权力开放的问题(参见上文第156页)。

〔370〕 参见MÁRIO BRANDÃO/M. LOPES DE ALMEIDA,前揭《*A Universidade de Coimbra*》,第I部分,第69页,注3。

〔371〕 可在前揭《*Os Primeiros Estatutos da Universidade de Coimbra*》中参见,第29页及后续页,以及《*Estatutos d' el Rei Dom Manuel I*》(附有MANUEL AUGUSTO RODRIGUES的简介),Coimbra,1991年。

〔372〕 根据1518年4月26日的诏令[参见FRANCISCO LEITÃO FERREIRA,《*Noticias Chronologicas da Universidade de Coimbra*》,第1版,由JOAQUIM DE CARVALHO组编,Coimbra,1937年,第405页(第987点)]。

在大学诞生后的这个最初期,其教师队伍的单薄只会令那些看惯了现代情况的人感到奇怪。他们根本就不了解中世纪教育的范围有多狭窄,不仅是教学材料不多,而且学生的数目也有限。然而,除了那些受薪的教授外,应该还有其他为了名声以及期待在以后有教席空缺时能够成功竞争上岗而无偿任教的教授的。另外,还要加上学生的协作。想要取得学位的话,他们必须公开"讲授"("ler")若干年。毫无疑问的是,"辅导教员"也担当了重要的角色,他们是教授们的助理,其职务与现代的讲师类似。

在1431年的文献中,已有提及副学士(bacharel)、学士(licenciado)和博士(doutor)[373]等大学学位。第一个学位是授予完成了文法与逻辑的预备课后,在其中一个学院上课满3年,每年的上课期为8个月,然后为其"结论"公开答辩的学生。希望成为学士——这是最难取得的学位——的副学士在参加有关考试之前必须再补充学习4年。博士学位的授予——考试所占的重要性不大的一个庄严行为——显得极具气派。

毫无疑问,教学上所采用的课本以及教学方法与作为中世纪罗马法与教会法研究之基础的课本与方法相同,其在各个方面均受到意大利的启发。所以,难怪本国的学校远远未能与一些具有威望的国外大学——主要是泛阿尔卑斯山的大学,它们在14世纪至16世纪期间继续吸引着大量的葡萄牙学生[374]——法学教育竞争了。

---

〔373〕 上述的1431年7月16日的规章仅处理了考试与学位的制度。关于其内容,参见 MÁRIO BRANDÃO/M. LOPES DE ALMEIDA,前揭《*A Universidade de Coimbra*》,第I部分,第132页及后续页。以拉丁语及葡语出版,载前揭《*Os Primeiros Estatutos da Universidade de Coimbra*》,第16页及后续页。

〔374〕 ÁNGEL MARCOS DE DIOS 在其文章《*A transferência de escolares entre Salamanca e Coimbra*》内所提供的数据十分有趣,载前揭《Universidade(s):História. Memória. Perspectivas》,第3卷,第155页及后续页。

(二)科英布拉大学的建立

不可忽视的是,大学自创立起至到 D. 若昂三世[375]期间,其总部总是徘徊在里斯本和科英布拉之间。于 1537 年将它永久确定在科英布拉的就是这位国王。他这样做的决定性理由是要承接其前任的两位君主所作出的努力——上文已作论述,推动大学教育的彻底改革。

事实上,他必须组建一套与文艺复兴时期相匹配的教育体系;必须公开地进入欧洲化的道路。对于法律学院与教会法学院,D. 若昂三世的态度毫不犹疑。大部分的教授均被免职,[376]能到科英布拉的就只有那些在科学上有威望的人。[377]极受同代人敬重的冈沙罗·瓦斯·平托(Gonçalo Vaz Pinto)是唯一一位获得这种界定的法律讲师(lente de Leis),他被安排讲授早课(*prima*)[378]这

---

〔375〕 参见上文第 155 页,注 315。

〔376〕 同时又规定这些教授按其薪金比例收取生活费(参见 MÁRIO BRANDÃO/M. LOPES DE ALMEIDA,前揭《*A Universidade de Coimbra*》,第 I 部分,第 176 页注 4)。

〔377〕 不应排除某些有教学能力的教员由于个人或家庭理由而留在里斯本(参见 ARMANDO DE JESUS MARQUES,《*Um escolar de Direito em Coimbra e Salamanca – O Lic. Ferrnando Álvares* (1548 – 1566)》,Mafra,1982 年,第 9 页)。

〔378〕 除了 Vaz Pinto 外,只有西班牙神学家 Francisco Monzon 转往科英布拉,他在来大学之前已经很有名气。参见 DAMIÃO PERES,《*A Universidade de Coimbra na história da cultura nacional*》, Coimbra,1937 年,第 2 页,以及 MÁRIO BRANDÃO/M. LOPES DE ALMEIDA,前揭《*A Universidade de Coimbra*》,第 I 部分,第 176 页。关于科英布拉大学自 1537 年起至 18 世纪初的教学人员,参见 FRANCISCO LEITÃO FERREIRA,《*Alphabeto dos Lentes da insigne Universidade de Coimbra, desde o ano de* 1537 *em diante*》(由 JOAQUIM DE CARVALHO 编辑), Coimbra,1937 年。这部作品的介绍到 1730 年为止,那正是其完成的日期。关于往后的时期,参见 PAULO MERÊA,《*Relação dos lentes das Faculdades de Cânones e Leis até à Reforma Pombalina* (*Para servir de complemento aos Catálogos de Francisco Leitão Ferreira*)》,载前揭《Bol. da Fac. de Dir.》,第 XXIV 卷,第 216 页及后续页,以及 MARGARIDA MARIA SALAZAR ALVES VIZEU,《*O corpo docente da Faculdade de Leis no período pré – pombalino* (1700 – 1772)》,载前揭《Universidade(s):História. Memória. Perspectivas》,第 3 卷,第 121 页及后续页。

个重要科目。

但是,从外国引入大师的行动却被赋予巨大的期望。值得一提的有马丁·艾兹皮奎塔(Martín de Azpilcueta),[379]多得卡洛斯五世的介入,我们将这位"重量如金"的教会法学家从撒拉曼卡大学手上抢夺过来,另外,还有民法学家法比欧·阿尔卡斯·德·纳尔尼(Fábio Arcas de Narni)以及阿斯卡尼奥·埃斯科图(Ascânio Escoto)。[380]后者是由米兰著名的人文主义学者安德雷亚·阿尔切雅图(Andrea Alciato)[381]推荐的。虽然我国也曾尝试将安德雷亚·阿尔切雅图(Andrea Alciato)吸引过来,但是却没有成功。

另外,有些教席则给了曾在外国学习而且已在国外成名的葡萄牙人。属于这种情况的例如有曼努埃·达·科斯塔(Manuel da Costa)、艾雷斯·皮尼尔(Aires Pinhel)和埃托尔·罗德里格斯(Heitor Rodrigues),[382]他们都是在撒拉曼卡 取得学位,晚年又回到撒拉曼卡的,且他们占去科英布拉教育的很大部分。在这个群体中,不应遗忘教会法学家巴托鲁米乌·菲利普(Bartolomeu Filipe),[383]他对于当时指引法律科学的新方法极之向往。

(三)根据"旧规章"产生的法律研究组织

直至很晚期,有关大学的立法都未曾系统地集中在唯一的一份组织性法规之上。似乎《曼努埃章程》就是首部关于大学内部生活的各个方面的完整的规章。D. 若昂三世(1544 年)引入了一些修改,而 D. 塞巴斯蒂昂(D. Sebastião)(1559 年、1565 年与

---

[379] 参见上文第 229 页。

[380] 关于这些意大利法学家的相对价值以及 Martinho de Azpilcueta 对他们的评价,参见 NUNO J. ESPINOSA GOMES DA SILVA,前揭《*Humanismo e Direito*》,第 236 页及后续页。

[381] 参见上文第 224 页及后续页。

[382] 参见上文第 227 页及后续页。

[383] 参见上文第 227 页及第 230 页。

1567年)[384]与菲利普一世(1592年与1598年)在位期间也对其作了一些改革,但是所有的修订都没有触及教育的结构与相应的科学活动。最后,1598年的《菲利普规章》——又被称为《第七研究》——经菲利普二世(1612年)修订及确认[385]以及D. 若昂四世(1653年)[386]的重新确认后,便一直生效到彭巴尔改革为止。这部规章被称为"旧规章"(Estatutos Velhos),与其相对的是1772年的所谓"新规章"(Estatutos Novos)。

我们便是以这部旧规章为基础,更为详细地认识大学是如何进行法学教育的。概括而言,大学有两个法学院:教会法学院和法律学院,两者分别教授教会法大全(*Corpus Iuris Canonici*)与民法大全(*Corpus Iuris Civilis*)。[387]

教会法学院有七个科目:有五个大教席或大科目,另两个是小教席或小科目。[388]在这些科目中,有两科讲授《谕令》(Decretais)[即早课(*Prima*)与傍晚课(*Véspera*)、一科讲授《命令》(Decreto)(即上午课(*terça*)]以及一科讲授《谕令第六篇》(Sexto)[即下午

---

[384] 关于1559年的章程,参见SERAFIM LEITE,《*Estatutos da Universidade de Coimbra* (1559). *Com introdução e notas históricas e críticas*》,Coimbra,1963年。

[385] 参见ZÍLIA OSÓRIO DE CASTRO,前揭《*A reforma de D. Francisco de Bragança*, in "Universidade(s): História. Memória. Perspectivas"》,第I卷,第111页及后续页。

[386] 参见《*Estatutos da Universidade de Coimbra* (1653)》,Coimbra,1987年(影印版,附ANÍBAL PINTO DE CASTRO的简介,第VII页及后续页)。在科英布拉大学的图书馆总馆中,有一份手抄本的前菲利普版大学规章(Ms. 1002)。

[387] 关于博洛尼亚大学的上课期、学科、教学大纲以及教学方法,参见MANLIO BELLOMO,前揭《*Saggio sull' università*》,第181页及后续页。

[388] 章程第三篇第5个标题第7/13节,第142页及后续页。可参见MARIA DO CARMO GARCIA FARIA GASPAR ANTUNES,前揭《*O ensino na Faculdade de Cânones*, in "Universidade(s): História. Memória. Perspectivas"》,第1卷,第123页及后续页。

课(noa)]。[389]还有一个没有宗教名称的科目,讲授《克莱蒙特谕令》(Clementinas),上课时间是在《命令》之后,以及两个关于《谕令》的小科目,一个在早上授课,时间是讲授《克莱蒙特谕令》之时,而另一科则是在傍晚课(véspera)之后。以上的清单还缺少了《谕令》对教会法教育的重要性的论述。[390]

在法律学院中,其八个科目[391]按照注释学派划分优士丁尼汇编的方式划分。[392]早课(prima)讲授《强化的学说汇纂》(Digesto Esforçado),傍晚课(Véspera)讲授《新学说汇纂》(Digesto Novo),上午课(terça)讲授《旧学说汇纂》(Digesto Velho)而下午课(noa)则讲授《法典的三篇》。此外,尚有两个小科目是讲授《法典》的,其一是在讲授《旧学说汇纂》之后,而另一科则是在傍晚课之后,以及两个关于《法学阶梯》(Instituta)的科目,其一在上午课(terça)的时段,而另一科则是在傍晚课(véspera)上课之前。

其源于经院哲学的教学方案在两个学院中基本相同:教授朗

---

[389] 这些学科名称源于天主教神圣祭礼的祷告时间。除非是因为四旬斋戒或其宗教信仰的行为,否则上课如常进行。然而,原则上,科目仅是以祷告时间作为准据点,而非准确依照其时间。这样:早课(prima)是在破晓时分,然后是上午课("tertia");在下午,则由下午课("nona")开始,最后以傍晚课(véspera)结束,又或者,会在日落前再上一节晚后课(pós - vespertina)。章程本身(第三篇第11个标题第1节,第164页及后续页)规定,从学年开始至圣诞,第一课的上课时间是"七时半",而在复活节后,则为"六时半"。另外又规定了下午的教学以下午课(noa)始,于"正午之后的两个小时"开始上课,直到每年的3月11日为止,而自该日起,则从"三时"开始。这些关于学科以及课时长短的说明(参见下文第240页),使我们可以推断出全部科目的上课时间。须注意的是,医科的早课总是在冬天或夏天,而且比其学院的同类科目迟一个小时,"因为学院运作的理由,必须在这个时间上课"(章程第三篇第11个标题第1节第165页)。

[390] 关于组成《教会法大全》的教会法汇编,参见上文第167页及后续页。

[391] 章程第三篇第5个标题第14/19节,第143页。

[392] 参见上文第140页及后续页。

读[393]《教会法大全》(Corpus Iuris Canonici)或《民法大全》(Corpus Iuris Civilis)的段落,之后进行评论,展示其认为错误与认为正确的意见和论据,然后,在与其他文本对证后,对相反的意见进行批驳,最后,并以其认为最合理的解释作结论。这些教授一般是生活在有权界定共同意见的知名学者的主宰之下。

为此,科英布拉大学建立之后,立即向法律人文主义的观念开放,而这种观点是与当时主导的权威观点对立的。关于如何开办教育的王室指引明确表示要增加法学家解释的自由,打击传统上冗长的论据及作者的引述。同一时间,又寻求遏止对文本作过量及分散的分析,因为这样会损害授课内容的广泛性。

然而,这一兴旺现象只是很短暂的。随着那些激进的大师们的消失以及我国大学教育在16世纪之交的稍后时期重新衰落,法律的人文主义也无法生存,巴托鲁主义的方法又重拾其断断续续的发展步伐。但是,关于这一个范畴,尚未如计划那样做深入研究,准确地说明在方法的层面上,具有经院哲学特征的教育如何对应所讲授的学说中巴托鲁主义的相同地位。[394]

在课堂上,须强制使用拉丁语。[395]学年从10月开始而至7月结束。[396]各科均每日上课,除了早课(Prima)的课时为一个半小

---

[393] 传统上,将大学教授称为"阅读者"(lente)(即阅读的人)。然而,"阅读"罗马法或教会法文本却被广义理解为包括对这些文本的解释。

[394] 参见上文第227页。

[395] 章程第三篇第11个标题第10节,第166页,那里规定:"所有的'阅读者'均须以拉丁语讲授其课文,否则处以每次一百雷尔斯的惩罚"。

[396] 章程第三篇第2个标题,第164页。其规定为:"所有学院的'阅读者'(教授)均从十月的第二天开始讲课,因为首日是开学礼;如该日为星期天,则依次推后一天;其讲课直至七月的底为止;仅保留教会假期,或主教辖区的假期,又或者校规上所宣布为假期者。"

时外,其余均为一小时。[397]

在第六年的年底,学生将取得副学士学历(副学士生),[398]但学位的颁授仪式仅在8年后才举行(副学士毕业)。[399]正如规章规定,如未举行学位颁授仪式,“律师不得使用其法律”。[400]

十三、第二经院哲学及其对法律与政治的贡献

最后,要思考一下新经院哲学——或者,似乎将这一种思想称为第二经院哲学更适当——在法律与国家的范畴所产生的影响。此外,这个命题还与当代的法律思想有关。

关于法律与国家的哲学理论研究在我国仅18世纪[401]末才变成独立的科目。传统上,它与一般哲学、神学甚至教会法[402]是同一个整体。无论在我国抑或西班牙,原则上专注于研究这些问题的都是神学家及教会法学家,鲜有超越这个圈子以外的人作这样的研究。

对于法律与国家的哲学而言,从文艺复兴到启蒙主义之间的时期是一个典型的过渡期。人文主义思想的进步正是在这一时期发生的,而人文主义所得出的最后推论又被七百年代的思想所采

---

[397] 章程第三篇第11个标题第1节,第164页。

[398] 章程第三篇第44个标题,第213页。

[399] 章程第三篇第44个标题第9节,第215页及后续页。

[400] 章程第三篇第44个标题第8节,第215页。

[401] 参见L. CABRAL DE MONCADA,《*Subsídios para uma História da Filosofia do Direito em Portugal*(1772 – 1911)》,Coimbra,1938年,第1页及后续页(前揭《Bol. da Fac. de Dir.》特刊,第XIV卷及第XV卷)。

[402] 参见例如ANTONIO GARCÍA Y GARCÍA,前揭《*El derecho canónico medieval y los problemas del Nuevo Mundo*》,载《Rev. Int. di Dir. Com.》,第1卷,第121页及后续页。这里须注意发给葡萄牙及卡斯蒂利亚的为数众多的关于大发现的教皇训谕(第126页及后续页)。

纳。法理性主义(jusracionalismo)——荷兰、英国及德国[403]——从所谓的自然法学派内产生便是属于这种情况。

另外,在比利纽斯山之下,第二经院哲学对16世纪及17世纪的文化又有突出的影响。面对当时的社会大环境——除了人文主义思想以及宗教改革外,包括在政治、社会、经济方面问题的白热化,有需要重新思考基督教对人以及人的共同生活的理解(因此,涉及法律与国家)。在坚定地遵守托马斯主义的主要原则之下,第二经院哲学的神学—法学理论研究为新问题以及新的解决方案敞开了宽阔的大门。须注意的是,神学研究在中世纪末经历了一段衰落期之后,到16世纪又有了新的动力。此外,神学研究回归到直接反映真正的托马斯主义的趋势变得明显。

事实上,在以上的时期,半岛内的法律及政治哲学研究有了明显的增加。西班牙的神学家建构了一部有巨大意义的作品。这些神学家之中,有一些人不仅专注于纯粹的理论研究,而且还同时对教会及具体政治的实务活动有所参与,如作为国王的顾问。

这样,产生了所谓的**自然法西班牙学派**。数位著名的葡萄牙思想家也有参与这项运动。无论如何,两国的学者以及思想从而得以交流。所以,将这个学派称为自然法的半岛学派[404]——它在欧洲泛比利纽斯地带曾产生重要影响——绝不为过。

---

[403] 可参见 L. CABRAL DE MONCADA 的一般论述,前揭《*Filosofia do Direito e do Estado*》,第1卷,D,第128页及后续页。关于上述的自然理性法学派,参见下文第245页及后续页。

[404] 似乎若干特殊性的发现并不足以说明葡萄牙18世纪的思想明显地独立于其邻国作者。提出这一主张的是 VICENTE SIMÓ SANTONJA,前揭《*Escuela Portuguesa Derecho Internacional*》,第115页。

这个流派的特征首先是其所采取的自然法立场。[405]它以神权中心的观念为基础,从形而上学与本体论的角度使法与国家得到重新确认。以这样一个更高的法律秩序的存在为出发点,神学—法学家制定了实证法的标准。

他们为很多领域——从国家的理论到国际法科学的理论、以至对刑法的关注[406]以及对私法的现代教条范畴的制定等——的奠基与发展带来十分重要的贡献。[407]在经济伦理的层面,他们又讨论了暴利、交易及公平价格等问题。[408]

值得强调的是其对现代国际公法的创立所产生的推动力。航海大发现引致众多的现实问题产生:主要是海洋自由、对被发现或被征服地区占领的正当性以及当地住民的法律地位等问题。根据

---

〔405〕 参见 HANS THIEME,《*El significado de los grandes juristas y teólogos españoles del siglo XVI para el desenvolvimiento del Derecho natural*》,载前揭《Revista de Derecho Privado》,第 XXXVIII 册,第 597 页及后续页。

〔406〕 例如,关于杀人、伤害身体、死刑、处罚的权力的学说。众所周知,刑法的问题以特别的方式吸引着神学道德主义者的注意,从人以及人的行为开始,以致后期的不法与犯罪人的科学,其看重的是现代语言称之为“行为的非价”,而否定“结果的非价”(参见 RAFAEL GIBERT,《*Ciencia Jurídica Española*》, Granada, 1983 年,第 12 页)。

〔407〕 参见 1972 年 10 月 16 ~ 19 日在 Firenze 的学术聚会所得出的重要成果,由 PAOLO GROSSI 以会议录收集,命名为《La Seconda Scolastica nella formazione del diritto privato moderno》, Milano, 1973 年。与该会上所发表的普遍分析意见不同的是 JESÚS LALINDE ABADIA 的判断,参见其《*Anotaciones historicistas al Jusprivatismo de la Segunda Escolastica*》,第 303 页及后续页。

〔408〕 参见 WILHELM WEBER,《*Wirtschaftsethik am Vorabend des Liberalismus*》, Münster, 1959, e《*Geld und Zins in der spanischen Spätscholastik* 》, Münster, 1962. Ver, também, ALICIA FIESTAS LOZA, *La doctrina de Domingo de Soto sobre el censo consignativo*, in “An. de Hist. del Der. Esp.”,前揭, tomo LIV, págs,第 639 页及后续页。

以往的概念[409]体系,这些问题是无法找到满意的答案的,因而导致了人法的理论基础的创立。

在半岛上,自然法以及法的国际主义思想最具代表性的人物均是西班牙人。[410]他们包括:弗朗西斯古·德·维多利亚(Franisco de Vitória)(1486~1546年)——他在巴黎取得博士学位,后为萨拉曼卡大学的教授,他关于战争与和平的重大问题所作的大量而且具有前瞻性的作品,使其被视为现代国际法的奠基人;[411]多明戈·德·索图(Domingo de Soto)(1495~1560年)——他特别醉心于从神学道德的角度思考刑法的问题;[412]刘易斯·德·摩林娜(Luís de Molina)(1535~1600年)——他曾经

---

〔409〕 关于当时如何审视这些问题,参见 MARCELLO CAETANO 的综述,前揭《*Hist. do Dir. Port.*》,卷 I,第 520 页及后续页。也可参见 GIULIO VISMARA 的重要研究,前揭《*Scritti di Storia Giuridica*》,第 7 卷—《*Comunità e diritto internazionale*》,Milano,1989 年。

〔410〕 围绕着第二经院哲学发展出其本身的关于和平的学说——以人的共存这一基督教前提为基础——这一观念,出版了这一学派的重要作品,构成了前揭的《Corpus Hispanorum de Pace》(西班牙和平大全)。这些出版均有拉丁文及西班牙文版本,其原文以拉丁文写成。这些作品成了 FRAY LUIS DE LÉON 的汇编,《*De legibus o Tratado de las Leyes*(1571)》的第一卷,Madrid,1963 年。

〔411〕 甚至 Francisco de Vitoria 也非常独立地评析了西班牙占领印度的名义问题。参见 C. BARCIA TRELLES,《*Francisco de Vitoria, fundador del Derecho internacional moderno*》, Valladolid, 1928 年,以及 A. TRUYOL SERRA/H. MECHOULAN/P. HAGGEN - MACHER/A. ORTIZ - ARCE/P. MARINO/J. VERHOEVEN,《*Actualité de la pensée juridique de Francisco de Vitoria*》, Bruxelles, 1988 年(“Travaux de la Journée d'études organisée à Louvain - la - Neuve par le Centre Charles de Visscher pour le droit international le 5 décembre 1986”)。Vitoria 的门生包括 Martín de Azpilcueta(1493/1586)。正如我们所知,他从撒拉曼卡大学转到科英布拉大学(参见上文第 230 页及第 237 页)。在前揭《Corp. Hisp. de Pace》中可找到 FRANCISCO DE VITORIA 的作品,《*Relectio de Indis*》, Madrid,1967 年及 1989 年(第 V 卷),以及《*Relectio de Iure Belli o Paz Dinamica*》,Madrid, 1981 年(第 VI 卷)。

〔412〕 参见上文第 242 页,注 665 及注 667。关于这位作者,可参见 V. BELTRÁN DE HEREDIA,《*Domingo de Soto. Estudio biográfico documentado*》,Madrid,1961 年。

在埃武拉(Évora)当教授,写了一部被视为是法律与道德方面的综述的作品;[413]弗朗西斯古·苏雅勒斯(Francisco Suárez)——他同样是与我国有关系,因为他是埃武拉大学的神学博士,后来又任教于科英科拉大学;他被视为"天主教方面的哲学、政治及法律哲学在16世纪末的最高代表人物"。[414]

一如我们所见,这个学派的大部分代表人物均在西班牙。但毫无疑问的是,有一些重要的思想家是属于我国的。关于政治方

---

[413] 《*De iustitia et iure, tomi sex* (1593/1600)》,再版,Madrid,1941/1942年(由M. FRAGA IRIBARNE翻译,作初步分析及作注),以及《*La teoria del justo precio*》,Madrid,1981年(由F. GOMES CAMACHO所整理的版本)。关于Molina的长期在我国停留,参见MIGUEL LUSO SOARES的有趣摘要,《*Nota a propósito de Luís de Molina*》,Lisboa,1994年。

[414] L. CABRA DE MONCADA,前揭《*Fil. do Dir. e do Est.*》,第1卷,第19节,尤其第130页。Suárez是在1612年,即其逗留在科英布拉的期间出版了著名的《*Tractatus de legibus ac Deo Legislatore*》,该作品被收入前揭《Corp. Hisp. de Pace》中,Madrid,1971/1981年(第XI/XVII卷,XXI卷以及XXII卷)。在同一汇编中,参见FRANCISCO SUÁREZ,《*Defensio Fidei III – Principatus politicus o la soberanía popular*》,Madrid,1965年(第II卷),以及《*De iuramento fidelitatis*》,Madrid,1978年(第XIX卷)以及1979年(第XVIII卷)。关于Suárez,除了上述再版上的研究以及简注上所载者外,可参见我国PAULO MERÊA的作品,《*Suarez, jurista. O problema da origem do poder civil*》,载前揭《Rev. da Univ. de Coimb.》,第VI卷,第70页及后续页,《*Suárez, Grócio, Hobbes*》,Coimbra,1941年,以及《*Escolástica e Jusnaturalismo: O problema da origem do poder civil em Suárez e Pufendorf*》,载前揭《Bol. da Fac. de Dir.》,第XIX卷,第289页及后续页;以及L. CABRAL DE MONCADA,《*O vivo e o morto em Suárez jurista*》,载前揭《Est. Fil. e Hist》,第II卷,第52页及后续页。最后,参见MÁRIO REIS MARQUES,《*A crise do direito. A crise da lei. Um regresso a Suarez?*》,载《O Instituto》,第CXL/CXLI卷,Coimbra,1980/1981年,第165页及后续页;以及ANGEL SANCHEZ DE LA TORRE,《*Derecho subjetivo y deber jurídico en la escuela de Suárez*》,JOSÉ MANUEL ROMERO MORENO,《*Introducción a la racionalidad humana en Suárez*》,以及JESÚS LIMA TORRADO,《*El fundamento del principio "la ignorancia de la ley no excusa su cumplimiento" en la obra de Francisco Suárez "Tractatus de Legibus ac Deo Legislatore"*》,载前揭《Bol. da Fac. de Dir.》,第LXV卷,分别见第145页及后续页,第171页及后续页,以及第207页及后续页。

面的学说,值得一提 D. 杰罗米欧·俄索里欧(D. Jerónimo Osório)。他的作品虽然算不上一部真正的公法方面的专著,或者也达不到同代的西班牙伟大神学家们的政治作品的水平,但是却反映了作者的坚实的人道主义基础,并循着源于理性秩序[415]的正义观念发展。某一权威的意见将他吹捧为拉丁国家当代最好的历史学家,因为在历史学的范畴从来没有人具有像这位西尔维斯主教[416]一样的精神基础。

另外,在神学—政治学的范畴,若昂·撒尔加多·德·阿拉乌佐(João Salgado de Araúzo)以同样的方式展示其博学多才。他的作品差不多全部用西班牙文写成的。他对著名法学家及神学家的思想有深入的认识,但是他完全地附和名家的思想,从他处理主权的正当性这个在当时深具吸引力[417]的问题上可以看出他的创造力有限。同样值得我们一提的还有安多尼奥·德·帕拉达(António de Parada)。[418]

关于国际公法方面,我们还记得那个时代最大的争议主要是

---

〔415〕 参见 F. ELÍAS DE TEJADA.《*Las doctrinas políticas de Jeronimo Osorio*》,载前揭《An. de Hist. del Der. Esp.》,第 XVI 册,第 341 页及后续页,以及 PAULO MERÊA 的尖锐书评,载前揭《Bol. da Fac. de Dir.》,第 XXIII 卷,第 151 页及后续页,以及关于其对经济性质的学说问题所倾注的心力,参见 JOSÉ CALVET DE MAGALHAES,前揭《*História do Pensamento Económico em Portugal*》第 137 页及后续页。

〔416〕 Montaigne 于 1580 年断言:"(...) l'evesque Osorius, le meilleur historiem latin de noz siecles"(sic)(参见 MICHEL DE MONTAIGNE,《Essais, texte établi par (...)》,ALBERT THIBANDET,《Bibliothèque de la Pléiade》,Paris,1953 年,第一篇,第 XIV 章,第 73 页)。Montaigne 所指的作品是《*De rebus Emmanuelis gestis duodecim* (Lisboa, 1571)》,他对这部作品有深入的认识。

〔417〕 参见例如《*Ley Regia de Portugal*》,Madrid,1627 年。参见 PAULO MERÊA,《*A ideia da origem popular do poder nos escritores portugueses anteriores à Restauração*》,载前揭《Est. de Hist. do Dir》,第 229 页及后续页,尤其第 243 页及后续页。

〔418〕 参见其作品《*Arte de Reynar*》,Bucellas,1643 年。

关于海上航行、海上贸易以及被发现地区的专属权问题。航行自由(mare liberum)学说——其最大的捍卫者是胡果·格鲁修斯(Hugo Grócio)[419]——反对发现这些新航线("mare clausum")的国家进行垄断。很明显,这个争议并非与政治及经济利益无关的纯粹科学上的争议。

为数众多的葡萄牙法学家曾主张垄断的立场。[420]例如安多尼奥·达·迦玛(António da Game)、若热·卡贝度·德·瓦斯康塞洛斯(Jorge Cabedo de Vasconcelos)、本图·基尔(Bento Gil)、弗雷·塞拉菲因·德·弗雷特斯(Frei Serafim de Freitas)以及多明戈斯·安图内斯·波尔图迦尔(Domingos Antunes Portugal)。[421]

当塞拉菲因·德·弗雷特斯(Serafim de Freitas)在华拉杜烈大学任教教会法的时候,他写了一封回复格鲁修斯的信。[422]显然这两位学者在展开其论题时所采用的思考角度是有分别的。格鲁

---

[419] 格鲁修斯的著作,《*Mare liberum, sive de iure quod Batavis competit ad Indicana commercia*》,于1609年的时候首次出版时没有标名作者名称。(这部作品有一个西班牙语译本,附有 GARCÍA ARÍAS 的初步研究,Madrid,1956年)。须注意的是,海洋自由的原则先前在西班牙已经由 Francisco de Vitoria 以及 Fernando Vazques de Menchaca 所主张(参见 C. BARCIA TRELLES,前揭《*Francisco de Vitoria, fundador del Derecho internacional moderno*》,第93页)。关于 Menchaca,参见 A. MIAJA DE LA MUELA,《*Internacionalistas españoles del siglo XVI: Fernando Vazquez de Menchaca*》,Valladolid,1932年。

[420] 参见 PAULO MERÊA,《*Os jurisconsultos portugueses e a doutrina do "matre clausum"*》,载《Novos Estudos de História do Direito》,Barcelos,1937年,第19页及后续页。

[421] 参见上文第233页注620所指的研究。

[422] 《*De iusto imperio Lusitanorum Asiatico*》,Valladolid,1625年。这部作品有翻译本,其书名为《*Do Justo Império Asiático dos Portuguese*》,Lisboa 1960~1961年(译者为 M. PINTO DE MENESES,内附 MARCELLO CAETANO 的简介)。另参见 MARCELLO CAETANO,《*Um grande jurista português: Serafim de Freitas*》,Lisboa,1925年。

修斯的论据很创新,而且主要从哲学方面切入。相反,塞拉菲因·德·弗雷特斯(Serafim de Freitas)在使用其对罗马法以及最著名的评注学者的坚实知识捍卫既存状况[423]时,亦表现出强大的活力,只是后者的结局早有定数。

另外,在法的国际法主义者之中,不可忘记阿丰素·阿尔瓦雷斯·格雷罗(Afonso Alvares Guerreiro)的存在。他写了一部关于正义与不正义的战争的著作[424],这部著作所涉猎的问题在后来格鲁修斯的成名专著中[425]也有研究。

---

[423] 参见 PAULO MERÊA,《*Um aspecto da questão Hugo Grócio – Serafim de Freitas* (*Condição jurídica do mar no direito romano*)》,载前揭《Bol. da Fac. de Dir.》,第 II 卷,第 465 页及后续页。与 Serafim de Freitas 属同一路线的还有英国法学家 SELDEN 同样著名的作品,《*Mare clausum*》,完成于 1618 年,但仅在 1635 年才付印(参见 PAULO MERÊA,同一作品,第 466 页,注 2,以及前揭《Nov. Est. de Hist. do Dir.》,第 38 页注 60)。

[424] 《*De Bello iusto et iniusto Tractatus*》,Neapoli,1543 年。

[425] 《*De iure belli ac pacis libri tres*》(Leipzig,1623),在该作品中,格鲁修斯重新论述海洋自由与通商自由的问题。参见下文第 249 页及后续页。

第八章　现代葡萄牙法的形成期

第一节　自然法的理性主义时期

一、欧洲法律思想的潮流

葡萄牙法律发展的另一阶段从彭巴尔时期开始。在评价发生于这个理性法时期的法律改革之前，有必要简单介绍欧洲的哲学及法学思想的框架。在很大程度上，上述改革的发生是由这些思想所引发的。[1]

（一）自然法的理性主义学派

在16世纪及17世纪之间，欧洲出现两种思想路线。这两种思想路线不但及于法哲学和政治哲学，而且还及于国际公法。其中一种思想透过第二经院哲学主要在泛西班牙世界得到发展，被称为自然法的西班牙流派；[2]另一种思想则在荷兰、英国及德国留下痕迹，习惯上被称为自然法学派或自然法的理性主义学派。

至于两种思想的相互关联程度以及其差别

---

〔1〕 进一步描述请参见 M. J. Almeida Costa，“法律辩论与彭巴尔的解决方案”，载前述《法学院学报》，LVIII 期，卷 II，第 1 页及后续页。

〔2〕 参见本书第 240 页及后续页。

之处则并非本文详细讨论的对象。对此,各家意见分歧。现代作者诸如沃夫(Erik Wolf)、魏哲尔(Hans Welzel)、维克尔克(Franz Wieacker)及蒂默(Hans Thieme)均主张18世纪的世俗自然法论起源自具有中世纪经院哲学宗教基础的自然法,尽管两者之间有显著的分别。而上述两种思想的中介者则必然是第二经院哲学。这便造成了该学派对后期的法律形成〔3〕的重要性。

格鲁修斯(Hugo Grócio)(1583~1645年)一般被认为是现代自然法论的奠基人。〔4〕其两部最有价值的著作为:关于国际公法方面的《论海洋自由》(*Mare liberum*)(1609年),该书致力于抨击葡萄牙及西班牙在航权的垄断及与被发现地区的贸易问题上所采取的态度;《战争与和平法》(*De iure belli ac pacis*)(1623年),书中以一种所有人皆受约束的、且在其渊源上被称作理性的必然的权利作为构筑国际公法的基础。后一部著作是

---

〔3〕 全部参见H. Thieme,《*Quést ce - que nous, les juristes, devons à la Seconde Scolastique espagnole?*》,载《La Seconda Scolastica nella formazione del diritto privato moderno》,第7页及后续页;以及前述F. Wieacker,《*Hist. Do Dir, Priv. Mod.*》,第303页及后续页,又第320页及后续页。另参见H. Thieme,《*Das Naturrecht und die europäische Privatrechtsgeschichte*》,第2版;Basel,1954,及《*El significado de los grandes juristas y teólogos españoles del siglo XVI para el desenvolvimiento del Derecho natural*》,载"私法杂志",XXXVIII卷,第597页及后续页。(总的来说,参见Thieme题为《*Naturredit und Kodificationen*》的多项研究,载《Ideengeschichte und Rechtsgeschichte》,前揭第二卷,第631页及后续页),OTTO WILHELM KRAUSE,《*Naturrechtler des sechzehnten Jahrhunderts: ihre Bedeutung fur die Entwicklung eines naturlichen Privatrechts*》,Frankfurt a - M/Bern,1982,Alfred Dufour.《*Les ruses de la Raison d'Etat ou Histoire et Droit naturel dans l'oeuvre et la pensée des Fondateurs du Droit naturel moderne*》,in "Festschrift für Hans Thieme zu seinem 80. Geburtstag"(Herausgegeben von KARL KROESCHELL), Sigmaringen,1986,第265页及后续页。

〔4〕 其意义是"包括启蒙主义在内的近代自然法无论从其直接原因或从其所表现的规范理性来看均不是一场独立运动",参见《A. Castanheira Neves》,在前述之《判例制度》中第528页的论述。

该作者的代表作。[5]

现代自然法论自此踏出了第一步。虽然格鲁修斯(Grócio)仍然明显地受到第二经院哲学的影响,但他仿佛就是从上述神学及哲学思想过渡到理性自然法论[6]的桥梁。从他身上已经可找到将会来临的启蒙主义。

新的自然法体系事实上是由学者们展开格鲁修斯(Grócio)作品中的原有假设而构筑起来的;又或者说,至少是其作品的延续。这个方面的代表人物有英国的霍比斯(Hobbes)(1588~1679年)及洛克(Locke)(1632~1704年),德国的普芬多夫(Pufendorf)(1632~1691年)、托玛修斯(Thomasius)(1655~1728年)及沃夫(Wolff)(1679~1754年)。其中普芬多夫(Pufendorf)担当了重要的角色,“他不但是第一个将自然法体系化的巨匠,而且还是从格鲁修斯自然法论到18世纪启蒙主义的过渡期最突出的代表人物。”[7]

上述作者的贡献纵然各有不同,但从他们开始,对自然法的理解便与宗教形而上学的前提分家,自然法成为了理性自然法,即人类理性的产物或人类对理性的要求。这时的观念是,正如自然界

---

〔5〕 参见本书第244页,注释678,及第245页,注释684。亦可参见Hugo Grotius,《*De iure belli ac pacis libri tres*》, Curavit, B. J. A. de Kanter – Van Hettinga, Tromp, Leiden 1939年版重印,附有R. Feenstra/C. E. Persenaire的新注释, Aalen, 1993年版,参见Robert Feenstra的重要研究,《*Ius Commune et droit comparé Chez Grotius – Nouvelles remarques sur les sources citées dans ses ouvrages juridiques, à propos d'une réimpression du 'De iure belli ac pacis'*》,载前述“Rev, Int, di Dir, Com”第3卷,第7页及后续页(重载《Miscellanea Domenico Maffei dedicata》第III卷,第513页及后续页。)

〔6〕 关于Grócio,参见刊登于《*The World of Hugo Grótius (1583 – 1645)*》的研究,(Proceedings of the International Colloquium organized by the Grotius Committee of the Royal Netherlands Academy of Arts and Sciences – Rotterdam 6 – 9 April 1983),阿姆斯特丹,马城,1984年。

〔7〕 Paulo Merêa:“*经院哲学与自然法论*”,载《法学院学报》,第XIX卷,第298页。

的宇宙定律一样,规整人与人之间的关系并同等对待各人的规范自有其内在本质,无须神学上的假设便可自由地从理性中寻获。

理性自然法对实证法科学有巨大的直接影响。应指出的是,它透过对自然法的基本主轴的尽情演绎,详细而且系统地阐释了自然法。

还须指出的是理性法论者在为自然法提出理据方面与新经院哲学有所区别。无论如何,后者所关心的只是对单纯的一般原则的展示。

(二)(学说汇纂的)现代应用(*Uso Moderno*)

一种与理性自然法论有关的研究及适用罗马法的新方法——"学说汇纂的现代应用"在德国出现,并向其他国家传播。这在德国法的发展史上代表着从评注学派(Escola dos Comentadores)走向历史学派(Escola Histórica)的一个过渡。[8]"现代应用"这个叫法其实出自那个学派的主要代表人山姆埃尔·史特力克(Samuel Stryk)(1640~1710年)的一部名著的书名。此书成名时已是这个学派的成熟期。"现代应用"思想的特征是法的务实主义、理性主义及民族主义的合流。然而,我们尚且需要为此作一些解说。

总的来说,可以肯定"(学说汇纂的)现代应用"反映了理性自然法的思想在法律范畴的渗透。在将该时期分为两个阶段的情况下,其影响亦可分为两个层面。

在第一阶段,自然法论的思想只是间接地反映在法律生活上。换言之,即在以干涉主义为特征的开明专制主义的影响下,导致了立法活动范围的扩大。该现象代表了一种重新使用罗马法的努力,但并没有对承袭自评注学派的注释—分析方法及表现风格上

---

〔8〕 根据 Cabral de Moncada 推算,大约相当于我们的1747年至1820年的期间,载前述《法制史研究》,第一卷,第91页,注1。

作任何改变。这是因为当时的法学家们缺乏对理论的关心。卡普佐夫(B. Carpzov)(1595～1666年)及史特鲁夫(Struve)(1619～1692年)[9]的作品是这个第一阶段的典型范例。

只有到17世纪末,理性自然法主义的影响才及于法律学理及实务层面。对这个转折点贡献最大的是普芬多夫(Pufendorf),[10]其思想从诸如史特力克(Stryk)(1640～1710年),博默尔(Böhmer)(1674～1749年)及海纳修斯(Heineccius)(1681～1741年)[11]的作品中获得巨大的回响。

两个时期的共同特征是均以现实的眼光看罗马法。法学家们均寻求从《民法大全》(*Corpus Iuris Civilis*)中区别出哪些是活的法律、哪些是过时的法律。换句话说,重点是区分可作"现代应用"的规范或适应时代需要的规范与那些只符合罗马的独特情况的规范,而只有前者方视为可被适用。

在第二阶段,上述对罗马规则的合时性的测量又得益于以理性自然法为依据的理论提炼。除了这些可作实用更新的(罗马法)规范外,本国法律本身亦被包括在内,因而共同组成了现行的法律制度。对民族法律及其历史的重视、包括其在大学中的讲授,是"现代

---

〔9〕 这些作者的代表性作品可在圣保禄书院的图书馆找到[参见前述"*目录*",第I卷,669至674号(Carpzov),及第II卷,3373及3374号(Struve)]。

〔10〕 参见本书第249页。

〔11〕 关于"现代应用"及在其后期产生影响的理性法论作者,更详细的论述请参见 WIEACKER,前述《*现代私法史*》,第238页及后续,及第340页及后续。另外,亦可参见前述 H. COING,《*Bartolus und der usus modernus Pandectarum in Deutschland*》,载《Bartolo da Sassoferrato – Studi e documenti per il IV centenario》,第I卷,第23页及后续页,及前述《*Europaisches Privatrecht*》,第I卷,第24页及后续页,第69页及后续页,以及第72页及后续页;及 ALFRED SOLLNER,前述《*Zu den Literaturtypen des deutschen "Usus modernus"*》,载前述《Ius Commune》,第II卷,第167页及后续页。另亦参见于这些作者在上述之科英布拉圣保禄书院图书馆之作品[参见"*目录*",第I卷,466至468号(Böhmer),及第II卷,2884号(Pufendorf)以及3375–3378号(Stryk)]。

应用”的其中一个最重要成果或提示。

根据以上论述,可见“现代应用”与自然法的理性主义学派有紧密的联系,但显然不可将两者混淆。后者乃由哲学思想及理论法学组成,而前者则为与现实生活纪律有关的理论—实务路线。我们所作的论断即使对“现代应用”的第二阶段来说也是完全正确的。

这种思想对我们国家的影响又如何呢?对本国来说,“现代应用”的两个阶段的准确区分似乎并不明显。在我们国家,各方面均显示“现代应用”仅在其第二个阶段〔12〕对我国有较为重要的影响。只有在这个阶段才可在葡萄牙法律世界中识别出“现代应用”随着理性自然法论的渗入。

(三)优雅法学(*Jurisprudência Elegante*)

16 世纪是法国人文主义法学的黄金时期。〔13〕可是,在随之而来的一个世纪,学术界的重心却向荷兰转移。在各种解释这个现象的原因之中,须特别一提的是,由于法国所发生的宗教斗争而导致胡格诺派教士中的学者定居于荷兰。

因此,虽然“现代应用”的传播不断深化,但以荷兰为基地的优雅法学流派(jurisconsulti elegantiores)仍然是突出的。该学派的名称乃来自于其法律公式的严谨性及其成员写作时所表达的谨慎。

著名的法学家如弗埃特(Voet)、诺特(Noodt)及维斯腾伯格(Westenberg)在 18 世纪的上半叶已不断以历史批判方法学习罗马法。这个低地国家的优雅法学流派,至少从其中的一些作者的立场看来,不失为一种将“现代应用”的目的与法律人文主义〔14〕的趋势结合的实务路线。

---

〔12〕 参见《良好理由的法律》(1769 年),本书第 258 页及后续页,和新的“大学规章”,本书第 261 页及后续页。

〔13〕 参见本书第 223 页及后续页。

〔14〕 参见前述的 Wieacker,《现代私法史》,第 178 页及后续页;和前述 Cavanna,《*Stor. Del dir. Mod. In Eur.* 》,第一卷,第 434 页及后续页。

(四)启蒙主义

一种对彭巴尔时期的改革影响极深的思想方向是启蒙主义。“开明时期”、“启蒙时期”或“光明时期”这几个词组所指的是同一意思,相等于法语的“Philosophie des Lumières”及德语的“Aufklärung”。这些形容词所带出的意思是其思想家得到“启发”,接收了“理性的光”。

对欧洲的普遍地区来说,这个时期包含了整个18世纪。从政治的角度看,启蒙主义是在所谓“开明专制主义”或“启蒙专制主义”的极权君主国家的保护下发展起来的,如法国的路易十四(Luís XIV)、路易十五(Luís XV)、普鲁士的弗德烈二世(Frederico II)、约瑟二世(José II)及奥地利的利奥普多二世(Leopoldo II)。然而在我国则仅限于指18世纪的下半叶,或者说,实际上只限于D. 约瑟(D. José)及D. 玛利亚一世(D. Maria I)的朝代。

另有人观察到希腊哲学的历史无论在所提出的体系或这些体系出现的节奏上,都像后来所发展起来的思想的预先展示或前奏。另外还要指出的是,在这次哲学思想的演变中,宇宙和形而上学的观念与人类学及实验主义〔15〕交替作用。

启蒙主义是一个辗转于这第二种对世界及生命的理解的时期。处于其核心的是人,纵使未脱离超现实的思想,但已完全认为

---

〔15〕 关于这点及一般的启蒙主义,特别聚焦于历史的观点及法哲学的观点,参见前述L. CABRAL DE MONCADA的《*Fil. do dir. e do Est*》,第一卷,第九章,尤其第34页及后续页,第十一章,第43页及后续页,第196页及后续页,《*O século XVIII" na legislação de Pombal*》,cit.,《*Um "iluminista" português do século XVIII:Luís António Verney,cit.,e Italia e Portogallo nel'Setecento*》,in《Est. De Hist. Do Dir.》,分别见第I卷,第83页及后续页,及第III卷第1页及后续页,第153页及后续页;另外尚有前述的《*Mística e Racionalismo em Portugal no século XVIII*》及《*O Iluminismo italo-austríaco*》,in《Est. Fil. e Hist.》,第二卷,分别参见其第278页及后续页,以及第465页及后续页。

自己是命运的主宰。[16]这是理性及理性主义的巨大胜利。无论在自然科学、理论哲学以及文化又或者伦理、社会、经济、政治及法律方面,该现象均同时发生。这见证了唯灵科学的自然体系的发展。总的来说,以上种种均以自然为基础,而其效力均由人类的理性来检测,或者说,由一种主观及批判性的理性来检测。

关于法律及政治哲学问题方面,启蒙主义确立了新的理论见解。一种强烈的个人自由主义概念对法律与国家的理解提出其新的看法。它将个人“原始”及“自然”的权利视为法律和国家的基础。说到最后,是自文艺复兴时期开始所发展起来的,而且也被近期的自然法理论所强调的个人主义精神所取得的最终结果。这个意识形态上的解析又与政治形势朝同一方向合流:16 世纪及 17 世纪的宗教斗争唤醒了一种思想解放的情绪;1688 年的英国革命导致了自由政府及议会的出现,并预先演示了工业革命及现代资本主义的经济情况。

上面所作的一般介绍显然是很扼要的,应指出的是启蒙主义并非一个只有单一特征的运动。虽然它扩散到不同国家,但启蒙运动在荷兰及英国所发生的情况不一定会以同样的方式及特征在其他国家发展。各处根据本身环境的不同或受启发的来源的不同,自然会产生适当的限制及调整。

在法国,启蒙主义思想催生了被称作百科全书学派的[孟德斯鸠(Montesquiu)、伏尔泰(Voltaire)、鲁索(Rosseou)、狄德罗(Diderot)]文化运动,为随之而来的 1789 年革命创造了背景。

在德国,与启蒙主义有关的是古典主义文学学派李星(Lessing)、海尔德(Herder)、哥德(Goethe)、休特(Schilter),以及新的大学的奠基。在法律及政治哲学方面,理性自然法主义[普芬多夫(Pufferndorf)、托玛修斯(Thomasius)、沃夫(Wolff)]所

---

〔16〕 正如 Moncada 在上述《Est. de Hist. do Dit.》第三卷第 3 页所概括的一样。

受的影响是明显的。

启蒙主义在天主教国家如西班牙及葡萄牙中表现出独特的面貌,但其辐射的中心是意大利。在理性主义及现代哲学的影响下,这些国家同样发生了科学活动的创新、教育方面的创新、世俗精神的特定传播和社会及政治架构的重整。无论如何,革新主义(reformismo)及教育主义(pedagogismo)并没有出现与法国同样的革命性、反历史性及去宗教化的特征。

弗尔尼(Verney)所传播给葡萄牙的思想正是这种“意大利式启蒙主义”。莫拉托理(Muratori)〔17〕对两者的亲密关系有着深刻的认识。

(五)人道主义

在刑法及刑事处分的特别范畴,必须谈一谈法国的孟德斯鸠(Montesquiu)、伏尔泰(Voltaire)以及意大利的贝卡里亚(Beccaria)〔18〕和费兰杰里(Filangieri)〔19〕从启蒙主义中蜕变出来的人道主义思想。

首先,刑法本身的内容应脱离所有的宗教前提;根据社会契约论对法制国家的理解,缩窄至保障群体生活所必需的价值及利益的外在功能。这个分析一反过往的宗教的伦理价值观,肯定了*必要性(necessidade)*或*共同利益性(utilidade comum)*作为刑法的界限标准。然而 Beccaria 宣称,作为实证法的模仿对象的*道德律*

---

〔17〕 参见本书上一页注脚所提及的 Cabral de Moncada 之著作,以及本书第 18 页注 19 所提及的其他文献。

〔18〕 Cesare Bonesana, Marguês de Beccaria 关于这位作者,请参见 G. Braga da Cruz,*废除主义运动及死刑在葡萄牙的废除(历史叙述)*,里斯本,1967 年,第 29 年及后续页(司法部特刊)单行本, 第 170 ~ 172 期,重刊于“论文集”,“法律史研究 · 现代法”,第二部分,科英布拉,1981 年,第 27 页及后续页。

〔19〕 参见 Jesús Laline Abadia,《*El eco de Filangieri em España* 》,载前述《An. De Hist. Del Der. Esp.》第 LIV 册,第 477 页及后续页。

(*lei moral*),同样是任何“(刑事)归责的限制及界标”。[20]可见,意大利及法国的流派从来都不是完全相同的。

从以上第一个观点出发,上述作者又在刑罚的目的方面作创新。从此,刑事制裁不再以伦理上的强制性作为基础,而是单纯以预防及社会保护为基础。换句话说,刑罚之所以合理并非以之作为对过去事实的报复,而是以之作为避免刑事法再次受到违反的工具;它既对一般人产生威吓(一般预防),又对犯罪人本身产生作用——威吓及再教育的作用(特别预防)。

然而,还要补充的是,刑法的预防行为必须在正义及尊重人的尊严的界限内实施。在这个框架内,一方面要求刑罚与不法之严重性相适应;另一方面要求放弃以往的体罚及侮辱性刑罚,并代之以徒刑。这都是以人的自由作为所有社会利益中的最重要者为前提,所以刑事制裁应该是作为对这一利益(价值)的限制。[21]

关于刑事程序方面,须指出的是当时亦有相应的新发展。事实上,关于一直支配着刑事程序法发展的起诉及侦查模式,以欧洲大陆两个重点现象为例——普通法圈子及法典化圈子——发生了以下情形:

从 13 世纪到 18 世纪,公诉程序一直比基于当事人告诉之程序受到重视; 之后,随着后来的变化,或者说,随着以启蒙思想对刑事正义问题的分析,开始了一个虽然时间上短暂但对刑事程序意义重大的时代。其意义不仅在于法哲学及政治思想方面,而且还涉及现代立法及司法见解体系的观点的形成。总括来说,发生

---

〔20〕 参见 Braga da Cruz,前述《*废除主义运动……*》,第 34 页及后续页。

〔21〕 关于以上论述,参见 Robert V. Hippel,《*Deutsches. Strafrecht*》,第一卷,Berlin,1925 年,第 262 页及后续页;另有葡文文献,Eduardo Correia 刑法(与 Figueiredo Dias 合着),第 I 卷(重印), Coimbra,1971 年,第 83 页及后续页;及前述《*刑事纪录*》,第 30 页及后续页。

了从侦查结构的程序向起诉为重心的程序过渡。[22]

这样便分析了这些与实体上及形式上的刑法有关的观念在何时以及如何对我们产生影响。无论如何,在我们下面的论述中会介绍,米卢·费雷尔(Mello Freire)是这些思想的最直接代言人。[23]

二、彭巴尔关于法律及法律科学的改革

(一)概述

以上所介绍的理论背景,形成了彭巴尔改革思想方针的基础,虽然在不同程度上受到开明专制主义的过滤。[24]通过"留洋派"(estrangeirados)——在国外逗留过,熟识当时流行的国外思想及运动,并希望在我们国家倡导这种欧式改革的本国文人及科学家[25],这些理论在葡萄牙植根或被重视的情况日益明显。其中的重要人物有我们熟识的奥拉托利会员:弗尔尼(Luís António Verney)。弗尔尼(Verney)乃18世纪中叶的名人。他所带来的思想体系中,最受争议的有自然法论、学说汇编的现代应用、启蒙主义思想以及人道主义的纲领。[26]

弗尔尼(Verney)的建议并没有立即得到回响。然而过了若干年后,可以说他的建议均出现在彭巴尔侯爵(Marguês de Pombal)政府所进行的法律及法律科学的大规模变革中。正如先前所观察到的一样,这些建议包括以下三个领域:及时的立法改

---

〔22〕 参见 ETTORE DEZZA 的重要研究,《*Acussa einquisizione. Dal Diritto Comune aí codící moderni*》,米兰,第一卷,1989年。

〔23〕 本书以下,第265页及后续页,第269页及后续页。

〔24〕 关于16世纪的背景与随后一个世纪的现代化背景的比较,请参见 Rui Manuel de Fiqurirelo Marcos:"彭巴尔立法一些基本方面",科英布拉,1990,第9页及后续页。

〔25〕 参见 Jorge Borges de Macedo 的重要论述,《"Estrangeirados", um conceito a rever》,第 XXVIII 卷,第179页及后续页(Lisboa,1979,第2版)。

〔26〕 关于 Verney 的建议及其落实,参见本书第45页及后续页的论述。

革、法律科学—实务活动改革以及法律教育改革。[27]

当要废止一些明文规定或要引进快速及完整的修订时,立法乃必要程序。事实上,改革措施透过立法得到实行,并对很多制度都作了重大的修改。这些措施中,有一些带来了进步,因而保留了下来。可是其中亦不乏完全脱离我们当时的历史传统及现实的。后者虽然亦符合当时的思想体系,可是却纯粹为抽象的改革主义的产物。这些东西的生效期间宛如流星,转瞬即逝,随着彭巴尔政治生命的结束,自亦归于尘土。其例子包括以完全新颖的方式规范遗嘱继承、法定继承及特留份继承。[28]

然而,对上述的另外两个范畴——围绕法规范的解释、漏洞补充和适用之法律科学以及法律专家的培养——所采取的措施中,弗尔尼(Verney)的建议无疑更显重要。在被称为《良好理由的法律》(1769 年)及贯彻在《新规章》(1772 年)[29]中的大学改革中,其建议均被采纳。

(二)《良好理由的法律》(Lei da Boa Razão)

《良好理由的法律》即 1769 年 8 月 18 日的法律。它一如同时代的其他法例一样,开始的时候只凭日期识别。直到 19 世纪才产

---

〔27〕 如欲对当时的法规展开系统的研究,参见前述 Rui Marcos 之《彭巴尔立法》,第 66 页及后续页,第 95 页及后续页第 163 页及后续页,其文对这次立法活动的各个阶段都有详细的论述。关于及时的法律修改,请看同一著作第 182 页及后续页。

〔28〕 关于这个问题,参见前述 L. Cabral de Moncada:“*在彭巴尔立法下的十八世纪*”,载《法律史研究》;第一卷,第 82 页及后续页,特别是第 105 页及后续页。亦参见 1778 年 7 月 17 日的法令。

〔29〕 关于《良好理由的法律》及“彭巴尔的大学规章”之重要性,请参见前述 Mário Reis Margues, 之《*自由主义与葡萄牙民法的法典化*》,第 32 页及后续页。

生了《良好理由的法律》这个名称。[30]从此以后，该法便被称作《良好理由的法律》。这个“别号”改得合理的原因是它的规则始终坚持“良好理由”——或者说，自然法主义所说的“ recta ratio”(正确理由)。它是解释及漏洞补充活动的最高教条，深植于罗马的文献、对外国人适用的万民法、法律著作以及国外的实证法中。

上述法例有广泛的目标。其宗旨不仅是遏止“判例”(assentos)[31]及补充法[32]的使用中的不规范现象，而且还为风俗(costume)[33]及解释者在填补漏洞时可采纳的元素[34]的有效性制定了清晰的规范。

大约3年之后，《大学规章》又对《良好理由的法律》的若干方面进一步澄清。我们现在扼要地分析该规章所定的各个解决方案。

1. 提交法院审理应首先根据其“*本国法律*”(*leis pátrias*)及“*朝廷的礼仪*”(*estilos da Corte*)*判决*。正如该规章指出，后者构成了同类案件须参考的司法见解。[35]然而，现在规定只有经上诉法院判例(assentos da Casa da Suplicação)[36]通过者才具此效力。其意义是，在被认可以前，“朝廷的礼仪”丧失了独立的效力。

---

〔30〕 参见前述 José Homem Corrêa Telles 之作品，《*1769 年 8 月 18 日的良好理由的法律之批判性评论*》，Lisboa，1824 年，(第 2 版，Lisboa，1845 年)；另外，又于前述 Cândido Mendes de Almeida 的《*法律助手*》中再版，第二卷，第 443 页及后续页。Correia Telles 在其极简短的序言中写道：“在幸福的 D. José 皇朝中，其中一条最引人注目的法律便是 1769 年 8 月 18 日的法律。我称之为良好理由的法律，因为它以良好的理由，废止了无理据的罗马法……”

〔31〕 参见本书第 209 页及后续页。

〔32〕 参见本书第 219 页及后续页。

〔33〕 关于先前所提出的问题，请参见本书第 211 页及后续页。

〔34〕 关于在律令中的法的四种直接及补充渊源，参见本书第 215 页及后续页。

〔35〕 关于“(法院)风格”，参见本书第 209 页及后续页。

〔36〕《良好的理由的法律》，参见第 5 及 14 节。

2. 将从前属于皇家最高法院的专属权威转赋予*上诉法院的判例*(*assentos da Casa da Suplicação*)。[37]其意义是,中级法院的判

[37]《良好理由的法律》,第八节。上述法院在宪法主义来临之前一直产生解释判例,仅在后期方由最高法院接掌该权限。上述法院被1833年的法令所废除,该法令又设立里斯本中级法院取而代之(参见 ALÍPIO CASTELLO BRANCO/ALBINO FREIRE DE FIGUEIREDO 的《*Repertorio ou Indice Alphabetio e Remissivo de todas as leis publicadas desde* 1815 *ate ao estabelecimento da Regencia na lha Terceira em* 1829, *e desde Maio de* 1838 *ate Julno do corrente anna*》, Lisboa, 1840, pág. 462.)。构建人民所必需的及有权限"审理第二审及最终审案件的"中级法院的规定首见于1822年宪法的第190条及之后的1826年"大宪章"第125条。最高法院的设立虽然1822年宪法第191条(巴西于193条),以及1826年"大宪章"的第130条及第131条中已被宣布,但仅在之后 Mouzinho da Silveira 的司法改革(1832年5月16日的24号法令,第4条)中实现。该改革透过1833年9月14日的法令,废除旧的"Desembargo do paço",并将其重审上诉的权限——以前为最高阶法院所独有者——转予新的法院。此法院的实际设立日期为同年9月的23日。不久之后,1833年10月8日的法令补正了"大宪章"的一处疏漏:集中由最高法院分析在法律法规的解释中所出现的疑问,及向政府发送其解决方案。请参见 Eduardo Dallly Alves de Sá,《*最高法院——该机构的历史沿革*》, Lisboa, 1872; Afonso Costa 前述《*司法组织教程*》,第142页及后续页,第151页及后续页,第178页及后续页,第191页及后续页; Alberto dos Reis,前述司法组织第80页及后续页, Eduardo Augusto de Sousa Monteiro,《*最高法院之前的司法机关的历史沿革*》,载《最高法院百年志庆》, Lisboa, 1933年; Joaguim Veríssimo Serrão 前述《*葡萄牙历史*》,第VIII卷,第212页及后续页。关于以今日的观点及从历史与比较法的角度分析,再次推荐前述 A. Castanheira Neves,《*判例制度及最高法院的法律功能*》, 1983年;及其《*判例*》,载前述《*Digesta*》,卷I,第345页及后续页。

上诉法院判例(assentos da Casa da Suplicação)的传统在民法方面又被1926年9月22日第12353号法令(第66条)进行的程序改革重新采用,这传统从此传到1939年的民事诉讼法典(第768条及后续条文),该法典确定了这个制度的现代框架(现行民事诉讼法典第763条及后续条文)。另外,1929年的刑事诉讼法典(第608条及后续条文)又确立了判例在这一范畴的效力;然而该制度被1987年的刑事诉讼法典废止了,但它的某些方面却通过一种新的形式的特别上诉——所谓的"为确定司法见解的上诉"(recurso para fixação de jurisprudência)(第437条及后续条文)保留下来。同样,最高行政法院自1936年12月30日的45 497号法令通过的劳动诉讼法典开始(第195条及后续条文),亦取得了权限在其第三庭——劳动及社保问题的争议方面——作为一般法庭而产生判例。可是,后来劳动法院又变成了特别权限的法院,而其上述权限

例(assentos das Relações)仅在经该上级法院确认后方具规范价值。这样完全弄清了由于可能出现相互矛盾的判例而造成的影响法律适用的稳定性的情况。[41]

3. 对风俗(的效力)作了明确规定。风俗要具有法的渊源的价值,须符合下列要求:(1)与良好的理由相符;(2)不违反法律;(3)存在超过一百年。[39] 习惯法的有效性因而只在"符合法律"(Secumdum legem)或"法律无规定"(Praeter legem)的情况下保留,而不会在"违反法律"(Contra legem)的情况下保留。当缺乏上述三个要求时,风俗会被视为"不纯及过分",因而被禁止在法庭上主张及采用,"然而无碍于博士们的任何相反论述或意见"。[40]

改由最高法院的社会庭负责(77 年 12 月 6 日的第 82/77 号法律,第 56、65 至 68 条,第 28 条 C 项及第 43 条)。另外,还出现过海外委员会的判例。海外委员会作为海外的最高行政法院,其判例可由其争议庭所产生(由 1969 年 7 月 25 日的 49 146 号法令所通过的海外委员会组织法第 1 条及第 22 条 d),以及由同日的 49 147 号法令所通过的有关规章第 94 条,或与另外两个最高行政法院开会所产生(1969 年 7 月 25 日的 49145 号法令第 9 条第 1 款及第 3 款)。还需指出,审计法院的判例在其管辖的特别范畴在学理上的强制性(1933 年 2 月 25 日的 22 557 号法令;及稍后的 1982 年 5 月 26 日之 8/82 号法律第 6 条及后续条文;以及 1989 年 9 月 8 日的 86/89 号法律第 24 条 g 项及第 63 条 1 款 a)。另外还须指出宪法法院的 1996 年 5 月 28 日的第 743/96 号判决定(刊于《共和国日报》,第 I 组 A,165/96 号,1996 年 7 月 18 日),宣布了民法典第 2 条,令法院有权限确定学理具一般强制力的部分,违反宪法第 115 条第 5 款。该判决具一般强制力。修订民事诉讼法典的 1995 年 12 月 12 日的 329 – A/95 号法令废止了向一般法院的上诉,因此亦即废除了这些法院的判例制度(以其第 3 条废止法典第 763 条及后续条文)。

〔38〕 参见本书 208 页。Corrêa Telles 在前述《*Commentario Critico*》一书第 40 个批评第 8 节中指出,在法律禁止以后,唯一一个例外是波尔图中级法院的法官在 1791 年 8 月 23 日作了一个判例。关于权威解释在 18 世纪政治及法律领域的意义以及 18 世纪上述法院判例的周期,请参见前述 Rui Marcos,《彭巴尔立法》,第 187 页及后续页,第 205 页及后续页。

〔39〕《良好理由的法律》,第 14 节。

〔40〕 参见本书第 211 页及后续页。

4. 当出现遗漏的情况,即无上述所指的代表本国法的直接渊源,则求助于补充法。但罗马法只有当符合良好理由,即自然法的“正确理由”(Recta ratio)的时候方可适用。

虽然在《律令》(Ordenações) 之中有时也使用“良好理由”这个词组来表达当时的“自然理由”或“正义理由”[41]的意思,但现在该词组有了新的意义。罗马法的规范仅在逐个个案分析后,认为符合良好理由方予适用。而立法者将良好理由理解为“存在于原始原则之中,蕴藏着由罗马法的伦理所建立、神圣法及自然法所定形作为基督教的道德及民事法则的重要、固有及不变的真理者:换言之,该良好理由的基础是万民法领导及管治所有文明国家所制定的、经一致同意的其他规则”。[42]

换句话说,当符合良好理由即等于符合自然法或万民法的原则。这样,除了由理性自然法论所挑选的罗马法外,具有相同的思想路线的国际法体系亦是法的补充渊源。

该标准似乎有些虚泛。可是,随即于 1772 年,《大学规章》同时为大学教育及法院的活动制定了一连串为评定罗马文献中的良好理由的规则。[43] 除此以外,法律解释者还以现代欧洲国家法律学者判断罗马法规是否可作“现代应用”的实际标准[44]来解释。从此,根据《良好理由的法律》,罗马法的补充适用便逐渐被

---

〔41〕 参见本书第 218 页注 566。

〔42〕《良好理由的法律》,第 9 节。关于立法者怎样确定“良好理由”从旧的意思向新的意思过渡,参见 Braga da Cruz,前述《补充法》第 288 页及后续页。

〔43〕“规章”,第 II 部,第 5 题,第 2 章,第 11 节及后续;第 429 页及后续。关于这些规则及其适用例子,参见 Correia Telles,前述《*Commentario Critico*》,第 9 节第 50 个评论及后续。

〔44〕“规章”,第 II 部,第 5 题,第 3 章,第 7 节及后续;第 434 页及后续页;其内容为:“研究了现今居于欧洲的各民族的罗马法现代应用问题;并发现罗马法被保留到现在,且仍然被遵守。他们所适用的法律仍然一样。”

《学说汇纂的现代应用》学派各大学者〔45〕的学术著作所接受。这些作品就这样取得了作为补充渊源的间接规范效力。

5. 倘若漏洞与*政治*、*经济*、*商事*或*海事*〔46〕有关，则规定直接诉之于"受启蒙的及礼貌的基督教国家"〔47〕的法律。这时，罗马法明显地被抛弃，因为罗马法的古旧性，对当时来说被认为取得重大进步的这些领域显得完全不适合。

6. 教会法在宗教法庭的适用受到排除。它不再被视为法的补充渊源。立法者认为假如赋予世俗法庭"属于神圣的教会内部法庭专属及特有的对（宗教上的）罪过审理的管辖权"会是明显的错误。〔48〕

7. 最后亦禁止在法庭上援引及适用阿库修（Acúrsio）的注释及巴托鲁（Bártolo）的意见。关于学者的"共同意见"（Communis opinio）是否采取相同的解决方案则较为隐晦。为了解释这一措施，立法者表示上述两作者无论由于历史或语言知识的缺乏，抑或对自然法及神圣法的基本规范的无知，均会造成其法律认识的不完整。〔49〕简言之，承袭自15世纪人文主义的批判应增添17世纪启蒙思想的新内容。

---

〔45〕 参见本书第250页及后续页。

〔46〕 参见 Correia Telles，前述《*Commentario Critico*》，第9节第127个评论及后续页。

〔47〕 《良好理由的法律》，第9节。"规章"，第II部，第5题，第2章，第16节及后续；第430页及后续页。

〔48〕 《良好理由的法律》，第12节。关于教会法在虽然有了这个规定后仍继续在民事庭适用的情况，参见前述 Correia Telles，《*Commentario Critico*》，第12节第187个评论及后续及前述 BRAGA DA CRUZ，《*补充法*》，第296页注126。

〔49〕 《良好理由的法律》，第13节。关于应怎样解释这条规定，参考前述 Correia Telles，《*Commentario Critico*》，第13节第195个评论及后续及前述 BRAGA DA CRUZ，《*补充法*》，第297页注128。那里介绍了一些后来的立法。

(三)大学的新规章

比《良好理由的法律》更进一步的是彭巴尔对大学教育的改革。他以一种特别的方式反映了17世纪及18世纪欧洲学术理论所造成的影响。[50]在论及葡萄牙法律史的形成的时候,我们已经对该改革作了介绍。[51]现在且重拾该部分内容并做些补充。

于1770年,他任命了一个名为“文学保护大会”(Junta de Providência Literária)的委员会,责令其对大学教育没落的原因及其因应的改革标准发表意见书。该委员会于次年(1771年)提交了一份题为《科英布拉大学历史概要》的统一报告,不留情面地批评了当时的大学机构,并大力肯定了弗尔尼(Verney)作品中所提到的指控。

1772年8月28日的法律通过了名为《彭巴尔规章》的新大学规章亦是“文学保护大会”的功劳。专注于法律学院及宗教学院的部分(唯一我们有兴趣分析的部分)似乎是出自若昂·库丁约(João Pereira Ramos de Azeredo Coutinho)的手笔。[52]

该《历史概要》认为我们的法律教育中的严重毛病是对罗马法及教会法规的绝对偏重,而实际上不认识本国法律、[53]对巴托鲁的方法的滥用、对“共同意见”(opinio communis)的盲从以及

---

〔50〕 请注意 A. ALVAREZ DE MORALES 在《*La Reforma de La ensenanza en Espana y Portugal en La Ilustracion: semejanzas y deferencias*》中的分析,载前述《*universidade(s): Historia, Memoria. Perspectivas*》,卷1,第225页及后续页。

〔51〕 参见本书第18页及后续页。

〔52〕 参见 PEDRO CALMON 的《*A reforma da Universidade e os dois brasileiros que a planejaram*》,载《Marquês de Pombal e seu tempo》(Revista de História das Ideias 特号),卷II,第93页及后续页。

〔53〕 葡萄牙本国的法律渊源并非完全没有得到关注。自16世纪下半叶起,我国法律虽然仅仅是例外地在法律学院引起注意,但是随着对律令及其他单行法规的评注、对案卷的研究以及特别是法律实务生活的决疑性文献的出现,本国法的研究逐渐得到深化。

对自然法与法律史的完全轻视。采纳法律课程的内容集中在该规章第二卷，[54]并继续分为法律及教会法规两方面。

以规章所采纳的学科编排与传统教育的学科编排作一比较，便可见其差别之巨大。比较之下，发现新的内容有：根据新规章，除了将自然法科目混合了本义的自然法、"世界公法"及万民法外，又设立了法律史及本国法律制度。然而，法律及教会法规课程的核心内容仍然由《民法大全》(*Corpus Iuris Civilis*)，主要是《学说汇纂》(*Digesto*)及《教会法大全》(*Corpus Iuris Canonici*)所组成，虽然审视这些材料的角度与以前不尽相同。[55]

事实上最具革命性的要算是新的教学方法及教学编排。其所决定采纳的方法主要是受到德国大学体系的启发，称作"综合—展示—概括"(sintético - demonstrativo - compendiário)方法[56]。

---

〔54〕 关于这一改革，可参考 M. J. ALMEIDA COSTA 在《*Leis*, *Cânones*, *Direito (Faculdade de)*》，一文中的简要论述，载《Dic. De Hist. De. Port.》，卷 II，680 页及后续页。更详细的论述可参见前述 PAULO MEREA，之 *Lance de Olhos sobre o ensino do direito desde* 1772 *até* 1804，载《*法学院学报*》XXXIII 卷，第 324 页及后续页，及《*Memoria Professorum Universitatis Conimbrigensis*》，卷 II(1772 - 1937)，由 MANUEL AGUSTO RODRIGUES 主编，COIMBRA，1992 年版，第 89 页及后续页（教会法），及第 109 页及后续(法律)。

〔55〕 经 1772 年的改革，除了法律学院及教会法学院共同的科目自然法外，法律学院出现了八个教席，而教会法学院出现了七个教席("规章"，第 II 部，第 5 题，第 2 章，第 287 页及后续)。日间课共有五节，全为每节一小时：三节早上，一节下午。早上的课 10 月 1 日起到四旬期的最后一个星期日的前夕是由每日 8 时至 11 时，而复活节后则由 7 时至 10 时。下午的课在上述的两个周期内分别为 2 时至 4 时与 3 时至 5 时("规章"，第 II 部，第 6 题，第 2 章，第 289 页及后续页)，以前与教会课时有关的名称消失了。法律或教会法专业的培训减为 5 年，而在第 4 年授予合格的学生高等专科学位。高等专科毕业的学生有志于学士学位或博士学位的还需参加第 6 年的"留级"，完成后需作"大考"(actos grandes)——总结及个人考试("规章"，第 II 部，第 2 题，第 1 章，第 276 页及后续)，而"小考"(actos pequenos)则是每年的考试。关于该旧规章的各方面，参见本书第 237 页及后续。

〔56〕 "*sintético - demonstrativo - compendiário* 方法"("规章"，第 II 部，第 3 题，第 1 章，第 18 节及后续，尤其第 23 及第 23 节，第 303 页及后续)。

构成该三字词组的字符组合旨在表达一个清楚的思想方针:须按循序渐进的方式,透过定义及对教材作体系化的安排,向学生展示每一科目的外貌;仅在对先例(precedentes)做科学的辩证之后方以演绎的方式作建议或结论;以上均辅以适当的及经正式批核的教科书。在此之前,依照一直被捍卫的分析的方法,大学教师往往用整年的时间来批评一条法律或罗马法与教会法规的其中一个题目,对最微枝末节的问题进行注释。〔57〕现在,规定教师须在教学中完成大纲内的内容,目的是使学生对每一科目都有一个整体的及科学有序的印象。

那种古老的方法仅在课程的最后两科中保留,以作学习法律的解释及执行。然而,这种对文本的分析应以先学习法律诠释学及将规范应用于实际案例上的总体概念为前提。

各个科目的大纲均详细描述,而教授均须遵从被认为较优异的法理学流派。这样在罗马法及教会法规方面,传统的经院学派及巴托鲁公法被历史批判方法或称库雅斯(cujacianas)方法所取代。另外,由于不久前《良好理由的法律》规定罗马法得以补充法的名义适用,〔58〕因而在德国法律文献的影响之下,〔59〕又采纳了"学说汇纂的现代应用"学派的一些原则。

改革的其中一个目标是教授们编写"扼要、清楚及有系统"〔60〕的教材,以取代传统的手抄材料或批注——粗糙地记录了老师的讲课、学生间流传的手抄笔记。在教材有待整理的期间,则使用外国的有关著作;当时德国及意大利的著作为数不少。可是由于葡文教材没有依期面世,外文书籍的暂时使用因而不断延长。只

〔57〕 参见上文第239页及后续页。

〔58〕 参见上文第257页及后续页。

〔59〕 参见上文第250页及后续页。

〔60〕 "规章",第II部,第3题,第1章,第20节及后续,第304页及后续。

有梅洛·弗莱雷(Mello Freire)是例外。[61]

作为总结,必须承认彭巴尔所作的改革见证了其旨在向葡萄牙法律教育引入一些超越国界的现代事物的努力。其整体评价是正面的!我们法学教育的步调并没有落后于欧洲的发达国家。可是,虽然教师的换代在进行,且彭巴尔侯爵本人及校长弗朗西斯古·雷姆斯(Francisco de Lemos)[62]为规章执行的初步阶段投入心血,可是最终的结果是法律教育的前进步伐始终与改革者的理想相去甚远。

过了不久便出现了对现行的体制的批评及新的方案。在此,特别值得一提的是安多尼奥·李贝罗·度斯·山托斯(António Ribeiro dos Santos)及李卡尔度·赖蒙多·诺古尔拉(Ricardo Raimundo Nogueira)的名字,他们分别为教会法规及法律科目[63]

---

〔61〕 关于 MELLO FREIRE 所著的教科书,参见本书第 265 页及后续页。关于其他负责编写教科书的教员,参见 M. J. ALMEIDA COSTA 在 *Leis*, *Cânones*, *Direito* (*Faculdade de*),一文中的简要论述,载《Dic. De Hist. De. Port.》,卷 II,第 680 页及后续。

〔62〕 FRANCISCO DE LEMOS 所写的《*Relação Geral do Estado da Universidade (1777)*》颇有趣,Coimbra 版,1980。该书用于给 D. Maria I 作礼物,第 I 版于 1894 年由 Teófilo Braga 出版。Francisco de Lemos de Faria Pereira Coutinho (1735/1822),是 1770~1779 年以及 1779~1821 年度的大学校长,在当了数年的慈幼会会长以及副主教后,他于 1779~1822 年作为科英布拉大主教。他有一个价值很大的个人图书馆,里面收藏的主要是法律书籍(参见 MANUEL AUGUSTO RODRIGUES,《Inventário da Livraria de D. Francisco de Lemos》,载"Boletim do Arquivo da Universidade de Coimbra",第 XIII, XIV 卷,Coimbra, 1993-1994,第 5 页及后续页)。

〔63〕 Ribeiro dos Santos 将彭巴尔的教育改革说成"毁灭性的建筑物",因为除了其他重大的缺失外,"对文字爱和文学风格并没有主导他的改革"(国家图书馆手稿,130 卷,205);正如 Teóphilo Braga 所指出的一样,《*科英布拉大学的历史*》(1700 至 1800),第三卷,第 571 页里斯本,1898,以及 M. H. DA ROCHA PEREIRA,《*十八世纪诗歌对彭巴尔改革的回响*》,载前述《Bracara Augusta》,XXVIII 卷,第 313 页及后续页,尤其 324 页。还有参见 José Esteve Pereira,《*António Ribeiro dos Santos* 及彭巴尔的大学改革》,载前述《大学:历史. 回忆. 观点》,卷 I,第 215 页及后续页。

的教师。可是,这些批评并没有动摇"彭巴尔规章"的地位,该规章到1836[64]年为止都没有重大的修改。

还值得一提的是,在19世纪伊始才通过的关于聘任教师队伍[65]及教学计划[66]的补充性措施。法学教育的编排继续以若瑟芬娜改革(reforma josefina)为基础。然而,一个重要的转变是罗马法及教会法规的优先地位不再。

实际上,根据1805年的修订,葡萄牙法变成了包括两门综合科目及一门分析科目。除此以外,还制定了一门独立的法律实践课,而自然法科目则出现了两个教席,第二个教席致力于独立地研究世界公法及万民法。所有这些科目均是法律学院及教会法学院的共同科目,只有在深入教授罗马法及教会法规时才分开。这样,无论罗马法或教会法的教授均取得长足的进步。

三、法学文献

上面已对理性自然法主义时代为法律科学及法律教育所带来的影响作了综述,并提到了其相应的思想启发者。现在对当时产生的法律文献作一简短的分析以补充我们的论述。这些文献不仅与大学教育有关,而且也与司法实践相关联。[67]

新的思想方针的最特殊执行者为梅洛·弗莱雷(Pascoal José de Mello Freire dos Reis)。我们已在葡萄牙法律史科学的创立[68]部分提过他的名字。然而,他的作品还远超越法律史的范畴。

---

〔64〕 参见 PAULO MEREA,《*O ensino do direito em Portugal de* 1805 *a* 1836》,载《Jrisconsultos Portugueses do Século XIX》(由 JOSÉ PINTO LOUREIRO 所主编及合着),卷 I,Lisboa,1947 年版,第 149 页及后续页。

〔65〕 1804 年 12 月 1 日的执照。

〔66〕 1805 年 1 月 16 日的执照。

〔67〕 关于这个时代,参见 MARIO REIS MARQUES,《*Elementos para uma aproximação do estudo do* "*usus modernus pandectarum*"》em Portugal,《法学院学报》,卷 LVIII,II 册,第 801 页及后续页。

〔68〕 参见上文第 19 页及后续页。

公共当局对编制大学教材的努力有目共睹。可是,虽然经过持续不断的努力以及教师们工作的展开,但只有梅洛·弗莱雷(Mello Freire)的教科书获正式批核。这些课本跨越三个领域:本国法律史;本国法律体制,这部分包括四卷:公法的多个方面(卷I);人法,包含家庭法(卷II);物法,包含继承法(卷III);债法及行为(卷IV);以及刑法制度,由于其内容的特殊性,故独立处理。[69]

其《*历史编*》(*Historia*)的著作就犹如对《*体制编*》(*instituiciones*)的介绍。后者分为五卷,每卷又分若干册,这里集中了当时的整套葡萄牙法律,无论公法或私法。在私法方面,采用了罗马法体系的古典编排,分为人、物及行为。我们的法律因而第一次被系统地展现。

上述教科书代表了梅洛·弗莱雷(Mello Freire)著作的核心基础。他的其他学术成果包括参与19世纪末的《律令》改革的尝试,我们稍后将作分析。[70]

在葡萄牙,梅洛·弗莱雷(Mello Freire)这个名字就等同"学说汇纂的现代应用"思想。他显然完全认识外国的最具代表性著作:他的教学作品展示了其博学及所参考之著作之数量。也许因为作品的内容庞杂,有时影响了深度,但无人会反对他是一个得天独厚的法学家。他本人便见证了整个时代。他是我们的现代刑法

---

〔69〕 MELLO FREIRE 上述的三分法包括:《*Historiae Iuris Civilis Lusitani Liber Singularis*》,里斯本,1788,《*Institutiones Iuris Civilis Lusitani, cum Publici Tum Privati*》,里斯本,1789/1793(卷I—1789;卷II及卷III—1791,卷IV—1793),以及Institutiones《*Iuris Criminalis Lusitani*》,里斯本,1794年。出版*历史编*(Historia)及*体制编*(Instituiciones)的第一版的是里斯本皇家科学院(1788年的3月13日及11月10日)。本文已经提过这些拉丁文著作有葡文译本(参见本书第48页注1)。其他的教科书均被通过作为相关的科目教学之用。制度编透过1805年3月7日的皇家通告获通过,并长时期使用。由于Mello Freire的立场与开明专制主义之间的联系,使其著作最终被列入1836年1月7日的《*禁书名单*》之中。

〔70〕 参见本书第269页及后续页。

的开路先锋,对启蒙主义及人道主义思想〔71〕作出了回响,须知道彭巴尔的立法涉及这个领域的地方甚少。〔72〕梅洛·弗莱雷(Mello Freire)还在其他法学部门对后世的葡萄牙法律学家产生重大的影响。〔73〕他的著作在很长一段时间内均是法学教育、法律文献及实务活动的基础读物。〔74〕

---

〔71〕 将他与大改革家 MONTESQUIU, VOLTAIRE, BECCARIA 及 CHRISTIAN THOMASIUS 相比较的大不乏人(参见 Hans – Heinrich Jescheck,《*Principes et solutions de la politique criminelle dans la réforme allemande et portugais*》*e*,载《Estudos ‘in memoriam’ do Prof. Doutor José Beleza dos Santos》,卷 I,科英布拉,1966,436 页及后续页)。由于明显受当代思想的影响,Mello Freire 从社会契约或条约中推导出处罚权的基本问题。在这一背景之下,他追随 Crócio 和 Wolff 的思想,陪出了刑事制裁中的报复概念,并肯定刑罚必须由一个高级机关作出,形成了"由拥有权力之人向身体处之以恶,乃因道德上之恶"的思想(前揭 Instituitiones Iuris Criminalis,第 1 标题,第 12 与 12 节)。关于刑法的目的,Mello Freire 不接受认可的单边学说,他说为刑罚的目的有三:"受害人的安全,加害人的补救,其他人的榜样"(前揭《Instituitiones Iuris Criminalis》,第 1 标题,第 13 节)。关于 Mello Freire 这一方面的作品,参见 MÁRIO LEITE SANTOS, Mello Freire, Sistemática e autonomização do Direito Criminal português,载"Direito e Justiça—Revista da Faculdade de Direito da Universidade Católica Portuguesa",第 VI 卷,Lisboa,1992,第 327 页及后续页,以及第 VII 卷,第 163 页及后续页。

〔72〕 参见 RUI MARCOS,前述《彭巴尔立法》,139 页及后续页。

〔73〕 M. DE ALMEIDA E SOUSA(LOBÃO),载《*Notas de Uso Prático e Críticas, etc.*》第一部,第 3 页,里斯本,1847,将之称为"这个王国的伟大的、任何赞美都不足以形容的教皇主义者"。Lobão 的这一部著作主要是对 Mello Freire 的《*体制编*》的大型注释。关于他与司法活动的关系,参见 PAULO FERREIRA DA CUNHA 的,《*Mello Freire*,律师》,载前述《律师公会会刊》,第 52 年,第 II 号,第 811 页及后续页。

〔74〕 关于 MELLO FREIRE 的著作,除了参见本书 19 页注 25 所提及者外,还请参见 Peter Hünderfeld,《*Die Entwicklung der Kriminalpolitik in Portugal*》,Bonn,1971,37 页及后续页;Francisco José Velozo,《*刑事法律制度*》译本之"序言",载前述《司法部学刊》,155 号,第 5 页及后续页, G. Braga da Cruz,前述《*废除主义及死刑在葡萄牙的废除*》,第 49 页及后续页,Eduardo Correia,《关于刑罚在葡萄牙法律中的发展的研究》,科英布拉,无记载日期,第 66 页及后续页(前述《法学院学报》,第 III 卷),以及 Manuel Agusto Rodrigues,《Subsídios para a história da Faculdade de Cânones》,载前述《法学院学报》,LVIII 卷,第 II 册,第 569 页及后续页,尤其第 50 页,注 5。

在18世纪末及19世纪之初，还须记述一下其他重要法律学家。在大学授课的有诺古尔拉(Ricardo Raimundo Nogueira)〔75〕及桑柏约(Francisco Coelho de Sousa e Sampaio)，〔76〕两人均为法律教师。不要忘记还有山托斯(António Ribeiro dos Santos)，这位教会法教师的名字之所以响亮，是因为他反对梅洛·弗莱雷(Mello Freire)的公法改革计划〔77〕的著名论争，对此我们稍后便会介绍。他的法律历史修养与梅洛·弗莱雷(Mello Freire)旗鼓相当。可惜他并没有留下任何作品给我们作比较。

当时的法律文献绝对不仅局限于大学围墙之内。很多实务的法学家(原文为科学家)在司法活动的领域都留下了极具价值的著作。

他们之中包括曼努埃·阿尔梅达·德·苏撒(Manuel Almeida de Sousa)，一般人称他为"罗崩"(Lobão)，原因是他在小小的贝拉斯镇(Beiras)邻近同德拉(Tondela)的地方开设了一所律师事务所，并吸引了来自远方的咨询者。他出版了大量著作。〔78〕这就解释了为何他虽然不喜欢瑕疵，但总表现得没有冷静研究问题。然而，很多同代人及后代作者的批评是有点夸张的，阿尔梅达·德·苏撒(Almeida de Sousa)不失为他所身处的年代里的其中一名卓越的法学者。别忘了他对实务活动的大量参与的功绩。

著作量相对地较小，涉及的题目范围相对较狭窄，但研究较为精细的是若亚金·若瑟·卡埃塔诺·佩雷拉·依·苏撒(Joaquim José Caetano Pereira e Sousa)的学术作品。其主要集中点是诉讼

---

〔75〕 关于这个作者的著作，参见本书21页注36。

〔76〕 他出版了前述的《*Prelecções de Direito Pátrio Público e Particular*》，Coimbra，1793～1794年版。

〔77〕 关于Ribeiro dos Santos及其著作，参见本书第22页注37、第265页注747、第271页及后续页。

〔78〕 关于这位作者的生平及著作，参见JOSÉ PINTO LOUREIRO，《*Manuel de Almeida e Sousa*》，载前述《十九世纪葡萄牙法学家》，卷I，第240页及后续页。

法及刑法。[79]其人同样专注于法律实务,在上诉法院作为执业律师,其文稿均可作为写作的范本,反映了他自青年时代起就展现出来的文学修养。

在那个年代,大学以外的著名法律学者中还需提及维森特·若瑟·费雷拉·卡尔多索·达·科斯达(Vincente José Ferreira Cardoso da Costa),其出生地为(巴西)巴伊亚州。他的教学时间十分短暂,只在1788~1789年[80]年度特别地作为报考人授课。他专注于法官及律师工作,在这些专业领域取得崇高的地位。卡尔多索·达·科斯达(Cardoso da Costa)的最重要作品是他为了我们的民法典[81]的制定而发表的作品。文中表现出他对国外法典化的熟识程度。这部作品表达了一些对法典化运动的宝贵意见。他似乎受到同样重视该命题[82]的著名英国哲学家边沁(Jeremy Bentham)(1748~1832年)的功利主义对他的影响似乎很大。

---

〔79〕 他的著作《*Primeiras linhas sobre o processo criminal*》,里斯本,1785年版,《*Classes de Crimes*》,里斯本,1803年版,以及《*Primeiras linhas sobre processo civil*》,里斯本,1810~1814年版,均大受欢迎。

〔80〕 他的教科书涉及永佃权,有作为教学用途的《*Elementa iuris emphyteutici Commodo methodo inventati academiae ornata*》,科英布拉,1789年版。后期,为了辩护他所支持的意见,又出版了《*Analyse das Theses de Direito Emphyteutico*》,科英布拉,1814年版。

〔81〕 其标题为《*什么是民法典?*》,里斯本,1822年版。关于这位作者,参见LUÍS DA SILVA RIBEIRO,《*Vicente Cardoso da Costa*》,载前述《十九世纪葡萄牙法学家》,卷I,421页及后续页。

〔82〕 Bentham于1821年向我们的朝廷呈献了宪法法典、民法典及刑法典草案,但均未被接受。然而,他的作品在我国却大量传播。关于这位作者,参见JACQUES VERLINDEN,《*Code et codification dans la pensée de Jeremy Bentham*》,"Révue d'Histoire du Droit"("Tijdschrift voor Rechtsgeschiedenis"),XXXII卷,la Haye,1964,45页及后续页,以及MOHAMED EL SHAKANKIRI。《*La philosophie juridique de Jeremy Bentham*》,巴黎,1970年版。

四、所谓的“新法典”及改革“律令”的尝试

我们以被称作“新法典”的《菲利普律令》(Ordenações Filipinas)改革方案的简短叙述作为理性自然法论时代的结束语。当时是玛利亚一世(D. Maria I)统治的年代。[83]

更新《菲利普律令》的必要性越来越明显。若昂四世(D. João IV)甚至承诺了要这样做,[84]可是多次的尝试均没有向前迈进。直到D. 玛利亚一世(Maria I)的时期,终于透过1778年3月31日的训令创立了一个“部长会议”,该委员会“有责任至少每周开会一次”,其宗旨为对现行法律[85]进行改革。这个委员会集合了十位工作者,具体地对各个法律领域进行分工。

委员会要评审的不仅是因过时而须补正的《菲利普律令》内的规范及单行法律,而且还有那些全部或部分被废止的、那些对法律实务产生解释上的疑问的以及经验告知我们需要修改的。这些都成了新的法律汇编的预备工作。然而,新的法律汇编却被明确劝告须遵循《菲利普律令》的基本体系。因为若采取其他方法,“即使某些人认为更好”,但却会造成习惯了传统体系的审判员的

---

〔83〕 关于“新法典”的历史,参见 BRAGA DA CRUZ 的详细综述,《*废除主义运动及死刑的废除*》, 第50页注96,及 MÁRIO REIS MARQUES,前述《*自由主义与民法在葡萄牙的法典化*》,第96页及后续页。之后不久,又制定了军事刑法法典。为此,1802年3月21日的法令指定了一个委员会。草案仅于1820年完成,而 D. JOÃO VI 在同一个月的7日确定了在葡萄牙及巴西均须遵守该法。可是,法典及确认该法典的法例却从未作正式公布(参见 NUNO J. ESPINOSA GOMES DA SILVA,前述《*葡萄牙法律史*》,375页)。

〔84〕 参见本书第200页。

〔85〕 该大会由当时的皇国贸易部长及国务卿 Vila Nova de Cerveira 子爵领导。其成员有 José Ricale Pereira de Castro (Desembargador do Paço), Manuel Gomes Ferreira (Desembargador dos agravos da casa da Suplicação), Bartolomeu José Nunes Giraldes de Andrade (Procurador da Fazenda Real), Gonçalo José da Silveira Preto (Procurador da Fazenda do Ultramar) 及 João Pereira Ramos de Azeredo Coutinho (Procurador da Coroa)。

困难。

在"大会"内,成员对预备工作的指导纲领产生分歧,最后由主席介入,决定了一系列的统一标准。首先,有人担心体系的问题:在先前的汇编内没有相应的体系。我们所说的是设立小的总则,即只限于每一部分内容的第一个标题,它应显示与每一节有关的基本规则。其目的是清楚地展示所采纳的解决方案。〔86〕之后才结构性地展示其内容。

然而,1778 年 3 月 31 日的训令已经说明,对《菲利普律令》的尊重高于其他一般指导方针,并对"大会"会员有约束力。会员们须尽可能保留《菲利普律令》的用语及风格,保持内部的编章及段落划分。当然所谓尊重也不必是绝对的。因此,不会禁止因为要更好地安排某些内容及介绍一些立法者从未接触过的内容而改变一些标题或加入一些新的标题。当每一位部长完成其大纲部分后,女皇便要求制定总的大纲,以作为"建构尊贵的立法大厦的蓝图"。〔87〕

本来的目标主要是对《菲利普律令》作单纯的修订,可是"大会"的部分会员却支持创造具大量新内容的作品,可是,至少在最初的时候,D. 玛利亚一世(D. Maria I)的动机与现代受理性自然法主义及启蒙思想影响〔88〕的彻底改革运动——法典化运动是有出入的。

关于私法及诉讼法的若干问题所做的工作超出了更新的概念,

---

〔86〕 在波尔图上诉法院荣誉法官、法律学院解释学候补讲师、该大会的其中一名合作者 Duarte Alexandre Holbeche 所提交的第 4 篇的改革草案建议稿中,便有一个上面所提及但是没有被采纳的总则部分的例子。

〔87〕 参见在里斯本科学院里的 Francisco Manuel Trigoso Agragão Morato,《*葡萄牙法例汇编*》,第 22 卷(1776 - 1778),附录于 1778 年 3 月 31 日的法令内。

〔88〕 参见本书第 294 页及后续页。

而是朝着制定一部真正的法典的方向走，虽然其所涵盖的内容[89]与一部真正的法典有所不同。可是上述委员会最终没有提出有价值的草案。另外，于1783年，梅洛·弗莱雷(Mello Freire)被授予修订分别与政治—行政公法及刑法有关的[90]"律例"第二卷及第四卷。

公法法典及刑法典的草案皆是他努力的成果。为了评核上述草案，并做进一步的工作，1789年2月3日的训令任命了"检查及修订委员会"，成员当中包括了安多尼奥·李贝罗·度斯·山托斯(António Ribeiro dos Santos)。这位法学家的优点我们已经讲述了。[91]

从公法法典草案开始，安多尼奥·李贝罗·度斯·山托斯(António Ribeiro dos Santos)及梅洛·弗莱雷(Mello Freire)之间展开了猛烈的争论。两人中，后者表现为绝对主义思想的拥护者，而前者则以自由主义原则作武器。梅洛·弗莱雷(Mello Freire)对其向自由主义所作的批评反应强烈。然而安多尼奥·李贝罗·度斯·山托斯(António Ribeiro dos Santos)[92]的批评其实是很温和且有点混乱的。这场争论，又称作"恐怖的星期六"，[93]对研究

---

〔89〕 参见 Mário Reis Marques，前述《*自由主义与葡萄牙民法的法典化*》，第99页及后续页。

〔90〕 参见本书第189页及后续页，第194页及后续页以及第198页及后续页。

〔91〕 参见本书第21页及第267页。

〔92〕 参见 Paulo Merêa，《*O Poder real e as côrtes* 》，科英布拉，1923年版，第54页及后续页；前述《*葡萄牙法律史教程*》(1933年版)，第216页及后续页，以及前述《葡萄牙法律史概要》，第96页及后续页，和前述之 José Esteves Pereira 所作之研究《*葡萄牙十八世纪的政治思想研究：António Ribeiro dos Santos* 》，里斯本，1983年版，及 Maria da Glória Garcia，《*行政公政在葡萄牙·其起源及发展*》，第197页及后续页。

〔93〕 根据 João Maria Tello de Magalhães Collaço 在《浅探葡萄牙法中违宪的法律》写道："眼下，是一个在过渡期的危机，该危机在这个恐布及被遗忘的星期六由我们十八世纪的两个天才间的激烈争论而被定义下来"，科英布拉，1915年版，第32页。亦可参见，前述 Paulo Merêa 之《*O Poder real e as côrtes* 》，第55页。

18 世纪末的葡萄牙政治思想[94]提供了很好的材料。

公法法典草案最终没有胜出。[95]刑法典草案甚至连争论都未有便遭遇相同的命运。[96]虽然梅洛·弗莱雷(Mello Freire)的草案仍然囿于《菲利普律令》的处罚制度,应该承认这部草案已是一个显著的进步。他的《*制度编*》表现得更符合启蒙主义及人道主义的前提。这种分别可能是由于立法工作的现实性所致吧,至少部分如此。因为不是这样做的话,草案会有不生效(不获通过)的危险,故而不得不慎重。这样,另一个改革菲利普律例的尝试又告失败。事实上,外部环境对改革不利。无论如何,他生活在一个过渡期或妥协期:开明专制主义处于没落,而法国革命又离我们太遥远。最后,无论哪一方面都不支持彻底的改革。真正的改革还是要等待即将到来的另一时期。[97]

---

〔94〕 关于 Mello Freire 的《*历史编*》所引起的争论在本书已作描述(本书第 19 页,注 25)。

〔95〕 关于这个课题,参见 F. – P. DEAlmeida Langhans,《*葡萄牙公法的新法典*》,载《法律研究》,科英布拉,1957 年版,第 357 页及后续页,以及 Maria da Glória Garcia,《行政公政在葡萄牙·其起源及发展》,第 187 页及后续页。

〔96〕 该两部草案的出版是在其作者死后:刑法典草案的第 1 版为 1823 年,里斯本;公法法典草案的第 1 版为 1844 年,科英布拉。同在上述后一个日期,科英布拉大学印务部出版了刑法典草案的第 3 版,以及 Ribeiro dos Santos 对公法改革(参见本书第 22 页的注 37)的批评和 Mello Freire 的回应。

〔97〕 在我们国家推行当时的法国法典化(主要是民法典)的想法当时没有出路,直到 1808 年,当拿破仑的军队第一次入侵时才被接受。那时还将之作了翻译。这部法典被一些思想解放者所接受,而拿破仑本人亦表达了欲将该法典在葡萄牙印行及出版的意愿。但 Junot 在一封给拿破仑的信中声明其相反意见,他援引了葡萄牙法律与新的法国法典化之间的差异,同时,又告知拿破仑民事诉讼法典正在印行,而商法典亦已经作了翻译。参见 Nuno J. Espinosa Gomes da Silva,前述《葡萄牙法律史》,第 347 页及后续页,Pedro Barbas Homem,《*关于向葡萄牙引入拿破仑民法典的一些短评*》,1808 年版,载前述《法律学刊》,新组别,第 2 及第 3 号,里斯本,1985 年版,第 97 页及后续页,以及 Mário Reis Marques,前述《*自由主义以及葡萄牙民法的法典化*》,第 110 页及后续页。

第二节　个人主义时期

一、政治上的个人主义及经济上的自由主义的一般情况

在欧洲的思想界，习惯上将18世纪到19世纪的过渡期分为两个不同阶段：第一阶段对启蒙主义持批判的态度，并发展出反革命运动、浪漫主义运动及德国的理想主义运动；第二个阶段的起点象征性地与1831年的黑格尔（Hegel）〔98〕之死重叠，这个阶段借着历史限制主义而重拾革命及启蒙主义的原则。本来可以回顾一下当时的经济发展、中产阶级的胜利以及自然科学的进步，可是，这里只集中讨论几点与我们的论述对象〔99〕有直接关系的方面。

我们都知道，在19世纪的哲学及思想观念中，人类生下来就有某些自然及不可分割的权利乃是原则，而国家的专属任务便是促进及保护这些个人的原始权利。〔100〕国家本质上是务实的，且没有本身的目的的。由于这些权利可归纳为不同形式的自由的权利（宗教、政治、法律），所以很快便产生出平等的思想。平等思想的产生是因为认为所有人均有自由，而该思想同时亦是保护自由的不可或缺的工具。以此为起点讨论权利的来源问题，会直接产生出另一个逻辑推论：人民及国家主权原则。

再向前迈进一步，展现于我们眼前的便是代议政制、君主立宪和国会、权力分立及明文宪法等思想。来到这里，我们已经踏足在透过政治及法律技术来实现上述的基本假设的土地上了。

---

〔98〕关于黑格尔的构想及其后来的发展，参见Cabral de Moncada，前述《Fil. Do Dir. E do Est.》，卷1，第26节，第279页及后续页，及G，第302页及后续页。

〔99〕关于后续的论述，参见M. J. Almeida Costa，《*Enquadramento histórico do Código Civil Portuguese*》，载前述《法学院学报》，XXXVII卷，第138页及后续页。

〔100〕参见本书第255页及后续页。

上述的原则——除了权力分立[101]及某种程度上的国会主义外——都不完全是新的理论或社会现实。事实上,我们可以在16至17世纪[102]圣托玛斯宗教哲学中的新经院主义理论或自然法学派[103]的法学家的理论中找到相应的典型。不嫌累赘的话,还可以在实证法的层面回忆一下16世纪美洲的英国殖民的合同及两个世纪之后的北美宪法;假如有兴趣还可追溯到13世纪,《撒克逊法典》(Sachsenspiegel)[104]所作的现实及本能的编集、我们君主制初期的法律[105]或半岛法中的法令(forais)[106],其主要内容为反抗压迫、所有权、住所的不容侵犯、保障议会成员的政治权利平等以及排除特权阶级。[107]

---

[101] 关于这个问题,参见Mário Melo Rocha的综述《*葡萄牙在自由主义宪法中的权力分立(从1820年到1926年)*》,载前述《法学院学报》——"向A. Ferrer Correia教授致敬",第III卷,科英布拉,1991年版,第581页及后续页。关于权力分立原则的发展方向,从实证法体系比较的角度出发,由原本的自由主义模式(18~19世纪)到之后的社会民主模式,参见如Giovanni Bognetti,《*La divisione dei poteri. Soggio di diritto comparato*》,米兰,1994年版。

[102] 参见本书第240页及后续页。

[103] 参见本书第248页及后续页。

[104] 由Eike Von Repgow所组织的对平民法律的编集,产生于13世纪的第三个十年,且其取得的成就甚至超过了德国国界。换句话说,其中一些作者的自然法思想是为全世界界定了所有人的自由与平等。该集被翻译成拉丁文,荷兰文及波兰文。其他所谓权利之书(Rechtsbücher)均是受到其启发(参见Wieacker,前述《现代私法史》,特别是109页及后续页,及Thieme,前述《*Unidad y pluralidad en la historia del derecho europeo*》,载《Rev. De Der. Priv.》,XLIX册,第696页,以及《*Eike von Rapgow, um* 1180—1233》,载前述《Ideengeschichte und Rechtsgeschicthe》,卷I,第257页及后续页;另外,还可参见前述L. Cabral de Moncada之《*葡萄牙现代法律之起源——哲学个人主义或批评个人主义的时代*》,载《法律史研究》,卷II,尤其69页注2。

[105] 参见本书第128页及后续页。另参见对《律令》题II所作的观察(本书第189页,注434)。

[106] 参见本书第123页。

[107] 关于多个现代宪法原则的先例及其形成,参见B. Tierney,《*Religion, law and the growth of constitutional thought*,1150 - 1160》,Cambridge,1982年版。

我们要说的是，事实上属于原创的不是那些思想本身，而是思想背后所承担的、组织在一个完整的、与作为其基础的哲学概念不同的体系内的“世界性及人性特征”。其路线与结果都与前者不同。在历史限制主义的阴影之下，这些旧思想被法国的哲学思想重新整理，得以向外辐射及取得前所未有的成效〔108〕是非常独特的。

我们讨论了政治的个人主义。然而在其身旁呐喊的经济方面的自由主义同样值得我们在这里作简介。

作为今天的常识，我们知道自18世纪下半叶起，“警察国家”的重商主义由于其强烈的干涉主义路线，透过对贸易严密的监控和征收高关税使国家成为一个隔绝的个体已经开始失去立足之地。国家和个人财富仅仅可能透过贵重金属储备的概念已不是纯粹的理论，而是坚实的定理。

我们记得第一批有不同想法的人是法国的奎斯内(Quesnay)所发展起来的重农主义学派的信徒。该学派肯定了一个自然的经济秩序的存在，认为只要保障劳动、工业及商业的自由，这个秩序可完全调和每人的个人利益与整体利益。结果是，国家的介入应被限制于保护经济的自由运作不可或缺的最低限度。这其实就是英国古典学派不久之后旧话重提并极严谨地发展起来的著名放任主义(laissez faire、laissez passer)理论。

实际上重农主义者反对的只是商业统治主义，它不过是从单纯的农业方面理解经济活动。从政治的角度看，他们仍是——至少感情及时间顺序上——专制君主主义的拥护者。他们的影响极为有限。这就毫不惊奇为何真正作为新时代经济坐标的定义者的是阿当·史密斯(Adam Smith)及其信徒而不是重农主义者了。阿当·史密斯(Adam Smith)决定性地扩阔了经济学界的视野；一

---

〔108〕　参见Cabral de Moncada，前述《*葡萄牙现代法律之起源*》，载《法律史研究》，卷Ⅱ，特别是第58页及后续页。

方面,超越了重农主义者对生产现象的狭隘观点;另一方面,义无反顾地提出国际自由交换的概念。[109]

在这方面,只需强调一点:英国伟大思想家戴维·休谟(David Hume)及阿当·史密斯(Adam Smith)虽然致力于创造全人类共通的原则与制度,但同时也是为其本国的国家利益[110]而服务的。

遵循上述路线的19世纪中叶的最后发言人是米尔(Stuart Mill)。他亦代表了一个新的起点。可是我们就在这里停步。在这个政治的自由主义及经济的自由主义的决定性时刻,我们从思想层面回落到事实层面,而且只限于简短地描述那些超国界的、且属于我们论述范围的基本话题。下面所写的就是这些话题[111]。

二、欧洲法律思想的潮流

以上所述的关于政治经济思想的论述,显然不构成我们在那个时代的葡萄牙法律史论述所需的全部背景。接下来的分析同样是关于各种路线及方向,但主要是与法哲学有关的猜想或直接关于法律的理论的教条,我们同样以简洁的方式表达。

像其他各时代的论述一样,这里的分析也是简明扼要的。我们只会提及一些基本的流派,当然,对其中一些流派我们会谈及其变化及

---

〔109〕 参见例如,Charles Gide/Charles Rist,《*Histoire des doctrines économiques – Des physiocrates à J. Stuart Mill*,第7版》,巴黎,1947年版;Mark Blaug,《经济思想史》,2卷本,里斯本,1989年版,尤其第1卷(由M. D. Carvalho e Branco/J. M. Pintado Silveira Lobo/A. Rodrigues Neto根据《*Economic Theory in Restrospect*》,Cambridge,1985年的第4版翻译);Catherine Larrère,《*L'invention de l'économie au XVIII siècle. Du droit naturel à la physiocratie*》,巴黎,1992年版。Giorgio Rebuffa的研究《*Il contributo della fisiocrazia alla formazione della nozione di imprenditore*》亦十分有趣,载前述《La formazione storica del diritto moderno in Europa》,卷III,第1347页及后续页。

〔110〕 FRANZ SCHNABEL,于《世界史》,由WALTER GOETZ主编(西语版由M. García Morente),第VI册(El siglo XVIII en Europa),马德理,1934,第177页及后续页,尤其210页。

〔111〕 参见本书第283页及后续页。

发展。另外，这些基本流派虽然表面上是独立的，但仍不免处于具同一起点的演变过程之中：对神学意义的自然法论的反对。

（一）法律实证主义——（法国）注释学派

实证主义法学或法实证主义的准确范围由于其历史上的不同名称而产生困惑。原则上，它相对于自然法论——古典意义的自然法论〔112〕而不是现代的理性自然法论，〔113〕后者为18世纪法实证主义的先驱，并对其产生影响。可以说，无论在哪一历史时期，法实证主义的态度总是存在的。〔114〕

我们现在所说的是可以作为19世纪代称的实证主义法学。它的教条十分清晰。其内容为：法等于法律（制定法）；它是受理性主义启发的；法律理念物质化及实证化；法秩序构成一个封闭的整体。它在一系列现代的、体系化及完整的法典出台之际达到了巅峰——由单一的立法权所创造的明文理性。

将法等同于法律导致了否认风俗作为补充法律渊源，包括类推的重要性，同样，亦贬低了司法见解及学理的角色。法律的创立变成了典型的国家行为，牺牲了群众及学术（科学）立法的可能性。

在方法学的层面，与法律实证主义同义的是（法国）注释学派（"Ecole de l"Exégèse）。〔115〕该学派源自法国，并实际上持续了整个19世纪，其产生与法典化运动有关——特别是与拿破仑民法典有关。它的信徒皆为这一法律部门的学者。它支配了欧洲大部分

---

〔112〕 参见本书240页及后续页。

〔113〕 参见本书248页及后续页。

〔114〕 参见 Mário Gigotte Chorão 的《*法律实证主义*》，载《Polis － 社会及国家百科全书》，卷4，里斯本，1986年版，第1410及后续栏目，载有参考书目。

〔115〕 参见 A. Castanheira neves，《*Escola da Exegese* 》，载前述《Polis》，第2卷（1984），1032栏及后续页，附有参考书目（重刊于前述《Digesta》，卷2，第181页及后续页）。另请参见 H. Coing，前述《*Europäisches Privatrecht* 》，卷 II—《*19. Jahrhundert. Überblick über die Entwicklung des Privatrecht , in den ehemals gemeinrechtlichen Ländern , München* 》，1989年版，第29页及后续页。

国家的法律科学。关于其起源(1804~1830年),可追溯到德尔万古(Delvincourt)、普鲁东(Proudhon)及图里埃(Toullier)等作家。在黄金时期开始后(1830~1880年),出现了所谓的民法典“伟大评注者”,包括杜朗东(Duranton)、特鲁普龙(Troplong)、奥布里(Aubry)和拉乌(Rau)、德莫朗(Demolombe)和麦克卡特(Marcadé)。在没落期(1880~1900年),则有包德理(Baudry - Lacantinerie)及奎娄阿特(Guillouard)。[116]

首先这个学派的作者视法律为主权意志的展示。由于具有严格的强制性,因此其解释须遵从文义——逻辑的方法。[117]基于此,在渊源方面,采取了统计式的概念,而从规范性的角度,则采取了法律(lei)作为唯一的合法性标准。

(法国)注释学派的实证主义路线遇到强烈的反对声音。杰尼(Gény)[118]提出了法律的“自由科学研究”及创造了所谓的科学学派(Ecole Scientifigue)的基础,其是反对派中最具代表性的一位。他的主要观点是,上述的假设将法律的渊源限定为法律以及规定绝对遵从立法者在制定法律时的意思(实际上只有在狭义的诠释学领域可接受),不但不承认实际生活上必需的新的法律渊源,甚至连对教条的独立研究亦不承认,这样会禁绝任何的创新,并造成法律的停步不前。毫无疑问,必须承认的是该法学方法中的诠释学上的严谨实证主义及其解释上的历史主观主义及形式演

---

〔116〕 参见 António Hernández Gil,《*Metodologia de la Ciencia del Derecho*》,第1卷,马德理,1971年第2版,78页及后续页,尤其是第80页及后续页。

〔117〕 参见 Coing,前述《*Trois formes historiques d'interprétation du droit. Glossateurs, pandectistes, école de l'exégèse*》,载《Révue Historique de Droit Français et Etranger》,第48年(1970),第4组,第541页及后续页。

〔118〕 F. Gény,《*Méthode d'interprétation et sources en droit privé positif*》,巴黎,1899年版(第2版于1919年)。关于这位作者及其著作,参见题为《*François Gény e la scienza giuridica del Novecento*》之一系列研究,米兰,1991(《Quaderni fiorentini per la storia del pensiero giuridico moderdo》,第20卷)。

绎主义。可是必须从该学派当时所面对的问题及其最终为后革命时期贯彻于法典化之中的教条主义辩护的角色来对其评价。

(二)法律的历史学派

反对古典自然法的还有历史主义学派。假如这个学派在反对理性自然法的有效性的道路上亦踏着相同的步伐,则对理性自然法的过分肯定是法律历史学派("Historische Schule der Rectswissenschaft")〔119〕自19世纪初以来的特色。主流意见认为,它应被置于这个时代的广义及不明确的德国历史浪漫主义运动中。

该学派的象征性起源是1814年著名的蒂堡(A. F. J Thibaut)(1772~1840年,耶拿大学及海德堡大学教授)及萨维尼(F. C. Von Savigny)(1779~1861年,当时的柏林大学校长)间的争论。两者中的第一位是晚期的理性自然法主义及教条式罗马法的代表,他支持法律的完全法典化及最后颁布整个德国适用的民法典的重要性。〔120〕在背后支持其态度的是以法律确保德国政治的重建及统一的呼声。相反,萨维尼(Savigny)认为这样一部统一的法典并不适合,他甚至提出法律学界对其制定尚未有充足的准备。〔121〕倘若其对制定一部法典的反对不是绝对性的话,则至少他提出的制定

---

〔119〕 参见A. Castanheira Neves的论文,《*Escola Histórica do Direito*》,载前述《Polis》,卷2(1984),1046栏及后续栏目,附有参考书目(重刊于前述"Digesta",卷2,第181页及后续页)。另请参见H. Coing,前述Europäisches Privatrecht,卷II,第39页及后续页,尤其是第41页以后之页数。

〔120〕 在该年,1814年,他所发表的研述题为《*Über die Notwendigkeit eines allgemeinen bügerlichen Gesetzbuchs für Deutschland*》(参见本页注806所提及的西语译本)。

〔121〕 萨维尼的答辩也是在1814年发表,题为《*Vom Berufunserer Zeit für Gesetzbung und Rechtswissenschaft*》(参见下一注脚所提及的西语译本)。在该文之后,萨维尼陆续作了其他的研究,其作品中最著名的是《*System des heutigen Römischen Rechts*》,从1840年开始发表。

法典所需的条件是不可能实现的。[122]萨维尼(Savigny)这个名字具有象征性,但除了他之外,其队伍中的重要成员还包括胡果(G. Hugo)(1764～1844年)、艾希霍恩(K. F. Eichhorn)(1781～1854年)及格林(J. Grimm)(1785～1863年)。

这一路线与理性主义不同的是其明显的法律历史主义特征。换句话说,法律就像语言及其他文化一样,是源自集体有意识的自发创造,是民族精神的表现。每一个法律制度的背后都有其历史传统,并反映了该民族的独特之处及其独特社会生活的发展。

历史学派直接地处于德国19世纪初的背景中。这个国家当时生效的法律制度是由具日耳曼根源的法律及习惯组成的,而罗马法则以补充法的名义适用。这样在历史学派内,由于各人的学习对象不同,便平衡地发展出两类法学家。一方面,"罗马法专家",如胡果(Hugo)及萨维尼(Savigny),均担心体系突变后终止罗马法在德国的适用会脱离其历史根源。另一方面,"日耳曼法专家",如艾希霍恩(Eichhorn)及格林(Grimm),均具有强烈的民族感情,他们有意在罗马法专家所关心以外的领域,如商法,建立一套以传统研究为基础的法律制度。这种分野有其益处,但亦造

---

〔122〕 有大量外国著作评述蒂堡及萨维尼这一场著名争论。参见例如 Z. Krystufek,《*La querelle entre Savigny et Thibaut et son influence sur la pensée juridique européenne*》,载前述《Révue Historique de Droit Français et Etranger》,第44年(1966),第4组,第59页及后续页,Ulrich Eisenhardt,《*Deutsche Rechtgeschichte, München*》,1984年版,第300页及后续页,以及在我国,A. Castanheira Neves 在前述《*Questão – de – facto – Questão – de – direito ou Problema Metodológico do Direito Civil em Portugal*》中有所提及,科英布拉,1967年版,875页及后续页[也可参见上一页注一(即注119)所指之作品],以及 Mário Reis Marques,前述《*O liberalismo e a Codificação do Direito Civil em Portugal*》,第112页及后续页。参见 Thibaut/Savigny,《*La codificación. Una Controversia programatica basada en sus obras. Sobre la necesidad de um derecho civil general para Alemania y de la vocación de nuestra epoca para la legislación y la ciencia del derecho, con adiciones de los autores y juicios de sus contemporáneos*》(introd. Y selectión de textos de Jacques Stern),马德里,1970年版(由 José Díaz García 翻译),《*Thibaut und Savigny. Ihre programmatischen Schriften*》(附 Hans Hattenhauer 的序),München,1973年版。

成争论及负面效果。[123]

当然,以上的两派分立,并不妨碍两方均承认赋予整个历史学派统一性的基本趋势及特征。首先,历史学派思想认为法律的历史文化根源,在于每个民族的"精神"或独特本质,而这本质会随着各民族的不同情况而变化。这个假设不同任何恒久地在时间和空间上存在的自然法。从前一种思想中,推论出直接源于群众的习惯优于法律。它认为严格地说,习惯并不创造法实证法,而是表彰实证法。透过国家权力而间接产生的制定法应由习惯法启发或以之作为渊源。最后,由于承认法律不断发展,不难理解何以对法典化怀有敌意,因为法典化乃被视作一种造成法律停滞不前的风险。

毫无疑问,罗马法的流派对欧洲法律思想产生重大影响。其影响投射于潘德克吞学派及概念法学上。展开对这些路线的论述,其实就是等于停留在讲述萨维尼(Savigny)及其后继者的范围。这些作者都是多才多艺的。

(三)潘德克吞学派——概念法学

法律的历史学派在其目标以及取得的结果之间,即理论与实践之间,存在明显的不协调。既肯定法律作为人民的产物这个概念,又承认可能存在独立于这个集体意思的法律。

事实上,历史学派较具影响的一支致力于以罗马法来建构出一套现代理论。然而,为保持协调性,便认为这些法律学者的产物符合广义的集体意思。法律仍然涵盖于人民的整个生活中,换句话说,肯定了其政治性元素,但却否定了其科学性或技术性。

这就是由历史学派开始进行而由潘德克吞("Pandektistik"或"Pandektenwissenschaft")学派所完成的学者的法律。其目标是以系统及抽象的方式将整个法律世界集合起来。其代表有普赫塔

---

〔123〕 参见 Wieacker,前述《*Hist. Do Dir. Priv. Mod.*》,第 397 页及后续页,尤其是第 430 页以后。

(G. H. Puchta)(1798～1846年)、布尔兹(A. Brinz)(1820～1887年)以及贝勒(M. Beller)(1872～1916年),但须特别一提的名字是温赛德(B. Windscheid)(1817～1892年)。同时期的耶林(R. Von Jhering)(1818～1892年)的作品在某个程度上已反映其对概念法学的幻想破灭,并打开了现实社会学派[124]的视野。

潘德克吞学派有向新的实证主义回归的现象,它所接受的标准离理性自然法主义不远。它从纯科学的角度出发,寻求建立一套完整及封闭的理论体系,而所有的法律问题都可以从中找到答案,可是它忘了政治、经济、社会及文化现实的动态特性。

很多国家都有关于潘德克吞学派的大量著述。其优点与缺点均有论及。无可置疑的是它对当代及其可见将来的影响。一套范围广阔且强而有力的私法上的法律理论因它而建立。也许,它就代表了德国民法典体系及其总则的设立所达到的成就。

有必要再谈一点潘德克吞学派的方法特征。透过潘德克吞的方法,将会达至所谓的概念法学流派(Begriffsjurisprudenz)。[125]

德国潘德克吞学派主张采用不同于遥远的罗马法的专断的对法律的体系理解,从可被涵摄的原则中演绎出个别的解决方案。其重点在于制度理论。这一架构从两个层面分析法律开始:藏于规则中的规范以及其制度。所有的独立规则都可以归纳为有限数目的制度,这些制度更加具有社会性,如婚姻及家庭,又或者更具技术性,如债及物权。

---

[124] 参见 Wieacker,前述《Hist. De Dir. Priv. Mod.》,第513页及后续页。法律的社会性清楚地为 O. Von Gierke(1841/1921)所属之下一世代所接受(参见 Wieacker,同一著作,第518页及后续页,以及 Thieme,《*Was bedeutet uns Otto Von Gierke?*》载前述《Ideengeschichte und Rechtsgeschichte》,卷 II,第1120页及后续页。)

[125] 参见 Nuno Espinosa Gomes da Silva 的论文,《*Jurísprudência dos Conceitos*》,载前述《Polis》,卷3(1985),第850栏及后续栏目,附有参考书目。另请参见 H. Coing,前述《*Europäisches Privatrecht*》,卷 II,第37页及后续页,尤其是第47页以后之页数。

根据这种思想，将制度转化成体系是属于法律科学的任务，法律科学须描写不同的制度，并寻找实证法律规则与制度间的关系。这样，将规范归纳为制度，不但成了法律的分析及解释工具，而且亦是其适用的工具。连法律的漏洞也是透过制度的精神才可以满意地填补的。〔126〕

透过将法律方法归纳为形式的逻辑操作，〔127〕我们便有了逐步强调概念化的前提。这种从体系的底部到顶部，将概念种类及次种类联结的法律操作忽略了法律以外的价值，无论这些价值的性质为何。总的来说，所有法律解决方案的"实际"解释都被排除在外。〔128〕

---

〔126〕 参见 Going，前述《*Trois formes historiques d'interprétation du droit. Glossateurs, pandectistes, école de l'exégèse*》，载《Révue Historique de Droit Français et Etranger》，第 48 年（1970），第 4 组，第 538 页及后续页。

〔127〕 关于德国概念法学与法国注释学派在方法学上的相近之处，参见 A. Hernández Gil，前述《*Metodologia*》，卷 I，第 85 页。

〔128〕 因反对上述的"体系—概念"观点而产生出杜宾根海派的利益法学（"Interessenjurisprudenz"），其以现实—社会因素（即"利益"）作为论点，认为应凭这些因素来理解法律及实现法律。PH. Heck（1858～1943 年），其始创人、伟大的罗马法学家及民法理论家，宣称从 Jhering 后期的作品（参见本书第 281 页及后续页）中得到启发。利益法学的重要德国作者中，尚需记住 M. Rümelin（1861～1931 年），H. Stoll（1891～1937 年）以及 Müller－Erzbach（1874～1958 年）。这个新的学派始于 19 世纪初，而且直到第二次世界大战（1939～1945 年）均对欧洲大陆的法律思想产生巨大影响，但在我国，在 40 年代以前还没有产生任何回响。因此，它超出了本书的论述范围。然而，可参见 A. Castanheira Neves 的论文，《*Jurisprudência dos Interesses*》，载前述《Polis》，卷 3（1985），853 栏及后续栏目，附有参考书目（重刊于前述《Digesta》，卷 2，第 215 页及后续）。基于相同理由，我们将也不会分析源自德国的所谓自由法律学派（"Freirechtsschule"），严格来说，此学派是一场运动，"认为其性质是具争议的、且为军事上的，而不是体系组织上的"。21 世纪初的数个十年，透过诸 E. Ehrliche（1862～1922 年），H. Kantorowicz（1877～1940 年）以及 E. Fuchs（1859～1929 年）等作者对法学家在追求法律时的完全自由的宣示，其独立性得以被肯定。这样，对实证主义法学的假设持明确的拒绝态度。它提出在合法的法律之外尚有自由的法律（"Fries Recht"），如此，在某个范围内，导致"反法律"的决定亦具合法性。然而，这并不表示其附和了司法的专断，参见 A. Castanheira Neves 的论文，《*Escola do Direito Livre*》，载前述《Polis》，卷 2（1984），第 1021 栏及后续栏目，附有参考书目（重刊于前述"Digesta"，卷 2，第 193 页及后续页），以及 Thieme，《*Was bleibt von der Freirechtsschule*》，载前述《Ideengenschichte und Rechtsgeschichte》，卷 II，第 1159 页及后续页。

三、政治方面的法律的转变

上述的政治及经济社会结构模式[129]不多久便渗入葡萄牙的生活之中。[130]在我们国家,经济思想同样超前,但似乎不足以影响专制君主制的基础。自1789年到1815年,“里斯本皇家科学院”公布其“经济报告”,[131]而该报告明显受重农主义影响;在那个时期,我们亦可指出作为最受尊重的史密斯理论倡导者,如阿库修(Acúrsio das Neves)、席尔瓦(Silva Lisboa)以及罗德里格斯(Rodrigues de Brito)(父)等经济学家,他们想将该理论引入我们这个工业化薄弱[132]而主要是农业的国家。关于政治思想方面,

---

[129] 参见本书274页及后续页。

[130] 参见M. J. Almeida Costa,前述《*Enquadramento histórico do Código Civil Português*》,载《法学院学报》,卷XXXVII,尤其是第143页及后续页,附有参考书目。

[131] 该作品被称为“里斯本皇家科学院为加速葡萄牙及其征服者的农业、艺术及工业的经济报告”,另有一个由葡萄牙银行发行的再版,共5卷,里斯本,1990/1991(由M. Jacinto Nunes作序及Jose Luís Cardoso简介),包括在《葡萄牙经济思想古典作品集》内(第1号)。还可参见该科学院出版的《不发表的经济报告》,里斯本,1987年版。关于之前的时期,参见前面已经提过的José Calvet de Magalhães的研究,《*História do Pensamento Económico em Portugal. Da Idade Média ao Mercantilismo*》,科英布拉,1976年,该文认为Verney(参见本书第17页及后续页)对经济问题缺乏触角,相反,当Ribeiro Sanches(参见本书第18页,注20)在研究这些问题时(本书第260页及后续页),David Hume(参见本书第278页)对其可能产生的影响。

[132] 参见Moses Bensabat Amzalak,《*A economia política em Portugal. O economista José Acúrsio das Neves, I – Bibliografia, II – Doutrinas económicas*》,里斯本,1920/1921,《*A economia política em Portugal. O fisiocratismo. José Joaquim Rodrigues de Brito*》,里斯本,1923,《*A economia política em Portugal. As memórias económicas de António Araújo Travassos*》,里斯本,1923,以及《*Do estudo e da evolução das doutrinas económicas em Portugal*》,里斯本,1928,Armando de Castro,《*O Pensamento Económico no Portugal Moderno (De fins do Século XVIII a começos do século XX)*》,里斯本,1980,e JOSÉ LUÍS CARDOSO,《*Contribuicões para a História do Pensamento Económico em Portugal*》,Lisboa,1988以及《*O Pensamento Económico em Portugal nos século XVIII – 1780/1808*》,里斯本,1989,尤其第213页及后续页(特别是J. J. Rodrigues

在那一时期，里贝罗（Ribeiro dos Santos）[130]的温和自由主义仅可作为法国人所偏好的原则及文字渗入的先锋。

无论如何，葡萄牙第一套自由体系仅始于1820年8月的革命。[131]毫不惊奇的是西班牙于同年一月重建卡迪斯宪法

de Brito 的作品）。可参考上述《葡萄牙经济思想古典作品集》的再版，Joaquim José Rodrigues de Brito，《Memórias Políticas sobre as Verdadeiras Bases da Brandeza das Nações，e principalmente de Portugal》（1803－1805），3卷本，里斯本，1992年版（附José Esteves Pereira 的简介）（第2号）。José Joaquim da Cunha de Azeredo Coutinho，《*Ensaio Económico sobre o Comércio de Portugal e suas Colónias (1794)*》，里斯本，1992年版（附Jorge Miguel Pedreira 的简介）（第3号），M. J. R.，Economia Política（1795），里斯本，1992年版（附Armando de Castro 的简介）（第4号），José da Silva Lisboa，《Escritos Económicos Escolhidos》（1804－1820），2卷本，里斯本1993年版（附António Almodovar 的简介）（第5号），Manuel de Almeida，《*Compêndio de EconomiaPolítica*》（1821），里斯本，1993年版（附Maria de Fátima Brandão 的简介）（第6号），D. Rodrigo de Souza Coutinho，《Textoss Políticos，Económicos e Fianceiros》（1783－1811），2卷本，里斯本，1993年版（附André Mansury Diniz Silva 的简介）（第7号），Domingos Vandelli，《Aritmética Política，Economia e Finanças》（1770－1804），里斯本，1994年版（附José Vicente Serrão 的简介）（第8号），José Ferreira Borges，《Princípios de Sintelologia (1831). Instituições de Economia Política(1834)》，里斯本，1995年版（附António L. Sousa Franco 的简介）（第9号），Adrião P. Forjaz de Sampaio，《Estudos e Elementos de Economia Política》（1839－1874），2卷本，里斯本，1995年版（附Albino Pedrosa 的简介）（第10号），以及Francisco Solano Constâncio，《Leituras e Ensaios de Economia Política》（1808－1842），里斯本，1995年版（附José Luís Cardoso 的简介）（第11号）。

〔130〕 参见本书第275页及后续页。

〔131〕 以波尔图中级法院法官Manuel Fernandes Tomás 为首的一班人组成名为Sinédrio 的团体，自1818年1月起谋划1820年8月24日的革命，在波尔图建立自由体制。其成员中包括José Ferreira Borges，当时为波尔图中级法院的律师及阿尔多杜鲁葡萄农业公司股东大会秘书。依其章程规定，该团体应于每月22日在佛斯（Foz）的晚餐之际举行会议，使会员得以在会中报告所观察到的情况，并为应采取何种行动而交换意见。其名称来自希腊语“synedrion”，表示大会的意思，至于选择该名称的理由则不得而知。

(1812年)。[132] 伊比力卡半岛所发生的两个运动的对称性,可从葡萄牙曾想临时接受西班牙的宪法这一点见到。巴西的宫廷中便发现国皇有这样一个决定,虽然该决定第二日便被废止。而里斯本的议员就是根据这部卡迪斯宪法的体系选出的。事实上,该宪法对其1822年的葡萄牙姐妹法影响很大。它一开始就规定了国家主权原则,以及规定了自由、安全及所有权[133] 作为公民的个人权利。平等原则废除了某些司法特权及封地的特权。然而,在经济方面,"二十年代主义"远未能产生真正的转变,其作用只限于勾画将来的改革。

以下的论述应属于反革命(时代),1823年,由于女皇及D. Miguel皇子所支持的一场被称为维拉弗朗卡塔尔(Vilafrancada)的政变,导致了宪政制度被废除。[134] 当三年之后宪政被恢复时,

---

〔132〕 关于这部宪法,参见例如José António Escudero,前述教程,第810页及后续页,及第851页及后续页,内有关于邻国走向自由国家的起源及发展(第829页及后续页)以及继后的宪法文本(第871页及后续页),以及Juan Pérez Beneyto,《*La recepción española del primer liberalismo*》,载前述《法学院学报》,LVIII卷,第I册,第225页及后续页。关于卡迪斯宪法对其他国家的影响,参见收录在前述《Alle origini del costituzionalismo europeo》之中的研究,内有该宪法的条文(第116页及后续页)。

〔133〕 参见Carlos A. Neves de Almeida,《*Os Direitos Fundamentais nas Constituintes de 1821/1822*》,载前述《里斯本大学法学院学刊》,第XXX卷,第409页及后续页,以及第XXXI卷,第313页及后续页,及Paulo Otero,《*O Brasil nas Cortes Constituintes Portuguesas de 1821 – 1822*》,载前述《O Direito》,第120页,I – II号,第399页及后续页,以及《*A Administração Local nas Cortes Constituintes de 1821 – 1822*》,载《Revista de Direito e Estudos Sociais》,第XXX年(第2组III),科英布拉,1988年版,第2号,第237页及后续页。

〔134〕 由于*Vilafrancada*政变的关系,D. João VI在1823年6月18日的法令中排除了1822年宪法的适用,并任命了一个委员会草拟新的基本法律草案。这个委员会由Palmela部长领导。成员中包括Ricardo Raimundo Nogueira,法律学院的退休教员及贵族书院的校长(参见本书第21页,注36,及第265页),他是1823年当年9月完成的宪法草案的主要作者。该草案由于长时间不为人所知,有人甚至怀疑其是否存在,所以对其分析亦成了葡萄牙宪制主义历史的边缘问题。参见《*Paulo Merêa, Projecto de Constituição de 1823*》,载前述《法学院学报》,XLIII卷,第133页及后续页。

它带来了新的面貌；由 D. Pedro 所订立并反映保守趋势的自由主义[135]的 1826 年的“大宪章”，取代了代表激进及革命性自由主义的 1822 年宪法。然而，随之而来的两年是一个真正的静止期——既不前进也无倒退。革命与反革命现在就变成了两位王子的化身对于王位的问题斗争，他们的斗争将对国家造成痛苦的伤害。

平衡逐渐被打破，并开始有利于反革命分子。他们于 1828 年至 1834 年掌权，当然他们尚未真正有机会订定其国家的建构。我们记得在这短短的 6 年里，关于皇朝问题的争论仍是耗费最多笔墨的议题。

之后，于 1834 年，《埃武拉—蒙特条约》（Convnção de Evora-Monte）恢复了《大宪章》。随着大宪章的恢复，革命在经过间断后又继续踏上征途。米克尔皇子（D. Miguel）从西内斯（Sines）出发，开始其被永久放逐的道路，而大约过了 4 个月后，伯德罗皇子（D. Pedro）在可鲁斯（Queluz）王宫去世。现在，除了在政治方案上还有些温和，毫无疑问的是葡萄牙社会第一次采取了改变其传统社会结构的激烈措施：一个新的行政组织、司法改革以及一套朝着自由经济方向的有力的税务改革。

我们可以总结说，那个时候真真正正地建立了变革的基础；不仅是政治上，而且也包括国家的经济—社会改革。所以，我们可以了解到之后一直到该世纪末所发生的危机是围绕君主立宪制的

---

〔135〕 关于我国宪政运动的历史，请参见 Marcello Caetano，《*Constituições Portuguesas*》，第 5 版，里斯本/圣保罗，1981 年；Jorge Miranda，《*As Constituições Portuguesas*》，第 3 版，里斯本，1992 年，以及《*Manual de Direito Constitucional*》，第 I 册—前言，*国家以及各种宪政体系*，第 5 版，科英布拉，1996 年，第 241 页及后续页；J. J. Gomes Canotilho，《*Direito Constitucional*》，第 6 版，科英布拉，1993 年，第 269 页及后续页；以及 Maria da Glória Garcia，前述《*Da justiça administrative em Portugal. Sua origem e solução*》，第 370 页及后续页。另可参见 Manuel de Lucena，《*O Estado da Revolução – A Constituição de 1976*》，里斯本，1978 年版。

正确定位,那时主要有上述两种路线。一方面,激进派作为"二十年代主义"(Vintismo)的继承者,以1836年9月革命重夺发言权,他们令1822年宪法第二次生效,而且又制定了1838年的宪法。[136]另一方面,温和派则支持恢复1842年的《大宪章》。只有到了1851年,在驱逐高斯达(Costa Cabral)以后《纯粹宪章派》才重新成为权力的主人,进入冗长的所谓"重生"(Regenaração)时期。国家从此经历了一个政治平静的年代。

然而在政治制度方面,《大宪章》绝对适用的时代是我们的19世纪下半叶。虽然被1852年、1885~1896年及1907年的各个《附加法案》(Actos Adicionais)作过修改,它的第三次生效伴随着君主制的最后数十年。另外,从经济—社会的观点看,我们见证了资本主义及现代技术的紧凑发展,以及由方特斯·佩雷拉·德·梅洛(Fontes Pereira de Melo)[137]所推动的显著发展。

四、私法方面的转变

正是19世纪下半叶,这个伟大的"渥太维式和平"[138]时期令第一部葡萄牙民法典于1867年产生。我们因此而进入了法律的另一个世界。[139]

事实上,我们已经评价了自19世纪初起在私法领域里所发生的事。布拉格·德·克鲁斯(Braga de Cruz)曾提醒我们,在葡萄

---

〔136〕 关于这一法例的制定,参见 Paulo Otero,《*A descentralização territorial na Assembleia Constituinte de 1837 – 1838 e no Acto Adicional de 1852*》,载前述《里斯本大学法学院学刊》, XXX 卷,第291页及后续页。

〔137〕 关于这位出色的国家主义者及其时代,参见 Jorge Borges de Macedo 的深入研究的论文,《*Fontes Pereira de Melo – Um método – Uma attitude – Uma mensagem*》,里斯本,1990年版。

〔138〕 Cabral de Moncada 所作的评价,《*Origens do moderno direito português*》,载《法律史研究》, 第 II 卷,第148页。

〔139〕 参见 M. J. Almeida Costa,前述《*Enquadramento histórico do Código Civil português*》,载《法学院学报》,第 XXXVII 卷,尤其是第146页及后续页。

牙，自由思想的胜利在私法的范畴并没有引发可比拟宪法、行政法或其他部门如司法组织、诉讼法、税法及经济法方面的显著改革。自然私法方面对行政法或诉讼法的某些改革并非毫无反应。私法的一些零星的制度亦作了直接的修改。可是这都不是本质上的立法改革。第一部民法典出现以前，这种改动都未有出现。1833 年的商法典要是仔细分析，不过是对我们以补充法名义〔140〕接受的外国规则的编集。

然而，即使立法者如此被动，但从自由主义开始以来至 1867 年民法典面世期间，我们的私法制度在学术作品及司法见解方面亦出现了无甚障碍的发展。这个议题须作一些解释。须记得，传统上葡萄牙的法律生活从来都不是局限于详细的制定法的。毫无疑问，自 13 世纪起，我们曾有一次宝贵的立法活动，〔141〕甚至在随后的 15 世纪中叶，出现了第一部正式法典——《阿丰素律令》(Ordenação Alfonsinas)，这部作品在当时无须担心与外面作比较。〔142〕然而，无论是这部律令抑或其后来者，1521 年的《曼努埃律令》〔143〕及 1603 年的《菲利普律令》〔144〕均远远未构成完整的体系：意思是，在私法的领域，有些制度完全被忽略，另一些则只是偶然地被触及。即使在法典外加上卷迭繁浩的单行法规，亦从未直接满足生活所需的保障。同时，这些法例很不充足而且不少是具有缺陷的。

所以，补充法有巨大的介入空间。补充法一直都给人跨越国

〔140〕 参见 Braga da Cruz，《*Formação histórica do moderno direito privado português e brasileiro*》，载前述《Scientia Ivridica》，第 IV 册，第 234 页后续页。

〔141〕 参见本书编码第 43 号。

〔142〕 参见本书编码第 46 号。

〔143〕 参见本书编码第 47 号。

〔144〕 参见本书编码第 49 号。

界印象。我们都已知道在律令[145]时代以及彭巴尔[146]时代立法者所采纳的法律漏洞补充标准。

到了19世纪,自由主义在私法的方面继续广泛相信法律专家的学术活动,因而,甚至没有建立任何解释法律规范以及补充其漏洞的规则。《良好理由的法律》所规定的东西形式上被继续保留。

结果是,“正确理由”(recta ratio)以及“现代应用”仍为当时法律科学最高指导思想。[147]当时只是单纯地赋予该两个概念不同意义:良好理由变成以自由个人主义的标准来评定;而“大学规章”明确指出的“现代应用”——一个定义准确的哲学及法律流派——现在被曲解,变成了补充法名义使用同时代的外国法典的起点。正如当时所作的解释一样,假如立法者容许,“以各国法律专家的著作来作为评定‘现代应用’的标准,那么,更合理的是从各国的法律中寻找其存在”。[148]

正是这时,亏得补充法及诠释标准的大量使用,这些(外国的)个人主义法典慢慢地渗透入葡萄牙的法律秩序。“我国法律学家尝试尽可能地将”从法国法典、普鲁士法律、瑞士法典及撒丁法典及其他各国法典中抽出的大量条文“与传统的法律调和”,该

---

[145] 参见本书第215页及后续页。

[146] 参见本书第257页及后续页。

[147] 参见本书第261页及后续页。

[148] M. A. Coelho da Rocha,前述《*Instituições de Direito Civil Portuguez*》,第I册,第284页(第43节注脚B)。另外参见J. H. Corrêa Telles,《*Digesto Portuguez*》,第I册,第3版,科英布拉,1845年,第5页。参见Braga da Cruz,前述《*Formação Histórica*》,载《Scientia Ivridica》,第IV册,第248页及后续页,以及《*La formation du Droit Civil portugais moderne et le Code Napoleón*》,载《Annales de la Faculté de Droit de Toulouse》,第XI册,第2分册,Toulouse,1963年版,第219页及后续页(重刊于前述《Obras Esparsas》,第II卷第2部分,第1页及后续页),以及M. J. Almeida Costa,前述《*Enquadramento histórico do Código Civil português*》,载《法学院学报》,第XXXVII卷,尤其是第150页及后续页。

做法虽欠缺大的哲学标准,但技术层面的掌握是不容置疑的——可能他们并不是第一级的法律家吧[149](但他们实际上是那个时候一级的法律家)。

因此,一般来说葡萄牙现代私法的原始时期始于 18 世纪中叶。在此之前,我们的法律体系主要由律令及一定数目的补充法律所组成。在补充法律中,我国古代作者的作品占重要地位。之后这批以经院哲学为基础的法律财产曾两度遭到强烈的反思及修正:第一次是理性自然法主义;第二次是个人主义思想。

从《良好理由的法律》到 18 世纪民法典间的一百年,司法只触及学理,非比寻常的创造性亦隐约可见:从梅洛·弗莱雷(Mello Freire)到塞亚布拉(Seabra)伯爵到阿尔梅达·依·苏撒(Almeida e Souça)(Lobão)、科雷雅·特雷斯(Correia Telles)、库埃略·达·罗沙(Coelho da Rocha)及其他。毫无疑问,我们的法律学家为本国法所带来显著改变,不仅在法律漏洞补充的层面。相反,其创造性活动及取代古老学说的行为一开始就涉及解释律令的规范及当时仍生效的单行法律:他们又无数次毫不犹疑地越过这些条文,作出与其明确规定冲突的解决方案;他们或宣称这些条文已被弃用,又或表示其需要改革。

为了更好地评价当时葡萄牙法学者的勇气,我们随意地选取了这些解释中的其中一部分作分析。例如,我们看一下,在遗嘱继承方面有继承设定的原则。我们的习惯做法是主张设定继承人具“重要性”。这样,律令的其中一节说到,当某些遗嘱未明确指定继承人时,为使其有效,会视为暗示地设定了继承人。法律规定,

---

〔149〕 参见 Braga da Cruz,前述《*Formação Histórica*》,载《Scientia Ivridica》,第 IV 册,第 250 页,在一篇很有意思的论文中,将葡萄牙私法浓缩成三个层面(我们在后面的论述中将会提及),该三个层面相加起来便等于“在颁布 1867 年民法典前夕”的葡萄牙私法。

当父或母只将其可处分份额留给第三人,而无明确剥夺其子女的继承权或将其设定为继承人,则视子女被默示地设定为其他财产的继承人。[150]事实上,学者们的推论并没有脱离正轨:假如立法者透过该机制承认这类遗嘱的有效性,原因是他认为继承人的设定原则上是不可缺少的。

可是,理性自然法主义不相信上述的罗马法原则。法律专家们只须以良好理由便可以将那条律令的规范作相反意义的解释:他们认为立法者在实例中认为一份没有设定实质继承人的遗嘱有效,他其实是想废除要求该条件的旧规则。[151]

在该具有示范作用的例子以外,我们还可以找到一系列其他的法律解释,这些都以新的法律思维改善了本国法。我们不要忘记,法律学者的自由活动范围十分广阔,因为,当法律沉默的时候,适用补充法。[152]

总括来说,透过这些途径,我们正一步步自发地为作一正式的概括做好准备。代表这一概括的是 1867 年 7 月 1 日的民法典。

五、法律的公布及开始生效

(一)历史比较分析

看来在论述葡萄牙法之前作一个历史比较分析会比较适

---

〔150〕《菲利普律令》,第 5 篇第 82 个标题序言。

〔151〕 参见 Mello Freire,《*Institutiones Iuris Civilis Lusitani* 》,前述第 2 版,科英布拉,1828 年,第 III 部,标题 V,XXIX 节,第 59 页及后续页,以及 Coelho da Rocha,前述《*Instituições* 》,第 II 册,第 673 节,第 530 页。关于该问题的争论及支持传统理论的作者名单,请参见 Almeida e Sousa(Lobão),《*Collecção de Dissertações Jurídico – Praticas em Supplemento ás Notas ao Livro Terceiro das Instituições do Doutor Pascoal José de Mello Freire* 》,里斯本,1825 年版,论文 VIII,第 328 页及后续页。

〔152〕 除了上述例子,参见 Braga da Cruz 所提到的很多解释及漏洞补充,前述《*Formação Histórica* 》,载《Scientia Ivridica》,第 IV 册,第 251 页。

合。〔153〕这样可以强调其异同，并找出一些跨国界的（主要出自法国）启发。很多实际基础及模式均是从那里来的。权力机关的行为的公布最初发生于受法国革命思想影响的时期。这个解决方案是为了落实"法律规范在不为关系人所知的情况下不具强制力"的原则。这是追随了启蒙主义的理性思想，将规范的强制力与向关系人的预先通知挂钩。

因此，公布具有构成性功能。也就是说，规范性条文只有在被其规范对象实际了解之后才由"思考者的个人行为"变成法律命令。不是任何将规范对外表彰的方法都可达到这个目的的，它需要使用足以将现行规范行为告知市民的机制，作为市民，只是被动地期待接收传送给他们的讯息。

在这种政治文化气氛下，接受了产生规范效力的行为只在地方当局进行了为使关系人知悉的公布行为之后才生效的做法。这样，法国的立法革命的序幕是规定公共当局的决定只有在其条文公布在《Bulletin des Lois de la Republigue》（共和国法律公报），并经张贴或以"锣鼓般响亮的声音"〔154〕朗读之后才在每一个公社生效。

可是，由于地方当局对及时所推广条文方面的不合作，令在省政府（Directório）初期废除了以这种程度作公示行为的要求。然而，为尽可能尊重革命的教条，第四年的 Vendemiáro 月（即法兰西共和历的第一月）12 日的法律规定，规范行为自其载有该行为的公报在行政部门的办工总部派送日起，对该部门具有强制性。派送日期的确定性是透过有关的登记来确保的。这样，放弃了目的为使每个人都知道的公布方法。

---

〔153〕　全部参见 Antonio D'Atena，《*La publicazione delle fonti normative*》，第 I 卷——《*Introduzione storica e premesse generali*》，Padova，1974 年版，尤其是第 61 页及后续页。

〔154〕　正如法兰西共和历第 II 年第三个月第 14 日的法令所规定（参见 Antonio D'Atena，上述著作，第 78 页及注 44）。

逐步实施的制度随着 1870 年 12 月 5 日的《Décret du Gourernemmment de la Défense Natimale à Paris》而稳定下来。该法令将法律的生效期限定为《公共日报》(Journal officiel)送达各部门总部的日子。之后,虽然有一些变动,但作为具有理性自然法渊源的民主代表法治国家的前提条件的公示核心内容再没有改变。这样解释了 1870 年的法例的生效期何以一再拖延。

可以观察到,法国的革命思想及其规范的落实总是出自强调理性个人主义的观念。相反,19 世纪下半叶的德国公示主义,虽然亦从不怀疑公示的价值,但却将公示制度与强调国家优先的原则挂钩。造成这种观点上的改变的不仅是法律科学方面的问题,即从理论上将国家视为法人,而且还有在 1871 年肯定德国的统一的政治哲学方面的因素。

于是公示被包括在权力当局的行为公开的方式的一般理论中。事实上, 立法文本形成程序从本质上便要求以一文件化的"体素",将所创制的规条让每一个关系人知悉。〔155〕

然而,虽然观念上有所改变,但制度背后的保护思想是没有消失的。公示仍然是识别是否属于法治国的法律体系的实质前提,它使政治权力组织采取保护人类的尊严免受其无约束的机关的行为所侵扰。〔156〕须知道,倘若认为未经客观制定的方式公示的行为具有约束力,则公民便会暴露于不可容忍的危险中。

这样,简述了两种我们法律体系中最具代表性公示形式,它们

---

〔155〕 当时 Rudolfo V. Jhering 已提到"具外在效力的规范的现实目标毫无疑问在于创造条件使个人得以按规范所定的作为或不作为方式表现"。这样才可说是以人民为对象的。参见《*Der Zweck im Recht* 》,第 I 卷,Leipzig,1877 年版,第 333 页及后续页。

〔156〕 特别指出理性自然法论的法治国家在其原始理论中已表现出一种超越自由主义经济价值秩序的核心意义。事实上,在其当中已包含了一种"乌托邦式的内容",一种与源自于人类的根本的自由及平等思想(参见 Ralf Dreier,《*Recht – Staat – Vernunft* 》,Frankfurt am Main,1991 年版,第 76 页)。

基于不同的假设，都能达到相同的效果：制定法须作形式上的公示，令关系人实际知悉或可能知悉。其逻辑是在创造规范的过程中保障公民，以保证国家立法的一致性。

（二）葡萄牙法律体系的问题

随着19世纪的到来，关于法例公布的问题[157]在我国亦发生了重大变化。外国对解决方案所提出理由不应视为奇怪，因为那些是时代的讯号。随着我们国家的进步亦开始意识到，与国家有密切关系的保护机制是从保障基本权利开始。所谓保障基本权利就是从实质上排除专断的根源。这里所说的是专断的根源是在公民——亦即法律规范的适用对象——无法知悉规范的情况下对这些规范效力赋予效力。以下的各阶段均是十分重要的。

于1806年，[158]雷赞特（Regente）皇子决定废除法律的手抄复本，不但因为其成本高，而且也是为了避免重复抄写而出现的错误。在其将来，法律的复本只能透过印刷制作。这对法律讯息的稳定性来说是一个显著的进步。

在1824年，[159]当指派里斯本皇家印刷厂专属印制法律文稿后，公示变得更为有效。同一时间，邮政总署设立了派送法律的中心。然而，法律文稿公示制度改革的决定性时刻乃于1833年。因为认为旧的“皇国总办公处”（Chanceria – Mor do Reino）是“一个与立法、行政及司法权的分立与自然发展不相符的部门”而将之废除后，决定将法律公布于“政府官方期刊”（Períodico Official do

[157] 关于先前的时期，参见本书第175页及后续页以及第205页及后续页。

[158] 1806年4月16日的通告及指示。参见后来的1819年2月12日的法令。

[159] 1824年3月9日的准照，由同年10月26日的准照所确认。根据1826年7月14日的法令，其特权明确地包括宪章的印刷及销售（参见Manuel Borges Carneiro，《Direito Civil de Portugal》，里斯本，1826年版，第39页及后续页）。

Governo),[160]这份期刊有很多不同的名称。[161]

将法律公布于官方刊物的创新方法,令法律规范在整个国家的传播更快捷、更安全。然而,在《菲利普律令》[162]时已有的待生效期(Vacatio Legis)问题遗留下来,这些问题仅在1841年才有明确的修改。[163]

在法律公布于"政府日报"(当时被称为"官方单张")[164]到其正式生效日之间的时间差因而被大大地减少。当时定了3个月期限。在公布之后,法律取得约束力的时间顺序为:公布后3日在里斯本及其周围具约束力;在王国的其他地方则为公布后15日;

---

〔160〕 1833年8月19日的法令,第1条及第2条。

〔161〕 自18世纪起的所有官方或公共期刊的相继名称及其开始使用年份为:《*Gazeta de Lisboa*》(1717年),《*Gazeta Oficial do Governo*》(1834年),《*Diário do Governo*》(1835年),《*Diário de Lisboa*》(1860年),《*Diário do Governo*》(1869年),以及《*Diário da República*》(1976年)。自1913年9月17日的137号法令起,*Diário do Governo*分为3组,很自然,每一组都有其本身的内容。另外,透过1991年1月2日的1/91号法令对1983年7月29日的6/83号法律第3条及第7条的修改,《*Diário da República*》的第一组又被细分为两部分(A部分及B部分)。根据其序言所述,其采取的区分标准是在A部分中收入"须最大程度上方便查阅及较具形式上的严肃性的法例",而B部分则收入"行政或规章性质的法例。"1993年11月23日的391/93号法令亦将《*Diário da República* 》的第三组分成A部分(开于公开竞投,批示,告示,通知,声明及其他)及B部分(关于企业及商业登记)。自1994年4月起,《*Diário da República*》的各组开始以显示其相应号数及年份,并以横线分隔(例如,第I组—A,77/94号,1994年4月2日)。可是,在显示了月和日之后再显示年份显得重复(如上述例子,只须显示成 第I组—A,77/94号,4月2日即足够)。参见José Maria Braga da Cruz,《*Notas sobrea publicação da lei, sua data e entrada em vigor*》,载前述《Scientia Ivridica》,第VII册,第125页及后续页;G. Braga da Cruz,前述《*A revista de Legislação e de Jurisprudência-Esboço da sua História*》,第I卷,第3页注4,第317页注775,及第318页注777;以及João de Castro Mendes,《*Introdução ao Estudo do Direito*》,里斯本,1984年版,第112页及后续页。

〔162〕 参见该1833年8月19日之法令第2条。参见本书206页及后续页。

〔163〕 1841年10月9日的法律。

〔164〕 参见本书上一页注848。

在其属岛内则为载有官方法例〔165〕的第一只船只到达之后 8 日。这些问题事后又被新的规范调整。〔166〕

六、法典化

（一）简介

自 18 世纪中叶（但主要是 19 世纪期间）开了先例后，欧洲各国出现了一场重要的法典化运动。这场运动还传播到其他大陆。〔167〕 其意

---

〔165〕 参见上述 1841 年 10 月 9 日的法律第 1 条。

〔166〕 随之而来的是 1913 年 6 月 30 日的法律，翌日即收于官方刊物之中。根据该法例，法律的公布尔日期为“Diário do Governo”上的日期，而且，除有相反声明以外，会于公布后第三日，即第一日到第三日或经过 2 日之后，即在大陆全境生效。至于相邻的岛，法律会在“运载官方物品的船只出发后第 10 日”生效。可以看到其以船的出发作为计算期间起始日是不完美的，忽视了上航行的危险及并非罕见的海难事件。关于海外领土方面，这条法例没有提及，其理解是继续适用先前制度，也就是说，在属省的省会为在其“官方刊物”公布后 3 天生效，而在省的其他地方则为公布后 15 天生效。处理这个问题的有之后的 1933 年 4 月 11 日 22 470 号训令、1976 年 9 月 10 日的 3/76 号法律及 1977 年 2 月 1 日的 8/877 号法律。现在，有关法例的公布制度、识别制度及样式均由被 1987 年 10 月 21 日的 337/87 号法令及 1991 年 1 月 2 日的 1/91 号法令修改的 83 年 7 月 29 日的 6/83 号法律所规范。关于由政府所颁布的法例的样式，另请参见 1988 年 4 月 8 日的 113/88 号法令。

〔167〕 关于这个题目，参见 Jacques Verlinden，《*La concept de code en Europe occidentale du XIII. Au XIX. siècle. Essai de definition*》，Bruxelles，1967 年版；Giovanni Tarello，《*Storia della cultura giuridica moderna*》，卷 I —《*Assolutismo e codificazione del diritto*》，Bologna，1976 年版；Helmut Coing，《*Zur Vorgeschichte der Kodifikation: die Diskussion um die Kodification im* 17. *und* 18. *Jahrhundert*》；Guido Astuti，《*La codificazione del diritto civile*》，载前述《La Formazione storica del diritto moderno in Europa》，卷 II，第 797 页及后续页，以及第 847 页及后续页；Mario E. Viola，《*Consolidazioni e codificazioni. Contributo alla storia della codificazione*》，Torino，1983 年版；H. Coing，前述《*Europäischen Privatrecht*》，卷 I，第 76 页及后续页，及卷 II，第 7 页及后续页；关于北欧国家，Ditlev Tamm 的论文《*Stato, diritto e costituzione nell'wsperienza scandinava*》有十分清楚的介绍，载前述《Alle origini del costituzionalismo europeio》，第 73 页及后续页。在我国，参见 João Castro Mendes，《*Algumas notas sobre a codificação*》，载前述《Jornal do Fôro》，第 24 年，第 113 页及后续页；以及 Mário Reis Marques，前述《*O Liberalismo e a Codificação do Direito Civil em Portugal*》，第 47 页及后续页。

义是遵循一个或多或少是科学性的组织形式,将当时已独立出来的各个基本法律部门的规范制定成大型及统一的法律汇编。

这个过程在其哲学、政治意识、经济—社会及方法上等各个决定因素上表现得很复杂,有时甚至有相互冲突的地方。事实上,我们应该还记得法典化运动的理性主义基础,法律的统一化及集中化的目标,以及该运动对新的自由中产阶级的意义。它产生了重大的后果。

指出法典化坏处的反对者及批判者亦不乏人。我们所知的这些人中包括历史学派的 Savigny,与迷信于新的法律的激进理性主义不同,[168] 他视法律为集体意识的有机表达。

除此之外,虽然该运动具有一个公分母,但不要忘记不同部门的法律所受到的不同限制。法典有不同的世代与家系。例如,在民事法律方面,要注意有两条形式及实质均不相同的路线,其各自的模范相隔约一个世纪:1804 年的法国民法典(Code Civil)及 1900 年生效的德国民法典(Bürgerliches Gesetzbuch – BGB)。[169]

---

[168] 参见本书第 279 页及后续页。

[169] 拿破仑的法典化,主要是民法典,在 19 世纪里伸延很广:一方面,在受法国支配或影响的国家里(比利时、荷兰、北意大利、法斯特法里亚、汉诺威、博洛尼亚、纳普里斯、瑞士的一些地区等,—关于葡萄牙请参见本书第 272 页,注 781),又或者,在大西洋以外,直接或间接采纳[路易斯安那州(美)、海地、玻利维亚、秘鲁、智利、哥斯达黎加、乌拉圭、墨西哥、阿根廷、委内瑞拉等];另一方面,这种立法体系又启发了数部关于民法的法典,例如,意大利(1865 年)、罗马尼亚(1865 年)、加拿大低地(1866 年)、葡萄牙(1867)、埃及(1875 年)、西班牙(1889 年)及日本(1890 年)。在 20 世纪,轮到德国民法典成了各国法典化的范本。如奥地利(1914 ~ 1916 年)、巴西(1916 年)、泰国(1925 年)、秘鲁(1936 年)、希腊(1940 年)、意大利(1942 年)及葡萄牙(1966 年)。1907 年的瑞士民法典被视为"19 世纪德语法律科学的最成熟立法产物"(Wieacker,前述《Hist. Lo Dir. Priv. Mod.》,第 564 页),影响了土耳其民法典(1926)。参见 J. Gilissen,前述《*Introdução Histórico ao Direito*》,第 456 页及后续页。

同样，在刑事法律方面，即使不谈论17世纪的法典，[170]我们也可以指出两个世代：1810年的拿破仑刑法典（Code Penal）及由Feuerbach监制的1813年的巴伐利亚刑法典（Strafgesetzbuch）；而另一部是1851年的普鲁士刑法典。[171]

以上种种均显示出现代的法典化问题难以作扼要分析。在作具体论述之前，我们先在这里谈几个小问题。

要记得先前的几部大的法律编集——无论是《民法大全》（Corpas Iuris Civilis）或我们的《律令》（Ordencções），又或者《阿库修注释》（Glosa acursiana）——都发生于法律的创造性处于停顿的时期。传统上，其基本目的是单纯地将现行法律汇集组织起来，而并不太关心其内在结构。这可被视为法律的“巩固”。[172]

现代的法典虽然也有一些这方面的考虑，至少在其若干实际个案中，它是被不同的意图所支配的，但是这些现代法典均是锐意创新的，希望实现一个真正法律转变，其目标是民族的现代化、进步和幸福。换句话说，它不是为综合过去，而是着眼于展望未来的作品。它也放弃了将不同领域的法律作整体编集的过时观念。

埋藏于现代法典化运动根部的，首先是理性自然法及启蒙主义的力量。必须依照理性自然法制定新的秩序，也就是说，那一系列的规范代表了理性所可能达到的不变价值。

但分歧马上便出现了。在某些国家，法典化是由专制主义支

---

〔170〕 1751年的《*Codex Iuris Bavarici Criminalis*》，以及奥地利1768年的《*Constitutio Criminalis Theresiana*》，1787年的《*Constitutio Criminalis Josephina*》，不可忘记还有普鲁士伟大的Frederico在同一世纪末的立法作品（参见Robert V. Hippel，前述《*Deutsches Strafrecht*》，卷I，第270页及后续页，以及H. Rüping，前述《*Grundriss der strafrechtgeschichte*》，第66页及后续页）。

〔171〕 参见Robert V. Hippel，上述作品，卷I，第295页及后续页，以及第314页及后续页。

〔172〕 关于“巩固”这个叫法，参见A. Cavanna，前述《*Stor. Del. Dir. Mod. In Eur*》，卷I，第256页。

持的,而另外一些则是法国大革命思想传播的结果,在这里权力分立原则有着重大意义。[173]这个假定使所有的法律均需要是立法权的专属创造。结果便进入了教条式的实证主义:法律是由表现为立法权的国家所创造的,而这套实证法律便转化成不可争议的事实。[174]

接下来发生的是,法律秩序作为一个形成社会关系的改革思想体系的整体出现。之前的法律传统因而永远被扬弃。一方面,再没有任何问题可透过除统一于新法典内的精神以外的方法解决。另一方面,又认为法典构成了封闭的体系,包含了全部社会关系的规则。

从这里开始,走向实证主义的路线日益明显:法律等于制定法,而任何问题的解决均是透过将体系作逻辑演绎于实例上的形式主义。结果,否决了裁判者最低限度的创新,使他变成单纯的法律逻辑的机器人。裁判者就是这样向当时被视作最基本价值的法律确定性及安全性称臣。

(二)葡萄牙的法典化运动

即使从时间顺序上判断,我们在自由主义植根后随着发生的法典化活动也是毫无疑问地受到法国革命的思想所启发的。我们将依照各法律部门第一部法典出现的时间顺序回顾一下法典化运动在各个领域的发展。1867年民法典的诞生过程特别值得注意,因为它的历史特别令人印象深刻。

1. 商法

我们的法典化运动从商法开始。于1833年[175]《商法典》因

---

[173] 参见本书编码第61号。

[174] 参见本书第279页及后续页。

[175] 由1833年9月18日的训令所通过,次年1月14日生效。

费雷拉·博日兹(Ferreira Borges)[176]而诞生。这个领域内立法的大量分散以及司法见解的不统一使将单行法规有机地集合在一起这项工作成了急切需要。[177]

关于结构方面,1837 年的商法典分为两部分:第一部分为陆上的商业活动,而第二部分为海上的商业活动。其内容不仅包括实体商法,而且还有程序、司法组织、甚至民法的规范。

费雷拉·博日兹(Ferreira Borges)本人便道出为了制定该草案,他在被流放伦敦及巴黎之时已作了大量比较法上的研究,尤其使用了《法国商法典》、《意大利民法典草案》以及《西班牙商法典》,然而这并不代表他不认识其他国家的法律。

这些外国法规对我们的实体商法产生了影响。相反,关于程序以及司法组织方面的规定,草案的作者宣称仅参考我国现存制度以及其作为律师时所获得的司法实践经验。

可以断言,1833 年的《商法典》代表了葡萄牙商事法律的

---

〔176〕 Ferreira Borges 关于经济学及公共财政的作品也不可轻视(参见本书第 284 页,注 816)。

〔177〕 法国大革命克服了商法作为一个专业阶级的法律——商人以及商人与其商业有关——这个概念。因此,在 1807 年的法国商法典中,商法是规范商行为的法律,不论实行这些行为的人身份为何。这样一种客观概念启发了大量国家的法典编纂。然而,自 1897 年的德国商法典(*Handelsgesetzbuch* — HGB)开始,商法又回到主观性与专业性的老路,而且影响了随后的立法。1942 年的意大利民法典所采取的是一个另类的方向,它规范了所有的私法关系,为商法的发展带来了耳目一新的观点:它保留了德国法的主观主义路线,然而,其主体却从商人变成企业主,换言之,即人的要素变为组织要素(《*Codice Civile*》,第 2082 条)。关于上述自 19 世纪以来的商法发展(商行为的法律、商人的法律以及企业的法律),参见 A. Ferrer Correia,《*Lições de Direito Comercial*》,第 I 卷(与 Manuel Henrique Mesquita/António A. Caeiro 合着),Coimbra,1973 年第 10 页及后续页(Lisboa 的重印版,1994 年,第 13 页及后续页)。进一步的分析可参见 Francesco Galgano,《*Storia del diritto commercial*》,第 2 版,Bologna,1980 年,在第 185 页及后续页内有大量的参考文献资料(该书有葡文译本,标题为《*História do Direito Comercial*》,Lisboa,译者为 João Espírito Santo,由 José J. Barros 监督及作注)。

一个重大的进步。然而,那一作品远远算不上一部令人满意的作品。

例如,对以往法例的太多关注使该法典很多时候忘记了比较法上已经指出的一些解决方案的发展。又如商事合伙部分——可能是整部法典中最多缺陷的章节——因为它没有揭露出一个有效率(迅速)的制度的重要性。

Ferreira Borges 的商法典的另一个缺点是其繁琐性,因为它夸张地使用了很多的定义(definições)与识别(qualificações)。另外,还须指出的是他在实体商法规定以外还加入了程序法及司法组织的规定,甚至民法的规定。关于民法方面的规定还是可以解释的,因为当时在那个法律领域还没有出现一部现代的法典。

我们的第一部商法典无论从规范内容上抑或从立法技术上均说不上是一部面向将来的作品。但无论如何,它也有其优点,这就是产生了将商法作为私法的一个独特范畴的建制及理解上的贡献。

1833 年的商法典的根本缺陷随着商业活动的发展后变得日益明显。短时间内,即出现了数量可观的单行法,如隐名公司或股份公司〔178〕以及工商业商标。〔179〕因而,当时便开始思考其革新。

在 1859 年,政府为了这个目的而任命了一个委员会。可是不论是这个委员会还是其他在其之后的委员会均没有好好地做好这份工作。全因维格·贝泠(Veiga Beirão)的个人努力,新的《商法典》才得以于 1888 年〔180〕颁布。

---

〔178〕 1867 年 6 月 22 日的法律。

〔179〕 1883 年 10 月 23 日的训令。

〔180〕 由 1888 年 6 月 28 日的法律诏令所通过,1889 年 1 月 1 日开始生效。

正如1882年的意大利商法典一样,这个法规明确地属于承袭自《拿破仑商法典》的商事立法路线。[181]在其身上,展现了客观主义的趋势:商法不再是一个专业阶层的专属规定,而是一部包揽商行为本身的商法。但这并不表示该法典忽略了为商人制定特别的规则:该法认为,甚至推定,商人所作出之与其职业活动有关的所有行为均具有商行为的性质。这显示出我们的立法者在继承意大利立法之余,采纳了一个混合的体系,即一个介乎客观主义与主观主义之间的体系。

1888年的商法典到今日仍然生效,可是已被无数的单行法修订及补充、如商事合伙、[182]*汇票本票及支票、银行组织、工业产权、[183]保险、海商法合同、[184]债券的发行、[185]动产有价物[186],等等。我国有限公司法的制定,在更早的1901年(透过1901年4月11日的法律)。早于我国从德国引进这种公司模式的只有奥地利。

须注意的是,上述的客观主义与主观主义的混合体系在今时今日已在商法学领域被遗弃。而在很早以前已经有人开始计划为

---

[181] 参见本文第297页,注864。

[182] 现行生效,由1982年9月第262/82号法令通过的公司法(Código das Sociedades Comerciais)乃是这个领域立法发展的顶峰。

* 译者注:即公司。

[183] 我们第一份规范工业产权的一般性法规是1894年12月15日的训令,该训令由1896年5月21日的法律略作修改后确认。

[184] 参见1986年10月17日的第349/86号法令(海上客运),1986年10月21日第352/86号法令(海上货运),1986年12月30日第431/86号法令(拖车),以及1987年4月29日第191/87号法令(船泊租赁)。

[185] 有关葡萄牙对债权证券的立法,参见Mário Leite Santos的简短历史资料,《Obrigações convertíveis, Alguns aspectos do seu regime jurídico》,载《Revista da Banca》,第19号, Lisboa, 1991年7月/11月,尤其第98页及后续页。

[186] 该事宜现在由1991年4月10日的142-A/91号法令通过的《动产有价物市场法典》规范。

葡萄牙商法整体现代化[187]努力及做准备。

2. 行政法

这一个法律部门的整个历史中,最核心的几个问题是:行政分区的标准、其机关或人员的组成及职责、权力的分散程度以及行政争议权的行使。[188]因此,无怪乎其法典化对政治气候的变化十分敏感了。

在我国建立自由体制以后,很自然在行政法方面亦会采取一系列重要措施。默切尼欧·德·席尔维拉(Mouzinho de Silveira)[189]的立法活动的一部分的《1832 年 5 月 16 日的 23 号法令》因而出台。过了大约 3 年,这条法例又被《1835 年 4 月 25 日的法律》所取代,同年《7 月 18 日的法令》对后者所建立的基础框架实时作了阐述。然而仅在 1836 年[190]的九月革命之后,我国的第一部《行政法典》才出台,而其作者是曼努埃·达·席尔瓦·帕苏斯(Manuel da Silva Passos)。[191]

---

[187] 关于我国商法以及单行商事法规的发展,参见 Fernando Olavo,《*Direito Comercial*》,第 1 卷,第 2 版,Lisboa,1970,第 25 页及后续页;以及 Ferrer Correia,《*Lições de Direito Comercial*》,前揭第 I 卷,第 8 页及后续页,以及第 49 页及后续页,以及其《*Sobre a projectada reforma da legislação commercial portuguesa*》,载前揭《Revista da Ordem dos Advogados》,第 44 年,第 I 号,第 5 页及后续页。

[188] 关于这一题目在 1820 ~ 1933 年的情况,参见前揭 MARIA DA GLÓRIA GARCIA,《*Da justiça administrativa em Portugal. Sua origem e evolução*》,第 496 页及后续页,以及 PAULO OTERO,《*Revolução Liberal e Codificação Administrativa: a Separação de Poderes e as Garantias dos Administrados*》,载《Estudos em Memória do Prof. Doutor João de Castro Mendes》,Lisboa,1995 年,第 603 页及后续页。

[189] 参见 MARCELLO CAETANO,《*Os antecedentes da Reforma Administrativa de 1832 (Mouzinho da Silveira)*》,载前揭《Rev. da Fac. De Dir. Da Univ. De Lisb.》,第 XXII 卷,第 7 页及后续页(重新刊登于前揭《Estudos de História da Administração pública Portuguesa》,第 359 页及后续页)。

[190] 1836 年 12 月 31 日的命令。

[191] 一般称他为 Passos Manuel。

然而,政治上的争议使这部法律所制定的架构被多处修改。该法经过协调之后便成了《1842 年的行政法典》,此法典由科斯达·卡伯劳(Costa Cabral)签署核准,内容具有中央集权味道。这部法典生效了 36 年零数个月,至少在实务上经受了真正的考验。然而,被人称作《行政法典》的还有由马尔丁斯·弗泠(Martens Ferrão)所提交的关于民事管理的《1867 年 6 月 26 日的法律》,以及独裁者马尔召·沙尔达达(Marechal Saildada)作为若瑟·狄亚斯·费雷拉(José Dias Ferreira)的部长时公布实际上并没有生效〔192〕的《1870 年行政法典》。在此之后的立法有:基本结构由当时的王国部长罗德里格斯·桑柏约(Rodrigas Sampaio)拟就的《1878 年行政法典》;由路斯安诺·德·卡斯特罗(Luciano de Castro)所公布的《1886 年行政法典》,该法后来被狄亚斯·费雷拉(Dias Ferreira)〔193〕的法律彻底修订;由若昂·法兰科(João Franco)所签署批核的《1895 年行政法典》,但该法典被呈交议会检阅后,变成了《1896 年行政法典》。〔194〕

在共和建立以后,曾经考虑过要修改当时生效的行政法规——那些法规都具有中央集权的精神。实际上,也有人作了一些法典化的尝试,然而,都没有超出单行法规的范围。〔195〕只有在 1936 年才产生了一部新的《行政法典》,其条文以马塞罗·卡埃塔

〔192〕　实质上,正是因为这样,1842 年的行政法典的废止才会到 1879 年 1 月 1 日,在 1878 年的法典生效以后方发生。

〔193〕　1892 年 8 月 6 日 4 月 21 日的命令。

〔194〕　1900 年 6 月 23 日的命令公布了新的行政法典,该法典在公布后不久便由于部长换人而被当年 7 月 5 日的命令暂停,因而没有被适用。

〔195〕　1910 年 10 月 13 日的具有法律效力的命令、1913 年 8 月 7 日的第 88 号法律、1916 年 10 月 13 日的第 621 号法律,以及具有法律效力的 1926 年 8 月 9 日第 12073 号命令。

诺(Marcello Caetano)的一份草案为基础。[196]

3. 刑法

我国第一部《刑法典》产生于1852年。这一年正好处于沙尔丹雅(Saldanha)专政的期间,而《刑法典》就是由该年《12月10日的法令》所颁布。宫廷在重建宪法秩序之后,并没有舍弃这部法律,而是透过《1853年6月1日的法律诏令》使其生效。

在这部刑法典制定之前也有很多的立法尝试,自梅洛·弗莱雷(Mello Freire)以来,[197]既成立了很多的委员会,也设立了金钱性奖赏,可是这些委员会什么也没有做过,而奖赏之下也没有得出什么好的成果。[198]直到1845年所委任的一个委员会在草拟民法

---

〔196〕 由1936年12月31日的第27 424号法令所通过,主要是为了完成第一部行政法典(1836年12月31日的命令)的百年志庆。1936年的法典——1940年有所修订——经历了一系列自然的改动。关于行政法法典化的历史,参见MARCELLO CAETANO,《*A codificação administrativa em Portugal (Um século de experiência :1836 - 1935)*》,载前揭《Rev. da Fac. de Dir. da Univ. de Lisb.》,第II年,第324页及后续页,(重新刊登于前揭《Estudos de História da Administração Pública Portuguesa》,第371页及后续页),以及《Manual de Direito Administrativo》,第I册,第10版(由DIOGO FREITAS DO AMARAL所增订),第5次印刷,Coimbra,1991,第144页及后续页,AFONSO RODRIGUES QUEIRÓ,《*Lições de Direito Administrativo*》,第I卷,Coimbra,1976,第607页及后续页,以及MARIA DA GLÓRIA GARCIA,前揭《*Da Justiça administrativa em Potugal. Sua origem e evolução*》,第442页及后续页以及第648页及后续页。同样不可忘记的是1930年2月28日的第18017号法令,这部法令参考法国的模式在我国建立起行政法的授权管辖以及创立了一个仲裁性质的法院。须注意的是,最高行政法院作为一个具有本身的诉讼权限的现代机关,是由1933年10月30日的第23 185号法令所创立的。

〔197〕 参见上文第270页及后续页。

〔198〕 昙花一现般的1837年刑法典算是接近完成了。这与1835年4月25日的法律约章有关,该法律开设了关于呈交刑事法典(第3条)以及民法典(第1条)草案的公开竞投,分别给予草案的提交人8个以及10个康托的奖赏。在其之后是1836年11月29日的训令,在该训令中,D. Maria II责成José Manuel da Veiga博士对其本人在1833年向政府提交的刑法典进行修订。应José Manuel da Veiga的要求,政府又为此而透过同年12月19日的训令任命了一个委员会,该委员会在当月的31日即把工作完成。该草案获得通过,并且根据1837年1月4日的命令而被公布,然而,该命令亦将其生效期限定在普通法院有更好的方案为止。当时是Passos Manuel专政的时期。法庭没有追认该部刑法典,因此,它便没有成功地被适用。

典草案的任务被减轻[199]了之后，才将这项工作完成。

这部《1852 年刑法典》是受到若干外国法典启发的，尤其是《1810 年法国刑法典》、《1830 年巴西刑法典》[200]以及《1848 年西班牙刑法典》。这部法典对葡萄牙的传统仅有少量的反映。它与律令制度比较起来，可以说有了巨大的进步，可是却远远未能响应社会发展的要求。作为该法典的主要评注者的席瓦尔·弗亨(Silva Ferrão)以及利瓦伊·玛利亚·若登(Levy Maria Jordão)[201]即对其作出了一针见血的批评。

一般都承认上述的刑法法典化未能配合时代的需要，因此，不断有制定新刑法典的尝试。正是在这种背景下出现了历史上称为《彼德罗五世刑法典》(Código Penal de D. Pedro V)的草案。这个草案是一个由杰出的刑法学家所组成的委员会的成果，委员会的秘书为利瓦伊·玛利亚·约登(Levy Maria Jordão)。除本国学者外，外国学者也作出了贡献。这一草案于 1861 年完成，但仅在

---

〔199〕 透过 1845 年 12 月 10 日的训令，第三次成立了一个委员会。该委员会负责草拟一份民法典草案和一份刑法典草案，但是该法又规定后者具有优先(第 3 条)。该委员会由教会及法律事务部长暨国务秘书(Ministro e Secretário de Estado dos Negócios Eclesiásticos e da Justiça)领导，而委员则包括当时的著名法学家(第 1 条)。然而，根据 1850 年 8 月 8 日的训令——公布于当日的官方文件上，António Luís de Seabra 却被责成草拟民法典的草案。

〔200〕 由 1830 年 12 月 16 日的命令所制定，并由 1831 年 1 月 8 日之法律责令执行。

〔201〕 关于 1852 年刑法典的制定及先前的尝试，参见前揭 BRAGA DA CRUZ，《*O movimento abolicionista e a abolição da pena de morte*》，第 77 页，注 155 以及第 101 页，注 187，EDUARDO CORREIA，前揭《*Direito Criminal*》，第 I 卷，第 104 页及后续页，以及其《*Estudos sobre a evolução das penas*》，第 66 页以及后续页，MANUEL CAVALEIRO DE FERREIRA，《*Direito Penal Português*》，第 I 卷(总则部分)，第 2 版，Lisboa，1982，第 70 页以及后续页，以及《*Lições de Direito Penal – Parte geral*》，第 I 卷—《*A Lei Penal e a Teoria do Crime no Código Penal de 1982*》，第 4 版，Lisboa，1992，第 44 页以及后续页，以及 PETER HÜNERFELD，前揭《*Die Entwicklung der Kriminalpolitik in Portugal*》，第 40 页及后续页。

于1864年重新整理以后才公之于世,该草案很大程度上受到罗德(Roeder)的修正主义以及克劳斯(Krause)[202]的哲学思想所影响。

---

[202] 关于克劳斯主义(krausismo),在葡萄牙八百年代的第4至第6个十年的法学教育的反映,参见LEVY MARIA JORDÃO,《*A Philosophia do Direito em Portugal*》,载前揭《O Instituto》,第I卷,第64页、第177页以及后续页; L. CABRAL DE MONCADA,前揭《*Subsídios para uma História da Filosofia do Direito em Portugal*》,第52页及后续页,前揭《*O Idealismo alemão e a Filosofia do Direito em Portugal*》,第52页及后续页,前揭《*O Idealismo alemão e a Filosofia do Direito em Portugal (1771 – 1911)*》,载前揭《Est. Fil. e Hist.》,第I卷,第219页及后续页,尤其是第228页及后续页,以及《*Vicente Ferrer Neto Paiva*》,载前揭《Jurisconsultos Portugueses do século XIX》,第II卷,Coimbra,1960,第120页及后续页,A. CASTANHEIRA NEVES,《"*Elementos de Direito Natural" de Vicente Ferrer Neto Paiva*》,载前揭《Bol. da Fac. de Dir.》,第LII卷,第309页及后续页(重新刊登于前揭《Digesta》,第1卷,第337页及后续页),ANTÓNIO BRAZ TEIXEIRA,《*A reacção espiritualista em Portugal: krausismo e ecletismo*》,载《Ciências Humanas》,第IV年,Rio de Janeiro,1981,第17期,第32页及后续页,以及第18~19期,第32页及后续页,《*Vicente Ferrer Neto Paiva e o krausismo jurídico luso – brasileiro*》,载前揭《Caminhos e Figuras da Filosofia do Direito Luso – Brasileira》,第23页及后续页(又载前揭《Nomos – Rev. Port. de Filos. do Dir. e do Est.》,第2期,第72页及后续页),以及《*Raízes krausistas do pensamento de Antero*》,载《Revista Portuguesa de Filosofia》,第XLVII册,Braga,1991,第255页及后续页,以及MÁRIO REIS MARQUES,《*O krausismo de Vicente Ferrer Neto Paiva*》,Coimbra,1991(前揭《Bol. da Fac. de Dir.》,特刊,第LXVI卷)。关于反对Vicente Ferrer a Rodrigues de Brito的争论,可参见VICENTE FERRER NETO PAIVA,《*Breves reflexões sobre a Philosophia de Direito do sr. J. M. Rodrigues de Brito lente cathedratico da faculdade de direito*》,Coimbra,1869,以及J. M. RODRIGUES DE BRITO,《*Resposta às Breves Reflexões do Excellentissimo Senhor Dr. Vicente Ferrer sobre Philosophia de Direito*》,Coimbra,1869。关于修正主义理论,参见K. ROEDER,《*Las doctrinas fundamentales reinantes sobre el delito y la pena em sus interiores contradicciones*》(trad. de F. GINER),Madrid,1876,第234页及后续页,以及J. BELEZA DOS SANTOS,《*Ensaio sobre a introdução ao direito criminal*》,Coimbra,1968,第187页以及后续页、第199页以及后续页。在我国,作为修正主义的主要论著,可参见LEVY MARIA JORDÃO,《*O Fundamento do Direito de Punir*》(1853),载前揭《Bol. da Fac. de Dir.》,第LI卷,第289页以及后续页,和AYRES DE GOUVÊA,《*A Reforma das Cadeias em Portugal*》,Coimbra,1860。

然而,此一草案没有在立法上被采纳。

在这个情况下,《1852 年刑法典》继续生效。在 1867 年 7 月 1 日的刑法及监狱改革之中,《1852 年刑法典》被大范围地修订:在其第 1 条即废除了民事罪行的死刑。[203] 而 1884 年 6 月 14 日的刑法新改革,则在有关刑罚的目的问题上,采纳了维尔克(Welker)的"补偿理论"(teoria da reparação)。一般认为,这是以报复伦理[204]为基础,具有宗教意味的理论构筑。

那个时候,还专门指定了一个委员会负责将这些法例加入《1852 年刑法典》的体系之中,而当发生矛盾的时候,则对刑法典作相应的修改。这样,在简单地从立法上巩固修订的结果以后,便成了由《1886 年 9 月 16 日的法令》所通过的《刑法典》。然而,这项工作实际上是大范围地对前一法典进行重新整理。在这部修订后的法典中,可发现一种摆脱模仿国外模式,更具有本国特色和符合本国现实的倾向。

---

[203] 葡萄牙是第一个废除上述罪行的死刑的国家。在 15 年之前,即 1852 年,大宪章的附件(参见上文第 286 页)第 16 条已经将死刑限于政治罪行。关于废除政治罪行死刑的过程,参见 BRAGA DA CRUZ,前揭《*O movimento abolicionista*》,第 9 页及后续页。在我国,死刑的废除之前已经有法规规定,所有葡萄牙法院所作的死刑判决均强制性地需要上述请求皇家特赦。自 1846 年起——那一年在拉古斯城执行了最后一次的极刑——我国的君主系统地消除了死刑。换句话说,在上述最后一次执行死刑的前 10 年,每年被送上断头台的平均数为 3 ~ 4 人。最后执行的一起政治罪行的死刑是在 1833 年或 1834 年。关于这些方方面面,请参见 BRAGA DA CRUZ,前揭《*O movimento abolicionista*》,尤其是第 85 页及后续页。极为重要的是 1967 年 9 月 11 至 16 日在科英布拉举行的"Colóquio Internacional Comemorativo do Centenário da Abolição da Pena de Morte em Portugal"所提交的论文以及所得出的结论。这些论文被结集成三卷本的文集,名为《*Pena de Morte*》,科英布拉法学院出版。

[204] 参见 J. BELEZA DOS SANTOS,前揭《*Ensaio sobre a introdução ao direito criminal*》,第 152 页及后续页,尤其是第 157 页,注 1。关于 Welker 的补偿理论,参见前揭 ROEDER,《*Las doctrinas fundamentales*》,第 213 页及后续页。

制定《1886年刑法典》的理想是要将之制定为一部从规范解释与漏洞补充上均属完美的作品,可是这一理想未能实现。该法典在保留了一些已被废止的规定的同时,又忽略了一些生效的规定,因而在学说上引起巨大的争议。在其冗长的生效期内,曾连续地以及彻底地被更新。[205]但取而代之的新刑法典仅1982年才得以颁布。[206]

4. 民法

正如我们先前所声明一样,以下将会用较多篇幅介绍第一部《葡萄牙民法典》。[207]介绍的重点是波尔图中级法院法官[208]安多

---

〔205〕 参见 EDUARDO CORREIA,前揭《*Direito Criminal*》,第1卷,I,第114页及后续页,以及第70页及后续页,CAVALEIRO DE FERREIRA,前揭《*Direito Penal Português*》,第I卷,第74页及后续页,以及前揭《*Lições de Direito Penal*》,第I卷,第46页及后续页。1886年刑法典最后两次将对其彻底修订的单行法规纳入法典的对象是1954年6月5日的39688号法令以及1954年5月31日第184/72号法令。

〔206〕 被1982年9月23日的第400/82号法令所通过,后者乃是透过1982年8月23日制定,但在1983年1月1日生效的第24/82法令的授权。其草案预备稿是由Eduardo Henriques da Silva Correia起草的,日期为1963年(总则)以及1966年(分则)。很明显,它是受到1962年的德国刑法典草案所影响的,只是在日后的修订中,它还受到了其他渊源的启发,如德国的替代草案(*Alternative - Entwurf*)。1982年的刑法典在修订后由1995年3月15日的第63/95号法令重新公布,这一新版本由1995年10月1日起生效。

〔207〕 参见 M. J. ALMEIDA COSTA,前揭《*Enquadramento histórico do Código Civil Português*》,载《Bol. da Fac. de Dir.》,第XXXVII卷,第138页及后续页,以及MÁRIO REIS MARQUES 的详细论述,前揭《*O Liberalismo e a Codificação do Direito Civil em Portugal*》,第147页及后续页。关于邻国,参见 RAFAEL GIBERT,《*La codificación civil en España (1752 - 1889)*》,载前揭《La formazione storica del diritto moderno in Europa》,第II卷,第907页及后续页,以及 CARLOS ROGEL/CARLOS VATTIER(协调人),《*Manuel Alonso Martínez. Vida y Obra*》,Madrid/Burgos,1991。

〔208〕 参见上文第302页,注887。

尼奥·刘易斯·塞亚布拉(António Luis de Seabra)〔209〕的草案,该草案被《1867 年 7 月 1 日的法律诏令》〔210〕所通过。

值得一提的是,我国在 18 世纪第四个二十五年——换言之,即理性自然法时期——开始即有进行私法方面的改革的渴望。显然,自由国家普遍在法典化运动上的活力更为激发这种渴望的热切追求。

我们将不会再详细介绍这些为私法的改革所做的努力,其不成功的其中一个原因是众所周知的 19 世纪上半叶的政治不稳定。〔211〕我们仅想说明,那些失败的经验亦有某些积极作用。事实上,法典化受到猛烈的遏制反而为立法腾出了时间,使很多法律的移植在最后一刻才得以在我国札根,避免了鲁莽的改动所造成的混乱之余,很多时候更与具有较强实务意义的传统法律遗产相衔接;同一时间,这种遏制除了为当时的葡萄牙法律科学所提供了解决方案的预先演练和迈向成熟的机会外,更使

---

〔209〕 未来的塞亚布拉子爵以及 1866 至 1868 年间的科英布拉大学校长。参见 M. J. ALMEIDA COSTA,《*António Luís de Seabra* 》,载前揭《Dic de Hist. de Port. 》,第 III 卷,第 804 页及后续页,以及载前揭《Temas de História do Direito》,第 20 页及后续页。

〔210〕 关于这次法典编纂前所发生的事宜、其草案、修订以及通过,以及尤其是关于民事婚姻的争议,其直至 1870 年的版本、其汇编、法典的首批回响、1903 年的改革草案以及 1930 年的改革,参见《*Exposição Bibliográfica dosTrabalhos Relativos ao Código Civil de 1867 e Preparatórios do Futuro Código Civil Portuguê* 》,Coimbra,1959,第 5 页及后续页,以及《*葡萄牙民法典*》。文件资料,Lisboa. 1966,第 33 页及后续页(由 G. BRAGA DA CRUZ 领导编集)。

〔211〕 关于草拟民法典的尝试,参见例如,A. J. TEIXEIRA D' ABREU,《*Curso de Direito Civil* 》, Coimbra,1910,第 I 卷,第 377 页及后续页,A. F. CARNEIRO PACHECO,《*Código Civil Português Actualizado* 》,Coimbra,1920,第 I 卷,第 V 页及后续页(“概述”),以及 MÁRIO REIS MARQUES, 前揭《*O Liberalismo e a Codificação do Direito Civil em Portugal* 》,第 155 页及后续页。

其取得编制一部严肃的法典[212]——一部不是纯粹抄袭作为所有个人主义时期立法楷模的拿破仑法典的法典——所需要的最基本技术。总的来说,其优点即相等于萨维尼以其丰富的想象力所指出的德国民法典[213]延迟诞生的好处,虽然前者毫无疑问是更有理由的。

从一开始,我们的民法典便舍弃了那个时代的法典所采用的编排方式,即实际上还是衍生自罗马的法学阶梯(Instituitiones)的方式,但是根据被法国民法典所改造的方式:采取该模式的主要有西班牙民法典。葡萄牙民法典草案的作者所采取的是另外一种基础。塞亚布拉所着重的是法律关系中的积极主体。他从该主体的生命过程中区分出以下基本方面:首先是其出生,换言之,即权利义务能力的赋予;其次,是其人格的行使所直接取得的权利;再次,是其收益;最后,是法律对所取得的权利或资源的保障。

这样,民法典被平行地分为以下四个主要部分:第一部分是"民事能力";第二部分是"权利的取得",根据相同的标准,这部分又被细分为三个标题,以所谓的"原始权利"作为开始;第三部分是关于权利的享有及行使的规范,但是,塞亚布拉透过简单地以"所有权"作为标题,以英国人洛克(Locke)的方式突显出这部法典中"个人"(indivíduo)的优越地位;最后是第四部分,这部分所规范的是"权利的侵犯以及其修补"。

我们这部民法典所表现的强烈个人主义色彩已无需再多言。

---

[212] JOSÉ PINTO LOUREIRO 以简介的综述要我们注意一些有助于理解八百年代法律发展的方面(前揭《Jurisconsultos Portugueses do SéculoXIX》,第 I 卷,第 90 页及后续页)。

[213] 参见 ÁLVARO D'ORS,《Jus *Europaeum*?》载《L'Europa e il Diritto Romano – Studi in memoria di Paolo Koschaker》,Milano,1954,I,第 464 页。上文第 280 页已经论述了这个问题。

在该法典里,法律生活似乎是典型地仅从个人、从法律主体的角度构筑的,社会和法律关系的建制上以及客观上的东西却似乎消失了。这是完全的法律主观主义的胜利,然而,那正是自由主义[214]大气候之下的特征。该法例的理论基础毫无疑问是塞亚布拉所拥护的而随后反映在草案上的理性自然法以及自由个人主义下关于法律及社会的概念。塞亚布拉旷日持久的批判性分析并没有损害这些基本特征,它们还完好无缺地反映在法典内。[215]

当深入观察1867年民法典时,会发现它完全切合那个时代的意识形态。该法典草拟的时间是经济的自由主义与政治自由主义在葡萄牙社会壁垒分明的时期,从其内容看,它可以说是真正的"拱顶石"(fecho de abóbada),*"里面包容了大部分当时的法学家所提出的新理论,很多时候,甚至超过了这些法学著作所期望的"。[216]

作为该法典基础的指导思想是:"每个人都处理自己的事,同时不损害他人的自由。"这种思想在当时是主流,其潜藏的假设是个人的最大利益与所有人的最大利益乃是先天性和谐的。应承认这种自由主义的理念已被该法典所采纳,但由于受到一种显著的务实精神以及塞亚布拉其人的法哲学思想明显的伦理性对道德及正义的深深向往,有不少地方均有温和的妥协。是故,该法典并非以权衡纯粹的经济利益为主,而是更着重"其他具有不同本质的

---

[214] 关于民法典体系的论述,乃受到 CABRAL DE MONCADA,《*Lições de Direito Civil – Parte Geral*》,第4版,Coimbra,1995,第25点,第120页及后续页的启发。

[215] 以上全部均可参见 ANTÓNIO BRAZ TEIXEIRA,《*Sobre os pressupostos filosóficos do código civil português*》,载《Problemas de la Ciencia Jurídica – Estudios en Homenaje al Profesor Francisco Puy Muñoz》,第I册,Santiago de Compostela,1991,第57页及后续页。

* 译者注:意指达到顶峰。

[216] BRAGA DA CRUZ,前揭《*Formação histórica*》,载《Scientia Ivridica》,第IV册,第56页。

利益,其是家庭性质[217]的利益”。

该法典的一个很受争议的方面是婚姻。婚姻关系的规范传统上属于教会法[218]的范围。可是,在民法典的准备工作中,提出了在天主教婚姻之外,加入民事婚姻的问题,在经过全国范围的争论之后,[219]这一提议最后胜出。

葡萄牙第一部民法典一经颁布即惹来一片真诚的赞叹。人们发现,这部法律在各个层面均是完美的:无论是其原创体系的逻

---

〔217〕 如不是全文转录的话,则至少是逐字逐句地跟随上一法典的。参见 MANUEL DE ANDRADE,《*O Visconde de Seabra e o Código Civil*》,载前揭《Bol. da Fac. de Dir.》,第 XXVIII 卷,第 277 页及后续页,尤其是第 282 页及后续页。

〔218〕 参见本书编码第 41.2 号。

〔219〕 参见 SAMUEL RODRIGUES 的研究,《*A Polémica Sobre o Casamento Civil (1865 – 1867)*》, Lisboa ,1987,其内列有详尽的参考数据(同样可参见上文第 306 页,注 898)。为此,产生了在中世纪有没有民事婚姻的争议(参见 M. J. ALMEIDA COSTA 的综述,前揭《*Significado de Alexandre Herculano na evolução da historiografia jurídica*》,载《A Historiografia Portuguesa de Herculano a 1950 – Actas do Colóquio da Academia Portuguesa da História》,第 254 页及后续页)。在民事登记方面,我们第一部民法典担当了一些很有趣的角色。传统上,只有受领洗的人才有堂区的婚姻及死亡登记(参见 PAULO MERÊA,《*Para o esclarecimento de duas questões: 1. Registo dos casamentos no reinado de D. Afonso IV? – 2. Antiguidade dos registos paroquiais portugueses*》,载前揭《Bol. da Fac. de Dir.》,第 XXXV 卷,第 277 页 及后续页;一向作为细心研究及谨慎结论的 Merêa 对上述议题有某些疑问)。此一体系既没有被 1832 年 5 月 16 日的命令(第 69 条)——在我国第一次规定民事登记的法规——所取代,也没有被对其确认的 1835 年 7 月 18 日的命令所取代。尽管如此,1859 年 8 月 19 日的命令还是试图规范堂区的登记,此登记虽然有缺陷,但却是唯一继续存在的登记。1867 年的民法典决定创建一套民事登记制度(第 2443 条),并将该制度指向规管其组织的法规(第 2457 条)。然而,仅在 1878 年 11 月 28 日的规章公布后才开始在实务上出现民事登记,可是,即使如此,它还是限于非天主教徒的,对于教徒,则维持堂区登记。民事登记制度的确定及强制性建立发生在 1911 年民事登记法典的公布,其后则是 1932 年、1958 年、1967 年、1978 年以及 1995 年的民事登记法典(以上全部问题均可参见 MANUEL VILHENA DE CARVALHO,《*O nome das pessoas e o direito*》, Coimbra, 1989,尤其是第 15 页及后续页)。

辑性、其语言的淳朴优美与简练——这一点正好显示出亚历山德拉·埃库拉诺(Alexandre Herculano)的参与，该草案的最后文本正是由他负责的——抑或其所制定的命令对响应生活向法律所传递的观念所表现出的充满智慧的平衡 。我们的法典甚至被抬高到与外国最好的法典平起平坐。人们还不失天真地认为,其生效期应跨越数个世纪。[220]

对民法典的这种超乎寻常的热情是可以理解的,因为相对于先前既不完整又混乱不堪的法律,新的法律所展现的优点是极为巨大的。然而,显而易见的是热情态度的背后隐含着大量的夸张成分。正是由于过分地夸张,导致后来反对它的人大致上认为该法典唯一值得喝彩的地方只有其多不胜数的条文的谨慎行文风格。

事实的真相则总是介乎两者之间,《1867 年民法典》也应囿于其时代的限制。只有将事物放到其所在的时代背景之下,我们才可以像曼努埃·德·安德拉德(Manuel de Andrade)那样,勇气十足地观察到“它在现代民法法典化运动中并没有起决定性作用(犹如《法国民法典》、《德国民法典》、《瑞士民法典》或最近的《意大利民法典》那样),无论在任何层面上,它也只是一部优质的、值得重视的[221]民法典”。大致可以肯定的是,它在合理程度上满足了其所在的历史环境所需的正义性、功利性、实务性、确定性与稳定性。

必须承认的是,《塞亚布拉法典》有不少与生俱来的缺点。首

---

〔220〕 此乃 JOSÉ DIAS FERREIRA 的预测,他写道:“法典是为了规范葡萄牙民族数个世纪的。”(《*Elogio histórico de Visconde de Seabra* 》,Lisboa,1895,第 27 页)。关于以上所有问题,参见, MANUEL DE ANDRADE,前揭《*O Visconde de Seabra e o Código Civil* 》,载《Bol. da Fac. de Dir.》,第 XXVIII 卷,第 280 页及后续页,以及该书第 293 页及后续页注 31 所列之作者。

〔221〕 前揭《*O Visvonde de Seabra e o Código Civil* 》,载《Bol. da Fac. de Dir.》,第 XXVIII 卷,第 283 页。

先，它实际上是一部一人作品[222](由于这个人具有独特的天赋)，而且，毫无疑问的是，基于长期在我国占主导地位的拉丁国家民法学本身的落后，那个时期的葡萄牙民法学自然也落后。在外国学说方面，草案作者参考了法国评注学者图利埃(Toullier)、德莫朗(Demolombe)、马尔卡德(Marcadé)以及著名西班评注者格尔西亚·戈雅纳(García Goyena)的学说。然而，在德国民法学者方面，塞亚布拉最多也就是读了萨维尼(Savigny)的体系(*System*)的法文译本，很可能在某个程度上就是这部作品启发了我们法典的精巧编排。[223]

除此之外，另一个被认为是《1867年民法典》与生俱来缺陷的是其过分的原创性：众所周知，对于这一类型的作品来说，上述问题很多时候是一柄真正的“双刃剑”。正是由于其原创性，才会产生了某些不幸的规则，以及一些只要草案作者能采纳若干他刻意排斥的学说及立法范例便可以避免的疑问及疏失。其中最突出的是民

---

[222] 奇怪的是，在上述(本书上文第302页，注887)1850年8月8日的命令(载《Diário do Governo》do dia seguinte)，即把草拟民法典草案的责任交予António Luís de Seabra的命令，在说到这一任命以及相关的修订委员会的任命的理由时有以下语句：“国家的人民，法学家，今日全部都同意，为了使到法典的行文有条理，清晰及简洁，应仅由一个人起草，然后由一个由适合担任这一重要工作的人选组成的委员会修订”(可参见CARNEIRO PACHECO，前述著作第I卷，第VI页)。然而，正如MANUEL DE ANDRADE所言，“民法在那个时候已经具有太广泛的内容，由单一个法学家处理太困难了。”(前揭《*O Visconde de Seabra e o Código Civil*》，载《Bol. da Fac. de Dir.》，第XXVIII卷，第281页)。可是，今时今日亦可见到FRANZ WIEACKER仍支持这种古老的方法的优点，并以令人赞叹的例子作展示，这些例子至少包括：F. von Zeiller的《*Allgemeines Búrgerliches Gesetzbuch*》austríaco(奥地利民法典)，A. Feuerbach的《*Strafgesetzbuch*》bávaro(巴伐利亚刑法典)，F. Huber的《*Zivilgesetzbuch*》suíço(《瑞士民法典》)(前揭《Hist. do Dir. Priv. Mod.》，第543页)。在我国，同样考虑这个问题的有，A. VAZ SERRA，《*A revisão geral do Código Civil – Alguns factos e comentários*》，载前揭《Bol. da Fac. de Dir.》，第XXII卷，第462页。

[223] 参见MANUEL DE ANDRADE，前揭《*O Visconde de Seabra e o Código Civil*》，载《Bol. da Fac. de Dir.》，第XXVIII卷，第281页及第295页，注33。

事责任[224]的一章，作者竟将法国民法典的教训[225]抛诸脑后。

随着年月的过去，法典的不足之处大大地增加。愈来愈多常见的法律制度没有获得法典的承认，又或者至少在法典里没有令人满意的规定。例如，姓名及肖像权、财团、无人格的团体、代理、权利滥用、合同前责任、单方法律行为、抽象法律行为、附合合同、遥距合同、合同地位的转移、情事变更而导致合同的解除或修改、某些有名合同、地上权、分层所有权，等等。[226]

同一时间，又可以发现很多的制度在法典里的规定与后来法律规定明显有失却统一性的现象，后者甚至朝相反方向发展。这方面的明显例子有家庭法、[227]劳动法以及动产所有权的一整套

---

[224] 第 2361 条及第 2403 页。

[225] 参见 A. VAZ SERRA 在第 1944 年 9 月 4 日的 33 908 号法令序言中的论述，该法令授权法务部长推动起草民法典整体修订的草案。MANUEL DE ANDRADE 也指出民法典第 720 条，作为同一问题的例子，说明其解释上的疑问只是由于塞亚布拉偏离了《法国民法典》相应条文的文义（参见前揭《Revista de Legislação e de Jurisprudência》，第 77 年，第 354 页，以及前揭《*O Visconde de Seabra e o Código Civil*》，载《Bol. da Fac. de Dir.》，第 296 页，注 37）。

[226] 参见例如，M. J. ALMEIDA COSTA，《*Direito das Obrigações*》，第 6 版，Coimbra，1994，第 11 页及后续页。

[227] 家庭法的大部分关系均由特别法规规范。值得特别指出的法规有，关于离婚的，1910 年 11 月 3 日具有法律效力的命令（所谓的“离婚法”）以及分别是关于结婚作为民事合同和亲子关系的 1910 年 12 月 25 日第 1 及第 2 号命令（该两法规一般被称为“家庭法”）。其后，便有了圣教会与葡萄牙共和国的 1940 年 5 月 7 日（于 6 月 1 日确认以及于同年 6 月 10 日在“政府公报”上公布）的协约，以及对其规范的 1940 年 7 月 25 日的 30 615 号命令。天主教婚姻体系由 1946 年 1 月 22 日的 35461 号命令扩大适用于海外（属地）。同样，收养制度由于较为新颖，所以仅在 1966 年民法典才被重新引入葡萄牙法律秩序之中（第 1586、1973 条及续后条文）。虽然有着悠久的历史传统，但是这一个重要制度在实务上没有被应用，所以我国第一部民法典并没有将之采纳。可参见 M. J. ALMEIDA COSTA，《*A Adopção na História do Direito Português*》，Coimbra，1965（前揭《Rev. Port. de Hist.》，第 XII 册—《Homenagem，ao Doutor Paulo Merêa》，第 I 卷），以及 Adopção，载前揭《Temas de História do Direito》，第 73 页及后续页。1966 年民法典的规定受到 1977 年 11 月 25 日的 496/77 号法令以及 1993 年 5 月 22 日的第 185/93 号法令所修订。

现代法律规定、客观责任或风险责任、非财产性损害赔偿以及所有权的限制。一言以蔽之,新的时代正紧迫地呼唤着一个具有社会性的法律体系,其观念不可能与我们的第一部民法典——那部展现自由主义及个人主义面貌的法典——相符。

以上所述的方方面面自然会对《1867 年民法典》的适用空间造成巨大的限制。很快地,这部法典的基本章节便被单行法规——这些法规有时超越法典的规定,有时甚至与法典所规定者相反——所包围。〔228〕倘若再加上从技术的角度看,这部法典与现代法律科学的步伐有着巨大的差距,那么,我们便可以接受这部葡萄牙的第一部民法典从其颁布之日起,到其支持者认为它是一部完美的立法所具有的优点消失殆尽之时,实在无须多少个十年。因此,该法典需要作紧急及全面的修订。这一个任务正好由《1966 年民法典》,〔229〕〔230〕来完成。

5. 诉讼法

民事诉讼法方面的完善以及法典化的努力并没有像刑事诉讼建制一样坚定。我国立法的历史便很具说明意义。然而,程序法——在纯粹作为实体法的工具以外——所特有的及独立的价值尤其反映在刑事诉讼法之中:正是透过刑事诉讼法才可以在同一时间调和与保证法律秩序的两个最高目标,即社会的安宁以及市

---

〔228〕 1903 年 2 月 7 日的一份旨在解释民法典的一些规定的法律草案没有下文。结果较好的是 1930 年的改革(1930 年 12 月 16 日的 19 126 号法令),该改革以 António Pinto de Mesquit 的研究为基础,修订及解释了数十条条文,也可以参见上文第 306 页注 898。

〔229〕 关于民法典改革的立法理由,主要可参见上文第 310 页注 914 所指、Vaz Serra 的详尽序言。还可参见 MANUEL DE ANDRADE,《*Sobre a recente evolução do direito privado português* 》,载前揭《Bol. da Fac. de Dir.》,第 XXII 卷,第 284 页及后续页。

〔230〕 关于 1867 年民法典的改革以及由 1966 年 11 月 25 日的 47344 号法令所通过的现行民法典的准备工作,参见上文第 306 页注 898 所列之参考数据。

民的基本权利。它反映了在协调私法自治与社会保护之间的成功与不成功之处。在任何一个时期，刑事诉讼法均是国家政治思想的反映。可是，正如本文所指出的一样，八百年代****的葡萄牙立法者更为关注的是刑事诉讼法，民事诉讼法所获的关注是较少的。

实际上，为了取代《菲利普律令》的老旧体系——主要集中于其第二篇和第三篇，我国在将近19世纪中叶的一段期间，分别公布了《1832年的司法改革》、《1837年的新司法改革》、《1841年的最新司法改革》。这些改革既涉及民事诉讼制度也涉及刑事诉讼制度。可是，这两门程序法的命运很快便分道扬镳。

在1876年，我国有了第一部《民事诉讼法典》，紧随其后又出台了1895年及1896年[231]的两部《商事诉讼法典》、《1899年的破产法典》，而将后两者结合以后，便成了《1905年的商业诉讼法典》。

这些法规所界定的诉讼体系的最大特征是采取了不同于调查原则的当事人处分原则。也就是说，程序是为个人服务的工具，公民个人可按其自身需要而运用程序，法官仅处于被动的地位。因此，法院为查清事实以及实现实质正义而主动作出行为或采取措施并不合法。

然而，过了没有多久，便开始了民诉及商事诉讼法律的最终现代化。这是由于多次的局部改革[232]造成私法方面的程序性规范

**** 译者注：意指19世纪，因为以实际数字来表达，19世纪是从公元1800年开始的。由于葡语百位数都是用一个字来表达，所以为了表述的方便，1800年省略掉前面的1000以后便成了八百年代。

〔231〕 关于这些问题，参见 BRAGA DA CRUZ，前述《*A Revista de Legislação e de Jurisprudência – Esboço da sua História*》，第I卷，注522，第206页。

〔232〕 出自 José Alberto dos Reis 手笔的1926年9月22日第12 353号命令的序言，描述了我国民事诉讼制度的前期发展，并指出了该制度所贯彻的新原则。

形成了统一的立法:《1939 年的民事诉讼法典》。[233]从那时起,完全改变了过去强调调查的体系,特别在证据方面,受到了以弗朗兹·克莱恩(Franz Klein)的理论为基础的《1895 年奥地利民事诉讼法典》以及受到该法典启发的意大利学说[234]的影响。

在刑事诉讼法方面,虽然有很多的单行法对其修订及补充,但长时间以来一直生效的是《最新司法改革》的制度。葡萄牙立法者希望贯彻一种检控式的诉讼程序,纵使这种体系不太完整也不太协调。

事实上,民事诉讼法的结构在受到自由主义启发的刑事诉讼法上亦有所反映。同样在这里亦肯定了当事人处分原则、法官的被动性地位和形式上的正义。[235]与其相一致的是,法律宣布了不接受对嫌疑人的羁押及强制措施的适用、将诉讼程序看成是当事人之间的事、尝试平衡控辩双方、推动当事人遵守辩论原则、贯彻一套具合法性的证据体系——无论在证据的产生抑或其评价方面以及承认双方当事人有权调动案卷内的物件。

---

〔233〕 由 1939 年 5 月 28 日的 29 637 号命令所通过。其相关草案出自 José Alberto do Reis 之手。该法典的体系到今时今日仍基本保留,虽然经历了多次的修订:修订发生于 1961 年(由 1961 年 12 月 28 日的第 44129 号法令所通过的新的民事诉讼法典)、1967 年(纯粹是基于 1967 年 5 月 11 日的第 47690 号法令所引入的 1966 年民法典的生效而作的更新)以及 1977 年(由 1976 年宪法以及 1977 年 9 月 3 日的第 369/77 号法令所引入的修改而引起的修订)。很多年以来,不只一个的专家委员会已进行了起草将来的民事诉讼法典草案的工作。尽管如此,所实现的成果仅包括:透过 1985 年 7 月 9 日的第 242/85 号法令所作的一个阶段性的改革,以及由 1995 年 12 月 12 日的第 329 – A/95 号法令和之后的 1996 年 8 月 2 日的第 29/96 号法律所引入的一个较大范围的修订,后者又授权政府尤其是对 1995 年的法规重新修订,并于 1997 年 1 月 1 日生效。另外,1993 年 4 月 23 日的第 132/93 号法令又通过了“企业返还以及破产的特别程序法典”。

〔234〕 参见 FRANCO CIPRIANI 的综述,《*Nel centenario del regolamento di Klein (Il processo civile tra libertà e autorità)*》,载《Rivista di diritto processuale》,第 L 年(第 2 组),Padova,1995,第 969 页及后续页。

〔235〕 参见本书第 225 页之论述以及其所开列的 ETTORE DEZZA 的研究,《*Accusa e inquisizione. Dal diritto comune ai codici moderni* 》,第 I 卷,Milano,1989。

刑事程序法的立法变得越来越混乱和难以检阅。因此，历史上载有数次法典编纂的尝试，[236]可是葡萄牙的《刑事诉讼法典》仅在1929年才确定公布。[237]这部调查原则为基础的法律取代了

---

〔236〕参见 BRAGA DA CRUZ，前揭《*A Revista de Legislação e de Jurisprudência – Esboço da sua História*》，第I卷，第185页及后续页。

〔237〕这是由部长 Manuel Rodrigues 所发起的，他以1926年7月10日的法规（载1926年7月13日的"政府公报"第162期第II组）委托波尔图法院的共和国检察官的助手 Franciso Henriques Góis 于当月15日之前提交"一份民事诉讼法典的草案，该草案须以相关事宜的立法以及法院的司法见解为基础"。显然，在短短的5日之内，他只能提交一份实际上早已完成的草案。在同一份法规中，他还指定了一个修订委员会——成员中包括 José Beleza dos Santo 以及 Abel de Andrade，限其于"不可延续的15天期限内"完成其工作。更惊人的是，Henrique Góis 以及修订委员会的委员要"不影响其相关职务"的情况下完成任务。在这样短的时间内弄出一份完整的作品自然是不可能的。实际上，刑事诉讼法典仅1928年4月10日的第15396号命令中公布，其生效期则为当年的7月1日。然而，新的法务部长 José da Silva Monteiro 随即于同年的5月10日以第15462号命令延长该期限，使得由 Beleza dos Santos，Henriques Góis 以及第一审法院的法官 Avelino Júlio Pereira de Sousa 均为成员的一个委员会可以对文本重新检阅修订。由于修订工作的延迟，法典的生效也顺延（1928年9月18日的第15968号命令）。其确定公布是由1929年2月15日的第16489号命令所实现的，生效期则由 Mário de Figueiredo 当上法务部长，即该年3月1日开始。应承认 Beleza dos Santos 在法典的预备工作中担当了举足轻重的角色。

该法规公布后有重大的修改，如反对侦查体系的1945年10月13日的第35007号法令，以及1972年5月31日的第185/72号法令，当然还有其他后来的修改。1929年的法典由1986年9月26日的第43/86号法律所作出的立法授权所制定的1987年2月17日的第78/87号法令所通过的新刑事诉讼法典所取代，而其生效期被延后到1988年的1月1日（1987年6月1日的第17/87号法律）。该法所贯彻的是包含了调查原则的、以检控为基础的程序。尽管如此，1987年的刑事诉讼法典还是被1995年11月28日的第317/95号法令所修改。关于以上论述，参见 JORGE DE FIGUEIREDO DIAS，《*Direito Processual Penal*》，第I卷，Coimbra，1974，第64页及后续页以及第84页及后续页；以及其《*Sobre os sujeitos processuais no novo Código de Processo Penal*》，载《Jornadas de Direito Processual Penal. O novo Código de Processo Penal》，Coimbra，1988年（1992年重印），第3页及后续页，以及尤其是第30页及后续页；MANUEL CAVALEIRO DE FERREIRA，《*Curso de Processo Penal*》，第I卷，Lisboa，1986 第29页及后续页。

过往以检控原则为基础的结构。

七、风俗

众所周知,《良好理由的法律》在我国构成了风俗没落[238]的决定性时刻。在欧洲,纵使有历史学派[239]表明其反对"法律优先(primado da lei)原则"以及法典编纂的立场,19 世纪期间习惯法衰落的速度依然加剧。

《1867 年民法典》将风俗永久性地引入间接渊源或非直接渊源的行列,即其没有本身的约束力,仅在立法者采而用之的时候方有价值。这个结论不仅可从这部基本法律的第 9 条获得,而且还可以从其第 16 条获得。其第 9 条排除了以长期不使用(desuso)为理由——以存在相反风俗为理由[240]——而不遵守法律,而其第 16 条则不将习惯法视为补充渊源。[241]因此,"违反法律"(contra legem)或"超越法律"(praeter legem)的风俗不具独立的有效性。

我们提到了是私法——主要是民法——建立了法律秩序的一个基本原则。然而,在某些领域,如国际公法以及一些地方性或区域性制度,在某些情况下风俗仍有直接的效力。

除此之外,应注意的是习惯法[242]不应与纯粹*习惯*(*usos*)、*惯常做法*(*usança*)或*事实风俗*(*costumes de facto*)[243]混淆。后者不是真正的行为规范,而是纯粹的社会实务,缺乏了对其强制力的信

〔238〕 参见上文第 259 页及后续页。

〔239〕 参见上文第 279 页及后续页。

〔240〕 关于对违反法律的风俗以及单纯不使用在严格意义上的不同,参见 JOSÉ DE OLIVEIRA ASCENSÃO,《*O Direito Intrdução e Teoria Geral. Uma Perspectiva Luso – Brasileira*》,第 6 版,Coimbra,1991,第 236 页及后续页。

〔241〕 还可参见《商法典》第 3 条。

〔242〕 关于风俗形成的实质要素及心理要素,参见本书编码第 11.1 号及 124 页。

〔243〕 参见例如旧《民法典》第 380 条第 1 款。现行《民法典》明确表示习惯仅在法律规定的情况下方可被采用(第 3 条)。

念，而特定的法律效力正是基于这种信念而产生的。

八、补充法的新观点

我们已经在适当的地方评价了补充法所存在的问题。[244]以下简短的论述企图解析19世纪以前所采取的解决方案——使用其他的法律秩序[245]——为什么会是那样，以及八百年代法律思想的新指导方针又为什么会是那样。法律漏洞的补充转而成为国内法的专属范畴。

葡萄牙第一部民法典将法律规范的解释及补充漏洞放在第16条。[246]其内容如下"倘若权利义务的问题未能透过法律条文的文义或其精神而得以解决，亦未能以其他法律所规定的类似情况解决，则视乎情况的需要，以自然法的原则决定"。

人们一般认为，除了某些法律部门由于其性质特殊而无法与上述补充漏洞的程序协调外，该规则适用于所有的法律部门。因此，当发现漏洞时，应先行运用类推，即是说，适用为类似情况而定的规则。所以，每当所作之决定的实质或内部理由在现行规定的情况与遗漏情况是一样的，则可运用类推。

假如某一个值得受法律保护的情况无法找到可作类推适用的规范，立法者则引用*自然法的原则*。有争议的是这个词组的范围。对此，自然法学说与实证法学说各有不同的理解且相互对峙。在后者之中，对该词组的理解更为广阔，相等于"法律的一般原则"，又或者相等于现行法律秩序或制定法本身，视乎教条如何理解整个法律秩序。相反的立场则以文义为依据，认为"自然法的原则"涉及的是法律之上的问题，处于超越实证法的位置。

---

〔244〕 参见本书编码第53号。

〔245〕 参见前文第179页及后续页，编号第53号，第259页及后续页。

〔246〕 这一法条乃受到奥地利民法典第7条的启发。

后来,更多人接受的是第三种解释。这种解释认为,当提到"自然法的原则要视乎实际情况",就等于将填补漏洞的工作交托给法官,而法官则考虑当立法者预见遗漏[247]的情况时,假定立法者所采取的解决方案。

因此,传统意义的补充法便不再存在了。正如我们先前所论证的一样,《1867 年民法典》没有保留前一部法典所采纳的标准——以外国的一般补充法解决遗漏的情况。现在全部都要以葡萄牙法律制度解决,补充法的意义可以是一个部门的法律用来补充另一个部门的法律漏洞,如以民法补充商法。[248]同样的情况也发生在较简单的法律建制或制度之上。简言之,这个问题现代化的背景是揭开了。[249]

九、法令(forais)的消灭

本文已清楚交代了法令(forais)是如何逐渐丧失其作为地方法律渊源的重要性的。它的地位从作为市政政治的规章一变而成纯粹的市政负担及豁免的记录。D. Manuel 一世的改革完成了这一发展过程。[250]

---

[247] 参见例如 MANUEL DE OLIVEIRA CHAVES E CASTRO,《*Estudo sobre o Artigo XVI do Codígo Civil Portuguez*》,Coimbra,1871;MANUEL DE ANDRADE,前揭《*Sobre a recente evolução do direito privado português*》,载《Bol. da Fac. de Dir.》,第 XXII 卷,第 284 页及后续页,尤其第 290 页及后续页;以及 L. CABRAL DE MONCADA,《*Integração de Lacunas e Interpretação do Direito*》,载前揭《Revista de Direito e de Estudos Sociais》,第 VII 年,第 159 页及后续页;以及前揭《*Lições de Direito Civil – Parte Geral*》,第 37 期,第 162 页及后续页。

[248] 参见《商法典》第 3 条。

[249] 关于法律(漏洞)的填补,现行的 1966 年民法典在第 10 条有所规定。首先,当"法律规范某一情况所依据之理由,于法律未规范之情况中亦成立时"(第 2 款),即引用类推(第 1 款)。无类似情况,则以解释者本人定出之规定处理有关情况;该规定系解释者假设由其本人根据法制精神立法时,即会制定者(第 3 款)。正如上文已指出的一样,这一个解决方案在解释旧的《民法典》第 16 条时变成主导的。

[250] 参见本书编码第 54 号。

同时,这些负担开始被认为是对人民过分沉重的担子。梅洛·弗莱雷(Mello Freire)在其《公法法典》(Código de Direito Público)草案的答辩中承认有必要紧急地将《曼努埃律令》中的法令(forais)取代,而且这一项工作“与法典本身同样急需”。[251]最终,竟然要由一位传统主义者向自由主义政治经济新观念——这种观念在立法层面上的前进或倒退都会引起我国国内的争议及斗争——的追随者传话。法令(forais)的问题就是这样产生的。我们只会十分简短地介绍一下改革中最具代表性的举措。[252]

在从里约热内卢寄出的《1810 年 3 月 7 日的王家诏令》(Carta Régia)之中,其内容是命令王国的总督采取措施“减少或取缔在王国的某些部分里是不可容忍的一个重担的法令(forais)”。过了大约一年,即于 1811 年 3 月 12 日,由帕苏(Desembargo do Paço)的大法官会议担当的摄政团指示发出命令,要求地区法官检查法令(forais)所造成的欺压。随之而来的是《1812 年 10 月 17 日的训令》,根据该训令,王国的总督组成了一个“检查法令(forais)以及改善农业的委员会”。透过由里约热内卢发出的、具有法律一样的效力的《1815 年4 月 11 日的准照》,里赞特皇子(Príncipe Regente)重申了其对“财产以及农作物增加的法令(forais)旧立法所带来的不便”的检讨及查验的

---

〔251〕 PASCHOAL JOSÉ DE MELLO FREIRE DO REIS,前揭《*O Novo Codígo do Direito Publico de Portugal ,com as provas* 》,(Coimbra,1844,第 1 版),第 311 页。

〔252〕 再一次引用 M. J. ALMEIDA COSTA,前揭《*Forais* 》,载《Dic. de Hist. de Port.》,第 II 卷,第 280 页及后续页,载《Temas de História do Direito》,第 55 页及后续页,内有参考书目。还可参见 ALBERT SILBERT,《*Le problème agraire portugais au temps des premières Cortès libérales* 》,Paris,1998,以及 NUNO GONÇALO MONTEIRO,《*Revolução liberal e regime senhorial : a “Questão dos forais ” na conjuntura vintista* 》,载前揭《Rev. Port. de Hist.》,第 XXIII 册 (Actas do Colóquio “ A Revolução Francesa e a Península Ibérica”),第 143 页及后续页。

意向。

然而仅在1820年革命以后,这个问题才得到实际解决。1822年6月5日以宪法法院措施的形式颁布的《1822年6月3日的命令》决定了*法令的减免*:将既定的地租(Spensões)以及特许金(foros)减免一半;将佃农应缴付的不确定收成份额转变为确定以及可以免除的给付;结束丧葬以及其他特别负担、将佃租预付(laudémio)限制为40日之预付(quarentena);又接受了收取给付的权利(或部分权利)的时效消灭,当超过30年而请求者即因时效而消灭。

偶然发生的政治斗争造成了2年时间的倒退。《1824年6月5日的具有法律之效力的准照》又临时恢复了法令(forais),使其回复到被解散的法院所改动之前的状态,直到《1810年3月7日的王家诏令》所推动的法令特许状改革为止。然而,保留了《1821年4月5日的王家诏令》所规定的*税后权利(direitos banais*)[253]的压缩。

与上述准照同样为1824年6月5日颁布的一项《命令》,设立了一个"法令改革委员会"。但是,很快地,1825年2月1日的另一个命令又设立了"核准一般事务的委员会"取而代之。

作为改革精神的结束语的是Mouzinho da Silveira的《1832年8月13日的命令》。这一命令有如财产(propriedade)自由化的进程表。该法取消了国有财产或皇室财产的特许金(foros)、年金(censos)以及由法令特许状或永佃权合同所产生的税赋。这一法规的适用——彻底地终结法令(forais)——曾引起不少的质疑以及情绪化的批评,诸如老学究若昂·彼德罗·里贝罗(João Pedro

---

[253] 所谓税后权利(*direitos banais*),即永佃权的权利人所收取的某种给付的权利,该给付权利获得的是作为某些物——主要是生产资料,如石磨、水磨、烤炉、红酒的发酵槽、液压机、肉食等——的使用的对待给付。

Ribeiro)之流。

同一时间,立法的进程继续。在此过程中,值得一提的是《1846年6月22日的法律诏令》(Carta de Lei),该法将莫切尼奥·德·席尔维拉(Mouzinho de Silveira)改革所作之规定"确认、宣示、扩大或废止"。从此,法令(forais)的特权被永久废除。随之而来的是《1847年8月11日的规章》(Regulamento)的公布,该规章载有关于转换或缩减特许金、年金及地租所需遵守的规范。

十、法律教育

(一)法律学院及教会法学院在现代大学中的合并

由彭巴尔规章所制定的法律课程教学制度在19世纪初[254]得以被改善。然而,这些措施并没有遇到一个正常的环境。随之而来的时期是大学教育的极端混乱的时期,这种混乱状态正好反映了国家的巨大危机。高等教育甚至被暂停。其原因显而易见:首先,法国的入侵;[255]其次,在经过数年的相对平静后,由20年代运动(movimento vintista)引起的政治的内部分裂引发内战。[256]

作为自由主义胜利产物的法律教学的大改革体现于一所现代的法学院的建立。这个法学院是两所传统的法学院合并而成的:法学院及教会法学院。

---

[254] 参见上文第264页及后续页。

[255] 为此,可参见 CARLOS FARIA PIMENTA,《*A Universidade e as Invasões Francesas. Espaços de intervenção*》,载前揭《Universidade(s): História. Memória. Perspectivas》,第5卷,第191页及后续页。

[256] 参见 RÓMULO DE CARVALHO,《*História do Ensino em Portugal*》,Lisboa,1986,第521页及后续页。LUÍS A. DE OLIVEIRA RAMOS 有一份很有趣的简介,《*Rénovation du corps enseignant de L'Université de Coimbra à l'aube du libéralisme (1820–1823)*》,载前揭《Università in Europa》,第501页及后续页。

自《1772 年的规章》开始,"政府"便一直不自觉地在为合并建立平台。那个时候的企图是要透过引入新的科目扩大法律教育的平台来打击罗马法及教会法的过分侧重,最终希望增加本国法[257]的威望。一系列法学院及教会法学院均共同教授的科目便由此而产生了,即使还没有考虑到这一道路将会造成的不良后果。

在自由政策的背景下这个问题有不同的面貌,对此而言,教会及宗教法的明显贬值并不奇怪:为了要弱化及减少这个法学部门的授课,现在将两个课程二合为一。让我们回顾一下合并究竟是如何产生的。

于 1833 年,政府所指定的一个负责公共事务的一般改革的委员会提出将法律学院及教会法学院合二为一的想法。然而,其落实则在几经波折后,仅在帕索斯 · 曼努埃(Passos Manuel)[258]的九月专政期间才得以实现。《1836 年 12 月 5 日的命令》以法学院(Faculcdade de Direito)取代了法律学院(Faculdade das Leis)及教会法学院(Faculdade de Cânones),其课程继续为 5 年,而副学士

---

〔257〕 由于对本国法研究的增加而对罗马法减少兴趣是自 18 世纪末开始的一个普遍的大学现象, 但德国除外,在那里,对罗马法的强调由于潘德克吞学派的出现而再保留多一个世纪,(参见上文第 279 页及后续页),换言之,直至现行德国民法典生效的 1900 年(参见 GILISSEN,前揭《*Introdução Histórica ao Direito* 》,第 350 页)。

〔258〕 关于这一次改革的整体方面,参见 RÓMULO DE CARVALHO,前揭《*A História do Ensino em Portugal* 》,第 559 页及后续页。关于 1820 年革命以后在教学方面缺乏一个有效的政策,参见 LUÍS REIS TORGAL/ISABEL NOBRE VARGUES,《*Vintismo e Instrução Pública. Imobilismo , Reformismo e Revolução* 》,载《Biblos – Revista da Faculdade de Letras》,第 LIX 卷,Coimbra, 1983,第 433 页及后续页。

要取得学士及博士[259]头衔的则要"重读"第6年。

九月改革(Reforma do Setembrismo)是以大学本身的建议为基础的。该改革对教会和宗教法以及罗马法的教学造成决定性的打击,这两大范畴实际上各自被缩减为仅在第二年教授的其中一科。本国法则变成最后三年里唯一的教学内容,其范围包括有:公法、私法(两科)、商法及刑法。除了先前已有的实践课以及取代了似乎少有用处的辩证学的诠释学之外,便是本国法了。除此

---

[259] 关于法学院的设立以及其直至19世纪之前的教学发展,参见 M. J. ALMEIDA COSTA 的前揭综述,《*Leis, Cânones, Direito (Faculdades de)*》,载《Dic. de Hist. de Port.》,第II卷,第682页及后续页。对于这个题目,PAULO MERÊA 有详尽的论述,《*Como nasceu a Faculdade de Direito*》,第2版,Coimbra,1956(前揭《Bol. da Fac. de Dir.》,特刊,"Estudos em Homenagem ao Prof. Doutor José Alberto dos Reis"),以及《*Esboço de uma História da Faculdade de Direito de Coimbra*》,fasc. I(1836–1865),Coimbra,1952,fasc. II(1865–1902)–《*Parte geral*》,Coimbra,1954,第III节(1865–1902)–《*As várias disciplinas*》,Coimbra,1956(前揭《Bol. da Fac. de Dir.》,第XXVIII卷至第XXXI卷,以及第XXXIII卷,第331页及后续页的附录),以及 MARIA EDUARDA CRUZEIRO,《*Action symbolique et formation scolaire. L'Université de Coimbra et sa Faculté de Droit dans la seconde moitié du XIX. e siècle*》,Paris,1990,和《*Os professores da Universidade de Coimbra na segunda metade do século XIX*》,载《Análise Social – Revista do Instituto de Ciências Sociais da Universidade de Lisboa》第XXVII卷,Lisboa,1992,第116–117期,第529页及后续页。另可参见 L. CABRAL DE MONCADA 的前揭研究,《*Subsídios para uma História da Filosofia do Direito em Portugal (1772–1991)*》,Coimbra,1938。关于其教学人员的组成,还可参见 PAULO MERÊA,《*Relação dos professores da Faculdade de Direito desde a sua criação em 1836*》,Coimbra,1966(前揭《Bol. da Fac. de Dir.》,特刊,第XLI卷),以及前揭《*Memoria Professorum Universitatis Conimbrigensis*》,第II卷(1772–1937),第135页及后续页。关于19世纪下半叶的法学教育,参见 JORGE BORGES DE MACEDO 的有趣思考,《*Eça de Queirós universitário*》,载前揭《Bol. da Fac. de Dir.》,第LVIII卷,第II册,第49页及后续页。

纯粹出于好奇,请注意,宗教法及法律学院教授的工资一向比其他学院的同事高。D. Maria I 试图作出平衡,可是不同学院与不同科目在工资上的差距情况仅到1836年12月5日的命令通过后才结束(参见其第98及99条)。参见 M. GONÇALVES CEREJEIRA,前揭《*Notas históricas sôbre os Ordenados dos Lentes*》,第51页。

以外,还加入了公共经济,[260]并将法医学变成五年级的必修科。

与外国相比毫不逊色的法学教育就是这样开始了。随之而来的阶段是一个丰收的阶段,其特点是随着新方法的引入,有很多的新科目设立或增加,同一时间,也产生了很多优质的教科书。

法学院在其诞生后的第一个阶段便有极多的活动。这一点不应使人感到奇怪,因为那是一个新经验,是一个涉及大量改变的教学计划的净化,它具有过渡期所面对的典型问题。第一个问题便是要弄清两个传统科目——罗马法[261]与教会及宗教法——的教学方法是否适当。另外,还要适时地对由法律及教学的进步所产生的所有事物进行研究及发展。从古至今,新学科的形成以及学科的不断独立[262]是使法律教育史变得有趣的其中一个方面。然而,在20世纪结束之际的一段时期,并没有发生猛烈与彻底的改

〔260〕 关于这一学科,参见 ANTÓNIO JOSÉ AVELÃS NUNES 的简述,《*Notas sobre o ensino das ciências económicas nas Faculdades de Direito*》,以及 J. J. TEIXEIRA RIBEIRO,《*A Faculdade de Direito de Coimbra na Renovação do Ensino e do Estudo da Economia*》,载《Boletim de Ciências Económicas》,分别参见第 XXXI 卷,Coimbra,1988,第 197 页及后续页,以及第 XXXVI 卷, 第 1 页及后续页;另有 MANEUEL PORTO,《*A Universidade de Coimbra e o ensino da Economia em Portugal*》,以及 ALCINO JOSÉ CARDOSO PEDROSA,《*Textos e contextos: Forjaz de Sampaio e o ensino da Economia Política e da Estatística, na Faculdade de Direito de Coimbra*》,载前揭《Universidade(s): História. Memória. Perspectivas》,第 1 卷,分别参见第 297 页及后续页,以及第 317 页及后续页。还可参见 PAULO MERÊA,《*Algumas notas sobre Adrião Forjaz e a sua obra de economista*》,载前揭《O Instituto》,第 115 卷,第 290 页及后续页, 以及 VICTOR DE SÁ,《*A introdução em Portugal da Economia Política. Ensaio de interpretação histórico-sociológica*》,载《Vértice》,第 XXI 卷,Coimbra,1961,第 3 页及后续页。

〔261〕 关于罗马法的发展,参阅先前已提及的 GONÇALO DE SAMPAIO E MELO 的研究,《*Apontamentos para a História do Ensino do Direito Romano em Portugal*》, 第 I 卷 (1895-1910), 第 1 部分,Lisboa,1991。

〔262〕 参见例如 M. J. ALMEIDA COSTA,《*Apontamento sobre a autonomização do direito penal no ensino universitário português*》,载前揭《Direito e Justiça》,第 II 卷,第 57 页及后续页。

革,有的只是对帕索斯·曼努埃(Passos Manuel)的改革的润色。有时,若干改变更是未如人意的,究其原因,部分是由于其不希望增加教席而使已经极度空虚的国库雪上加霜。仅需略作补充的是,在800年代末期设立了行政法与行政原则和财经两个新科目。

(二)20世纪下半叶的法学教育

实际上,科英布拉大学是与其教学的全面改革一起进入20世纪的。改革的动力来自若瑟·路切安诺·德·卡斯特罗(José Luciano de Castro)的内阁,其发出的1899年1月3日的训令邀请了不同学院为改革提出其认为适当的建议措施。可是,不久,他的工作便由辛特切·李贝罗(Hintze Ribeiro)的政府来继承,这一任政府维持了其前任在教学问题上的急进措施。

法学院指派了一个由狄亚士·德·席尔瓦(Dias de Silva)、吉列尔梅·莫雷拉(Guilherme Moreira)及马尔诺古·依·苏撒(Marnoco e Sousa)三位出色的教授组成的委员会,负责草拟一份关于该学院教学的报告。1901年12月24日的第4号命令带来了改革。

在法学研究方面,证实了先前的阶段已经是有重大的变故,先前阶段犹如是刚开始的阶段的序幕。事实上,在19世纪的最后20年里,已经发生了实证主义及社会学的观念逐渐向各个学科渗入的情况。新的教学方案仅仅是彻底地落实了这种趋势。这是社会实证主义的胜利。[263]

改革者认为,法律科学不可限于简单的法律文本的分析及解析,而是需要以研究人在社会上的生活来作补充。这个观点自然

---

〔263〕 参见例如 FERNANDO CATROGA 的研究,《*O Sociologismo Jurídico em Portugal e as suas incidências curriculares (1837 - 1911)*》,载前揭《Universidade(s): História. Memória. Perspectivas》,第1卷,第399页及后续页。

地引发了强烈的连锁反应。例如,在法哲学之外,增加了一般社会学的课程;在刑法外加上犯罪的社会研究;由于透过法律史可以对事实作大范围的观察及比较,令在法律领域使用专属于自然科学的归纳方法变为可能,所以法律史受到基本的重视。除此之外,又设立了包括国际公法及国际私法的国际法科目,以及殖民地行政和司法以外的实务[264]等科目。

值得一提的还有于1853年发生且大部分以挫败收场的行政课程的重组以及外交课程及殖民课程的设立。这些与法学院有关的特别课程仅限于选取一般法律课程中的若干特别科目,分三个学年完成。对于某些知识要求较低的公职来说,这些课程成了入职资格或者获得优先考虑的原因。上述的课程也被视作为疏导拥挤的法律培训的途径。

1901年的改革从第一刻开始便受到严厉的批评。[265]因此,改革后不久便有人想到要取而代之。1907年的著名学术冲突使法学院的教育成为不完全是公平的粗暴批判的对象。然而,这些批评引发了重要的改革措施,而法学院也因此作出更显著的努力。而以下名字值得铭记:马尔诺古·依·苏撒(Marnoco e Sousa)、若瑟·敖别图·度斯·雷斯(José Alberto dos Reis)、吉列尔梅·莫雷拉(Guilherme Moreira)、马沙度·维雷拉·吉马雷斯(Machado Villela Guimarães)、佩德罗沙(Pedrosa)以及阿维拉·

---

[264] 这一科目的目的是培养学生具体个案中适用实体法。在此之前"司法外的实务"都是在五年级的诉讼法中,在教授的有关程序法的"司法实务"之余教授的。

[265] 关于1901年的改革,可参见M. J. ALMEIDA COSTA,前揭《*Leis, Cânones, Direito (Faculdades de)*》,载《Dic. de Hist. de Port.》,第II卷,第687页及后续页,以及更详尽的论述,《*O ensino do direito em Portugal no século XX (Notas sobre as reformas de 1901 e de 1911)*》,I,Coimbra,1964,第5页及后续页(前揭《Bol. da Fac. de Dir.》特刊,第XXXIX卷),以及JOAQUIM FERREIRA GOMES,《*A Universidade de Coimbra durante a Primeira República (1910–1926)*》,Lisboa,1990,第9页及后续页。

利马(Ávila Lima)。

当时生效的体系受到一定程度的修订,而修订的其中一个方面是刑事诉讼。葡萄牙宗教法的教育被压缩,而刑事诉讼法及司法实务[266]科目则得以设立。在此之前,上述教学内容是包含在五年级的唯一一个学科里的,这一学科还包括特别民事诉讼及商事诉讼,但自此以后,这个科目便只剩下后者了。

法学院很快便完成其法学教育改革的草案,该草案有马沙度·维雷拉(Machado Villela)的大力参与。这个草案被临时共和政府所接受,为后由 1911 年 4 月 18 日的具有法律效力的命令所通过。

为准备这次改革而作出的努力确实是典范性的——之后,我们再也没有比这一次做得更多的了,学校通过 1907 年所获得的自主权承认教学委员会具有"确定教学方法以及考试与习作的形式"的重要职责。这一个处处展示出受到法实证主义启发的引进体系代表了我们法律教育基础的彻底改变。在学科的目录方面,有所创新的是,出于对工人问题的关注,加入了统计学、社会经济学等新科目,除此以外,还增加了比较宪法、民事立法的比较以及宗教上的告解与国家的关系。另外,又恢复了罗马法制度史与葡萄牙法律史[267]的分立,以及将国际法展开为国际公法及一年科的国际私法。此外,还在政治学的组别上设立了作为外交及领事入职资格的两个补充课程:外交关系史课程(学年科)及领事法课程(学期科)。

虽然这一次改革背负了那么大的期望,但是却一直没有真正

---

[266] 法学院的副院长 Sidónio Pais,曾经在 1910 年 11 月 4 日向学院的委员会呈交过一份具有这样的意思的方案,并获得同意(参见 M. J. ALMEIDA COSTA,前揭《*O ensino do direito em Portugal no século XX*》,I,第 34 页)。

[267] 在 1901 的改革中,罗马法、半岛法及葡萄牙法只有唯一一个总科目。

得到完全执行,且自由课程制度并没有得到满意的结果。[268]与1911年的体系走相同路线的还有1918年[269]及1922~1923年[270]的改革。上述最后一次改革将统计学及比较宪法放弃,而国际公法则变成一年科,并设立了税法。[271]

直到20世纪中叶才再有法学教育的改变。1928年及1945年[272]的改革值得特别一提。

前者[273]设立了一个四年制的一般课程——颁授副学士学位,其学科包括基础法学教育的重点科目,以及一个一年制的补充课程,其目标是激励学生的自发性以及增加其在法学领域的培训。可入读补充课程——补充课程是取得学士学位的必要条件——的是平均分不低于12分的副学士。这个课程只有两个方向:法学及政治经济学。学士学位是司法官、律师及重要政治职务[274]的必要资格。

法学院可在每一学年自由地设计补充课程的结构。然而,法医学乃是必修科,而在法学的方向,则还必须包括行政法和税法。

学士学位须撰写论文的要求激励学生独立工作以及作科学研

---

[268] 关于1911年的改革,参见M. J. ALMEIDA COSTA,前揭《*Leis, Cânones, Direito (Faculdades de)*》,载《Dic. de Hist. de Port.》,第II卷,第688页及后续页,以及前揭《*O ensino do direito em Portugal no século XX*》,I,第22页及后续页,以及JOAQUIM FERREIRA GOMES,前揭《*A Universidade de Coimbra durante a Primeira República (1910-1926)*》,特别是第139页及后续页。

[269] 1918年7月14日的第4648号命令,以及同年10月5日的第4874号命令。

[270] 1922年9月21日的第1370号法律,以及1923年1月8日的第8578号命令。

[271] 关于这一次改革以及后来的改革,参见M. J. ALMEIDA COSTA,前揭《*Leis, Cânones, Direito (Faculdades de)*》,载《Dic. de Hist. de Port.》,第II卷,第692页及后续页。

[272] 更详尽的论述请参见M. J. ALMEIDA COSTA,前揭《*Leis, Cânones, Direito (Faculdades de)*》,载《Dic. de Hist. de Port.》,第II卷,第693页及后续页。

[273] 由1928年10月13日的第16044号命令所引入。

[274] 关于副学士地位的争论结果是,1936年2月24的1935号法律允许其进入公证员、登记员、法院书记员以及部委的主管之职务。

究。另外,将原本是统一的博士学位划分为法律史科学及政治经济学两个范畴是一个很好的开始。教授可在补充课程中撰写专著这一点有助于新方法的运用以及新问题的发现。

这次改革的若干后续措施在此不再赘言,最后要补充一下的是,对1928年起便适用之组织法作了重大修改的1945年改革。[275]可以说,这一次改革的准备工作在1941年便显示了具体的迹象。我们必须重新强调科英布拉法学院及里斯本法学院共同努力的作用。

该改革废除了副学士学位,并接受所有的副学士报读学士学位。[276]学士学位是一个五年制的课程,在5年内,对教学内容及不同科目(科目及课程)有和谐的分配。取得学士学位而平均分不低于14分者,可参加补充课程。补充课程的学制为一年,分为授课及撰写论文两部分。而博士学位的专门化则更进一步,被分为三个专业方向:法律史科学、法学及政治经济学。

1945年的改革被视为其中一个最能平衡各个方面的改革。其特长的生效期[277]正好是其成功之见证。

(三)里斯本法学院的设立

在同一时期,我们的法学教育发生了一起重大事件:里斯本法学院的设立。[278]这一个想法在自由制度建立之后不久便产生了,

---

〔275〕 载1945年8月21日的第34850号法令。

〔276〕 1946年2月5日的35 489号命令。

〔277〕 尽管被1972年9月28日的第364/72号法律所引起的改革取代,但由于1974年4月25日的革命,该法并没有全部适用。请注意,后来在公校及私校之中,根据教学自主而设立的新学科使教学的统一性受到破坏。

〔278〕 关于里斯本大学法学院的诞生及发展,参见M. J. ALMEIDA COSTA,前揭《*Leis, Cânones, Direito (Faculdades de)*》,载《Dic. de Hist. de Port.》,第II卷,第691页。参见MARCELLO CAETANO的详尽论述,《*Apontamentos para a história da Faculdade de Direito de Lisboa*》,载前揭《Rev. da Fac. de Dir. da Univ. de Lisb.》,第XIII卷,第14页及后续页。其内附有宝贵的文文件目录。《*Os setenta anos da Faculdade de Direito de Lisboa*》,Lisboa,1984。

可是仅在实际成立共和后才落实。根据《1911 年 3 月 22 日具有法律效力的命令》,[279]里斯本大学及波尔图大学[280]得以成立。同年 4 月 19 日,里斯本大学的大学宪章设立了经济及政治学院。

最后,1913 年 6 月 30 日的内政部[281]预算法授权政府组织一个新的学系,该学系的名称充满时代的风格,被称为社会及法律研究学院。之后,又颁布了关于“法学院的组织及运作”的《1913 年 9 月 4 日的 118 号命令》,尽管该法例在往后的 4 年里有不同的名称,可是,它是作为唯一一部适用于科英布拉大学法学院与里斯本大学法学院的法律。这部法规强调了《1911 年 4 月 18 日的命令》所设立的原则,并且是根据同年《8 月 21 日的命令》所订的规章草拟的,然而,在若干方面则趁机作了补充和完善。

社会研究及法律学院于 1913 ~ 1914 学年开始运作 根据《1917 年 9 月 15 日 3370 – C 号命令》,其名称改为法学院。后来,法学院与波尔图大学的文学院以及科英布拉大学的医药学院一起被《1928 年 4 月 12 日的 15365 号法令》所撤除。然而,同年《10 月 13 日的 16044 号法令》又恢复其运作。正如先前所强调,这份新的法规还引入了新的法律课教学计划。[282]

十一、法律科学及法学文献

(一)一般介绍

我国这个时期的法律科学和法律文献一如先前的时期一样,

---

[279] 由 Rocha Peixoto 议员于 1886 年 1 月 5 日的会期提交的一份关于高等教育改革的法律草案规划了三个法学院同时存在,一个在科英布拉,一个在里斯本,另一个在波尔图(参见“Diário da Câmara dos Deputados” – ano de 1886,第 879 页及后续页,主要是第 898 页及第 914 页及后续页)。

[280] 该法规的第 1 条规定“在共和国境内,除已存在的科英布拉大学外,还要设立两间大学——一间在里斯本,另一间在波尔图。”

[281] 在当时,公关的事务还依赖该部。

[282] 参见上文第 325 页。

相对于国外的情况[283]并没有多少的独立性与原创性。在我国的法典编纂运动以及法学教育[284]方面均研究过当时国外占统治地位的学派的影响。另外，当时主要的学说亦在大学教育方面有反映，在我们的学者及司法活动方面亦有表现。

在19世纪的大部分时间，葡萄牙法学文献所展现的面貌是对法律制度的注释及描述，而没有基本地关心方法问题。[285]与法学院的教学一致的是，法律人仅在意对于现行法的形式及改变的研究以及对其规则的批评。

当对法律文本进行诠释及说明的时候，仍然是以旧的标准——其特征是太过注重论点与意见的多样性——为主导。然而，也有一些具开放精神的人是公开反对过分的演绎和抽象逻辑的，同样，他们也反对狭义的法条主义。

事实上，早在19世纪末之前，有普遍吸引力的实证主义以及社会学主义——已入侵了多个法律部门——已经对抽象及形式主义的趋势有所反抗。已经提上日程的事宜包括：对纯粹的注释方法超越、藏于法律背后的社会现实的利益、对法律史及国外学说的赋予特殊的重要性。

葡萄牙的法律科学是在概念法学（conceptualista）的鼓舞之

---

[283] 可参见GILISSEN的综述，前揭《*Introdução Histórica ao Direito*》，第513页及后续页。更详细的论述可参见例如JOSÉ M. RODRÍGUEZ PANIAGUA，《*Historia del Pensamiento Jurídico*》，第5版，Madrid，1984。

[284] 分别参见上述编码第68号，以及编码第72号。

[285] 也有一些人将我国19世纪的法律史分成三个长短相约的阶段。其所考虑的是在这些期限有著作的法学家的分布：第一个时期由八百年代Mouzinho da Silveira的改革开始，即从1832年开始；第二个时期的特征是大量的法律修订，时间是从这些改革开始，直至1867年民法典；第三个时期则一直至到该世纪结束（参见JOSÉ PINTO LOUREIRO，载前揭《Jurisconsultos Portugueses do Século XIX》，第I卷，第92页及后续页，以及G. BRAGA DA CRUZ，前揭《*A Revista de Legislação e de Jurisprudência – Esboço da sua História*》，第I卷，第2页及后续页）。

下而进入 20 世纪的。在开始的数个十年,占统治地位的是法实证主义。法实证主义在当时是具有征服者地位的指导思想,可是,也并非没有声音——对这一思潮的本体论基础进行质疑——将欧洲法律科学以及欧洲文化的未来方向的展望传入我国的思想中。极具象征意义的是保罗·梅雷雅(Paulo Meréa)的前述参与。〔286〕

要确切理解葡萄牙法律文献在 20 世纪末及 21 世纪初的特征,必须知道我国学者所面对的是除了各部新法典之外还有令人困扰的一片空白。因此,不难理解何以无论在法学教育抑或司法实务,其努力实现的第一件事总是围绕法典的解释。在做任何事之前,解析及评注的工作都是不可或缺的。只有在打好这些基础后,综合研究及系统表述才会变为可能。

(二)政治法与行政法

在政治法范畴,应特别一提以下作者的作品:曼努埃·埃米狄·格尔西亚(Manuel Emídio Garcia),他是法学院实证主义的始作俑者,之后,是从他那里将实证主义传给其余的科目〔287〕

---

〔286〕 参见其前瞻性的研究《*Idealismo e Direito*》,Coimbra,1913(参见上文第 27 页及后续页)。

〔287〕 EMÍDIO GARCIA 的社会学指导思想可以在*1886 年课程的第四个科目的大纲*里看到,Coimbra,1885,以及由 E. CAMELO 及 ABEL DE ANDRADE 所整理的 *Dr. E. Garci* 的教学讲义里看到,Coimbra,1893。Garcia 在 1870 年升为教授,讲授行政法直至 1880 年,1880 年之后的一年则转往政治法的科目(第四个科目)。关于这位作者,参见 L. CABRAL DE MONCADA,前揭《*Subsídios para uma História da Filosofia do Direito em Portugal*》,第 164 页及后续页,PAULO MERÊA,前揭《*Esboço de uma História da Faculdade de Direito de Coimbra*》,第 III 组,第 6 页、第 24 页及后续页,以及第 46 页及后续页;而特别是关于他在政治科学范畴的角色,参见 MANUEL BRAGA DA CRUZ/MANUEL DE LUCENA,《*Introdução e desenvolvimento da ciência política nas universidades portuguesas*》,载《Revista de Ciência Política》,Lisboa,1985 第 2 学期,第 2 期,第 5 页及后续页。

的,洛佩斯·普拉沙(Lopes Praça)、[288]若瑟·弗雷德雷古·拉伦佐(José Frederico Laranjo)[289]及马尔诺古·依·苏撒(Marnoco e Sousa)。[290]同样地,在行政法方面,应记得巴西利奥·

---

[288] JOSÉ JOAQUIM LOPES PRAÇA,《*Direito Constitucional Portuguez* 》,Coimbra,1880,以及《*Collecção de leis e subsídios para o estudo do direito constitucional portuguez* 》,第2卷,Coimbra,1893～1894年。

[289] JOSÉ FREDERICO LARANJO,《*Princípios de Direito Político e Direito Constitucional Portuguez* 》,Coimbra,1898。直至1908～1909学年,这一作品的讲义出版以后一直是官方教科书。关于Laranjo,参见PAULO MERÊA,前揭《*Esboço* 》,第III份,第29页以及后续页。Frederico Laranjo,同样负责讲授行政法的,他在这个领域,出版了一本教科书,名为《*Princípios e instituições de direito administrativo* 》,Coimbra,1888(1894年第2版)。在我国,这位作者是作为捍卫"行政争议"模式的先锋,这种模式之下,法院有决定的权限,而且有责任保障判决的无私和确定性(参见MARIA DA GLÓRIA GARCIA,前揭《*Da jutiça adminstrativa em Portugal. Sua origem e evolução* 》,第534页)。

[290] JOSÉ FERREIRA MARNOCO E SOUSA,《*Lições de direito político,写于科英布拉大学,法律课程第2年级,1899－1900学年*》,Coimbra,1900;《*Direito político* 》,等等,Coimbra,1910,e《*Constituição politica da Republica portugueza. Commentario* 》,Coimbra,1913。关于这一位出色的大师,参见MACHADO VILELA,《*Dr. José Ferreira Marnoco e Soisa (Notas biográficas)* 》,CAEIRO DA MATA,《*O Professor Marnoco e Sousa e o estudo da história do direito* 》,FEZAS VITAL,《*O professor Marnoco e Sousa e os estudos de direito político na Universidade de Coimbra* 》,以及OLIVEIRA SALAZAR,《*Doutor Marnoco e Sousa－O Professor de Sciências Económicas* 》,载前揭《Bol. da Fac. de Dir.》,第II卷,分别见于第329页及后续页,第363页及后续页,第373页及后续页,以及第381页及后续页。在这一卷的第395页及后续页,载有《*Relação das obras do Dr. José Ferreira Marnoco e Sousa* 》。那里有一份详尽的参考书目,载有关于各部门的法律、经济学以及财经学的研究。最后,可参见FERNANDO EMYGDIO DA SILVA,前揭《*Doutor Marnoco e Sousa－O ensino das suas aulas e a lição da sua vida* 》,in《Bol. da Fac. de Dir.》,第XLII卷,第I页及后续页,以及BRAGA DA CRUZ,前揭《*A Revista de Legislação e de Jurisprudência－Esboço da sua História* 》,第I卷,第456页及后续页。

敖别图·德·苏撒·平托(Basílio Alberto de Sousa Pinto)[291]以及朱斯丁诺·安多尼奥·德·弗雷特斯(Justino António de Freitas),他为我国撰写了第一部论述这一个学科的作品,该作品具有描述性的面貌,而且明显是受到法国学说——如马尔卡拉尔(Marcarel)以及 J. F. 拉法叶(Laferrière)[292]——的影响。然而,葡萄牙仅在 21 世纪才发展起真正的政治法和行政法科学:由吉马雷斯·彼德罗沙(Guimarães Pedrosa)[293]以及罗沙·色拉瓦(Rocha Saraiva)[294]代表,开始时具有概念主义或规范教条主义的形式;其后,由马尔诺古·依·苏撒(Marnoco e Sousa)[295]带领,形成了某种实证主义—进化论的思潮。

然而,法实证主义的真正胜利是在所谓的"实在学派"于第一次世界大战之前的一段时间出现以后才发生的,该学派从博尔狄乌斯(Bordéus)辐射开来的,逐渐建起了公法的古典科学的基础。里昂·狄骥(Léon Duguit)以及加斯顿·哲切(Gaston Jéze)虽然在公示方法上有若干分歧,可是,主要还是统一在一个大前提之下

---

[291] 《*行政法摘要,以1842 年3 月18 日的葡萄牙行政法典作为参照*》,由 LOPO JOSÉ DIAS DE CARVALHO 以及 FRANCISCO DE ALBUQUERQUE COUTO 根据尊敬的 Basílio de Sousa Pinto 阁下在 1844 年到 1845 年的口头讲义写成,Coimbra,1849 年。关于 Basílio Alberto, 参见 MARÊA, 前揭《*Esboço* 》,第 I 组,第 39 页及后续页。

[292] JUSTINO ANTÓNIO DE FREITAS,《*Instituições de Direito Administrativo português* 》, Coimbra,1857 (1861 年第 2 版)。

[293] ANTÓNIO LOPES GUIMARÃES PEDROSA,《*Curso de ciência da administração e direito administrativo* 》,Coimbra,1904 ~ 1905 年(1908 重新整理)。他还整理了一份部关于 1886 年行政法典之后的法规的汇编,共分 3 卷,科英布拉编辑,1893 ~ 1894 年。

[294] ALBERTO DA CUNHA ROCHA SARAIVA,《*Construcção Juridica do Estado* 》,Coimbra, 1912。

[295] 参见 MARCELLO CAETANO,《*Manual de Direito Administrativo* 》, cit. , Vol. I,第 65 页及后续页和第 165 页及后续页,以及 AFONSO QUEIRÓ,《*Lições de Direito Administrativo* 》,cit. ,Vol. I,第 251 页及后续页。

的。这就是他们所采的法律技术均否定了观念主义的思想，为公法教条的世界带来了孔德（Comte）的实证主义以及德沃金（Durkheim）及利瓦伊·布拉尔（Lévy – Brahl）的社会学主义。而莫里斯·候利奥（Maurice Hauriou）受到伯格森主义影响而提倡之图卢斯学派（Escola de Toulouse）的建制主义仅余有少量的影响空间。

法国实在主义的技术在我国产生深远的影响。马格里埃斯·科拉索（Magalhães Collaço）〔296〕及弗查斯·维达尔（Fezas Vital）〔297〕是那个时代最著名的公法学者，他们是这一思想的忠实追随者。〔298〕属同一路线的还有马蒂约·诺布拉·德·梅洛（Martinho Nobre de Melo）以及若瑟·卡尔洛斯·马尔丁斯·莫

---

〔296〕 关于 João Maria Tello de Magalhães Collaço，参见 FEZAS VITAL，《*Magalhães Colaço, professor de Direito*》，载前揭《Bol. da Fac. de Dir.》，第 XIII 卷，第 332 页及后续页，BRAGA DA CRUZ，前揭《*A Revista de Legislação e de Jurisprudência – Esboço da sua História*》，第 I 卷，第 513 页及后续页，以及 DIOGO FREITAS DO AMARAL，《*Vida e obra do Prof. João Tello de Magalhães Collaço (No primeiro centenário do seu nascimento)*》，载前揭《O Direito》，第 126 年，第 I – II 期，第 11 页及后续页。

〔297〕 关于 Domingos Fezas Vital 的著作，参见 MARCELLO CAETANA，前揭《*Manual de Direito Administrativo*》，第 I 卷，第 172 页。同时，参见前揭《Bol. da Fac. de Dir.》，第 XXIX 卷，第 303 页及后续页，以及 BRAGA DA CRUZ，前揭《*A Revista de Legislação e de Jurisprudência – Esboço da sua História*》，第 I 卷，第 613 页以及后续页。

〔298〕 Duguit 本人在葡萄牙大学的出现是具有重大意义的。在 1910 年和 1923 年，他在科英布拉法学院举办了讲座，法学院还授予他“名誉”博士学位（5 – XII – 1923 的委员会会议—参见《*A universidade de Coimbra no Século XX. Actas da Faculdade de Direito (1919 – 1947)*》，第 II 卷（附有 MANUEL AUGUSTO RODRIGUES 的一份“概述”，Coimbra，1995，第 77 页）；以及关于其第二次到访我国，在里斯本法学院作了两次讲座，与其第一次接受“名誉”博士学位时所受到的重视一样（参见 MARCELLO CAETANO，前揭《*Apontamentos para a história da Faculdade de Direito de Lisboa*》，载《Rve. da Fac. de Dir. da Univ. de lisb.》，第 XIII 卷，第 74 页及后续页）。参见 LÉON DUGUIT，《*Les grands doctrines juridiques et le pragmatisme*》（conferência na Faculdade de Direito de Lisboa, em 1923），载前揭《Rev. da Fac. de Dir. da Univ. de Lisb.》，第 II 卷，第 7 页及后续页。

雷拉(José Carlos Martins Moreira)。[299]

(三)其他法律领域

我们都知道,我国在18世纪中叶以前便已开始了法典编纂运动,而该运动在同一个世纪下半叶即加快发展。[300]我们还可以观察得到的是,在私法现代化[301]方面,外国法学思潮以及外国法律本身怎样通过我国作者的作品传到我国和被我国采纳。

葡萄牙的法律生态在本世纪初及我们所处的时代的末期基本上与先前的数十年是一样的。这是一个具有相同特征的时期;这个时期的法学家充满疑惑,且还没有从犹豫中恢复过来。这些犹豫是可以理解的,因为在很短的时间里,即1867年至1905年的期间,一下子在他们面前走出了十部不同的法典。其规则的新颖性及复杂性使法院在理论和实务上均对其解释充满重大的疑问及争议。法律水平的提高转化为一种出版热情,几部专门期刊[302]因而诞生,可是这种提高肯定是不足够的。

以上所介绍的就是那个时期的葡萄牙法律文献的一般面貌。现在还差回顾一下那个历史时期除政治法和行政法领域以外的几

---

〔299〕 从这一位无论在写作上以及教学上都受到狄骥和凯尔森的理论影响的科英布拉教授的身上可以辨认出(处于不可克服的张力或辅助性状态)一种二元性,“其对法律的认识及研究属于实证主义的认识论,而在决定性时刻,其关于法的最后根据及理解是独断的,并且是托马斯式的独断论及理性自然法论的对象”(参见A. CASTANHEIRA NEVES,载前揭《Bol. da Fac. de Dir.》,第LIII卷,第562页)。这种立场在那个时代是非常普遍的。

〔300〕 参见上文第297页及后续页。

〔301〕 参见本书编号第66号。

〔302〕 其中的三本继续维持到今日:“Revista de Legislação e de Jurisprudência”(由1868年5月1日起出版),“O Direito”(自1868年12月3日起出版)以及“Revista dos Tribunais”(自1882年6月15日起出版)。关于19世纪葡萄牙法律的阶段划分,参见BRAGA DA CRUZ,前揭《*A Revista de Legislação e de Jurisprudência – Esboço da sua História*》,第I卷,第2页及后续页。由J. E. DE SALAZAR CASANOVA所做的盘点性报告,《*O Direito nas Revistas Portuguesas*》,Coimbra,1992,关于自1868年起在葡萄牙杂志上发表的法律研究作品是十分宝贵的。

个最著名法学家。

在民法的范畴上，到1867年为止的那个时期，较突出的名字有：博尔日斯·卡尔内罗（Borges Carneiro）、[303]科雷亚·特雷斯（Correia Telles）[304]李斯·特谢拉（Liz Teixeira）[305]以及科埃略·达·罗沙（Coelho da Rocha）。上述最后一位为我们留下了一本充满个人特色并反映了当时发展路线的趋势的作品；其语言简练及优雅，展示了当时生效的民法制度之余又不乏对历史[306]先例的若干正确分析。

科埃略·达·罗沙（Coelho da Rocha）的法学阶梯（Instituições）乃为教学而作，但事实上却满足了时代对一部取代梅洛·弗莱雷（Mello Freire）的新作品的需要。这部作品不仅要

---

〔303〕 他写了一部重要的著作，书名为《*Direito Civil de Portugal*》，Lisboa，1826～1828年。这是一部详尽的作品，其体系受到法国民法典影响，分为四册：首三册于1826年及1828年出版，而第四册则仅在他死后，于1840年出版。该作品的全册在1858年重新编辑出版。关于这位作者，参见 ADELINO DA PALMA CARLOS，《*Manuel Borges Carneiro*》，载前揭《"Jurisconsultos Portugueses do Século XIX"》，第II卷，第1页及后续页。

〔304〕 关于他的详尽参考书目，除了前揭《*Commentario Critico á Lei da Boa Razão，日期为1769年8月18日*》，Lisboa，1824（参见上文第258页，注714），较突出的有：《*Theoria da interpretação das Leis* e *Ensaio sobre a natureza do Censo Consignativo*》，Lisboa，1815（第一部分是从J. DOMAT的著作《*Les loix civiles dans leur ordre naturel*》中选择的，加了一些注释，Correia Telles重印于《Bol. da Fac. de Dir.》，前揭第LV卷，第139页及后续页），《*Digesto Portuguez*》，Lisboa，1835（多次再版），《*Manual do Processo Civil. Supplemento ao Digesto Portuguez*》，Coimbra，1842，《*Formulario de Libellos e Petições Summarias*》，Coimbra，1845，以及《*Questões e Varias Resoluções de Direito Emphyteutico*》，Coimbra，1851（身后出版）。

〔305〕 ANTÓNIO RIBEIRO DE LIZ TEIXEIRA，《*Curso de Direito Civil Portuguez*》，Coimbra，1845（1848年第2版），该书以作为MELLO FREIRE之《*Institutiones*》的评注形式出现，其很多观点均为合时且较完整，而且经常使用《法国民法典》。

〔306〕 最基本的是前揭《*Instutuições de Direito Civil Portuguez*》，Coimbra，1844（多次再版）（参见上文第22页）。关于Coelho da Rocha作品的重要性，参见《*Centenário da morte de Manuel António Coelho da Rocha*》载前揭《Bol. da Fac. de Dir.》，第XXVI卷，第275页及后续页（HENRIQUE DE BRITO CÂMARA，MANUEL DE ANDRADE e G. BRAGA DA CRUZ的发言）。

符合当代的立法及精神,而且还要符合法律课程统一后[307]的民法研究动向。这一作品应被视为是除梅洛·弗莱雷(Mello Freire)的大全外其中一部可用作葡萄牙法律史的参考的著作。

自我国第一部民法典公布起,若瑟·狄亚斯·弗雷拉(José Dias Ferreira)这个名字便受到注视,他是这部法律的很多宝贵评注的作者。[308]后期则有吉马尔梅·阿尔维斯·莫雷拉(Guilherme Alves Moreira),他走过了法律无可避免的单纯诠释的过渡阶段,可以说是葡萄牙现代民法学的奠基人。他至少为我国民法打下了基础。[309]

---

〔307〕 参见本书编码第 72 号。

〔308〕《*Código Civil Portuguez Annotado*》, Lisboa, 1870/1876。在 J. DIAS FERREIRA 的研究之中,有一部《*Noções Fundamentaes de Philosophia do Direito*》, Coimbra,1867。关于该作者的此一观点,参见 L. CABRAL DE MONCADA,《*José Dias Ferreira*》,载前揭《Est. Fil. e Hist.》,第 I 卷,第 304 页及后续页,以及 MÁRIO REIS MARQUES,《*Do "Direito Natural" à "Filosofia do Direito". José Dias Ferreira*》,载前揭《"Nomos – Rev. Port. de Filos. do Dir. e do Est."》,第 3 – 4 期,第 38 页及后续页,内有关于 Dias Ferreira 的其他研究,以及 Dias Ferreira 关于这个题目所出版的作品的一个详细列表 (第 45 页,注 17)。

〔309〕 他的基本著作是《*Instituições do Direito Civil Portugues*》, 第 I 卷—《*Parte Geral*》以及第 II 卷—《*Das Obrigações*》,Coimbra,1907/1911。有数份没有作者名称及日期的小册也被认为是 Guilherme Alves Moreira 所作的。其内容是合同的分论,从第 295 页到第 660 页 (93/115)。书名为《*Das Obrigações em especial*》的著作就好像《*Instituições*》的第三卷一样。上文已经指出过,有一些关于物权法(第 160 页)以及家庭法(第 76 页)的同样情况的小册子同样被认为是 Guilherme Moreira 作著的。(参见 ANTÓNIO MENEZES CORDEIRO,《*Teoria Geral do Direito Civil – Relatório*》,载前揭《Rev. da Fac. de Dir. da Univ. de Lisb.》,第 XXIX 卷,第 314 页,注 28)。关于 Guilherme Moreira,参见《*Centenário do nascimento do Doutor Guilherme Alves Moreira*》,载前揭《Bol. da Fac. de Dir.》,第 XXXVII 卷,第 187 页及后续页 (A. VAZ SERRA 以及 JOÃO DE M. ANTUNES VARELA 的讲话), BRAGA DA CRUZ, 前揭《*A Revista de Legislação e de Jurisprudência – Esboço da sua História*》,第 I 卷, 第 431 页及后续页, 以及第 II 卷, Coimbra, 1979, 第 137 页, A. CASTANHEIRA NEVES,《*Nótula a propósito do "Estudo sobre a Responsabilidade Civil" de Guilherme Moreira*》,载前揭《Bol. da Fac. de Dir.》,第 LIII 卷,第 381 页及后续页 (重新发表于前揭《Digesta》第 1 卷,第 475 页及后续页),以及 A. MENEZES CORDEIRO,前揭《*Teoria Geral do Direito Civil – Relatório*》,载《Rev. da Fac. de Dir. da Univ. de Lisb.》,第 XXIX 卷,第 179 页及后续页,尤其第 305 页及后续页。关于 Guilherme Moreira 转而教授法律史参见上文第 27 页。

若以他的作品与科埃略·达·罗沙(Coelho da Rocha)的作品相比较的话——这一比较必须考虑其各自时代的立法与法律科学的不同,则科埃略·达·罗沙(Coelho da Rocha)的作品是制度性或综合性的,而吉马尔梅·阿尔维斯·莫雷拉(Guilherme Alves Moreira)则较注重分析,因此没有完整的描绘出我国民法的形象。

源自法国注释学派的指导思想已被唾弃。我国在21世纪的首两个十年,在吉马尔梅·阿尔维斯·莫雷拉(Guilherme Alves Moreira)的推动下,发生了潘德克吞学派的继受以及对意大利的学说的引用。从此,我国法律便从法国风格走向德国风格。自这个时候开始,潘德克吞的影响便开始了,最终更导致我国1966年民法典的诞生,虽然该法典的内容与观点均与潘德克吞的思想有所不同。我国的法律科学自九百年代第三个十年经历了重要的更新。

我们还记得是特谢拉·达·阿伯里乌(Teixeira da Abreu)开始使用教授自行创作及负责[310]的印刷版教程讲课的。他并无留下任何创新性的作品或实现了任何重大的转变。然而,他的论述充满了法律的灵气与智慧,展现出的是一种较温和的注释体系。[311]另一位重要的民法学者是若瑟·塔瓦雷斯(José Tavares)。

[310] ANTÓNIO JOSÉ TEIXEIRA D' ABREU,《*Lições de Direito Civil*》,第I册,Coimbra,1898,该书被通过作为有关学科的教科书。除此之外,还有:《*Lições de direito civil*》(石印版),Coimbra,1890/1891,《*Das substituições fideicomissarias*》,Coimbra,1894,《*Curso de Direito Civil*》,Coimbra,1910(前揭),《*Das aguas*》,Coimbra,1917,以及《*Apontamentos sobre direitos reais*》,Coimbra,1928。另外,还有《*Elementos de pratica extrajudicial*》,Coimbra,1910。关于这位作者在国际私法方面的著作,参见下文第344页。

[311] Teixeira de Abreu 在民法授课方面引入了所谓的"Cartilha"(《*Summario do Código civil portuguez*》,Coimbra,1908,共有多个版本),那是一部为了向学生提供一个民法的整体印象而写的关于民法的综合简介。关于这一位作者,参见 MARNOCO E SOUZA/ALBERTO DOS REIS,《*A Faculdade de Direito e o seu ensino*》,Coimbra,1907,第71页及后续页,以及 PAULO MERÊA,前揭《*Esboço*》,第III分册,第44页及后续页。

他在潘德克吞主义的道路上,追随的是意大利学者的足迹,将大部分的注意力投放到理论研究上,对新问题则持开放态度。[312]

在商法方面,实时浮现脑海的是费雷拉·博尔日斯(Ferreira Borges),[313]我们在论述第一部商法典[314]的草拟时已经提过这个名字。同时,在大学教育方面,也要论述一下几位有关的学者。

在法学院设立以后,开设了商法科目,[315]这在以前不是独立的一科,而梅洛·弗莱雷(Mello Freire)很少触及。该科的第一个学科负责人是马沙度·德·阿伯里乌(Machado de Abreu),他用作教学用书的是1833年商法典本身,并将之与现代的国外法典以及相关教科书比较。这一个教席在1858年及1870年间被狄奥

---

〔312〕 在这一领域,JOSÉ MARIA JOAQUIM TAVARES 的著作有:《*Sucessões e Direito sucessório*》, *Coimbra*, *1903*,《*Tratado da copacidade civil*》, Coimbra, 1905, 以及《*Os princípios fundamentais do direito civil*》,第I卷《(*Noções gerais. Obrigações, direitos reais, família e sucessões*)》和第II卷《(*Pessoas, cousas, factos jurídicos*)》, Coimbra, 1922/1928。另外,较突出的还有,《*A pratica extrajudicial e o tabelliado*》, Porto, 1896。关于José Tavares理论研究的领域以及其作品的体系,以及这一位作者即新问题的接受能力——他是第一个在葡萄牙谈论合同的一般条款的——,参见A. MENEZES CORDEIRO,前揭《*Teoria Geral do Direito Civil – Relatório*》,载《Rev. da Fac. de Dir. da Univ. de Lisb.》,第XXIX卷,第322页及后续页。关于Guilherme Moreira, Teixeira de Abreu以及José Tavares之轮流教授民法科目,参见BRAGA DA CRUZ,前揭《*A Revista de Legislação e de Jurisprudência – Esboço da sua História*》,第I卷,注1052,第435页。关于José Tavares之作为商法学家,参见下文,接后的数页。

〔313〕 JOSÉ FERREIRA BORGES 有以下的突出著作:《*Instituições de Direito Cambial Portuguez*》, Londres, 1825,《*Jurisprudencia do Contrato Mercantil de Sociedade*》, Londres, 1830, 以及《*Diccionario Juridico – Commercial*》, Lisboa, 1839。关于这位法学家,参见J. M. BARBOSA DE MAGALHÃES, José Ferreira Borges 载前揭《Jurisconsultos Portugueses do Século XIX》,第II卷,第202页及后续页。

〔314〕 参见上文第297页及后续页。

〔315〕 参见上文第322页。

古·佛雅斯(Diogo Forjaz)取得,他还出版了作品。[316]其后的教授的论述方向均维持对基本商事法律进行注释。然而,在1888年的商法典[317]公布以后,讨论及分析新法典的第2条——关于商行为[318]的问题便成了核心问题。

在19世纪与20世纪之交,具重要地位的是阿贝尔·德·安德拉德(Abel de Andrade)。他的教程受到实证主义—进化论的启发,并作出了巨大的努力透过引用外国的学说——主要是意大利的学说[319]——进行更新。若瑟·塔瓦雷斯(José Tavares)所走的是相同的路线。[320]最后,还要回顾一下以下人物:马尔诺古·依·苏撒(Marnoco e Sousa)——他在这个领域也留下了很多可

---

〔316〕 这位法学院讲师的全名是Diogo Pereira Forjaz de Sampaio Pimentel。他的著作主要有两部:《*Sintese do Código de Commercio Portuguez* 》,Coimbra,1865(1866年第二版修订),以及《*Annotações ao Código de Commercio Portuguez* 》,共6册,Coimbra,1866(1855年及1857年均有局部版本;而1875年又有一个新版,共4册,内附一份出自其手笔的商法典草案,且具有立法理由)。参见PAULO MERÊA,前揭《*Esboço* 》,第III分册,第58页及后续页。

〔317〕 参见上文第299页。

〔318〕 关于直到19世纪前的商法学科的数位讲师,参见PAULO MERÊA,前揭《*Esboço* 》,第III分册,第59页及后续页。

〔319〕 ABEL PEREIRA DE ANDRADE, Direito Comercial:《*apontamentos das prelecções do Dr. Abel de Andrade* 》,Coimbra,1896。作者声明,这一部作品完全是由其教授撰写。Abel de Andrade在其大学生涯的最后期(1915～1936年)转为教授刑法以及其诉讼法(参见M. J. ALMEIDA COSTA,前揭《*Apontamento sobre a autonomização do direito penal no ensino universitário português* 》,载《Direito e Justiça》,第II卷,第57页及后续页,尤其第77页及后续页)。

〔320〕《*A fiança no direito commercial* 》, Coimbra, 1896,《*Das sociedades commerciaes* 》, Coimbra, 1898/1899,《*Das emprezas no direito commercial* 》, Coimbra, 1898,《*Curso de direito commercial* 》, tomo I, Coimbra, 1901(印刷不完整),以及《*Sociedades e empresas comerciais* 》,Coimbra,1924(第2版,完成了葡萄牙商法中的公司及企业的法部分)。关于这位作者的民法作品,参见上一页。

操作的东西、[321]若瑟·平托·库埃略(José Pinto Coelho)[322]以及刘易斯·德·库尼亚·贡萨尔维斯(Luis de Cunha Gonçalves)。[323]他们为我国日后的商法教条的现代化踏出了重要的步伐。

在刑法方面,首先要提到的名字有席尔瓦·弗泠(Silva Ferrão)[324]及利瓦伊·玛利亚·约尔登(Levy Maria Jordão)。[325]每当说起葡萄牙的法典编纂运动[326]的时候,这些作者的名字便会被提起。

在大学的层面,必须在先于任何人之前强调巴西利奥·敖别

---

〔321〕 关于这一位宗教法的大师,参见上文第 331 页,注 980。他在商法方面的著作包括《*Das letras no direito commercial portuguez*》,Coimbra,1897,以及《*Das letras, livranças e cheques. Commentario ao titulo IV do livro II do Código Commercial*》,2 卷本,Coimbra,1905~1906 年。

〔322〕 他在商法方面的卓越著作是由出版《*Direito commercial portuguez*》,第 I 卷,Coimbra,1914 开始的。从 1918 年 2 月起,即在 Pinto Coelho 的休息期间,商法科目是由 Guilherme Moreira 讲授的,但到了 1919 年还是继续由他教授,因为 Pinto Coelho 教授已转调到里斯本法学院。在 1921~1922 学年,该学科转由 Mário de Figueiredo 讲授。关于 Pinto Coelho,参见 BRAGA DA CRUZ,前揭《*A Revista de Legislação e de Jurisprudência – Esboco da sua História*》,第 I 卷,第 492 页及后续页,以及第 II 卷,第 137 页。

〔323〕 特别值得一提的是 3 卷本的《*Comentário ao Código Comercial Português*》,Lisboa,1914~1918 年。Cunha Gonçalves 也曾专注于民法的研究,突出的成果有组成 15 卷本的《*comentário ao Código Civil Português* 的 *Tratado de Direito Civil*》,Coimbra,1929/1940。他的作本在巴西变得很出名,他同时也撰写了 3 卷本的《*Princípios de Direito Civil Luso – Brasileiro*》,São Paulo,1951。关于 Cunha Gonçalves 晚期的民法作品,参见 MANUEL DE ANDRADE 带批判性的详细盘点,载前揭《Bol. da Fac. de Dir.》,第 XXVIII 卷,第 349 页及后续页。

〔324〕 FRANCISCO ANTÓNIO DA SILVA FERRÃO,《*Theoria do direito penal applicada ao Código Penal Portuguez*》,Lisboa,1856/1857。参见上文第 303 页。

〔325〕 参见其《*Commentario ao Código Penal Portuguez*》,Lisboa,1835。上文第 302 页注 887 列举了 Levy Maria Jordão 的更多著作。

〔326〕 参见上文第 303 页。

图·德·苏撤·平托(Basílio Alberto de Sousa Pinto)的名字,他从1843年至1861年负责这一科目的讲授,[327]又或者说,从刑事法与行政法被结合为唯一的教席,而之后又重新取得作为独立学科[328]的地位的整段时间。继任他的人是恩历克斯·谢科(Henriques Secco),至少在开始的时候,他很少会不依照苏撤·平托(Sousa Pinto)的教程讲课。他一直维持苏撤·平托(Sousa Pinto)的基本立场——特征是附和功利及预防的学说,[329]但对于死刑则是例外,他坦承对此有敌意。[330]

于1887年,刑事法的教席由恩历克斯·达·席尔瓦(Henriques da Silva)占据。他展开了这个学科教学的一个新阶

---

〔327〕 可参见FRANCISCO D' ALBUQUERQUE E COUTO以及LOPO JOSÉ DIAS DE CARVALHO根据尊敬的B. A. S. PINTO先生阁下1844~1845年的口头授课而修订P. J. DE MELLO FREIRE的葡萄牙刑罚制度所写成的《*Lições de Direito Criminal*》,Coimbra,1845。在1852年的刑法典公布后(参见上文第302页及后续页),曾出版了A. M. SEABRA D' ALBUQUERQUE根据B. A. S. Pinto的口头授讲而写成的新版《*Lições de Direito Criminal Portuguez*》,Coimbra,1861。关于Sousa Pinto,参见上文第331页,注981,以及PAULO MERÊA,前揭《*Esboço*》,第I分册,第50页及后续页。

〔328〕 参见M. J. ALMEIDA COSTA,前揭《*Apontamento sobre a autonomização do direito penal no ensino universitário português*》,载《Direito e Justiça》,第II卷,第57页及后续页,第66页及后续页。

〔329〕 参见M. J. ALMEIDA COSTA,本书以及前一注所列举者,第68页及后续页。

〔330〕 ANTÓNIO LUIZ DE SOUSA HENRIQUES SECCO建议撰写一部《*Compêndio de direito criminal portuguez*》,其中若干章节刊于前揭《Revista de Legislação e de Jurisprudência》,第5年、第8年及第9年。在同一部杂志的第4年号,他又发表了题为《*Da história do direito criminal desde os mais remotos tempos*》的长文。他还是一部具有《*目录及注释的刑法典*》的作者,该书曾经印刷了数个版本,但其对象是法律实务而不是大学教学之用。关于Henriques Secco,参见PAULO MERÊA,前揭《*Esboço*》,第III分册,第62页及后续页,以及BRAGADA CRUZ,前揭《*A Revista de Legislação e de Jurisprudência – Esboço da sua História*》,第I卷,第57页及后续页。

段。[331]从此,他所热心追随的意大利刑法社会学学派便渗透到我国。自1886年刑法典[332]公布一年后开始,他的论述便企图通过对犯罪的社会因素[333]的强调来改正先前人类学学派的过当。关于刑法的目的方面,他承认是功利主义哲学思想的追随者,强调保障社会是最重要的目的。这个目的主要是透过一般预防或一般威吓来达到,而特别预防仅为补充,后者包括犯罪人的再造或纠正。[334]恩历克斯·达·席尔瓦(Henriques da Silva)的教职持续了约20年。

正当我们要结束刚分析过的时期的时候,我们在若瑟·卡埃罗·达·马他(José Caeiro da Matta)的教学材料中发现了宗教法倾

---

[331] 导致作为著名演说家及政治家的 António Cândido (António Cândido Ribeiro da Costa) 转而成为刑法教师(1881~1882学年以及1882~1883学年),或者说转向大学生涯的原因是不重要的。(参见 A. BARBOSA DE MELO,《*António Cândido – Universitário e juspublicista*》,载前揭《Bol. da Fac. de Dir.》,《Estudos em Homenagem ao Prof. Doutor Afonso Rodrigues Queiró》,第I卷, Coimbra,1984,第495页及后续页)。

[332] 参见上文第305页。

[333] ANTÓNIO HENRIQUES DA SILVA,《*法律课程第5年的Lições de Direito Penal*》,由 J. F. GOMES、H. C. OLIVEIRA MARTINS 以及 MACEDO E CASTRO 所辑录, Coimbra, 1898/1899 (R. Das Cozinhas 做成了打印版及石印版),以及他的《*Elementos de sociologia criminal e direito penal*》,Coimbra,1905/1906 (尚未完成)。与其相同的意见可参见 AFONSO COSTA,《*Commentario ao Código penal portuguez*》,I –《*Introducção, escolas e princípios de criminologia moderna*》, Coimbra, 1895。关于 António Henriques da Silva 所教授的内容以及其作品,参见 L. CABRAL DE MONCADA,前揭《*Subsídios para uma História de Filosofia do Direito em Portugal*》,第178页及后续页; PAULO MERÊA,前揭《*Esboço*》,第III分册,第65页及后续页, EDUARDO CORREIA,《*A influência de Franz v. Liszt sobre a reforma penal portuguesa*》,载前揭《Bol. da Fac. de Dir.》, 第XLVI卷,第1页及后续页,以及 BRAGA DA CRUZ,前揭《*A Revista de Legislação e de Jurisprudência – Esboço da sua História*》,第I卷,第71页及后续页。

[334] 参见 M. J. ALMEIDA COSTA,前揭《*Apontamento sobre a autonomização do direito penal no ensino universitário português*》,载《Direito e Justiça》,第II卷,第71页及后续页。

向,他明显地受到法国文献影响。卡埃罗·达·马他(Caeiro da Matta)自1919年转往里斯本法学院后,刑法及刑事诉讼法科目便由若瑟·贝利沙·度斯·桑托斯(José Beleza dos Santos)[335]负责。

在此之后不久,刑法学开始向其他方向发展。在20年代中期,总的来说,在刑法方面占主导地位的是一种新的思想路线。这一路线扬弃了单边主义,结合了犯罪原因学的内在与外在观点,并继受了意大利的人类学学派及法国社会学学派的成果。但是在我国还显示出德国的影响。贝利沙·度斯·桑托斯(Beleza dos Santos)肯定是刑法的特别预防思想的先锋,无疑,他的思想还只具备雏形,而且与温和的实证主义观点的一些元素有所混淆。将来的一段时间将会更大地受德国影响。[336]

在论述诉讼法的时候,必须记住当时的大学教育是以民事程序法为主的,而民事程序法是一个包括宣告之诉及执行之诉的基本学科。与此不同的是,刑事诉讼法开始时是与民诉特别法和商事诉讼法[337]一起依附在同一个学科里的。其作为一个独立科目讲授[338]仅发生1911年的改革之后。但即使在改革之后也只是

---

〔335〕 参见 BRAGA DA CRUZ,前揭《*A Revista de Legislação e de Jurisprudência – Esboço da sua História*》,第I卷,第566页,注1258。

〔336〕 尤其是 Cavaleiro de Ferreira 以及 Eduardo Correia 二人;他们都是 F. Mezger 的弟子。就像其老师一样,他们二人在刑法层面接受并发展了新康德主义巴登学派的所有哲学和方法学的公设。这一理论即使在今日还以主流的姿态在我国司法见解上出现,但大部分的学说已朝另一方向发展。为此,应指出现象学以及存在主义的影响。而最后,倾向于高估了刑事政策的方面,即主张一种"积极的"又或者"补偿性的"一般预防,结合罪过原则的不可超越的公设,并从一种单向划一的方面来认识这一问题。为作配合,在理论层面上采纳了一种体系上的理性—目的的观点。

〔337〕 根据在20世纪初还一直生效的1865年的改革。行政争议附属在一科教授公共行政的科目里(第七个学科)。参见 M. J. ALMEIDA COSTA,前揭《*Leis, Cânones, Direito (Faculdade de)*》,载《Dir. de Hist. de Port,》第II卷,第685页及后续页。

〔338〕 关于1910年后期所发生的改变,参见上文第325页。

一个学期科。[339]这是可以理解的,因为这个科目的理论(教条)很多时候就从属于民事诉讼法,而且有不少诉讼法的学者都是跨学科的。

必须一提的还有一批八百年代的先驱者:科雷雅·特雷斯(Correia Telles)——他也是诉讼法学家、[340]弗朗西斯古·纳什勒(Francisco Nazareth)、[341]阿尔维斯·德·沙(Alves de Sá)、[342]伯尔纳多·德·塞尔帕·皮门特尔(Bernado de Serpa Pimental)[343]以及之后的内维斯及·依·卡斯特罗(Neves e Castro)。[344]在他们之后,又有查维斯·依·卡斯特罗(Chaves e Castro)、狄亚斯·达·席尔瓦(Dias da Silva)、阿丰素·科斯达(Afonso Costa)以及若瑟·敖别图·度斯·雷斯(José Alberto dos Reis)。上述第二批学者值得我们特别的论述因为他们构成了我国现代诉讼法的

---

[339] 参见 M. J. ALMEIDA COSTA,前揭《*Apontamento sobre a autonomização do direito penal no ensino universitário português* 》,载《Direito e Justiça》,第 II 卷,第 71 页及后续页。

[340] 参见上文第 334 页注 993。

[341] FRANCISCO JOSÉ DUARTE NAZARETH 撰写了两部重要作品:《*Elementos de Processo Criminal* 》,Coimbra,1846(尤其参见 1861 年的第 4 版,以及 1866 年的第 7 版增订版),以及《*Elementos de Processo Civil* 》,2 卷本,Coimbra,1850/1857(参见 1860 年第 3 版,增订版)。

[342] EDUARDO DALLY ALVES DE SÁ,《*Commentario ao Codigo de Processo Civil Portuguez* 》,3 卷本,Lisboa 1877/1884。这是一部有重要价值的作品。

[343] 出版了若干《*Lições de Theoria do Processo* 》,Coimbra,1874/1875(有一部 1873/1874 的石印版),以及《*民事诉讼法的当时流通版以及第一个官方版本间的对照*》,Coimbra,1876。

[344] 这一位作者的全名是 Franciso Augusto das Neves e Castro。其重要作品如下:《*Varias questões de jurisprudência theorica e pratica* 》,Coimbra,1860,《*Theoria das provas e sua applicação aos actos civis* 》,Porto,1880,《*Manual do processo civil ordinario em primeira instancia* 》,Coimbra,1881(2. a ed. em 1901),《*Manual de processo civil especial em primeira instancia* 》,Coimbra,1883,以及《*Manual das execuções* 》,Coimbra,1885。

基础。

曼努埃·奥利维拉·查维斯·依·卡斯特罗(Manuel Oliveira Chaves e Castro)具有巨大的重要性。他是一位具有高度教学热忱的教授。〔345〕除此之外,他那种实务科学家的特征以及对理论研究和创新的钟情为他在司法活动中带来极高的声誉。他可以说是我国法国学派——相对于当事人对诉讼的进行以及判决的内容〔346〕的处分,这一学派将法官置于被动的地位——最后一位有名望拥护者。

不久,意大利的诉讼理论,特别是罗度维科·穆尔他拉(Lodovico Mortara)、阿尔法雷多·洛科(Alfredo Rocco)以及朱塞普·许文达(Giuseppe Chiovenda)——这一位学者受到奥地利人弗朗斯·克莱恩(Franz Klein)思想的强烈影响——等人的理论,便渗透到了葡萄牙,虽然德国在当中起了一些媒介作用。这些新的诉讼法观点特别强调法官的参与。〔347〕顺带一提的是,阿丰素·科斯达(Afonso Costa)很多时候是以穆尔他拉(Mortara)的作品为

〔345〕 很著名的是为学生所组织的模拟法庭,并要求学生制作完整的卷宗。(参见 PAULO MARÊA, 前揭《*Esboço* 》,第 III 分册,第 71 页)。

〔346〕 在他的课程之中,有一大部分是讲授司法组织以及民事诉讼法典体系的评析。他出版了一部关于*葡萄牙法院的组织及管辖权*的书,Coimbra,1910。很多重要的研究都发表在"Revista de Legislação e de Jurisprudência"(参见上文第 333 页,注 992)杂志上,它的其中一个创办人及第一任总编辑是 Manuel de Oliveira Chaves e Castro 。关于上述作者,参见 PAULO MERÊA,前揭《Esboço》,第 III 分册,第 70 页及后续页,以及 BRAGA DA CRUZ,前揭《*A Revista de Legislação e de Jurisprudência – Esboço da sua História* 》,第 I 卷,尤其是第 39、42、46 及后续页,以及 542 页及后续页。

〔347〕 参见上文第 312 页及后续页。

依据的。[348]

之后,曼努埃·狄亚斯·达·席尔瓦(Manuel Dias da Silva)继续发展诉讼法,他专攻的是特别程序。[349]

若瑟·敖别图·度斯·雷斯(José Alberto dos Reis)则于21世纪初才受到重视。他是一位具有重大意义的诉讼法学家。他不仅在立法层面有决定性的参与,而且还留下了远远超越其所生活的时代[350]的学说作品。除此之外,他还为教学付出了巨大的努力。[351]在他的时代很难再找到一位法学家像他一样对法院实务那么有影响。他所作的作品,主要是法律及司法见解评论及注释,具有极为清晰、大量例示的特征,因此,很具吸引力且大量

---

[348] 参见 MARNOCO E SOUZA/ALBERTO DOS REIS. 前揭《*A Faculdade de Direito e o seu ensino*》,第78页及后续页。特别要指出L. MORTARA的大部头作品,《*Commentario del Codice e delle leggi di procedura civile*》,第3版,s. d.,Milano(第1版于1900年)。Mortara是最后一位意大利最著名的注释派学者。Chiovenda则是作为体系或历史—教条学派的奠基人。

众所周知,Afonso Augusto da Costa也撰写了一些其他作品。例如经济学以及葡萄牙的经济法(参见本书注1043)、移民问题、刑法、当时流行的犯罪学流派及原则(参见第339页,注1022)以及商法。在诉讼法及司法组织方面,应注意的作品有:《*Lições de organisação judicial e theoria do processo civil*》,Coimbra,1893,《*Os peritos no processo criminal. Legislação portugueza, critica, reformas*》,Coimbra,1895,以及前揭《*Lições de Organisação Judiciaria*》,Coimbra,1897(有多个版本)。

[349] 作为其教学之用,他出版了《*Processos especiais, civis e commerciaes e processo criminal*》,Coimbra,1904。关于Manuel Dias da Silva,同样作为"Revista de Legislação e de Jurisprudência"(参见第333页,注992)的其中一位奠基人,参见RAGA DA CRUZ,前揭《*A Revista de Legislação e de Jurisprudência – Esboço da sua História*》,第I卷,尤其注151,第74页、注153,第76页,以及第267页及后续页。

[350] 参见上文第313页,注922及注923。可以说,José Alberto dos Reis的伟大身影到今时今日还可见到。在增加对实质正义的关心、简化诉讼程序,以及在证据上使用现代的技术方法方面都不可忽视这一位法学家的贡献。

[351] 在教学讲义上,他使用了一个类似于Chaves e Castro的体系(参见上文第341页,注1035)。

流传。[352]

我国要到很晚期才有国际私法[353]的科学作品。这个学科被加入法律教育中是在 1901 年的改革[354]中实现的，而由于其教材多样性，该学科脱离国际公法独立教授则要等到 1911 年的改革。[355]这一学科的晚熟主要是与冲突法科学以及相关文献的发展有关的，另外，还因为这个科目与其他法领域相比起来更大程度地依赖大学。

葡萄牙现代国际私法的奠基人毫无疑问是马沙度·维雷拉（Machado Villela），无论是从他对这一个学科的设立所产生的

---

[352] 关于 Alberto dos Reis，参见 BRAGA DA CRUZ，前揭《*A Revista de Legislação e de Jurisprudência – Esboço da sua História*》，第 I 卷，第 474 页及后续页。关于其大量著作参见 MÁRIO ALBERTO DOS REIS FARIA，《*Bibliografia do Doutor José Alberto dos Reis*》，载前揭《Bol. da Fac. de Dir.》，第 XV 副刊——《Colectânea de Estudos em Homenagem ao Doutor José Alberto dos Reis》，第 I 卷（Coimbra，1961），第 XIII 页及后续页。

[353] 更后期则增加了若干法律部门以及其相关法学理论——虽然这些法律部门在当时已经冒出来，如税法，开始时大致与界定得不太清楚的财经法的政治经济以及财务部分内容重叠。（参见 PAULO MERÊA，前揭《*Esboço*》，第 III 分册，第 31 页及后续页，以及 53 页及后续页）。仅在 1923 年（1 月 8 日的第 8578 号命令）才设立了税法课程（参见 M. J. ALMEIDA COSTA，前揭《*Leis ,Cânones ,Direito (Faculdade de)*》，载《Dic. de Hist. de Port.》，第 II 卷，第 693 页及后续页）。另外，AFONSO COSTA 所设想的经济法与现代的观念有相当的差距，参见《*Apontamentos das prelecções do Dr. A. Costa sobre ciência económica e direito económico português*》，Coimbra，1896。同样，劳动法也是纯粹从私法的角度来审视。关于其晚期已具备现代面貌的作品，参见 M. J. ALMEIDA COSTA，前揭《*Leis , Cânones , Direito (Faculdades de)*》，载《Dic. de Hist. de Port.》，第 II 卷，第 694 页，以及 MARCELLO CAETANO，前揭《*Apontamentos para a história de Faculdade de Direito de Lisboa*》，载《Rev. da Fac. de Dir. da Univ. de Lisb.》，第 XIII 卷，第 107 页及后续页。

[354] 参见上文第 324 页。

[355] 参见上文第 324 页。

重要性,他讲授这个科目达20年之久[356]来说,还是从他所留下之作品之意义来说。[357]必须注意的是,维雷拉(Villela)只在其讲授国际私法[358]以后才被这个科目吸引。在开始时,他侧重的是国际公法,但一路发展下法却更偏好国际私法。而正是在这个时候两个法律部门便分开了。

在马沙度·维雷拉(Machalo Villela)之前,我国并没有国际私法的综合论述。除此之外,这一领域已经出版的少量专著也都

---

[356] 无论在该学科与国际公法合为一科之时,抑或其独立为一科以后,他都是第一位讲授该学科的人(参见 M. J. ALMEIDA COSTA, 前揭《*O ensino do direito em Portugal no século XX* 》, I,第24页,注43,以及注46)。

[357] ÁLVARO DA COSTA MACHADO VILLELA 的基本作品是《*Tratado elementar (teórico e prático) de Direito Internacional Privado* 》,第I篇(*Princípios gerais*)以及第II篇(Aplicações), Coimbra,1921/1922。Villela作品的选集可参见前揭《Bol. da Fac. de Dir.》,第XXXII卷,第408页及后续页。关于这位卓越的教授,参见A. FERRER CORREIA,《*Homenagem à memória do Doutor Álvaro da Costa Machado Vilela* 》,载前揭《Bol. da Fac. de Dir.》,第XXXVI卷,第353页及后续页 M. J. ALMEIDA COSTA,《*Machado Vilela e a Comunidade Luso – Brasileira (Na ocasião de um centenário)*》,载前揭《Bol. do Min. da Just.》第210期,第5页及后续页(亦载前揭《Scientia Ivridica》,第XX册,第375页及后续页,标题为《*Machado Vilela, Pioneiro* 》), HAROLDO VALADÃO,《*Machado Vilela, Primeiro Jurista Luso – Brasileiro* 》,J. BAPTISTA MACHADO,《*Autonomia do problema do reconhecimento dos direitos adquiridos em Machado Vilela* 》,以及 ANTÓNIO DE OLIVEIRA BRAGA,前揭《*Machado Vilela e a Comunidade Lusiada* 》,in《Scientia Ivridica》,第XX册,分别见于第384页及后续页,第396页及后续页,以及第410页及后续页。还可参见 BRAGA DA CRUZ,前揭《*A Revista de Legislação e de Jurisprudência – Esboço da sua História* 》,第I卷,第462页及后续页,以及第II卷,第119页及后续页。

[358] Machado Villela同样也负责罗马法及民法的教学。同样地,这两个科目也是他学术成就的另外两个范畴(参见 BRAGA DA CRUZ,前揭《*A Revista de Legislação e de Jurisprudência – Esboço da sua História* 》,第I卷,注1097,第462页、注1098,第465页以及注1099,第466页;关于 Villela 的罗马法教学,参见 TERESA LUSO SOARES/MIGUEL LUSO SOARES 的新奇的简介,《*Álvaro da Costa Machado Villela, lente substituto da 2. a cadeira da Faculdade de Direito* 》, Lisboa,1992)。

已经过时。其中我们记得的包括有卢卡斯·费尔南德斯·法尔肯(Lucas Fernandes Falcão)、[359]特谢拉·德·阿伯里乌(Teixeira de Abreu)[360]以及若瑟·敖别图·度斯·雷斯(José Alberto dos Reis)[361]的著作,而且全部都有较高质量。但这些作者均缺乏对冲突法的前瞻性理解。正是马沙度·维雷拉(Machodo Villela)带来了国际私法的将来。

第三节 社会法时期

一、一般介绍

上面介绍了葡萄牙的当代*法律。以下则是从过去历史的布景板走到现在。在这样一个背景之下,摆在我们面前的问题是,在那里才可以找到一个足够稳固的立足点,使我们可以观察下一次世纪性的变化发生之前数十年的法律发展。以下仅补充一些简短的摘要。[363]

我们想定出一条时间上的分界线——必须重申,这条分界线的相对性是无可避免的——作为发生于第一次世界大战(1914～

[359] 他撰写了《*Do Direito Internacional Privado. Dissertação inaugural para a acto de conclusões magnas*》,Coimbra,1868。

[360] 他是《*Estudos sobre o Código Civil Portuguez, II – Das relações civis internacionais*》的作者,Coimbra,1894。关于 Teixeira de Abreu 的民法作品,参见上文第 336 页,注 1000 及注 1001。

[361] 他是《*Das sucessões no direito internacional privado*》这部专著的作者,Coimbra,1899。关于作为民事诉讼法学家的 Alberto dos Reis,参见上文第 342 页及后续页。

* 译者注:当代(contemporâneo)一般被理解为作者所处的年代,但本书作者却以这个字来表示他所处的年代之前的时期,而以现在(presente)来表示他所处的年代。

[363] 参见 M. J. ALMEIDA COSTA,前揭《*Uma perspectiva da evolução do direito português*》,第 19 页及后续页。

1918年)期间、被称作*社会法时期*的起点的参考坐标系。人类活动的扩大带来新的社会关系,使法律所需保障的东西不可预期地增加,一些在此之前不为人所知的冲突随之产生,而另一些冲突则变得尖锐化。凡此种种均呼唤法秩序担当更为繁重、多样及困难的任务。在第二次世界大战(1939~1945年),便为转变储备了足够的动力。

例如,现代私法的发展趋势最主要是植根于由古典自由主义危机引发的经济结构及社会结构的变化。与过往有所不同的是,我们的时代是以真正的个人及集体作为重心。

随着一体化社会的形成而出现的重要的文化因素、科学进步以及连续不断的工业及技术革命,[364]构成了法律和正义的实现所不可置身事外的问题。一如以往,历史告诉我们每个时代均会为自己的问题给予或试图给予其自身的答案。

经济的民主化以及国家立法的干涉主义在限制了先前的私法自治及合约自由的假设之余,还全面地决定了一种社会法的建立,又或者说,假如喜欢的话,可以将其形容为一种法律的社会化趋势以及向公法化发展。在各个不同领域上,除了传统的制度和法律部门外,均有新的法律形成。只要想一想在劳动关系、所有权制度、经济及工业法、租赁合同、民事责任的某些方面、农业法、消费者保护法以及环境法等领域所发生的事,便足以印证以上所述。

若要问这一个我们文明的各个民族所共有的现象所产生的最后启示是什么,则可以系统地说它的出发点是现代将个人利益置于集体利益之下的各种合作趋势。在这里影响葡萄牙法律精神最

---

〔364〕 一般会提及三个工业革命:发动机以及其相关物的革命,以及微处理器和电子的革命。也有技术革命或能源以及信息革命的提法。更准确地说,应指出五个连续的工业革命:蒸汽机的革命;电力及化学的革命;人工产品的革命;原子能的革命以及互联网的革命。通过这些或其他相同的划分,总的来说是企图大致准确地说明工业社会由于科学及技术的进步所发生的变革。

深的是基督教的社会理论，认为个人的幸福是透过团体整体利益的协调而实现的，而国家则寻求增加其力量，限制及中和自由主义的作用。

这些转变在法律范畴代表着其研究的科学[365]以及其法哲学思想的改变。随着天主教自然法的更新、随后的新康德主义和其他与之共存的思潮，甚至对现象学意义重大的新黑格尔主义的出现，可以说，今日价值批判在诠释学的重新建立以及方法学的深化方面，走出了一条超越实证主义观点[366]——这无碍于承认实证主义本身曾经为法律科学带来有意义的贡献——的不同道路 。

先前的简短介绍令我们得以透视法律领域所发生的深刻改变。很明显，这些改变的发生是全方位的，既包括公法也包括私法。其产生的重要结果是，法律方法上的平衡改变以及法律科学的发展。

现代的方法学主张，法学者不应该像概念法学所假设的一样，[367]为了"体系—形式"地理解法律秩序而对法律条文所贯彻的方案提出纯理论的说明。不同于这种方法的方向是，认为法学家的主要任务必须像利益法学[368]所倡议的那样，分析法律所贯彻之方案的实际目的、分析实质的或观念上的利益以及这些利益所决定的目的；或者，更准确地说，根据价值法学的指导方针，在适用法律时，必须注意立法条文所赖以形成以及法律秩序所固有的价值原则或标准。然而，这种指导思想也并不是没有争议的。

---

〔365〕 由 M. ROTONDI 所编集的文集——"Inchieste di Diritto Comparato", 6 –《*La scienza del diritto nell 'ultimo secolo* 》, Padova, 1976——中有关于各大洲的国家之情况的论述。关于葡萄牙，可参见 NUNO J. ESPINOSA GOMES DA SILVA/ARMINDO RIBEIRO MENDES 的综述，前揭书第 545 页及后续页。

〔366〕 参见上文第 277 页及后续页。

〔367〕 参见上文第 281 页及后续页。

〔368〕 参见上文第 283 页，注 812。

再加上,对语言的实务化以及法律运作的制度化的强调,分析学派的思想本身即指出适当的解决问题方法只有通过一定的实践作参考来考虑该问题的特殊性方可获得,而不可运用涵摄的纯粹价值演绎。这才是人与法律交汇的现行方式。

二、关于葡萄牙法近期历史的议题

现在应该到了特别为我国的情况作一简短说明的时候了。事实上,此一说明不过是要盘点一下普遍程度不一但构成将重点放于对社会问题的关注——正好与先前的个人主义相反,并把这些关注转化向法律层面的趋势的各种因素。这一承诺一直留到现在。其起点是21世纪的20年代,这一个立足点似乎在整个欧洲都是一样的。在我国,基于严谨性的要求,可能要将该立足点推后10年。

无论如何,在截至世纪完结之前的相关分析应作为一个阶段划分。这应该如何观察呢?我们认为应该评价以下两个方面:立法者的创造性方面以及法律思想方面。

(一)立法沿革

随着1926年及1974年的制度崩溃而产生的1933年〔369〕及1976年的宪法所反映的是不同的国家概念。由于在诞生之后有多次的修改,〔370〕后一部宪法现在的部分面貌与其诞生之时已经有很大的不同。新的政治秩序要求对基本权利特别注意以及对合宪性监督加大力度。

在行政法的范畴也有重要的改变。我们可以看到,其核心

---

〔369〕 这是不同时期的五部法律之修订对象,这些时期分别为:1935~1938年、1951年、1959及1971年(参见例如JORGE MIRANDA,前揭《*Manual de Direito Constitucional*》,第I册,第311页及后续页)。

〔370〕 在1982年、1989年及1992年(参见 例如JORGE MIRANDA,前揭《*Manual de Direito Constitucional*》,第I卷,第374页及后续页)。

问题方面，[371]与政治议题相连。1936 年的行政法典，[372]经 1940 年[373]重新修订后，有了很大的改动。[374]在 70 年代中期以后，地方自治机关[375]及行政争议[376]方面的制度大部分被取代。

有关劳动法方面，应指出对工人问题的关注是在后期才发生的。[377]然而，由于在受到基督教所启发合作体系之下，劳动问题较活跃，所以对于劳动合同以及集体规章或集体缔约的规定则有社会化的趋势。国家劳动规章更界定了一些指导原则。[378]然而，自 1974 年起，由于有大量单行法规的加入，先前的背景已经有很重大的转变。除此之外，宪法毫不迟疑地贯彻了组成工会自由、罢工的权利、工作的稳定性以及工会组织对企业的

---

〔371〕 参见上文第 300 页。

〔372〕 关于这一法规，参见上文第 301 页。虽然并非与行政架构有关，但值得一提的是著名的 1935 年 11 月 23 日的第 26 115 号法令，即推动公务员薪金改革的法规，它的前言清楚地说明了现实的情况。

〔373〕 通过 1940 年 12 月 31 日的第 31 095 号法令。

〔374〕 这一方面，应指出 1967 年 11 月 21 日的第 48 051 号法令，该法全面地落实了国家以及其他公法人在其公共管理行为上的非合同民事责任（参见例如 M. J. ALMEIDA COSTA，前揭《*Direito das Obrigações* 》，第 522 页，注 2）。

〔375〕 1977 年 10 月 25 日的第 79/77 号法律，以及 1984 年 3 月 29 日的第 100/84 号法。

〔376〕 一方面，参见 1977 年 6 月 17 日的第 256 – A/77 号法令，该法令增强了对个人的保障；另一方面，参见 1984 年 4 月 27 日的第 129/84 号法令，该法令分别通过了行政法及税法法院的规章，以及行政法院的程诉讼法。参见后期的 1996 年 9 月 4 日的第 49/96 号法律。同时，还提及 1991 年 11 月 15 日的第 442/91 号法令，它通过了《行政程序法典》，废止了 1927 年 4 月 12 日的第 13458 号法令以及 1983 年 10 月 6 日的第 370/83 号法令。《行政程序法典》又被 1996 年 1 月 31 日的第 6/96 号法令所修订，所修订部分为行政合同的善意问题。关于行政法院管辖授权在我国的建立，参见上文第 302 页，注 884，最后部分。

〔377〕 关于 1911 年改革为这些专题而设立一门学科，参见上文第 325 页。

〔378〕 1993 年 9 月 23 日的第 23048 号法令。关于个人劳动合同的规定，1969 年 11 月 24 日的第 49408 号法令有重要的巩固作用。

参与[379]等规定。

与其他国家一样,葡萄牙并没有很早地分立出一套具有足够独立性的劳动诉讼法。劳动法庭的诉讼法典[380]要追溯到1940年,在这一年之前刚公布了新的民事诉讼法典,[381]劳动诉讼法典的颁布可以说是民事诉讼法典颁布的结果。该法典的生效期延续到1963年,亦即是另一部更切合劳动争议需要的法典制定之时,[382]而那部劳动诉讼法的基本方面一直保留到现在。[383]

税法及财政法亦有连续不断的更新。而最具代表性的是在70年代期间,这一时期的更新是我国关注纳税人的实际收入[384]的先锋。在这一个时期同样具有重大意义的是信用体系以及银行

---

[379] 《共和国宪法》第53条(工作的安定性)、第54条(工人组织)、第55条(工会自由)、第57条(罢工的权利)以及第59条(工人的权利)。同样要指出社会协调机关(宪法第95条,以及1984年3月2日的第74/84号法令)的重要性。这个制度已有先例。

[380] 由1940年11月3日的第30910号法令所通过。然而,不可忘记1934年8月15日的第24 363号法令,该法是关于劳动法庭的程序和运作的。这是一部十分重要而且详尽的法规。

[381] 参见上文第313页。

[382] 1963年12月30日的第45497号法令。

[383] 由1981年9月30日的第272-A/81号法令所通过。

[384] 包括:《印花税及继承及赠与税法典》(1958年11月24日的第41696号法令)、《职业税法典》(1962年4月27日的第44305号法令)、《资本税法典》(1962年9月10日的第44561号法令)、《营业税法典》(1963年7月1日的第45103号法令)、《房地产税法典以及农业税法典》(1963年7月1日的第45104号法令)、《所得补充税法典》(1963年11月30日的第45399号法令)以及《增值税法典》(1965年6月9日的第46373号法令)。关于他有重要参与的这一次改革,参见J. J. TEIXEIRA RIBEIRO,《*A reforma fiscal*》,载前揭《Boletim de Ciências Económicas》,第IX卷,第1页及后续页。

架构的重新建立。[385]

经济法有重大的发展。当代社会的需要使我国以及我国以外的其他国家、包括在超国界组织的层面必须在消费者及环境保护的问题上谨慎立法。我们的宪法对此也有关注。[386]

在剩下来的篇幅中,还要展示一下其他的法律部门。特别值得注意的是,传统上与大型立法活动有关,可是又无法避免其若干领域的现代非法典化趋势的法律部门。接下来仅会对其标题作一些简单的介绍。

在民法领域,须要提及的是 1930 年的塞亚布拉法典的改革——该

---

〔385〕 参见 1957 年 11 月 27 日的第 41 403 号法令,以及 1959 年 11 月 12 日的第 42641 号法令,这两部法令仅被 1992 年 12 月 31 日的第 298/92 号法令所完全废止。后者通过了新的财务公司与信贷机构的一般制度。不可忘记的是更早期的 1925 年 3 月 20 日第 10 634 号命令。参见例如 ANABELA SÉRGIO,《*O sistema bancário e a expansão da economia portuguesa (1947 – 1959)*》,载《História Económica》,第 5 卷,Lisboa,1995 (Banco de Portugal – Gabinete de Informação e Documentação)。

〔386〕 《共和国宪法》,第 60 条(消费者的权利;参见第 81 条 j 项)以及第 66 条(环境和生活质量;参见第 9 条第 d 项,以及第 52 条,第 3 款)。一般立法方面,参见 1981 年 8 月 22 日的第 29/81 号法律(消费者保护法),1985 年 10 月 25 日的第 446/85 号法令,该法由 1995 年 8 月 31 日的第 220/95 号法令所修订(合同的一般条款),以及 1987 年的第 11/87 号法律(环境基本法)。对消费者保护问题的关注在更早期已经发生,并因此而产生了多项立法。作为例子,可举出 1957 年 7 月 24 日的第 41 204 号法令(侵犯公共卫生的违法和反经济的违法;现时被 1984 年 1 月 20 日的第 28/84 号法令所取代),以及 1972 年 3 月 24 日的第 1/72 号法律(关于竞争的规定,若干方面直接界定对消费者的保护)。同样,还可回顾 5/XI 号法律的草案,即关于推动对消费者的保护,该草案由团体机关出具了一份编号为 4/XI 的意见书(参见《Diário das Sessões da Assembleia Nacional》– XI Legislatura,第 50 期,1974 年 4 月 17 日 第 969 页,第 50 期的第 2 副刊)。可使我们更紧贴我国有关消费者保护的发展的是 CARLOS FERREIRA DE ALMEIDA 的著作,《*Os direitos dos consumidores*》,Coimbra,1982。

改革仅限于200个条款以内[387]以及1940年的婚姻法改革。[388]具决定性的转变是1966年的民法典。[389]在其各方面的修改中,家庭及继承方面是明显的。在很大方面,这是脱胎自1976年的宪法原则的,而且改革得很深入。[390]在现行民法典生效之前,约束性的租赁制度已经有很大的改变。无论如何,对于这一制度的发展是很难定出一个统一方向的。[391]

不可忽视的是著作权方面所发生的变化。我们第一部民法典将它放在文学及科学作品的标题下(第570条至第612条)。[392]

---

[387] 参见上文第312页,注917。

[388] 参见上文第311页,注916,那里列出了关于这些问题传到我国后随即颁布的法规。那里同样论述了收养制度的恢复。值得一提的还有1970年4月29日的第4/70号法律,该法经1970年8月1日的第177期政府公报第177期第I组修正,政府被授权设立家庭问题法庭,这些法庭不久便在里斯本和波尔图的法院设立(1972年1月7日第8/72号命令)。通过设立这些具有特别管辖权的新的司法组织曾引起争议(参见前揭《Diário das Sessões da Assembleia Nacional》,-第X届会期,1970年2月6日第22号副刊,第408-(1)页及后续页,第23号副刊,第424页及后续页,以及第24号副刊,第437页及后续页,第25号副刊,第459页及后续页,第26号副刊,第408页及后续页,第27号副刊,第507页及后续页,第28号副刊,第523页及后续页,第29号副刊,第548页及后续页,以及第30号副刊,第589页)。

[389] 参见上文第312页,注918及919。

[390] 1977年11月25日的第496/77号法令,其立法是由1975年5月27日的第261/75号法令所确定的。后者正颁布于1975年2月15日与圣教会的附加议定书签署之后,该议定书决定了其第XXIV条的条文,同时又修改了民法典关于离婚的数个条文。

[391] 参见何如M. J. ALMEIDA COSTA,前揭《*Direito das Obrigações*》,第16页注2,尤其其中的第13页及后续页做了一个《民法典》自其颁布以来的修改的总表。

[392] 关于文学及科学作品所有权的立法在我国始于1838年的宪法(第23条第4款)。然而,这个制度到1851年7月8日的命令才引入一般法。关于葡萄牙法律在这些问题上的发展以及我国所签署的国际条约,参见CUNHA GONCALVES,前揭《*Tratado de Direito Civil*》,第IV卷,第22页及后续页,以及JOSÉ DE OLIVEIRA ASCENSÃO,《*Direito civil - Direito de Autor e Direitos Conexos*》,Coimbra,1992,第17页及后续页。

在21世纪的1927年,有一部法规对文学、科学及艺术作品[393]有重要的规定。在此之后,1966年的著作权法典[394]是这一个受时间侵蚀的制度的一大进步。同时,艺术家、翻译者或执行者所使用通讯技术的进步使法律要加强保障:从纯粹对著作权的保护扩展到邻接权[395]的保护。

在商法以及相关的领域,很早以前已经有对800年代以及21世纪初的过时立法改革的考虑。从60年代到70年代起,特别关注的是公司法[396]方面的规定。除此之外,值得一提的还有1940年的工业产权法典。[397]

在最近的时期,大量新引进的法律方案造就了合同领域的现

---

[393] 1927年6月3日的第13725号法令。

[394] 由1966年4月27日的第46980号法令通过。同样,参见1979年9月6日的第29/79号法律。现行民法典以第1303条规范工业产权,并将之引向特别法规,声明其规则仅补充适用。

[395] 参见著作权及邻接权法典,由1985年9月17日的第45/85号法律所通过,修改了1985年3月4日第63/85号法令的条文。

[396] 参见上文第299页及第300页。须补充的是,通过1969年11月15日的第49381号法令——该法令后由1970年12月28日的第648/70号法令所说明及完善——设立了官方的账目复核员,此职位对于隐名公司的有效监管十分必要(参见团体组织的预估意见书,载《Actas da Câmara Corporativa》- IX Legislatura,第142期,1969年7月3日,第2231页及后续页,以及第149期,同年10月8日,第2289页及后续页)。紧随其后的是1972年1月3日的第1/72号法令,1979年12月29日的第519-L 2/79号法令,以及1981年4月21日的第80/81号法令和1993年12月30日的第422-A/93号法令。

[397] 1940年8月24日的第30679号法令,根据1938年6月21日的第1972号法律规定而公布,取代了20世纪末的过时制度(参见上文第299页,注871)。由1995年1月24日的第16/95号法令所通过的新工业产权法典基本上只是对先前法例的单纯更新。应注意行会会议的详细意见书,该意见书录于上述1972号法律的前面,其制作人是Abel de Andrade,那一意见直到今天还是葡萄牙法学文献在这个问题上的最出色作品,而且是唯一概括其全部内容的作品(参见前揭《Diário das Sessões da Assembleia Nacional》,1937年11月27日第147期,第48页及后续页,先于法务部以及工商业部所制定的法律草案,第38页及后续页)。

代化,其中有一些立法规定与合同名称在国内还引起争议。仅作例示参考的便有:“Leasing”、“Franchising”、“Factoring”、“Joint Venture”、“Know How”、“Engineering”等合同,这还未包括行纪合同、关于商业中心的空间利用的合同、信用证以及其他银行业务合同。[398] 在另一个领域,“time - sharing”也得到广泛的传播,被称为物权上的周期居住权。[399]

在21世纪,登记制度在其各个层面均有巨大的进步。这里特别要强调的是物业登记。[400] 而公证法在30年代中期的公法化[401] 使其更具优越性及可信性。

1939年的民事诉讼法典使到诉讼法中有更高的地位。其之后的改革——尤其是带来了现行法典的1961年改革以及1967年、1977年、1985年、1995~1996年的改革均没有完全改变其体系。[402]

同样,刑法及刑事诉讼法也在1945年、1954年及1972年[403]

---

〔398〕 关于上面所提及的合同,可参见 M. J. ALMEIDA COSTA 在前揭《*Direito das Obrigações*》中所列的法规及参考数据,该书第176页及后续页。

〔399〕 在我国是由1981年12月31日的第355/81号法、之后的1983年10月4日第368/83号法令、1989年4月18日第130/89号法令以及1993年8月5日的第275/93号法令所引入的(参见 M. J. ALMEIDA COSTA,《*Noções de Direito Civil*》,第3版,Coimbra,1991,第452页及后续页)。

〔400〕 参见例如载通过当时的《物业登记法典》的1959年10月8日的42 565号法令序言的历史介绍。关于后期的立法,参见通过现行《物业登记法典》的第224/84号法令第9条。关于商业登记的沿革,可参见通过现行《商业登记法典》的1986年12月3日第403/86号法令序言中的简短说明。关于民事登记,参见上文第308页注908。

〔401〕 出自1935年11月24日第26 118号法令所通过的《公证法典》。其第1条宣称“公证员是政府任命以及终身服务的公务员”。

〔402〕 参见上文第313页,注923,以及343页注1040。

〔403〕 参见上文第314页,注927,最后部分,以及305页,注893。

的修改中获得改善。这些修改为 1973 年关于保护私人生活[404]的立法提供了理由。1982 年的刑法典以 70 年代制定的草案[405]为基础。它的制定是一条充满争议的道路,[406]有人认为其哲学基础不协调,而且是为了一种抽象的改革主义而产生,脱离了国家的社会与文化现实,但只有将来才可以对它评价。有关的修订转眼又过去了 13 年,而现行刑法典[407]就是这一修订的产物。另外,1987 年的刑事诉讼法典经过 1995 年的修订[408]后,具有很多创新的特征。

在结束了程序法的论述之后,最后有必要指出法律协助(assistência judiciária)这个重要制度在现代历史中的发展足迹,在实务上实现法律(正义)面前人人平等的原则正是有赖于这一个制度。与这个制度有关的第一批法例是 1944 年及 1970 年[409]的法规。其中后者大大地扩大了该制度的作用领域以及可以应用该

---

[404]　1973 年 4 月 5 日第 3/73 号法律,根据一份政府的草案(参见前揭"Diário das Sessões da Assembleia Nacional",–第 X 届会期,1973 年 1 月 24 日的第 214 期第 3 号副刊,第 4272 –(17)页及后续页)。

[405]　参见上文第 305 页,注 894。

[406]　关于这次改革的步伐,参见 CRISTINA LÍBANO MONTEIRO,《*O Código Penal de 1982 – Subsídio para uma compreensão histórica da sua Génese*》,载前揭《Bol. de Fac. de Dir.》,第 LXVIII 卷,第 265 页及后续页。

[407]　参见上文第 305 页,注 894。

[408]　参见上文第 314 页,注 927,最后部分。

[409]　1944 年 2 月 23 日之第 33548 号法令,以及 1970 年 6 月 9 日之第 7/70 号法律,根据政府的方案(参见前揭《Diário das Sessões da Assembleia Nacional》,–第 X 届会期,1970 年 2 月 20 日第 25 号副刊,第 460 –(1)页以及后续页)以及 1970 年 11 月 18 日第 562/70 号命令所规范。经历了 19 世纪下半叶的数次尝试失败(Martens Ferrão – 1860;Júlio de Vilhena – 1883;Veiga Beirão – 1887;A. Azevedo Castelo Branco – 1897)尝试之后,1899 年 7 月 31 日的法律(José Maria de Alpoim)作为第一部相关法规出现。该部分事宜转而由 1927 年 6 月 22 日的第 13809 号命令以及 1928 年 4 月 10 日的 15 344 号命令所通过的司法规章所规范(参见 M. J. ALMEIDA COSTA,的综述《*Assistência Judiciária*》,载前揭《Bol. do Min. da Just.》,第 198 号,第 5 页以及后续页。)。

制度的范畴,并且加快了其批核,将之变成真正为有需要的人而设的法律。“司法协助”这个传统名称在1987年被“司法援助”(apoio judiciário)所取代,并且与法律顾问制度[410]一同规范。立法者的目的是强化公民诉诸法律及法院的宪法保障。[411]

(二)法律思想方面

这是一个对我国自30年代开始发展起来的立法过程的简短介绍。其基本考虑是发展有否连续性的争议。仅仅从外在的方面观察并不能使期望对这一个世纪的葡萄牙法律进行解剖研究的我们得到满足。我们应该做得更深入,特别是法律思想方面。另外,还要紧记必须根据当时的历史状况来评价立法事件。

当成文法发生的重大改变的时候,法学家都会花大气力进行法律的分析以及学说的构筑,我国法学家在上述时期所做的工作也不例外。但是法学家们构筑理论所依据的根源在哪里呢?

这个世纪中叶,我国具代表性的法哲学思想流露出新康德主义巴登学派的根源以及逐渐向观念上的形而上学发展,强调黑格尔主义以历史文化为基础的某种“客观精神”。再加上在现象学的鼓动下,有了净化法律的重要概念以及说明一种逐渐从物质的直接展示过渡到由历史的考验决定的形式上的开放的价值的决心,企图以这一个价值来更新自然法的问题。这种理论还是有追随者的,然而并非所有追随者都无条件地忠于这一信念。[412]同样是反对实证主义以及概念主义,但各人所走的道路不同。

实际上,经历了以方法的规范性实现法律的问题及影响后,已

---

[410] 1987年12月29日,第387-B/87号法令(参见其第6条)。

[411] 《共和国宪法》第20条。

[412] 关于Cabral de Moncada、Miguel Reale以及António José Brandão之法哲学思想的比较,可参见António Braz Teixeira,《*Miguel Reale e o Diálogo Filosófico Luso-Brasileiro*》, Lisboa, 1992(“O Pensamento de Tobias Barreto”-Actas do Colóquio, Lisboa, 1990年7月4-7日之特刊)。

到了采取新立场的时候了。或者说：一方面，总结出法律性不同于合法性；另一方面，则建议对法律的规范性作重新思考并对其渊源作出修订，特别是要承认在实现公正的过程中所作的具体司法决定在具有规范上的构成性的自主权，以及由此一自主权而产生的法律的特殊性。根据这一基础，以及正在发生深刻变化——这种变化被视作一种危机——的社会文化背景，有人将法律当作问题来理解，并质疑其意义——面对其他可能的选择时，法律产生以及其继续存在的意义、其在全球体系背景中的历史功能以及其独特的方法。我们正是通过这一幅三联图画(triptico)来尝试思考及解决当前所出现的核心法律问题的。

然而，有一种疑问认为，假如不幸地在法律实践上没有回响，上述对最新的潮流的开放的思想方针还会保留吗？我们姑且让时间倒流一点点。

很清楚的是，走过了严格的实证主义时期之后，占主流的学者还是在走这一条路线，而且显得有一点内部不协调。关于什么是法律的哲学基础以及哲学理解的问题，这些学者认为是自然法或宣称是自然法。然而，在理论构筑以及法律的适用的方法学层面，却显然还是实证主义的——要不是严格地受到成文法约束的形式上的注释，便是像概念法学那样，偏向于体系的形式逻辑方面。[413]

这是上述各种取态的公因子。在葡萄牙人的世界里，除了受到概念法学启发的理论构筑之外，还有其他是结合了注释法学以及目的概念论的，以及一些采纳了利益法学或者后期的价值法学的。在我国，方法论的不同路线是共存而不是相互排斥的。

可以肯定的是，原则上，那些较好地认识欧洲法律教条以及其追随者的当代话语的人，在实务层面上，已经少有听众，或没有足

---

〔413〕 参见上文第332页，注989。

够的听众;正好与之相反的是某些与其同时代的制度虽然还被过去所束缚,可是却主张对日常司法运作来说是容易及吸引的方法。这最后一点对葡萄牙法学界是最重要的。不应让法律及司法见解的注释及评注泛滥。这是对过去数十年的法律科学及法律实务作正确评价所需考虑的另一个重要方面。

以上勾勒了我国法律不远的过去的一些问题,但仅是作为简介以及为抛砖引玉而作。我们以若干元素为轴心,附以大量的一般性的评述。毫无疑问的是,由于历史总是要从远距离观察才会清楚,本书的全部论述均须要更详细及更严谨的分析。

图书在版编目(CIP)数据

葡萄牙法律史:第3版/(葡)科斯塔著;唐晓晴译.—北京:法律出版社,2014.2
(葡萄牙法律经典译丛·唐晓晴主编)
ISBN 978-7-5118-6036-1

Ⅰ.①葡… Ⅱ.①科…②唐… Ⅲ.①法制史—葡萄牙 Ⅳ.①D955.29

中国版本图书馆CIP数据核字(2014)第026985号

葡萄牙法律经典译丛	葡萄牙法律史(第三版)	马里奥·朱莉欧·德·阿尔梅达·科斯塔 著 唐晓晴 译	责任编辑 黄琳佳 装帧设计 李 瞻

开本 850毫米×1168毫米 1/32
印张 13.5 **字数** 326千
版本 2014年7月第1版
印次 2014年7月第1次印刷
出版 法律出版社
编辑统筹 学术·对外出版分社
总发行 中国法律图书有限公司
经销 新华书店
印刷 三河市龙大印装有限公司
责任印制 陶 松

法律出版社/北京市丰台区莲花池西里7号(100073)
电子邮件/info@lawpress.com.cn
销售热线/010-63939792/9779
网址/www.lawpress.com.cn
咨询电话/010-63939796

中国法律图书有限公司/北京市丰台区莲花池西里7号(100073)
全国各地中法图分、子公司电话:
第一法律书店/010-63939781/9782
西安分公司/029-85388843
重庆公司/023-65382816/2908
上海公司/021-62071010/1636
北京分公司/010-62534456
深圳公司/0755-83072995

书号:ISBN 978-7-5118-6036-1
定价:45.00元
(如有缺页或倒装,中国法律图书有限公司负责退换)